本書出版得到國家古籍整理出版專項經費資助

新編諸子集成續編

# 長短經

〔唐〕趙蕤 撰
梁運華 整理

中華書局

新編諸子集成續編

# 長短經

〔唐〕趙蕤 撰
梁運華 整理

中華書局

圖書在版編目(CIP)數據

長短經/(唐)趙蕤撰;梁運華整理. —北京:中華書局,
2017.11(2024.7 重印)
(新編諸子集成續編)
ISBN 978-7-101-12531-3

Ⅰ.長… Ⅱ.①趙…②梁… Ⅲ.①政治-謀略-中國-古代②《長短經》-注釋 Ⅳ.D691

中國版本圖書館 CIP 數據核字(2017)第 064663 號

責任編輯:石 玉
封面設計:周 玉
責任印製:管 斌

新編諸子集成續編
長 短 經
〔唐〕趙 蕤 撰
梁運華 整理
*
中 華 書 局 出 版 發 行
(北京市豐臺區太平橋西里 38 號 100073)
http://www.zhbc.com.cn
E-mail:zhbc@zhbc.com.cn
三河市宏盛印務有限公司印刷
*
850×1168 毫米 1/32 · 17⅞印張 · 2 插頁 · 400 千字
2017 年 11 月第 1 版 2024 年 7 月第 8 次印刷
印數:19501-21000 册 定價:72.00 元

ISBN 978-7-101-12531-3

# 新編諸子集成續編出版緣起

新編諸子集成叢書，自一九八二年正式啟動以來，在學術界特别是新老作者的大力支持下，已形成規模，成爲學術研究必備的基礎圖書。叢書原擬分兩輯出版，第一輯擬目三十多種，後經過調整，確定爲四十種，今年將全部出齊。第二輯原來只有一個比較籠統的規劃，受各種因素限制，在實施過程中不斷發生變化，有的項目已經列入第一輯出版，因此我們後來不再使用第一輯的提法，而是統名之爲新編諸子集成。

隨着新編諸子集成這個持續了二十多年的叢書劃上圓滿的句號，作爲其延續的新編諸子集成續編，現在正式啟動。它的立意、定位與宗旨同新編諸子集成一脈相承，力圖吸收和反映近幾十年來國學研究與古籍整理領域的新成果，爲學術界和普通讀者提供更多的子書品種和哲學史、思想史資料。

續編堅持穩步推進的原則，積少成多，不設擬目。希望本套書繼續得到海内外學者的支持。

中華書局編輯部

二〇〇九年五月

# 目録

# 前言

趙蕤，字大賓，又字雲卿，號東巖子。唐梓州鹽亭人。後徙郪縣，隱居長平山安昌巖。「博學韜鈐，長於經世。夫婦俱有節操。」（見北夢瑣言）與李白齊名，太守蘇頲薦云：「趙蕤術數，李白文章。」（見丹鉛總録）「開元中，三詔召之，不起。或云以讒死。」（見全唐文）著長短經行世。

長短經，後世有命名爲長短要術、儒門經濟長短經及反經者，皆刻板者、著録者或出版者考量儒家傳統地位及商業利益所爲。

長短經自序稱：「總六十有三篇，合爲十卷。」今本長短經實存九卷六十四篇。宋馬端臨文獻通考曰：「第十卷載陰謀家，本闕，今存者六十四篇。」四庫全書御題長短經詩注認爲：「意者六十三篇，『三』字乃『五』字之訛，其第十卷陰謀家止有一篇，亦未可知。」此推論可備一説。

長短經歷來被認爲是縱横謀略之書，四庫提要曰：「劉向序戰國策稱，或題曰『長短』。此書辨析事勢，其源蓋出於縱横家，故以『長短』命名。」

其實，作者定名之意，見於自序：「夫霸者，駁道也，蓋白黑雜合，不純用德焉。期於有成，不問所以；論於大體，不守小節。雖稱仁引義，不及三王，而扶顛定傾，其歸一揆。恐儒者溺於所聞，不知王霸殊略，故叙以長短術，以經綸通變者創立題目，總六十有三篇，合爲十卷，名曰長短經。」即是說，寫作此書就是針對死守王道的儒者做啓蒙工作。他認爲，諸子百家，無論儒家、道家、陰陽家、法家、名家、墨家、縱横家、雜家、農家，都各有所長，亦各有其弊。只就儒家而言，儒家經典六藝有長短：「温柔敦厚，詩教也；疏通知遠，書教也；廣博易良，樂教也；潔净精微，易教也；恭儉莊敬，禮教也；屬辭比事，春秋教也。故詩之失，愚；書之失，誣；樂之失，奢；易之失，賊；禮之失，煩；春秋之失，亂。」（見正論）儒家行不離口的仁、義、禮、樂、名、法、刑、賞有長短：「仁者所以博施於物，亦所以生偏私；義者所以立節行，亦所以成華僞；禮者所以行謹敬，亦所以生惰慢；樂者所以和情志，亦所以生淫放；名者所以正尊卑，亦所以生矜篡；法者所以齊衆異，亦所以乖名分；刑者所以威不服，亦所以生凌暴；賞者所以勸忠能，亦所以生鄙争。」（見反經）儒家頂禮膜拜的聖人亦有長短：「善人不得聖人之道不立，盗跖不得聖人之道不行，天下之善人少而不善人多，則聖人之利天下也少而害天下也多矣。」（見反經）「天地無全功，聖人無全能，萬物無全用。」（見是非）無論什麼事情，都有所長，亦有所短，長短、是非、好壞、優劣不是一成不變的，而是隨着時間、地點、形勢不同而不同，因此不能死守一家之説，要善用各家所長，「浴不必江海，要之去垢。馬不必騏驥，要之善走。士不必賢也，要之知道。女不必貴種，要之貞好」（見論士）。要懂得「隨時變通，不可執一」

(見適宜)。「法宜其時則理，事適其務故有功」(見適變)。「有法無法，因時爲業。時止則止，時行則行。動不失其時，其道光明。非至精者，孰能通於變哉」(見正論)。「今時移而法不變，務易而事以古，是則法與時詭，而事與務易，是以法立而時益亂，務爲而事益廢。故聖人之理國也，不法古，不脩今，當時而立功，在難而能免」(見適變)。總之，「前志垂教，今皆可以理違」(見是非)。所謂「長短術」，就是善於因時、因地、因勢，正確利用各家長短。長短之變用於何處？「夫欲論長短之變，故立政道以爲經焉」。所謂政道，即治理國家的方方面面：「明版籍，審什伍，限夫田，定刑名，立君長，急農商，去末作，敦學教，核才藝，簡精悍，修武備，嚴禁令，信賞罰，糾游戲，察苛尅，此十五者，雖聖人復起，必此言也。」(見政體)也就是説，長短之變是爲政權這個主體服務的。要掌握政權，鞏固政權，必須精通長短之變，「期於有成，不問所以；論於大體，不守小節」，只有這樣，方能「扶顛定傾」。長短經的寫作目的就是：「大旨在乎寧固根蒂(指政權)，革易時弊。興亡治亂，具載諸篇，爲沿襲之遠圖，作經濟之至道，非欲矯世誇俗，希聲慕名，輒露見聞，逗機來哲。凡厥有位，幸望詳焉。」(見自序)

至於長短、是非、好壞、優劣如何辨別，如何運用，作者也有精辟論述。

譬如：「夫管仲九合諸侯，一匡天下，而孔子小之；楚人不能伐燕，虞卿反以爲强大，天下無敵，非詭議也，各從其黨言之耳，不可不察。」(見量過)就是説，公説公有理，婆説婆有理，那是由各自的立場、各自的利害關係決定的。孔子小看管仲，這是孔子從其黨的立場而言；你若站在孔子的立場，你就一定會小看管仲。「世之君子未必君子，世之小人未必小人，世之禮讓未必禮讓」，「不可不察」（見勢運）。因此，對任何事情都應該多問幾個爲什麽，不要盲從。

又如：「治天下者有王、霸焉，有黄、老焉，有孔、墨焉，有申、商焉，此其所以異也。雖經緯殊制，救弊不同，然康濟群生，皆有以矣。」就是説，諸家雖然不同，但用來「康濟群生」，都各有所長。如果只知「引長代之法詰救弊之言，或引帝王之風譏霸者之政，不論時變而務以飾説」，就是「言僞而辯，順非而澤，此罪人也」（見適變）。「是猶待越客以拯溺，白大人以救火，善則善矣，豈所謂通於時變歟」（見自序）？惟有用長短之術「康濟群生」，讓「黎元樂業」，才能江山穩固，「雖有湯、武之聖不能興矣，況於布衣之細而敢偏袒大呼哉」（見七雄略）。要知「天下者，非一人之天下也，天下之天下也」（見懼誡）。

長短經「叙以長短術」，故辯證思維貫穿全書。辯證思維是智者的表現，與教條主義者截然不同，理應爲作者點贊。

長短經歷來著録爲雜家，作者自己也説：「雜説之益，有自來矣。故著此篇，蓋立理叙事，以示將來君子矣。」（見定名）所謂「立理叙事」，就是圍繞「寧固根蒂，革易時弊」（見自序）這個中心，分立題目，用長短術闡明自周末至唐初政權更迭的歷史及思想領域的是非。其顯著特點，就是從先秦至唐初百餘種古書中摘録原文加以排比，不時附以己見，避免了篡改前人觀點之嫌，可謂有理有據。集百家之言成書，稱雜家，可謂名副其實。全書分爲正文和注文兩部分，正文簡明，由注文補充，讀者可選擇閱讀。長短經以極小的篇幅，有選擇地囊括百家思想，以闡明自己的主張，符合作者「少則得，多則惑」（見兵權）的指導思想。

本書整理，以文物出版社一九九三年影印南宋初年杭州净戒院刊本爲底本，以叢書集成初編所收讀畫齋叢書本爲校本，以文淵閣四庫全書本爲參校本。底本對原徵引文獻中的避諱字有不少回改，亦有大量未改，今依舊不變；個别地方出注，是爲了便於理解正文，請讀者留意。爲方便閱讀，整理時，一般將底本中無關文意理解的簡筆字、異體字、古今字等改爲通行的繁體字；爲避免出校過於瑣碎，底本中明顯的形近而誤字徑改作正字，不同版本間的異文不逐一出注，而是擇要説明。長短經在內容上的一大特點是撮引不同文獻而成，此次整理，儘量覆覈相關原始文獻，並引用相關古注疏通義理，如漢書顔師古注、史記三家注等，爲避免繁瑣，凡引古注，一般不再注明文獻來源，如「漢書顔師古注」直接寫作「顔師古曰」。本書附録分兩部分，其一收録底本及校本的有關序跋，其二收録有關趙蕤及長短經的主要歷史記録，供讀者參看。疏誤之處，敬請批評指正。

梁運華　二〇一五年八月十四日

# 儒門經濟長短經序

梓州郪縣長平山安昌巖草莽臣趙蕤撰

趙子曰：匠成輿者憂人不貴，作箭者恐人不傷，彼豈有愛憎哉，寔伎業驅之然耳。是知當代之士，馳騖之曹，書讀縱横則思諸侯之變，藝長奇正則念風塵①之會。此亦向時②之論，必然之理矣。故先師孔子深探其本，憂其末，遂作春秋大乎王道，制孝經美乎德行，防萌杜漸，預有所抑，斯聖人制作之本意也。

然作法於理，其弊必亂。若至於亂，將焉救之？是以御世理人，罕聞沿襲。三代不同禮，五霸不同法，非其相反，蓋以救弊也。是故國容一致而忠文之道必殊，聖哲同風而皇王之名或異。豈非隨時設教沿乎此，因物成務牽乎彼！沿乎此者醇薄繼於所遭，牽乎彼者王霸存於所遇。故古之理者，其政有三：王者之政化之，霸者之政威之，

①「風塵」，戰亂。②「向時」，昔時，從前。

强國之政脅之。各有所施，不可易也。

管子曰：「聖人能輔時，不能違時。智者善謀，不如當時①。」鄒子曰：「政教文質所以匡救也，當時則用之，過則捨之。」由此觀之，當霸者之朝而行王者之化則悖矣，當强國之世而行霸者之威則乖矣。若時逢狙詐，正道陵夷，欲憲章②先王，廣陳德化，是猶待越客以拯溺，白大人以救火，善則善矣，豈所謂通於時變歟？

夫霸者，駁道也，蓋白黑雜合，不純用德焉。期於有成，不問所以；論於大體，不守小節。雖稱仁引義，不及三王，而扶顛定傾，其歸一揆。

恐儒者溺於所聞，不知王霸殊略，故叙以長短術，以經綸③通變④者創立題目，總六十有三篇，合爲十卷，名曰長短經。大旨在乎寧固根蔕，革易時弊。興亡治亂，具載諸篇，爲沿襲之遠圖，作經濟⑤之至道，非欲矯世誇俗，希聲慕名，輒⑥露見聞，逗機⑦來哲。凡厥有位，幸望詳焉。

---

①「當時」，適時。②「憲章」，效法。③「經綸」，治理，開導。④「通變」，通曉變化。⑤「經濟」，經世濟民。⑥「輒」，每每。⑦「逗機」，投機，兩相契合。

# 長短經卷第一　文上



## 大體第一

臣聞老子曰："以政①理②國，以奇用兵，以無事取天下。"荀卿曰："人主者，以官人爲能者也。匹夫者，以自能爲能者也。"傅子曰："士大夫分職而聽，諸侯之君分土而守，三公

①"政"，通"正"，正直，不偏邪。與"奇"相對。老子作"正"。

②"理"，"治"避諱字。老子作"治"。

總方而議，則天子拱己而正矣。」何以明其然耶？ 當堯之時，舜爲司徒，契爲司馬，禹爲司空，后稷爲田疇，夔爲樂正，倕爲工師，伯夷爲祑①宗，皋陶爲理官，益掌驅禽。 堯不能爲一焉，奚以爲君？ 而九子者爲臣，其故何也？ 堯知九賦之事，使九子各授其事，皆勝其任，以成九功，堯遂乘成功以王天下。

漢高帝曰：「夫運籌策於幃幄之中，決勝於千里之外，吾不如子房。 鎮國家，撫百姓，給餉餽，不絶糧道，吾不如蕭何。 連百萬之軍，戰必勝，攻必取，吾不如韓信。 三者皆人傑也，吾能用之，此吾所以有天下也。」人物志曰：「夫一官之任，以一味協五味；一國之政，以無味和五味。 故臣以自任爲能，君以能用人爲能；臣以能言爲能，君以能聽爲能；臣以能行爲能，君以能賞罰爲能。 所以不同，故能君衆能②也。」故曰：知人者，王道也；知事者，臣道也；無形者，物之君也；無端者，事之本也。 鼓不預③五音而爲五音主。 有道者不爲五官之事而爲理事之主。 君守其道，官知其事，有自來矣。

先王知其如此也，故用非其有如己有之，通乎君道者也。 議曰：淮南子④云：「巧匠爲宮

---

①「祑」，通「秩」。　②「能」，人物志作「材」。　③「預」，凡事相及爲預。「不預」，不屬於。　④「淮南子」，當爲「呂氏春秋」。以下引文見呂氏春秋分職。

室，爲圓必以規，爲方必以矩，爲平直必以準繩。功已就矣，而不知規矩準繩，而賞巧匠。宮室已成，不知巧匠，而皆曰某君某王之宮室也。」孫卿曰：「夫人主欲得善射中微則莫若使羿，欲得善御致遠則莫若使王良，欲得調一天下則莫若聰明君子矣。其用智甚簡，其爲事不勞，而功名甚大，此能用非其有如己有者也。」**人主不通主道者則不然，自爲之則不能任賢，不能任賢則賢者惡之，此功名之所以傷，國家之所以危。**

議曰：申子云：「君知其道也，臣知其事也。十言十當、百言百當者，人臣之事也，非人君之道也。」尸子云：「人臣者，以進賢爲功也。君者，以用賢爲功也。」賈誼云：「臣聞聖主言問其臣而不自造事，故使人臣得必盡其愚忠，惟陛下財幸①。」由是言之，夫君不能司契委任而妬賢惡能，取敗之道也。

**湯、武一日而盡有夏、商之財，以其地封而天下莫敢不悦服，以其財賞而天下皆競勸，通乎用非其有也。**

議曰：孫卿云：「脩禮者王，爲政者强，取人者安，聚斂者亡。故王者富人，霸者富士，僅存之國富大夫，亡國富筐篋，實府庫，是謂上溢下漏。」又曰：「天子不言多少②，諸侯不言利害，大夫不言得失。」昔者，周厲王好利，近榮公。芮良夫諫曰：「王室其將卑乎？榮公好專利而不知大難。夫利，百物之所生也，天地之所載也，而或③專之，其害多矣。天地，百物皆將取焉，何可專

---

①「財幸」，顔師古曰：「財與裁同，裁擇而幸從其言。」 ②「少」，原作「小」，據荀子改。 ③「或」，原作「有」，據國語改。

也？所怒①甚多而不備大難，以是教王，其能久乎？」後厲王果敗。魏文侯御廩灾，素服避正殿，群臣皆哭。公子成父趨入，賀曰：「臣聞天子藏於四海，諸侯藏於境內。非其所藏，不有火灾，必有人患。幸無人患，不亦善乎。」孔子曰：「百姓足，君孰與②不足。」周諺有言曰：「囊漏儲中。」由此言之，夫聖王以其地封，以其財賞，不與人争利，乃能通於主道，是用非其有者也。

故稱：「設官分職，君之體也；委任責成，君之體也；好謀無倦，君之體也；寬以得衆，君之體也；含垢藏疾，君之體也。」君有君人之體，其臣畏而愛之，此帝王所以成業也。

## 任長第二

臣聞：「料才覈能，治世之要。自非聖人，誰能兼兹百行，備貫衆理乎？故舜合③群司，隨才授④位；漢述功臣，三傑異稱。況非此儔而可備責耶？」夫剛略之人不能理微，故論其大體則弘博⑤而高遠，歷纖理微則宕往而疏越；亢厲之人不能迴撓，其論法直則括據⑥而公正，説變通則否戾而不入；寬恕之人不能速捷，論仁義則弘詳而長雅，趨時務則遲緩⑦而不及；好奇之人横逸而求

---

①「怒」，原作「利」，據國語改。　②「與」，原脱，據論語補。　③「合」，群書治要作「命」。　④「授」，群書治要作「守」。　⑤「博」，原作「略」，據人物志改。　⑥「據」，證據，憑據。人物志作「處」。　⑦「緩」，原作「後」，據人物志改。

異，造權譎則倜儻而瑰壯，案清道則詭常而恢迂。又曰：「王化之政，宜於統大，以之理小則迂。策術之政，宜於理難，以之理平則無奇。矯亢之政，宜於治侈，以之治弊則殘。公刻之政，宜於糾姦，以之治邊則失其衆。威猛之政，宜於討亂，以之治善則暴。伎倆之政，宜於治富，以之治貧則民勞而下困。此已上皆偏材也。」

昔伊尹之興土工也，强脊者使之負土，眇者使之推，傴者使之塗，各有所宜而人性齊矣。管仲曰：「升降揖讓，進退閑習，臣不如隰朋，請立以爲大行。闢土聚粟，盡地之利，臣不如寧戚，請立以爲司①田。平原廣牧，車不結轍，士不旋踵，鼓之而三軍之士視死如歸，臣不如王子城父，請立以爲大司馬。決獄折中，不殺不辜，不誣不罪，臣不如賓胥無，請立以爲大理②。犯君顏色，進諫必忠，不避死亡，不撓富貴，臣不如東郭牙，請立以爲大諫。君若欲治國强兵，則五子者存焉。若欲霸王，則夷吾在此。」

黄石公曰：「使智，使勇，使貪，使愚。智者樂立其功，勇者好行其志，貪者決取其利，愚者不愛其死。因其至情而用之，此軍之微權也。」

①「司」上，管子有「大」。②「理」上，管子有「司」。

淮南子曰：「天下之物莫凶於奚毒①，附子也。然而良醫橐而藏之，有所用也。麋之上山也，大章不能跂。及其下也，牧豎能追之。才有脩短也。胡人便於馬，越人便於舟，異形殊類，易事則悖矣。」

魏武詔②曰：「進取之士未必能有行，有行之士未必能進取。陳平豈篤行，蘇秦豈守信耶？而陳平定漢業，蘇秦濟弱燕者，任其長也。」

由此觀之，使韓信下帷，仲舒當戎，于公馳説，陸賈聽訟，必無曩時之勳而顯今日之名也。故任長之道，不可不察。議曰：魏桓範云：「帝王用人，度世授才。爭奪之時，書策爲先；分定之後，忠義爲首。故晉文行咎犯之計而賞雍季之言，高祖用陳平之智而託後於周勃。」古語曰：「守文之代，德高者位尊；倉卒之時，功多者賞厚。」諸葛亮曰：「老子長於養性，不可以臨危難。商鞅長於理法，不可以從教化。蘇、張③長於馳辭，不可以結盟誓。白起長於攻取，不可以廣衆。子胥④長於圖敵，不可以謀身。尾生長於守信，不可以應變。王嘉長於遇明君，不可以事暗主。許子將長於明臧否，不可以養人物。」此任長之術者也。

---

①「奚毒」，烏頭。淮南鴻烈解作「雞毒」。　②「詔」，三國志作「令」。　③「蘇、張」，蘇秦、張儀。　④「子胥」，伍子胥。

# 品目第三

夫天下重器，王者大統，莫不勞聰明於品材，獲安逸於任使，故孔子曰：「人有五儀，有庸人，有士人，有君子，有聖，有賢。審此五者，則治道畢矣。所謂庸人者，心不存慎終之規，口不吐訓格之言，格，法。不擇賢以託身，不力行以自定，見小闇大而不知所務，從物如流而不知所執，此則庸人也。所謂士人者，心有所定，計有所守，雖不能盡道術之本，必有率也；率猶述①也。雖不能徧②百善之美，必有處也。是故智不務多，務③審其所知；言不務多，務審其所謂；所謂，言之要也。行不務多，務審其所由。智既知之，言既得④之，得其要也。行既由之，則若性命形骸之不可易也。富貴不足以益，貧賤不足以損，此則士人也。所謂君子者，言必忠信而心不忌⑤，忌，怨害也。仁義在身而色不伐，思慮通明而辭不專。

①「述」，孔子家語作「行」。 ②「徧」，孔子家語作「備」。 ③「務」，孔子家語作「必」。下同。 ④「得」，孔子家語作「道」。 ⑤「忌」，孔子家語作「怨」，注作：「怨，咎。」

篤行信道，自强不息，油然若將可越而終不可及者，此君子也。油然，不進之貌也。越，過也。孫卿曰：「夫君子能爲可貴，不能使人必貴己；能爲可信，不能使人必信己；能爲可用，不能使人必用己。故君子耻不修，不耻見污；耻不信，不耻不見信；耻不能，不耻不見用。不誘於譽，不怨①於誹，率道而行，端然正己，謂之君子也。」所謂賢者，德不逾閑，閑，法也。行中規繩，言足法於天下而不傷其身，言滿天下，無口過也。道足化於百姓而不傷於本，本亦身也。富則天下無菀財，菀，積。施則天下不病貧，此則賢者也。所謂聖者，德合天地，變通無方，窮萬事之終始，協庶品之自然，敷其大道而遂成情性，明并日月，化行若神，下民不知其德，覩者不識其鄰，此聖者也。」鄰以喻界畔也。莊子曰：「刻意尚行，離世異俗，高論怨誹，爲亢②而已矣，此山谷之士，非世之人，枯槁赴淵者之所好也。語仁義忠信，恭儉推讓，爲脩而已矣，此平世之士，教誨之人也，游居博學者之所好也。語大功，立大名，禮君臣，正上下，爲治世③而已矣，此朝廷之士，尊主强國之人也，致功兼并者之所好也。就藪澤，處閑曠，釣魚閑處，無爲而已矣，此江海之士，避世之人也，閑暇者之所好也。吹呴呼吸，吐故納新，熊經鳥伸，爲壽而已矣，此導引之士，養形之人也，彭祖壽考者之所好也。若夫不刻意而

①「怨」，荀子作「恐」。②「亢」，原作「冗」，據莊子改。③「世」，莊子無。

高，無仁義而修，無功名而治，無江海而閑，不導引而壽，無不亡①也，無不有也，澹然無極而衆美從之，此天地之道、聖人之德者也。」

鈐經曰：「德足以懷遠，信足以一異，識足以鑒古，才足以冠世，此則人之英也。法足以成教，行足以修義，仁足以得衆，明足以照下，此則人之俊也。身足以爲儀表，智足以決嫌疑，操足以厲貪鄙，信足以懷殊俗，此則人之豪也。守節而無撓，處義而不回②，見嫌不苟免，見利不苟得，此則人之傑也。」德行高妙，容止可法，是謂清節之家③，延陵、晏嬰是也④。思通道化，策謀奇妙，是謂術家，范蠡、張良是也。其德足以厲風俗，其法足以正天下，其術足以謀廟勝，是謂國體，伊尹、呂望是也。其德足以率一國，其法⑤足以正鄉邑，其術足以權事宜，是謂器能，子產、西門豹是也。清節之流，不能弘恕，好尚譏訶，分別是非，是謂臧否，子夏之徒是也。法家之流，不能創思圖遠，而能受一官之任，錯意施巧，是爲伎倆，張敞、趙廣漢是也。術家之流，不能創制垂則，而能遭變用

---

①「亡」，莊子作「忘」。②「回」，原作「怒」，據黄石公素書改。其注云：「迫於利害之際而确然守義者，此不回也。」③「之家」，原脱，據人物志補。④此下，人物志有「建法立制，强國富人，是謂法家，管仲、商鞅是也」。⑤「法」上原衍「治」，據人物志删。

權，權智有餘，公正不足，是謂智意，陳平、韓安國是也。能屬①文著述，是謂文章，司馬遷、班固是也。能傳聖人之業而不能幹事施政，是謂儒學，毛公、貫公是也。辯不入道而應對資給，是謂口辯，樂毅、曹丘生是也。膽力絶衆，材略過人，是謂驍雄，白起、韓信是也。

家語曰：「昔者，明王必盡知天下良士之名，既知其名，又知其實，然後用天下之爵以尊之，則天下理也。」此之謂矣。

## 量才第四

夫人才能參差大小不同②，猶升不可以盛斛，滿則棄矣。非其人而使之，安得不殆乎？傅子曰：「凡品才有九：一曰德行以立道本。二曰理才以研事機。三曰政才以經治體。四曰學才以綜典文。五曰武才以禦軍旅。六曰農才以教耕稼。七曰工才以作器用。八曰商才以興國利。九曰辯才以長諷議。此量才者也。」故伊尹曰：「智通於大道，應變而不窮，辨於萬物之情，其言

① 「屬」，原脱，據人物志補。

② 「能」、「不同」，群書治要無。

足以調陰陽，正四時，節風雨，如是者舉以爲三公，故三公之事常在於道。漢文帝問陳平曰：「君所主何事？」對曰：「陛下不知臣駑下，使臣待罪宰相。宰相者，上佐天子，燮理陰陽，下遂萬物之宜，外鎮撫四夷，内親附百姓，使公卿大夫各得任①其職。」上曰：「善。」漢魏相書曰：「臣聞易曰：『天地以順動，故日月不過，四時不忒。聖人②以順動，則刑罰清而人服。』天地變化必由陰陽，陰陽之分以日月爲紀，各有常職，不得相干。明王謹於尊天，慎於養人，故立羲、和之官，以乘四時，敬③授人事。君動静以道，奉順陰陽，則日月光明，風雨時節，寒暑調和。三者得叙則灾害不生，人不夭④疾，衣食有餘矣。」此燮理陰陽之大體也。事具洪範篇。不失四時，通於地利⑤，能通不通⑥，能利不利⑦，如是者舉以爲九卿，故九卿之事常在於德。通於人事，行猶舉繩，通於關梁，實於府庫，如是者舉以爲大夫，故大夫之事常在於仁。蜀丞相諸葛亮主簿楊顒曰：「坐而論道，謂之三公。作而行之，謂之卿大夫。」忠正强諫而無有姦詐，去私立公而言有法度，如是者舉以爲列士，故列士之事常在於義也。故道德仁義定而天下正。」清節之德，師氏之任也。法家之材，司寇之任也。術家之材，三孤之任也。臧否之材，師氏之佐也。伎倆之材，司空之任也。儒學之材，保氏之任也。文

---

①「任」，原脱，據史記補。　②「人」，漢書作「王」。　③「敬」，漢書作「節」，顔師古曰：「各依其節而授以事。」　④「夭」，原作「犮」，據讀畫齋叢書本改。　⑤「利」，説苑作「理」。　⑥「不通」，説苑作「不能通」。　⑦「不利」，説苑作「不能利」。

章之材，國史之任也。驍雄之材，將帥之任也。

太公曰：「多言多語，惡口惡舌，終日言惡，寢卧不絶，爲衆所憎，爲人所疾，此可使要遮閭巷①，察姦伺禍②。權數③好事，夜卧早起，雖劇④不悔，此妻子之將也。先語察事，勸而與食，實長希言⑤，財⑥物平均，此十人之將也。忉忉截截⑦，垂意肅肅，不用諫言，數行刑戮，刑必見血，不避親戚，此百人之將也。訟辯好勝，嫉賊侵凌，斥人以刑，欲整一衆，此千人之將也。外貌怍怍⑧，言語時出，知人饑飽，習人劇易，此萬人之將也。戰戰慄慄，日慎一日，近賢進謀，使人知節，言語不慢，忠心誠畢，此十萬人之將也。經曰：「夫將雖以詳重爲貴，而不可有不決之疑；雖以博訪爲能，而不欲有多端之惑，此論將之妙也。」温良實長，用心無兩，見賢進之，行法不枉，此百萬人之將也。動動⑨紛紛，鄰國皆聞，出入豪居，百姓所親，誠信緩⑩大，明於領世，能效成事，又能救敗，上知天文，下知地理，四海之内，皆如妻子，此英雄之率，乃天下之主也。」聰明秀出謂之英，膽力過人謂之雄，此其大體之别名也。夫聰明者，英

---

①「遮閭巷」，群書治要作「問閭里」。　②「禍」，群書治要作「猾」。　③「權數」，權術，耍手段。　④「劇」，群書治要作「遽」。　⑤「實長希言」，多實誠，少言語。　⑥「財」，群書治要作「賦」。　⑦「忉忉截截」，繁言巧辯。　⑧「怍怍」，腼腆。　⑨「動動」，群書治要作「動動」。　⑩「緩」，寬。

之分也，不得雄之膽則説不行①。膽力者②，雄之分也，不得英之智則事不立。若聽能謀始而明不見機，可以坐論而不可以處事。若聽能謀始③，明能見機，而勇不能行④，可以修⑤常而⑥不可以慮變。若力能過人而勇不能行，可以爲力人，未可以爲先登。力能過人，勇能行之，而智不能料⑦事，可以爲先登，未足以爲將帥。必聽能謀始，明能見機，行⑧能決之，然後乃可以爲英，張良是也。氣力過人，勇能行之，智足料事，然後乃可以爲雄，韓信是也。若一人之身，兼有英雄，則能長世⑨，高祖、項羽是也。

**經曰：「智如源泉，行可以爲表儀者，人師也。智可以砥礪，行可以爲輔弼⑩者，人友也。據法守職而不敢爲非者，人吏也。當前快意，一呼再諾者，人隸也。故上主以師爲佐，中主以友爲佐，下主以吏爲佐，危亡之主以隸爲佐。欲觀其亡，必由其下。故同明者相見，同聽者相聞，同志者相從，非賢者莫能用賢。故輔佐左右，所欲任使者，存亡之機，得失之要。」**

**孫武曰：「主孰有道，**昔漢王見圍滎陽，謂陳平曰：「天下紛紛，何時定乎？」平曰：「項王爲人，

① 人物志注：「智而無膽，不能正言。」　② 「者」，原脱，據讀畫齋叢書本補。　③ 「始」，原脱，據讀畫齋叢書本補。

④ 「行」，原脱，據讀畫齋叢書本補。　⑤ 「修」，遵循。人物志作「循」。　⑥ 「而」下，原衍「以」，據讀畫齋叢書本刪。

⑦ 「料」，人物志作「斷」。下同。　⑧ 「行」，人物志作「膽」。　⑨ 「長世」，爲世之長，稱雄於世。

⑩ 「弼」，原作「警」，據韓詩外傳改。

恭敬愛人，士之廉節好禮者多歸之。至於行功賞爵邑重之，士亦以此不附。今大王嫚人少禮，士之頑鈍嗜利無耻者亦多歸漢。誠宜各去兩短，集其兩長，天下指麾不足①定也。」魏太祖謂郭嘉曰：「袁本初地廣兵强，吾欲討之，力不能敵，何如？」嘉對曰：「劉、項之不敵，公所知也。漢祖唯智勝，項羽雖强，終爲所擒。嘉竊料之，紹有十敗，公有十勝，雖兵强，無能爲也。紹繁禮多儀，公體任自然，此道勝，一也。紹雖兵强，紹以逆動，公以奉順，以率天下，此義勝，二也。漢末政失於寬，紹以寬濟，故不攝，公糾之以猛，而上下知制，此治勝，三也。紹外寬内忌，用人而旋疑之，所任唯親戚子弟耳，公外簡易而内機明，用人無疑，唯才能所宜，不問遠近，此度勝，四也。紹多計少決，失在後事，公策得輒行，應變無窮，此謀勝，五也。紹因累世之資，高議揖作②以收名譽，士之好言飾外者多歸之，公至心待人，推誠而行之，不爲虚美，以儉率下，與有功者無所吝，士之忠正遠見而有實者皆願爲用，此德勝，六也。紹見人饑寒，恤念之情形於顔色，其所不見，慮或不及，所謂婦人之仁耳，公於目前小事時有所忽，至於大事與四海相接，恩之所加，皆過其望，雖所不見，慮之所周，無不濟③也，此仁勝，七也。紹以大臣争權，讒言或用④，公御下以道，浸潤不行，此明勝，八也。紹是非不可知，公所是進之以禮，所不是正之以法，此文勝，九也。紹

---

①「不足」，顔師古曰：「不足者，言易也。」漢書作「即」。　②「作」，三國志作「讓」。　③「濟」，原作「可」，據三國志改。　④「或用」，三國志作「惑亂」。

好爲虛勢，不知兵要，公以少剋衆，用兵如神，軍人恃之，敵人畏之，此武勝，十也。」曹公曰：「吾知之。紹爲人，志大而智小，色厲而膽薄，忌剋而少威，兵多而分畫不明，將驕而政令不一，土地雖廣，糧食雖豐，適所以爲吾奉也。」楊阜曰：「袁公寬而不斷，好謀而少決，不斷則無威，少決則後①事。今雖强，終爲所擒。曹公有雄才遠略，決機②無疑，法一而兵③精，必能濟大事也。」**將孰有能**，袁紹率大衆攻許，孔融謂荀彧曰：「袁紹地廣兵强，田豐、許攸智計之士爲其謀，審配、逢紀盡忠之臣任其事，顔良、文醜勇冠三軍統其兵，殆難剋乎？」彧曰：「紹兵雖多而法令不整。田豐剛而犯上，許攸貪而不治。審配專而無謀，逢紀果而自用。此二人留知後事，許攸貪而犯法，必不能縱，不縱必爲變。顔良、文醜一夫之勇耳，可一戰而擒也。」後許攸貪不奉法，審配收其妻子。攸怒，奔曹公。又顔良臨陣授首，田豐以諫死，皆如彧所料也。**吾以此知勝④之謂矣。**」

## 知人第五

**臣聞主將之法，務覽英雄之心，然人未易知，知人未易。**漢光武聽聰之主也，謬於龐

①「後」上，三國志楊阜傳有「失」。　②「機」，原脱，據三國志補。　③「兵」，原作「真」，據三國志改。　④「勝」下，孫子有「負」。

萌；曹孟德知人之哲也，弊於張邈。何則？夫物類者，世之所惑亂也。故曰：「狙者類智而非智也，狙音自舒反，慢也。愚者類君子而非君子也，戇者類勇而非勇也。亡國之主似智，亡國之臣似忠，幽莠之幼似禾，驪牛之黄似虎，白骨疑象，碔砆類玉。此皆似是而非也。」人物志曰：「輕諾似烈而寡信，多易似能而無效，進鋭似精而去速，訶者似察而事煩，許①施似惠而無終②，面從似忠而退違，此似是而非者也。亦有似非而是者：大權似姦而有功，大智似愚而内明，博愛似虚而實厚，正言似訐而情忠，非天下之至精，孰能得其實也？」

孔子曰：「凡人心險於山川，難知之於③天。天猶有春秋冬夏旦暮之期，人者厚貌深情，故有貌愿而益④，有長若不肖⑤，長音竹兩反。有順懁而達⑥，有堅而縵⑦，有緩而釬⑧。」音汗。

太公曰：「士有嚴而不肖者，有温良而爲盜者，有外貌恭敬中心欺慢者，有精精而無情

---

① 「許」，人物志作「訏」。　② 「終」，人物志作「成」，注云：「當時似給，終無所成。」　③ 「知之於」，莊子作「於知」。

④ 莊子鬳齋口義：「有貌雖朴愿而情實求益利者。」　⑤ 莊子鬳齋口義：「有胸中亦抱所長而外不似有能者。不肖，不似也。」　⑥ 莊子鬳齋口義：「有柔順懁急而反達理者。」　⑦ 莊子鬳齋口義：「有似堅剛而實軟弱纏繞者。」　⑧ 莊子鬳齋口義：「釬，急也。有若寬緩而實褊急者。」

者，有威威而無成者，有如敢斷而不能斷者，有恍恍惚惚而反有忠實者，有倭倭俺俺①而有效者，有貌勇佷而内怯者，有夢夢②而反易人③者。無使不至，無使不遂，天下所賤，聖人所貴，凡人莫知，非有大明不④見其際。此士之外貌而不與中情相應者也。」桓範曰：「夫賢愚之異，使若葵之與莧，何得不知其然。若其莠之似禾，類是而非是，類賢而非賢。」揚子法言曰：「或問難知。曰：『太山之與蟻垤，江河之與行潦，非難也。大聖與大佞，難也。於乎！唯能別似者爲無難矣。』」

知此士者而有術焉：「微察問之以觀其辭，窮之以辭以觀其變，與之間謀⑤以觀其誠，明白顯問以觀其德，遠使以財以觀其廉，又曰：「委之以財以觀其仁，臨之以利以觀其廉。」試之以色以觀其貞，又曰：「悅之以色以觀其不淫。」告之以難以觀其勇，又曰：「告之以危而觀其勇。」又曰：「懼之以驗其特。」醉之以酒以觀其態。」又曰：「醉之以酒而觀其則。」又曰：「醉之以酒，觀其不失。」

莊子曰：「遠使之而觀其忠，又曰：「遠使之以觀其不二。」近使之而觀其敬，又曰：「近之以

①「倭倭俺俺」，游移徘徊。「倭俺」，同「逶迤」。　②「夢夢」，昏亂。六韜作「肅肅」。　③「易人」，輕視人。　④「不」，原作「乃」，據六韜改。　⑤「謀」，六韜作「諜」。

昵，觀其不狎。」煩使之而觀其能，又曰：「煩之以事以觀其理。」卒然問焉而觀其智，又曰：「設之以謀以觀其智。」太公曰：「事之而不窮者謀也①。」急與之期而觀其信，太公曰：「使之而不隱者謂信也。」雜之以處而觀其色。」又曰：「縱之以視，觀其無變。」

呂氏春秋曰：「通則觀其所禮，通，達也。貴則觀其所進，又曰：「達視其所舉也。」富則觀其所養，又曰：「富視其所與。」又曰：「見富貴人，觀其有禮施。」太公曰：「富之而不犯驕逸者，謂仁也。」聽則觀其所行，行則行仁。止②則觀其所好，又曰：「居視其所親。」又曰：「省其居處，觀其貞良。省其交游，觀其志比。」習則觀其所言，好則好義，言則言道。窮則觀其所不受③，又曰：「窮則視其所不爲非。」又曰：「貧視其所不取。」賤則觀其所不爲，又曰：「貧賤人觀其有德守也。」喜之以驗其守，守，慎守也。又曰：「喜之以觀其輕。」樂之以驗其僻，僻，邪僻也。又曰：「娱之以樂以觀其儉。」怒之以驗其節，節，性也。又曰：「怒之讎以觀其不怨也。」哀之以驗其仁，仁人見可哀者則哀。苦之以驗其志。」又曰：「撿之以觀其能安。」

經曰：「任寵之人，觀其不驕奢；太公曰：「貴之而不驕奢者，義也。」疏廢之人，觀其不背

---

①「也」，原脱，據六韜補。

②「止」，居也。原作「近」，據呂氏春秋論人改。

③「受」，原作「愛」，據呂氏春秋改。

越；榮顯之人，觀其不矜誇；隱約之人，觀其不懾懼。少者觀其恭敬好學而能悌，人物志曰：「夫幼智①之人，在於童齔，皆有端緒，故文本辭繁②，辨始給口③，仁出慈恤④，施發過與⑤，慎生畏懼⑥，廉起不取⑦者也。」壯者觀其廉絜務行而勝其私，老者觀其思慎、强其所不足而不踰。父子之間觀其慈孝，兄弟之間觀其和友，鄉黨之間觀其信義，君臣之間觀其忠惠。」太公曰：「付之而不轉者，忠也。」此之謂觀誠。傅子曰：「知人之難，莫難於別真僞。設所脩出於爲道者，則言自然而貴玄虚。所脩出於爲儒者，則言分制而貴公正。所脩出於爲縱横者，則言權宜而貴變常。九家殊務，各有所長，非所爲難也。以默者觀其行，以語者觀其辭，以出者觀其治，以處者觀其學。四德或異，所觀有微，又非所謂難也。所謂難者，典説詭合，轉應無窮，辱而言高，貪而言廉，賊而言仁，怯而言勇，詐而言信，淫而言貞，能設似而亂真，多端以疑闇，此凡人之所常惑⑧，明主之所甚疾也。君子内洗其心，以虚受人，外設法度⑨，立不易方，貞觀之道也。九流有主，貞一之道也。内貞觀而外貞一，則執

①「智」，原作「志」，據讀畫齋叢書本及人物志改。　②人物志注：「初辭繁者，長必文麗。」　③人物志注：「幼給口者，長必辯論。」「辨」，通「辯」。　④「慈」，原作「忘」，據讀畫齋叢書本及人物志改。人物志注：「幼慈恤者，長必矜人。」　⑤人物志注：「幼過與者，長必好施。」　⑥人物志注：「幼多畏者，長必謹慎。」　⑦人物志注：「幼不妄取，長必清廉。」　⑧「惑」，原作「或」，據讀畫齋叢書本改。　⑨「外設法度」，原脱，據意林補。

僞者無地而逃矣。夫空言易設，但責其實事之效，則是非之驗立可見也。故韓子曰：『人皆寐，盲者不知。人皆默，喑者不識。覺而使之視，問而使之對，則喑盲窮矣。發齒吻，視毛色，雖良、樂不能必馬。連車蹴駕，試之行途，則臧獲定其駑良。觀青黄，察瑕鏽，雖歐冶不能必劍。陸斷狗馬，水截蛟龍，雖愚者識其利鈍矣。』」是知明試責實乃聖功也。

人物志曰：「凡有血氣者，莫不稟陰陽以立性，體五行而著形。其在體也，木骨、金筋、火氣、土肌、水血，五物之象也。五物之實，各有所濟也。」骨植而柔立者謂之弘毅，弘毅也者，仁之質也。木則垂陰，爲仁之質，質不弘毅，不能成仁。氣清而朗者謂之文理，文理也者，禮之本也。火則照察，爲禮之本，本無文理，不能成禮。體端而實者謂之貞固，貞固也者，信之基也。土必吐生，爲信之基，基不貞固，不能成信也。筋勁而精者謂之勇敢，勇敢也者，義之決也。金能斷割，爲義之決，決不勇敢，不能成義也。色平而暢者謂之通微，通微也者，智之原也。水流疏達，爲智之原，原不通微，不能成智。五質恒性，故謂之五常。故曰：直而不柔①則木，木强徼訐②，失其正色③。勁而不精則力，負鼎絶臏，失其正勁④。固而不端則愚，專⑤己自是，陷於愚戇。氣而不清

①「柔」，原作「剛」，據四庫本及人物志改。②「徼訐」，揭人隱私。「徼」，人物志注作「激」。③「色」，人物志注作「直」。④「勁」，人物志注作「功」。⑤「專」，原作「惠」，據讀畫齋叢書本及人物志注改。

則越，辭不清順，發越無成。暢而不平則盪。好智無涯，盪然失己①。然則平陂之質在於神，神者，質②之主也，故神平則質平，神陂則質陂也。明闇之實在於精，精者，實之本，精惠③則實明，精濁則實暗。勇怯之勢在於筋，筋者，勢之用也，故筋勁則勢勇，弱則勢怯。强弱之植在於骨，骨者，植之基④，故骨麤⑤則植强，骨細⑥則植弱。躁静之決在於氣，氣者，決之地也，氣盛決於躁，氣沖決於静。慘懌之情在於色，色者，情⑦之候，故色悴由情慘，色懌⑧由情懌也。衰⑨正之形在於儀，儀者，形之表，故儀衰⑩由形殆，儀正由形肅。態度之動在於容，容者，動之符，衰動則容衰⑪，態正則容度⑫也。緩急之狀在於言。言者，心之狀，心恕則言緩，心偏⑬則言急也。若質素平淡，中睿外朗，筋勁植固，聲清色懌⑭，儀崇容直，則純粹之德也。」

夫人有氣，氣也者，謂誠在其中，必見諸外，故心氣麤訟⑮者其聲沈散，心氣詳慎者其

---

①「己」，人物志注作「紀」。
②「質」，原作「智」，據讀畫齋叢書本及人物志注改。
③「惠」，人物志注亦作「惠」，據下文當作「清」。
④「基」，原作「機」，據人物志注改。
⑤「麤」，人物志注作「剛」。
⑥「細」，人物志注作「柔」。
⑦「情」，原作「精」，據讀畫齋叢書本及人物志注改。
⑧「懌」，人物志注作「悦」。
⑨「衰」，原作「邪」，據讀畫齋叢書本及人物志注改。
⑩「衰」，原作「哀」，據讀畫齋叢書本及人物志注改。
⑪「衰動則容衰」，人物志注作「邪動則容態」。「態」，通「慝」，邪惡。
⑫「態正則容度」，人物志注作「正動則容度」。度，法度，規範。
⑬「偏」，人物志注作「徧」。
⑭「懌」，原作「澤」，據讀畫齋叢書本及人物志改。
⑮「訟」，讙譁。四庫本作「厲」。

聲和節，心氣鄙戾者其聲麤獷，心氣寬柔者其聲温潤。信氣中易，義氣時舒，和氣簡略，勇氣壯立，此之謂聽氣。以其聲，處其實。氣生物，物生有聲，聲有剛柔清濁，咸發乎聲。聽其聲，察其氣，考其所爲，皆可知矣。

又有察色。察色謂心氣内蓄，皆可以色取之。夫誠智必有難盡之色，又曰：「誠智必有明達之色。」誠仁必有可尊之色，又曰：「誠仁必有温柔之色。」誠勇必有難懾之色，又曰：「誠勇必有矜奮之色也。」誠忠必有可觀之色，誠絜必有難污之色，誠貞必有可信之色。質色浩然固以安，僞色曼然亂以煩，此之謂察色。人物志曰：「夫心質亮直，其儀勁固；心質平理，其儀安閑。夫仁，目①之精，慤然以端；勇，膽之精，曄然以强。夫憂患之色，乏而且荒；疾疢之色，亂而垢雜②。喜色愉然以懌，愠色厲然以揚，妒惑之色冒昧無常。是故其言甚懌而精色不從者，中有違也。其言有違而精色可信者，辭不敏也。言未發而怒色先見者，意憤溢也。言已③發而怒氣送之者，强所不然也。凡此之類，雖欲違之，精色不從，感④愕以明，雖變可知也。」

---

① 「目」，原作「固」，據讀畫齋叢書本及人物志九徵改。 ② 「雜」，原作「理」，據人物志八觀改。 ③ 「已」，人物志作「將」。 ④ 「感」，原作「威」，據人物志改。

又有考志。考志者，謂方與之言，以察其志。其氣寬以柔，其色擾①而不諂，其禮先人，其言後②人，每自見其所不足者，是益人也。若好臨人以色，高人以氣，勝人以言，防其所不足，而廢其所不能者，是損人也。太公曰：「博聞③辯辭，高行論議，而非時俗，此姦人也。王者愼勿寵之也。」其貌直而不侮，其言正而不私，不飾其美，不隱其惡，不防其過者，是質人也。又曰：「與之不爲喜，奪之不爲怒，沈靜而寡言，多信而寡貌者，是質静人也。」議曰：太公云：「樸其身頭④，惡其衣服⑤，語無爲以求名，言無欲以求得⑥，此僞人也。王者愼勿近之。」夫質人之中有如此之僞者也。若其貌曲媚，其言諛巧，飾其見物，務其小證，以故自説者，是無質人也。議曰：晏子云：「讒夫佞人之在君側，材能皆非常也。夫藏大不誠於中者，必謹小誠於外，以成其大不誠。此難得而知也。」荀悦曰：「察人情術，觀其言行，未必合道，而悦於己者，必佞人也。觀其言行，未必悦己，而合於道者，必正人也。」此察人之情之一端也。喜怒以物而色不作，煩亂以事而志不惑，深導以利而心不移，臨慴以威而氣不卑者，是平心固守人也。又曰：「榮之以物而不娛，犯之以卒而不懼，置義而不遷，臨貨而不迴者，是果正人也。」議曰：孔子稱：「取人之法，無取健。健，貪也。」夫健之

---

①擾，約束，收斂。逸周書官人作「儉」。　②「後」，原作「以」，據讀畫齋叢書本及逸周書改。　③「聞」，原作「文」，據六韜改。　④「頭」，六韜作「躬」。　⑤「服」，六韜作「食」。　⑥「得」，六韜作「利」。

弊有如此者矣。若喜怒以物而心變易，亂之以事而志不治，示之以利而心遷動，懾之以威而氣恇懼者，是鄙心而假氣人也。又曰：「若移易以言，志不能固，已諾而不決者，是情弱之人也。」設之以物而數決，驚之以卒而屢應，不文而慧者，是有智思之人。議曰：太公云：「有名而無實，出入異言，揚美掩惡，進退爲功，王者慎勿與謀。」夫智思之人弊於是矣。若難設以物，難說以言，守一而不知變，固執而不知改，是愚佷人也。議曰：志士守操，愚佷難變。夫不變是同，而愚智異者，以道爲管也。何以言之？新語云：「夫長於變者不可窮以詐，通於道者不可驚以怪，審於辭者不可惑以言，達於義者不可動以利，故君子聞見欲衆而採擇欲謹，學問欲博而行己欲敦，目不淫炫燿之色，耳不亂阿諛之辭，雖利以齊、魯之富而志不移，談以松、喬①之壽而行不改，然後能一其道而定其操，致其事而立其功，觀其道業。」此其所以與愚佷異也。若屏言而勿顧，自私而不護，非是而强之，是誣嫉人也。議曰：劉備以客見諸葛亮而賢之。亮曰：「觀客色動而神懼，視低而忤數，姦形外漏，邪心内藏，必曹氏刺客。」後果然。夫姦人容止大抵如是。何晏、夏侯玄、鄧颺等求交於傅嘏，而不納也，或怪而問之。嘏曰：「太初②志大，其量能合虚聲而無實才。何平叔③言遠而情近，好辯而無誠④，所謂利口覆

---

①「談以松、喬」，新語作「談之以喬、松」。 ②「太初」，夏侯玄字太初。 ③「何平叔」，何晏字平叔。 ④「誠」，原作「成」，據讀畫齋叢書本及三國志改。

國之人也。鄧玄茂①有爲而無終②，外要③名利，内無關鑰，貴同而惡異，多言而妬④前。多言多敗釁，妬前而無功⑤。以吾觀此三人，皆敗德也。遠之猶恐禍及，況昵之乎。」後皆如嘏言。夫妬者之行有如此者⑥也。**此之謂考志。**人物志曰：「夫精欲深微，質欲懿重，志欲弘大，心欲嗛⑦小。精微所以入神妙也，懿重所以崇德守也，志大所以堪物任也，心小⑧所以慎咎悔也，故詩詠文王，『小心翼翼』，『不大聲以色』，心小也；『王赫斯怒』，『以對于天下』，志大也。由此論之，心小志大者，聖賢之倫也；心大志大者，豪傑之儁也；心大志小者，敖蕩之類也；心小志小者，拘懦之人也。」

**又有測隱。測隱者，若小施而好得，小讓而大爭，言願以爲質，僞愛以爲忠，尊其行以收其名，此隱於仁賢。**孫卿曰：「仲尼之門，五尺童子羞言霸道者，何也？彼非本政教也，非服人心也，以讓飾争，依乎仁而蹈利者也，小人之桀耳，曷足稱大君子之門乎！」**若問則不對，詳而不窮，貌示有餘，假道自從，困之以物，窮則託深，此隱於藝文也。**又曰：「慮誠不及而佯⑨爲不言，内誠

---

①「茂」，原作「成」，據讀畫齋叢書本及三國志改。鄧颺字玄茂。②「終」，原作「要」，據讀畫齋叢書本及三國志改。③「要」，原作「好」，據讀畫齋叢書本及三國志改。④「妬」，原作「姤」，據讀畫齋叢書本及三國志改。下同。⑤「功」，三國志作「親」。⑥「者」，讀畫齋叢書本無。⑦「嗛」，原作「謙」，據讀畫齋叢書本及人物志七繆改。⑧「心小」，原作「小心」，據讀畫齋叢書本及人物志乙。⑨「佯」，原作「詳」，據大戴禮記改。

不足而色示①有餘，此隱於智術者也。」人物志曰：「有處後特長②，從衆所安，似能聽斷者；有避難不應，似若有餘，而實不解者；有因勝情錯失③，窮而稱妙，似理不可屈者。此數似者，衆人之所惑也。」**若高言以爲廉，矯厲以爲勇，內恐外誇，亟而稱説，以詐氣臨人，此隱於廉勇也。**議曰：太公云：「無智略大謀，而以重賞尊爵之，故强勇輕戰，僥倖於外。王者慎勿使將。」此詐勇之弊也。**若自事君親，而好以告人，飾其見物而不誠於內，發名以君親，因名以私身，此隱於忠孝也。此謂測隱矣。**人物志曰：「尤妙之人，含精於內④，外無飾姿；尤虚之人⑤，碩言瑰姿，內實乖違，而人之求奇，不以精微測其玄機，或以貌少爲不足，或以瑰姿爲巨偉，或以直露爲虚華，或以巧飾爲真實。」何由得哉！故須測隱焉。

**夫人言行不類，終始相悖，外內不合，而立假節以惑視聽者，曰毁志者也。**人物志曰：「夫純訐性違，不能公正。依訐似直，以訐訐善，純宕似流，不能通道。依宕似通，行敖過節。故曰直者

---

①「示」，原作「亦」，據大戴禮記改。　②「特長」，特別擅長。「特」，讀畫齋叢書本及人物志作「持」。　③「因」，原作「姻」，據讀畫齋叢書本及人物志改。「情錯」，原脱「情」，人物志脱「錯」，據讀畫齋叢書本補「情」。「勝情」，高雅的情趣。　④「於內」，原作「內真」，據人物志改。　⑤「人」，原脱，據讀畫齋叢書本及人物志補。

亦訐，訐者亦訐，其訐則同，其所以爲訐則異。通者亦宕，宕者亦宕，其宕則同，其所以爲宕①則異。觀其依似則毁志可知也。」若飲食以親，貨賂以交，損利以合，得其權譽而隱於物者，曰貪鄙者也。太公曰：「果敢輕死，苟以貪得，尊爵重禄，不圖大事，待利而動，王者慎勿使也。」若小知而不大解，小能而不大成，規小物而不知大倫，曰華誕者也。文子曰：「夫人情莫不有所短，誠其大略是也。雖有小過不足以爲累，誠其大略非也。閭里之行，未足多也。」

又有揆德。揆德者，其有言忠行夷，秉志無私，施不求反，情忠而察，貌拙而安者，曰仁心者也。有事變而能治，效窮而能達，措身立功而能遂，曰有知者也。有富貴恭儉而能施②，威嚴有禮而不驕，曰有德者也。議曰：魚豢云：「貧不學儉，卑不學恭，非人性分處所然耳。是知别恭儉者，必在於富貴人也。」有隱約而不懾，安樂而不奢，勳勞而不變，喜怒而有度，曰有守者也。有恭敬以事君，恩愛以事親，情乖而不叛，力竭而無違，曰忠孝者也。此之謂揆德。桓範曰：「夫帝王之君，歷代相踵，莫不慕霸王之任賢，惡亡國之失士，然猶授任凶愚，破亡相屬。其故何哉？由取人不求合道，而求合己也。」故人物志曰：「清節之人，以正直③爲度，故能④歷衆材也，

①「宕」，原作「訐」，據讀畫齋叢書本及人物志改。　②「施」，原脱，據逸周書官人補。　③「正直」，原作「真正」，據人物志改。　④「能」，讀畫齋叢書本作「其」。

能識性行之常，而或疑法術之詭。術謨之人，以思謀爲度，故能識策略之奇，而或失遵法之良。伎倆之人，以邀功爲度，故能識進趣之功，而不通道德之化。言語之人，以辯析爲度，故能識捷給之慧，而不知含章之美。是以互相非駁，莫肯相是。凡此之類，皆謂一流。故一流之人，能識一流之善。二流之人，能識二流之美。盡有諸流①，則亦能兼達衆材矣。」又曰：「夫務名者，不能出陵②己之後。是故性同而相③傾，則相援而相賴也。性同而勢均，則相競而相害也。此又同體之變。」不可不察也。

**夫聖賢之所美，莫美乎聰明。聰明之所貴，莫貴乎知人。知人識智，則衆材得其序而庶績之業興矣。**又曰：「夫天下之人，不可盡與游處。何以知之？欲觀其一隅，則終朝足以識之。將究其詳，必三日而後足。何謂三日而後足？夫國體之人，兼有三材，故不談三日不足以盡之。一以論道德，二以論法制，三以論策術，然後乃能竭其所長而舉之不疑。然則何以知其兼偏而與之言乎？其爲人也，務以流數杼④人之所長，而爲之名目，如是者兼也；好陳己善，欲人稱之⑤，不欲知人之所有，如是者謂偏也。」**是故仲尼訓六蔽以戒偏材之失，**仁者愛物，蔽在無斷。信者誠露，蔽在無隱。此偏

---

①「流」下，原衍「則亦能流」，據讀畫齋叢書本及人物志删。②「陵」，原脱，據讀畫齋叢書本及人物志七繆補。人物志注：「人陵於己則忿而不服。」③「相」，讀畫齋叢書本作「材」。④「杼」，通「抒」，申述。⑤「稱之」，原作「之稱」，據讀畫齋叢書本及人物志接識乙。

材之常失也。思狂狷以通拘抗之材，疾悾悾①而無信，以明爲似之難保。察其所安，觀其所由，以知居止之行。率此道也，人焉廋哉！人焉廋哉！

## 察相第六

左傳曰：「周内史叔服如魯，公孫敖聞其能相人也，見②其二子焉。叔服曰：『穀③也食④子，難也⑤收⑥子。穀也豐下，必有後於魯國。』」杜預曰：「豐下謂面方也。」鄭伯享趙孟于垂隴，七子⑦從。趙孟曰：「七子從君，以寵武⑧也。請皆賦，以卒⑨君貺⑩。」子展賦草蟲。趙孟曰：「善哉，人之主也。抑⑪武也，不足以當之。」印段賦蟋蟀。趙孟曰：「善哉，保家之主，吾有望矣。」文子曰⑫：「子展其後亡者也，在上不忘降⑬。印氏其次也，樂而不荒。樂以安人，不淫以使之，後亡，不亦可乎！」

①「悾悾」，原作「空空」，據讀畫齋叢書本及人物志自序改。　②「見」，引見。　③「穀」，公孫敖之子。　④「食」，供養。　⑤「難也」，原作「也難」，據左傳乙。「難」，公孫敖之子。　⑥「收」，安葬。　⑦「七子」，指子展、伯有、子西、子產、子大叔、印段、公孫段。　⑧「武」，原作「之」，據左傳杜預注改。「武」，即趙孟。　⑨「卒」，終也，成就。　⑩「貺」，原作「以」，據左傳杜預注改。「貺」，賜也。　⑪「抑」，語辭。　⑫「文子曰」，原脱，據左傳補。「文子」，即趙孟。　⑬「不」、「降」，原脱，據左傳杜預注補。「降」，指降低身份，謙遜。

漢書曰：「高祖立濞爲吴王，已拜，上相之曰：『汝面狀有反相，漢後五十年，東南有亂，豈非汝耶？天下一家，慎無反。』」經曰：「眉上骨斗①高者，名爲九反骨，其人恒有苞②藏之志。」又曰：「黄色繞天中③，從髮際通兩顴④，其兩眉下各發黄色，其中正上復有黄色直下鼻者，三公相也。若下賤有此色者，能殺君父。」春秋左氏傳曰：「楚子將以商臣爲太子，訪諸令尹子上。子上曰：『是人也，蜂目豺聲，忍人也，不可立也。』弗聽。後謀反，以宫甲圍成王，縊之。」又曰：「楚司馬子良生子越椒，子文曰：『必殺之。是人也，熊虎之狀，而豺狼之聲，弗殺，必滅若敖氏矣。諺曰：「狼子野心。」是乃狼也，其可畜乎！』子良不可，後果反，攻王。楚王鼓而進，遂滅若敖氏。」又曰：「晉韓宣子如齊，見子雅。子雅召其子⑤子旗，使見宣子。宣子曰：『非保家之主也，不臣。』」杜預曰：「言子旗⑥志器亢也。」後十年來奔。周靈王⑦之弟儋季卒，其子括將見王，而歎。單公子愆期⑧聞其歎⑨也，入以告王曰：「不戚而願大，視躁而足高，心在他矣。不殺，必爲害。」王曰：「童子何知！」及靈王崩，儋括欲立王子佞夫。周大夫殺佞夫。齊崔杼帥師伐我。公患之。孟公⑩綽曰：「崔子將有大志，不在病我，必速歸，何患焉？其

①「斗」，通「陡」。　②「苞」，通「包」。　③「天中」，裴松之曰：「相書謂鼻之所在爲天中。」　④「顴」，原作「簒」，據左傳杜預注改。　⑤「子」下，原衍「旗」，據左傳刪。　⑥「旗」，原作「雅」，據左傳改。　⑦「王」，原作「公」，據左傳改。　⑧「公子愆期」，原作「于公愆旗」，據左傳改。　⑨「歎」上，原衍「難」，據左傳刪。　⑩「公」，原作「分」，據左傳改。

來也不寇，使人不嚴，異於他日。」齊師徒①歸，果弑莊公。晉、楚會諸侯而盟，楚公子圍設服離衛，魯大夫叔孫穆子曰：「楚公子美矣，君哉！」杜預曰：「設君服也。此年子圍簒位。」衛孫文子來聘，君登亦登。叔孫穆子趨進曰：「諸侯之會，寡君未嘗後衛君。今吾子不後寡君，未知所過。吾子其少安。」孫子無辭，亦無悛容。穆叔曰：「孫子必亡。爲臣而君過而不悛，亡之本也。」後十四年，林父逐君。初，鄭伯享趙孟，七子賦詩。伯有賦鶉之賁賁。享卒，趙孟告叔向曰：「伯有將爲戮矣。詩以言志，志誣其上而公怨之，以爲賓榮，其能久乎！」魏時，管輅相。何晏、鄧颺當誅死，輅舅問之。答曰：「鄧颺行步，筋②不束骨，脉不制肉，起立③傾倚，若無手足，謂之鬼躁。何之④視候，魂不守宅，面無華色，精爽煙浮，容若枯木，謂之鬼幽。鬼躁者爲風所收，鬼幽者爲火所燒，自然之符，不可蔽也。」守孔熙光⑤就姚生曰：「夫相人也，天⑥欲其員，地⑦欲其方，眼欲光曜，鼻須柱梁，四瀆欲明，五岳⑧欲强。此數者，君無一焉。又君之眸子脈脈⑨如望羊⑩，行委曲而失步，聲嘶散而不揚，豈唯失其福禄，將乃罹其禍殃。」後皆謀反，

①「徒」，原作「從」，據左傳改。　②「筋」，原作「節」，據三國志魏志管輅傳注引輅别傳改。　③「立」，原作「上」，據三國志改。　④「之」，原作「足」，據三國志改。　⑤「守孔熙光」，疑即懼誡篇「宋孔熙先」，宋書稱「孔熙先謀逆」伏誅。事見宋書范曄傳。　⑥「天」，全身指頭，面部指額。　⑦「地」，全身指腳，面部指頷。　⑧「四瀆」、「五岳」，見下文「五岳四瀆」注。　⑨「脈脈」，凝視貌。原作「服服」，據四庫本改。　⑩「望羊」，仰視貌。

被殺之矣。**由此觀之，以相察士，其來尚矣。故曰：「貴賤①在於骨法，憂喜在於容色，**經曰：「青主憂，白主哭泣，黑主病，赤主驚恐，黃主慶喜，凡此五色，并以四時判之。春三月，青色王，赤色相，白色囚，黃、黑二色皆死。夏三月，赤色王，白色、黃色皆相，青色死，黑色囚。秋三月，白色王，黑色相，赤色死，青、黃二色皆囚。冬三月，黑色王②，青色相③，白色死，黃與赤二色囚。若得其時，色王、相者吉。不得其時，色王、相若囚、死者凶。」魏管輅往族兄家，見二客。客去，輅謂兄曰：「此二人，天庭及口耳之間同有凶氣，異變④俱起，雙魂無宅，流魄於海，骨歸於家。」後果溺死。此略舉色變之效。**成敗在於決斷。以此參之，萬不失一。**

**經曰：「言貴賤者存乎骨骼，言修短者存乎虛實，**經曰：「夫人喘息者，命之所存也。喘息條條⑤狀長而緩者，長命人也。喘息急促出入不等者，短命人也。」又曰：「骨肉堅硬，壽而不樂。體肉耎者，樂而不壽。」左傳曰：「魯使襄仲如齊。復曰：『臣聞齊人將食魯之麥。以臣觀之，將不能。齊君之語偷。臧文仲有言曰：「人主偷，必死。」』」後果然。鄭伯如晉拜成，授玉於東楹之東。晉大夫貞伯曰：「鄭伯其死乎！自棄也已。視流而行速，不安其位，宜不能久。」杜預曰：「言鄭伯不端諦⑥也。」六月

---

①「貴賤」，原作「富貴」，據史記淮陰侯列傳改。　②「王」，原作「相」，據讀畫齋叢書本改。　③「相」，原作「王」，據讀畫齋叢書本改。　④「異變」，原脱，據三國志補。　⑤「條條」，暢達貌。　⑥「端諦」，端莊專注。

卒。天王使劉康公、成肅公會晉侯伐秦。成子受脤①於社，不敬。劉子曰：「吾聞之：人受天地之中以生，所爲命也。是以有動作禮義威儀之則，以定命也。能者養之以福，不能者敗以取禍。是故君子勤禮，小人盡力。勤禮莫如致敬，盡力莫如敦篤。敬在養神，篤在守業。國之大事，在祀與戎。祀②有執燔③，戎有受脤，神之大節也。今成子墮，棄其命矣，其不反④乎！」五月卒于瑕。晉侯斃程鄭，使佐下軍。鄭行人公孫揮⑤如晉聘，程鄭問焉，曰：「敢問降階何由？」子羽不能對，歸以語然明。然明曰：「是將死矣。不然，將亡。貴而知懼，懼而思降，乃得其階。下人而已，又何問焉？且夫既登而求降者，知人也，不在程鄭。其有亡釁⑥乎！不然，其有惑疾，將死而憂乎！」明年，程鄭卒。天王使單子會韓宣子于戚，視下言徐。叔向曰：「單子其將死乎！朝有著定⑦，會⑧有表⑨，衣有襘⑩，帶有結⑪。會朝之言，必聞於表著之位，所以昭事序也；視不過結襘之中，所以導容貌也。言以命⑫之，容貌以明之，失則有闕。今單子爲王官伯，而命事於會，視不登帶，言不過步，貌不導容，而言不昭矣。不道，不恭；不昭，

①「脤」，祭祀用的生肉。　②「祀」，原作「祝」，據左傳改。　③「燔」，通「膰」，祭祀用的熟肉。　④「反」，原作「及」，據左傳改。　⑤「揮」，原作「翬」，據左傳改。「公孫揮」，字子羽。　⑥「亡釁」，逃亡的徵兆。　⑦「著」，毛傳：「門屏之間曰著。」古代官員上朝之處。「著定」，朝位依貴賤而定，故曰著定。　⑧「會」，盟會。　⑨「表」，盟會時，以物標幟位次曰表。　⑩「襘」，衣領交叉處。　⑪「結」，衣帶連接處。　⑫「命」上，原衍「定」，據左傳刪。

不從。無守氣矣。」此冬，單子卒。宋平公享昭子①，宴飲樂，語相泣也。樂祁佐，退而告人曰：「今②茲君與叔孫其將死乎！吾聞之：『哀樂而樂哀，皆喪心也。』心之精爽，是謂魂魄。魂魄去之，何以能久？」此年，叔孫、宋公皆卒。邾隱公來朝，執玉高，其容仰。魯公受玉③卑，其容俯。子貢曰：「以禮觀之，二君皆有死氣④。高、仰，驕也；卑、俯，替也。驕近亂，替近疾，君爲主，其先亡乎！」此年，公薨。哀七年，以邾子益⑤歸。衛侯會吴于鄖。吴人藩⑥衛侯之舍。子貢説太宰嚭而免⑦之。衛侯歸，效夷言。子之⑧尚幼，曰：「君必不免，其死於夷乎！執焉⑨而又説其言，從之固⑩矣。」後卒死於楚。魯公作楚宫。穆叔曰：「太誓云：『人之所欲，天必從之。』君欲楚也夫，故作其宫。不復適楚，必死是宫。」六月辛巳，公薨于楚宫。晉侯使郤犨送孫林父于衛，衛侯饗之。苦成叔⑪敖。衛大夫甯子曰：「苦成家其亡乎！古之饗食也，以觀威儀，省禍福，故詩云：『兕觥其觩，旨酒思柔。彼交匪敖，萬福來求。』今夫子敖，取禍之道也。」十七年，郤氏亡。齊侯與衛侯會于商王，不敬。叔向曰：「二君者必不免。會朝，禮之經也；禮，政之輿⑫也；政，身之守也。怠禮失政，失政不立，是以亂也。」二十五年，齊弑光⑬。二十六

---

①「昭子」，叔孫昭子。　②「今」上，原衍「本」，據左傳删。　③「玉」上，原衍「其」，據左傳删。　④「死氣」，左傳作「死亡焉」。　⑤「邾子益」，邾隱公。　⑥「藩」，包圍。　⑦「免」上，原衍「不」，據左傳删。　⑧「子之」，衛臣。　⑨「焉」，原作「馬」，據左傳改。　⑩「固」，必然，一定。　⑪「苦成叔」，郤犨。　⑫「輿」，原作「興」，據左傳改。　⑬「光」，齊莊公。

年，衛弑剽①也。言性靈者存乎容止。」斯其大體。

**夫相人先視其面，面有五岳四瀆**②，五岳者，額爲衡山，頰③頤爲恒山，鼻爲嵩山，左權④爲泰山，右權爲華山。四瀆者，鼻孔爲濟，口爲河，目爲淮，耳爲江。五岳欲聳峻圓滿。四瀆欲深大崖岸成就。五岳成者，富人也，不豐則貧。四瀆成者，貴人也，不成則賤矣。**五官六府**⑤，五官者，口一，鼻二，耳三，目四，人中⑥五。六府者，兩行⑦上爲二府，兩輔角⑧爲四府，兩權衡上爲六府。一官好，貴十年。一府好，富十年。五官六府皆好，富貴無已。左爲文，右爲武也。**九州**⑨**八極**，九州者，額從左達右，無縱理，不敗絶，狀如覆肝者爲善。八極者，登鼻而望，八方成形，不相傾者爲良也。**七門**⑩**二儀**。七門者，兩姦門，兩闕門⑪，兩命門，一庭中⑫。二儀者，頭圓法天，足方象地。天欲得高，地欲得厚。若頭小

---

①「剽」，衛殤公公孫剽。　②「五岳四瀆」，太清神鑑：「古人論部位之法，以額、準頭、地角、左右顴爲五嶽，以眼口鼻耳爲四瀆。故額爲衡嶽，欲得方而廣；頷爲恒嶽，欲得圓而厚；左顴爲泰嶽，右顴爲華嶽，左右欲得圓而正；鼻爲嵩嶽，欲得高而峻。故五嶽須要豐隆而相朝，高峻而不陷，乃相之貴矣。」虎鈐經：「鼻江，口河，目淮，耳濟。」　③「頰」，原作「煩」，據四庫本改。讀畫齋叢書本脱。　④「權」，通「顴」。　⑤「六府」，人倫大統賦薛延年注：「兩輔骨（頷骨），兩顴骨，兩頤骨。」　⑥「人中」，太清神鑑作「眉」，曰：「眉爲保壽官。」　⑦「兩行」，指兩眉。太清神鑑作「兩目」。　⑧「兩輔角」，即兩輔骨。　⑨「九州」，唇下（冀州），印堂上（揚州），右顴（青州），左笑靨下（雍州），鼻梁（豫州），左眼尾下（荆州），右眼尾下（徐州），左顴（梁州），右笑靨下（兗州）。　⑩「七門」，指兩斗門（眉頭）、兩姦門（眼尾）、兩命門（耳孔）及鼻梁。　⑪「兩闕門」，即兩斗門。　⑫「庭中」，指鼻。

足薄，貧賤人也。七門皆好，富貴人也。總而言之，額①爲天，頦②爲地，鼻爲人，左目爲日，右目爲月。天欲張，地欲方，人欲深廣，日月欲光。天好者貴，地好者富，人好者壽，日月好者茂。上亭③爲天，主父母貴賤。中亭爲人，主昆弟妻子仁義年壽。下亭爲地，主田宅奴婢畜牧飲食也。

**若夫權骨纔④起，膚色潤澤者，九品之候也。** 又曰：「腰腹相稱，臀髀纔厚，及高視廣步，此皆九品候也。」夫色須厚重，腰須廣長，故經曰：「面如黄瓜，富貴榮華。白如截脂，黑色如漆，紫色如椹，腰廣而長，腹如垂囊，行如鵝龜，此皆富貴人也。」凡稱夫公侯將相已下者，不論班品也。**輔骨小見，鼻准微端者，八品之候也。** 又曰：「胸背微豐，手足悦澤，及身端步平者，此皆八品之候也。」夫鼻須洪直而長，胸脾須豐厚如龜形，手足色須赤白，此皆富貴人也。」故經曰：「手足如綿，富貴終年。手足厚好，立使在傍也。」**輔角成稜，倉庫⑤皆平者，七品之候也。** 又曰：「胸厚頸麤，臂脛傭均⑥，及語調顧定⑦者，此皆七品之候也。」夫頸須麤短，手臂須纖長，語須如篁⑧及鳳，此皆貴相也。故經曰：「額角

---

①「額」上，原衍「夫」，據讀畫齋叢書本删。 ②「頦」，原作「頤」，薛延年曰：「人稟三才，額爲天，頦爲地，鼻爲人。」今據改。讀書紀數略：「額爲天，唇下爲地。」 ③「亭」，通「停」，量詞，總數分成幾部分，其中一部分爲一停。 ④「纔」，微見。 ⑤「倉庫」，天倉、地庫。兩眉上爲天倉上府，兩顴骨爲中府，兩頤爲下府。顎之下部爲地庫。 ⑥「傭均」，均匀。 ⑦「顧定」，固定。 ⑧「篁」，通「凰」。

高聳，職位優重。虎頸圓㔩，富貴有餘。牛顧虎視，富貴無比。天倉滿，得天禄。地倉滿，豐酒肉也。」**天中**①**豐隆，印堂端正者，六品之候也。**又曰：「腦起②身方，手厚腰圓，及聲清音朗者，此皆六品之候也。夫人額上連天中，下及司空，有骨若肉如環者，名曰天城。周匝無缺者，大貴。有缺若門者，爲三公。夫聲者須深實，大而不濁，小而能彰，遠而不散，近而不亡，餘響激澈，似若笙篁③，宛轉流韻，能圓能長，此善者也。宮聲重大沈壅，商聲堅勁廣博，角聲圓長通徹，徵聲抑揚流利，羽聲奄藹低曳，此謂正聲也。」**伏犀**④**明峻，輔角豐穠者，五品之候也。**又曰：「頸短背隆，乳闊腹垂，及鵝行虎步者，皆五品之候也。」夫人腦縫骨起，前後長大者，將軍二千石領兵相也。出髮際爲伏犀，須聳峻稜利，公侯相也。不用寬平，有坎者迍剥，有峰者大佳。寬平者猶爲食禄。夫腹須端妍，故曰：「馬腹龐龐，玉帛豐穠也。」**邊地高深，福堂廣厚者，四品之候也。**又曰：「頭高面豐，長上短下，及牛顧龍行者，此皆四品候也。」邊地在額角近髮際也。福堂在眉尾近上也。夫頭須高大，故經曰：「牛頭四方，富貴隆昌。虎頭高峙，富貴無比。象頭高廣，福禄長厚。犀頭律崒，富貴鬱鬱。駝頭蒙洪，福禄所鍾。虎行將軍，鴈行大

---

①「天中」，太清神鑑：「天庭、天中、司空俱列於額。」人倫大統賦注：「額上下有五部，曰天中、天庭、司空、中正、印堂。各掌貴賤吉凶。」天中緊挨髮際。　②「起」，凸出。　③「笙篁」，即笙。原作「有篁」，據人倫大統賦注引龜鑒改。

④「伏犀」，自印堂至天中直入髮際名伏犀骨。人倫大統賦薛延年注：「伏犀骨起印堂至天中，隱隱骨起，直入髮際，光澤無破，必任公卿之位。」

富也。」**犀及司空，龍角纖直者，三品之候也。**又曰：「胸背極厚，頭深且尖，及志雄體柔者，此皆三品候也。」司空從髮際直下次天庭是也。龍角在眉頭上①也。**頭頂高深，龍犀成就者，二品之候也。**又曰：「頭骨②奇起，支節合度，及貌傑性安者，此皆二品之候也。」夫容貌慷慨，舉止汪翔③，精爽清澄，神儀安定，言語審諦，不疾不徐，動息有恒，不輕不躁，喜怒不妄發，趨舍合物宜，聲色不變其情，榮枯不易其操，此謂神有餘者，主得貴位也。**四倉盡滿，骨角俱明者，一品之候也。**頭頸皆好，支節俱成，及容質姿美，顧視澄澈者，此皆一品之候也。

**似龍者爲文吏，**似龍者甚貴，龍行者爲三公也。**似虎者爲將軍，**虎行者爲將軍，驛馬骨④高爲將軍也。**似牛者爲宰輔，似馬者爲武吏，**似馬亦甚貴也。**似狗者有清官爲方伯。**似豬、似猴者大富貴。似鼠者唯富而已。凡稱似者，謂動靜并似之。若偏似一處，乃貧寒者也。

**天中主貴氣，平滿者宜官祿也。**天中最高近髮際，發黃色，上入正角至高廣⑤，參駕遷刺史牧守；黃色如日月，在天中左右，侍天子也；黃色出天中，圓大光重者，暴見天子；經年⑥及井竈⑦，有功

---

①「上」，原脱，據讀畫齋叢書本補。　②「骨」，讀畫齋叢書本作「角」。　③「汪翔」，瀟灑。　④「驛馬骨」，顴骨入鬢爲驛馬骨。　⑤「高廣」，即高廣部學堂，指額部。據太清神鑑，位在天中橫向四位。見下。　⑥「年」，即年上。相術家將人面部中綫自髮際至下頦分爲十三部：天中、天庭、司空、中正、印堂、山根、年上、壽上、准頭、人中、水星、承漿、地閣。　⑦「井竈」，即鼻孔。人倫大統賦注：「口左右井竈、細厨二部。」又曰：「井竈若破露不收者，當庖厨困乏，恒無自贍之食。」相曰：『鼻露竅，無歸着。』」

受封。恒有黄氣如懸鐘鼓，三公之相也。又發黄氣如龍形，亦受封也。四時官氣發天部如鏡光者，暴貴相也。**天庭主上公大丞相之氣。**天庭直下次天中有黑子，市死。**司空主天官①，亦三公之氣。**司空直下次天中色惡，主上書大凶。**中正主群寮之氣，平品人物之司也。**中正直下次司空色好者，連官轉職②。若司空、中正發赤色而歷歷者，在中正爲縣官，在天庭爲郡官。州縣、蘭臺、尚書各視所部也。**印堂主天下印綬，掌符印之官也。**印堂在兩眉間，微下眉頭少許，次中正。發赤色如連刀，上至天庭，下至鼻准，爲縣令。直闕庭發色者，長吏也。如車輪與輔角相應者，大貴。印堂一名闕庭也。**山根③平美及有奇骨伏起，爲婚連帝室，公主壻也。**山根直下次印堂，亦主有勢無勢也。

**高廣主方伯之坐。**從天中横列至髮際，凡七④名，高廣位在第三⑤。高廣忽發黄色，如兩人捉鼓者，將軍相也。**陽尺主州佐之官。**横次高廣，位在第四⑥。陽尺亦主少出方伯，有氣⑦，憂遠行也。**武庫主兵甲典庫之吏。**横次陽尺，位在第五⑧。**輔⑨角主遠州刺史之官。**横次武庫，位在第六⑩。

---

①「官」，原作「宮」，據太清神鑑改。　②「連」，讀畫齋叢書本同，四庫本作「遷」。「連官轉職」，指連續升官。　③「山根」，即鼻梁。　④「七」，據太清神鑑當爲「八」，即：天獄、左廂、内府、高廣、陽尺、武庫、轉角、邊地。　⑤「三」，據太清神鑑當爲「四」。　⑥「四」，據太清神鑑當爲「五」。　⑦「氣」，太清神鑑作「黑痣」。　⑧「五」，據太清神鑑當爲「六」。　⑨「輔」，太清神鑑作「轉」。　⑩「六」，據太清神鑑當爲「七」。

骨起色好，主黄門舍人之官也。**邊地主邊州之任。**横次輔角，位在第七①。有黑子，落難爲奴也。**日角主公侯之坐。**從天庭横列至髮際，凡八名②，日角位在第一。平滿充直者，宜官職。**房心主京輦之任。**横次日角③，位在第二④。房心左爲文，右爲武。骨起宜作人師。黄色見房心，上至天庭，爲丞令。直見房心而光澤者，召爲國師也。**驛馬主急疾之吏。**横次戰堂⑤，位在第七。驛馬好色應印堂上，秋冬得官也。**額角主卿寺之位。**從司空横列至髮際，凡八名⑥，額角横次位第一。色紅黄，大吉昌也。**上卿主帝卿之位。**横次額角，上卿躍躍，封卿大樂。**虎眉⑦主大將軍。**從中正横列至髮際，凡九名⑧，虎眉横次位在第二。發青白色者，應行也⑨。**牛角主王之統師小將。**横次虎眉，位在第三，亦主封侯食禄。成角者，更勝於肉也。**玄角主將軍之相。**横次輔角⑩，位在第五。無角者，不可求官。凡欲知得官在任久不，先視年上發色長短，發色長一分主一年，二分二年，以此消息則可知也。

---

①「七」，據太清神鑑當爲「八」。　②「八名」，太清神鑑指：日角、天府、房心、上墓、四煞、戰堂、驛馬、弔庭。　③「日角」，據太清神鑑當爲「天府」。　④「二」，據太清神鑑當爲「三」。　⑤「戰堂」，原脱，據太清神鑑補。　⑥「八名」，太清神鑑指：額角、上卿、少府、交朋、道上、交額、重眉、山林。　⑦「眉」，太清神鑑作「角」。　⑧「九名」，太清神鑑指：龍角、虎角、牛角、輔角、玄角、釜戟、華蓋、福堂、郊外。　⑨「也」，原脱，據讀畫齋叢書本補。　⑩「輔角」，原脱，據太清神鑑補。

有惡色間之者，主其年有事。白色遭喪，赤色彈奪，黑色病，青色獄厄。天中有氣橫干者，無官也。然官色既久，忽有死厄色間之者，代人死也。若年上有好色，如連山出雲雨，處處皆通，則無慮不達。髮際有黃氣，爲已得官。若黑氣，未也。有黃氣如衣帶發額上，遷官益禄也。

**夫人有六賤：頭小身大，爲一賤；**又曰：「額角陷缺，天中窪①下，亦爲一賤。」經曰：「額促而迮②，至老窮厄。虵頸薄曲，糟糠不足。虵頭平薄，財物寥落。狢頭尖鋭，窮厄無計也。」**目無光澤，爲二賤；**又曰：「胸背俱薄，亦爲二賤。」經曰：「陷胸薄尻及猴目，皆窮相也。」**舉動不便，爲三賤；**又曰：「音聲雌散，亦爲三賤。」經曰：「語聲嘖嘖③，面部枯燥，面毛戎戎，無風而塵，皆貧賤相也。夫聲之惡者，麁濁飛散，細嗄聊亂，聲去則若盡，往則不還，淺亂澀細，沈濁瘻弊，舌短脣强，蹇吃無響，此惡相也。夫人不笑似笑，不嗔似嗔，不喜似喜，不畏似畏，不醉似醉，常如宿酲，不愁似愁，常如憂戚，容貌闕乏如經痼病，神色悽愴常如有失，舉止慞惶恒如趨急，言語澀縮若有隱藏，體貌低摧如遭凌辱，此并神不足也。神不足者，多牢獄厄，有官隱藏而失，有位貶逐而黜者也。」**鼻不成就，准向前低，爲四賤；**又曰：「眇目斜視，亦爲四賤。」經曰：「人中平滿，耳無輪郭，皆貧賤相也。」**脚長腰短，爲五賤；**又曰：「脣傾鼻曲，亦爲五賤。」經曰：「虵行雀趨，財物無儲。鼻柱薄，主立諾。鼻頭低垂，至老獨炊④。搖腰

---

①「窪」，原作「霔」，據四庫本改。

②「迮」，狹窄。

③「嘖嘖」，原作「噴噴」，據讀畫齋叢書本改。

④「炊」，原作「吹」，據讀畫齋叢書本改。

急步，必無所使。腰短者，則被人奪職也。」**文策不成，脣細橫長，爲六賤。**又曰：「多言少信，亦爲六賤。」經曰：「口薄，人不提攜。僻側①，爲人所毁。口如炊火，至老獨坐。舌色白，下賤人也。舌短，貧窮②人也。凡欲知人是賤者，貴處少而賤處多。多者，廣也。少者，狹也。六賤備具，爲僕隸之人。」

**此貴賤存乎骨骼者也。**論曰：堯眉八采，舜目重瞳，禹耳三漏，文王四乳。然則世人亦時有四乳者，此則駑馬一毛似驥也。若日角月偃之奇，龍棲虎踞之美，地靜鎮於城堙③，天關運於掌策，金槌玉枕，磊落相望，伏犀起蓋，隱鱗交映，井宅既兼，倉匱已實，斯乃卿相之明效也。若深目長頸，頹顔蹙齃，虵行鷙立，猳喙鳥味，筋不束體，面無華色，手無春荑之柔，髮有寒蓬之悴，是則窮乏之徵驗也。昔姑布子卿謂子貢曰：「鄭東門有一人，其長九尺六寸，河目而隆顙，其頭似堯，其項似臯陶，其肩似子産，然自腰已下不及禹三寸，儽然若喪家之狗。」河目謂上下匡平④而長也。顙，額也。漢高祖隆准而龍顔。准，鼻也。顔，額顙也。兩角爲龍角，一角爲犀角。言高祖似龍，兩眉顙骨高而鼻上隆。魏陳留王豐下兑上，有堯圖之表。陳宣帝頸縝，貌若不惠，初賤時，楊忠見而奇之，曰：「此人虎頭，必當大貴。」後皆果然。此貴賤之效也。

**夫木主春，生長之行也。**春主肝，肝主目，目主仁。生長敷榮者，施恕惠與之意也。**火主夏，**

---

①「僻側」，偏斜。

②「窮」，讀畫齋叢書本作「賤」。

③「堙」，同「廛」。

④「平」，原脱，據孔子家語困誓注補。

豐盛之時。夏主心，心主舌，舌主禮。豐盛殷阜者，富博宏通之義也。**金主秋，收藏之節也。**秋主肺，肺主鼻，鼻主義。收藏聚斂者，悋嗇慳鄙之情也。**水主冬，萬物伏匿之日也。**冬主腎，腎主耳，耳主智。伏匿隱弊①者，邪諂奸佞之懷也。**土主季夏，萬物結實之月也。**季夏主脾，脾主脣，脣主信。結實堅確者，貞信謹厚之理也。**故曰：凡人美眉目、好指爪者，庶幾好施人也。**肝出爲眼，又主筋。窮爲爪，榮於眉，藏於魂。經曰：「凡人眉直而頭昂，意氣雄强。缺損及薄，無信人也。如弓者，善人也。眼有光彩而媚好者，性識物理而明哲人也。眼光溢出瞼外，不散不動，瞼又不急不緩而精不露者，智惠人也。瞼蹇縮，精無光者，愚鈍人也。眼光不出瞼者，藏情人也。加以瞼澀盜視，必作偷也。若務睮②音戌。䀹⿰目聶③而葉切。者，蛆嫉④人也。急⿰目亟⑤側夾切。者，不嫉妬，則虚妄人也。盯竹耕切。睢⑥眰血⑦者，惡性人也。矕⿰目延時閒切。矘晃⑧者，憨⿰口貫⑨呼箇切。人也。⿰目占丁念切。⿰目兼馨念切。眠⿰目秦⑩時巾切。者，淫亂人也。彌詞⑪⿰目曹⿰目曾⑫者，姦詐人也。⿰氵應澄⑬拗烏巧切。⿰目敫⑭胡巧切。者，掘强人也。羊目⿰目工

①「弊」，通「蔽」。　②「務睮」，青箱雜記作「瞀睮」，目光嫉妒貌。　③「䀹⿰目聶」，眨眼。　④「蛆嫉」，青箱雜記作「嫉妬」。　⑤「⿰目亟」，張目。　⑥「盯睢」，瞪眼無忌。　⑦「眰血」，⿰目空衈，青箱雜記作「⿰目空衈」，惡貌。　⑧「矕⿰目延矘晃」，眼睛直視，目光無神。　⑨「憨⿰口貫」，憨貨，當指憨厚。　⑩「⿰目占⿰目兼眠⿰目秦」，眼低垂竊視。　⑪「彌詞」，大話。青箱雜記注作「俚人言也」。　⑫「⿰目曹⿰目曾」，目不明。　⑬「⿰氵應澄」，不詳。賈公彥周禮疏：「澄謂沈。」疑⿰氵應澄即陰沈，音近，豬眼黑睛，這裏指色暗。太白陰經作「豬目應瞪」，下文作「豬目⿰氵應澄」。　⑭「⿰目敫」，執拗人的目光。

烏江切。瞳①勑江切。者，毒害人也。睢盱②眏爍③者，回邪人也。精④色雜而光彩浮淺者，心意不定，無信人也。精清光溢者，聰明人也。精沈光定者，大膽人也。上目眥下、眥中深厚、氣色穠厚者，有威武，亦大膽人也。氣色彯眇⑤，淺薄人也。土地⑥不潔者，無威，怯懦人也。精紫黑而光彩端定者，剛烈人也。精潔白而端定者，好隱遁人也。精多光而不溢散、清澈而視端審者，直性人也。精黃而光彩澄澈者，慕道術人也。點精近上者，志意下劣人也。點精近下者，志意高尚人也。點精近裏者，自收斂人也。點精近外者，慠慢憨人也。羊目直視，能殺妻子。豬目瀌⑦澄，刑禍相仍。鷹視狼顧，常懷嫉妬。螻蛄目⑧，心難得。夫指者欲纖穠，如鵝有皮相連者，性淳和人也。指頭方懟者，見事遲人也。姸美者，囑授人信之。惡者，人不遵承也。**毛髮光澤，脣口如朱者，才能學藝人也。**心出爲舌，又主血。血竅爲毛髮，榮於耳，藏於神。經曰：「野狐鬢，難期信。羖攊鬢，多狐疑。脣急⑨齒露，難與爲友。脣寬端正，出言有章。脣口不佳，出言不信。口邊無媚，好揚人惡。口喙如烏，不可與居，惡心人也。口急緩如鳥，言語皆攝聚者，此人多口舌，緩急不同，少信人也。**鼻孔小縮，准頭低曲者，慳悋人也。**肺出

---

①「䀶瞳」，目光陰險狠毒。「䀶」，青箱雜記作「肛」。②「睢盱」，仰視。③「眏爍」，眨眼。④「精」，通「睛」。⑤「彯眇」，飄渺，渺茫不可捉摸。⑥「土地」，指眼球表面。⑦「瀌」，原作「應」，據讀畫齋叢書本改。⑧「蛄目」，原作「目蛄」，據讀畫齋叢書本乙。⑨「急」，緊縮。

爲鼻孔，又主皮膚，又爲氣息，藏於魄。好鼻者有聲譽。鼻柱薄而梁陷者，多病厄人也。鼻無媚，憨惷人也。蜣蜋鼻，少意智人也。**耳孔小，齒瓣細者，邪諂姦佞人也。**腎出爲骨，又主髓。髓窮爲耳孔，骨窮爲齒，藏於志。經曰：「耳穴深廣者，心虚而識玄。耳孔醜小者，無智而不信神理。耳邊無媚，鄙拙人也。耳孔小而骨節曲戾者，無意智人也。老鼠耳者，殺之不死。」又云：「鼠耳之人，多作偷盜者也。」**耳輪厚大，鼻准圓實，乳頭端净，頞頤深廣厚大者，忠信謹厚人也。**脾出爲肉，肉窮爲孔，又主耳輪、准鼻梁、頞、頤等藏於意。經曰：「夫頭高大者，性自在而好凌人。頭卑弊者，性隨人而細碎。故曰：『鹿頭側長，志氣雄强。兔頭蔑頡，意志下劣。獺頭横闊，心意豁達。』夫頸細而曲者，不自樹立人也。若色班①駁，或不潔净者，性隨宜而不堅固。夫手纖長者，好捨施。短厚者，好取。捨則庶幾，取則貪惜。故曰：『手如雞足，意智褊促。手如豬蹄，志意昏迷。手如猴掌，勤劬伎倆。』夫背厚闊者，剛决人也。薄者，怯弱人也。夫腹端妍者，才華人也。故曰：『牛腹婪貪，財物自淹。』蝦蟇腹者，懶人也。夫腰端美者，則樂而能任人也。蜥蜴腰者，緩人也。夫臀髀厚廣者，可倚任，安穩人也。夫蛇行者，含毒人也，不可與之共事。鳥行蹌蹌，性行不良，似鳥鵲行也。鷹行，雄烈。豺狼行者，性麤，覓利人也。牛行，性直也。馬行，猛烈之人也。」**此性靈存乎容止者也。**范蠡曰：「越王爲人，長頸鳥喙，可與共患難，

①「班」，通「斑」。

不可與共安樂。」尉繚曰：「秦始皇隆准長目，鷙膺豺聲，少恩信，虎狼心，居約易出人①下，得志亦輕食人，不可與之久游。」叔魚生，其母視之曰：「是虎目而豕心，鳶肩而牛腹，谿壑可盈，是不可厭也。」晉叔向欲娶於巫臣氏，其母不欲，曰：「昔有仍氏生女黰黑而甚美，光可以鑑，名曰玄妻。樂正后夔娶之，生伯封，實有豕心，貪婪無厭，忿纇②無期，謂之封豕。有窮后羿滅之，夔是以不祀。且三代之亡，皆是物也。汝何爲哉！夫有尤物，足以移人。苟非德義，則必有禍。」叔向懼，乃止。魏安釐王問子從曰：「馬回梗梗亮直，大夫③之節。吾欲爲相，可乎？」答曰：「長目而豕視，則體方而心圓。每以其法相人，千百不失一。臣見回非不偉其體幹，然甚疑其目。」平原君相秦將白起，謂趙王曰：「武安君之爲人也，小頭而鋭下，瞳子白黑分明，視瞻不轉。小頭而鋭下者，斷敢行也。瞳子白黑分明者，見事明也。視瞻不轉者，執志强也。可與持久，難與争鋒。」王莽大口蹷頤，露目赤精，聲大，而身長七尺五寸，反膺仰視，瞰臨左右。或言莽，所謂鴟目虎喙④，豺狼之聲，故噉食人，亦當爲人所殺。莽後篡漢位，後兵敗歸，果被殺也。

**夫命之與相，猶聲之與響也，聲動乎幾，響窮乎應，必然之⑤理矣。雖云「以言信行，失之宰予；以貌度性，失之子羽」，然傳稱「無憂而戚，憂必及之；無慶而歡，樂必還之」，此心**

①「人」，原作「大」，據讀畫齋叢書本改。 ②「纇」，原作「類」，據左傳改。 ③「大夫」，孔叢子作「大丈夫」。
④「喙」，漢書王莽傳作「吻」。 ⑤「之」，原脱，據四庫本補。

有先動，而神有先知，則色有先見。故扁鵲見桓公，知其將亡；申叔見巫臣，知其竊妻。或躍馬膳珍，或飛而食肉，或早隸晚侯①，或初刑末王。銅巖②無以飽生，玉饌終乎餓死，則彼度表捫骨，指色摘理③，不可誣也，故列云爾。

# 論士第七

臣聞黄石公曰：「昔太平之時，諸侯二師，方伯三師，天子六師。世亂則叛逆生，王澤竭則盟誓相罰④。德同勢敵⑤，無以相加⑥，乃攬英雄之心。」故曰：「得人則興，失士則崩。」何以明之？昔齊桓公見小臣稷，一日三往而不得見。從者止之。桓公曰：「士之傲爵禄者固輕其主，其主傲霸王者亦輕其士。縱夫子傲爵禄，吾庸敢傲霸王乎！」五往而後得見。

---

①「早隸晚侯」，早先爲皁隸，後來被封侯。②「銅巖」，銅礦。銅可以鑄錢，這裏指有錢。③「度表捫骨，指色摘理」，指相面。表，表皮。色，顔色。理，紋理。④「罰」，黄石公三略作「誅伐」。⑤「勢敵」，原脱，據黄石公三略補。⑥「加」，黄石公三略作「傾」。

書曰：「能自得師者王。」何以明之？齊宣王見顏斶①，曰：「斶前。」斶亦曰：「王前。」議曰：夫斶前爲慕勢，王前爲趨士，與使斶爲慕勢，不若使王爲趨士。宣王作色曰：「王者貴乎？士者貴乎？」對曰：「昔秦攻齊，令曰：『有敢去柳下季隴五百步而樵採者，罪死不赦。』令曰：『有能得齊王頭者，封萬户侯，賜金千鎰②。』由是言③之，生王之頭，曾不如死士之隴。」宣王竟師之。

宣王左右曰：「大王據千乘之地，而建千石之鍾，東南西北莫敢不服。今夫士之高者乃稱匹夫，徒步而處於農畝；之下則鄙野、監門、閭里，士之賤也亦甚矣。」斶曰：「古大禹之時，諸侯萬國。舜起農畝而爲天子。及湯之時，諸侯三千。當今之世，南面稱寡人者乃廿④四。由此觀之，非得失之策與？稍稍誅滅，滅亡無族之時，欲爲監門、閭里，安可得哉！易傳不云乎：『居上位，未得其實。』故無其實而喜其名者削，無其德而望其福者約，無其功⑤而受其禄者辱，禍必握⑥。故曰：『矜功不立，虚願不至。』此皆夸⑦其名華而無其實德也。是以堯有九佐，舜有七⑧友，禹有五丞，湯有三輔。

①「斶」，原作「觸」，據戰國策改。下同。　②「鎰」，原作「溢」，據讀畫齋叢書本及戰國策改。　③「言」，戰國策作「觀」。　④「廿」，原作「卅」，據讀畫齋叢書本改。　⑤「功」，原作「巧」，據讀畫齋叢書本及戰國策改。　⑥「握」，原作「掘」，據讀畫齋叢書本及戰國策改。「握」，通「渥」，厚重。　⑦「夸」，戰國策作「幸樂」。　⑧「七」，原作「十」，據戰國策改。

自古及今，而能虛成名於天下者，無有。是以君王無羞亟問，不媿下學，而成其道。老子曰：『雖貴必以賤爲本，雖高必以下爲基。是以侯王稱孤寡不穀。』夫孤寡者，困賤下位者也，而侯王以自謂，豈非以下人而尊貴士與？夫堯傳舜，舜傳禹，周成王任周公旦，而世世稱明，是以明乎士之貴也。」

諺曰：「浴不必江海，要之去垢。馬不必騏驥，要之善走。士不必賢也，要之知道。女不必貴種，要之貞好。」何以明之？淳于髡謂齊宣王曰：「古者好馬，王亦好馬。古者好味，王亦好味。古者好色，王亦好色。古者好士，王獨不好。」王曰：「國無士耳。有則寡人亦悦之。」髡曰：「古有驊騮騏驥，今之無有，王選於衆，王好馬矣。古有豹象之胎，今之無有，王選於衆，王好味矣。古有毛嬙、西施，今之無有，王選於衆，王好色矣。王必待堯、舜、禹、湯之士而後好之，則堯、舜、禹、湯之士亦不好王矣。」魯仲連謂孟嘗①君曰：「君好士，未也。」孟嘗②君曰：「文不得士故也。」對曰：「君之廐馬百乘，無不被繡衣而食菽粟，豈有騏驥騄耳哉！後宮十妃，皆衣縞紵，食梁③肉，豈有毛嬙、西施哉！色與馬取於今之世，士何必待古哉！故曰：『君好士，未也。』」張敞與朱邑書曰：「飢者甘糟糠，飽者飫粱肉，何則？有無之勢異也。昔陳平雖賢，須魏倩而後進；韓信雖奇，賴蕭何而後信，故士各達其及時之宜。若待古之英雋，必若伊尹、呂望而後薦之，

---

①「嘗」，原作「常」，據讀畫齋叢書本及戰國策改。

②「孟嘗」，原作「常」，據讀畫齋叢書本補、改。

③「梁」，通「粱」。

則此人不因足下而進矣。」淮南曰：「待騕褭飛兔而後駕，則世莫乘車矣。待西施、洛浦[①]而後妃，則終身不家矣。然不待古之英儁而自足者，因其所有而遂用之也。」

語曰：「瓊艘瑤檝無涉川之用，金弧玉弦無激矢之能。是以介絜而無政事者，非撥亂之器。儒雅而乏治理者，非翼亮之士。」何以明之？魏無知見陳平於漢王，漢王用之。絳、灌等讒平曰：「平盜嫂受金。」漢王讓魏無知。無知曰：「臣之所言者，能也。陛下所問者，行也。今有尾生、孝己之行，而無益於勝負之數，陛下假[②]用之乎？今楚、漢相距，臣進奇謀之士，顧其計誠足以利國家耳。盜嫂受金，又安足疑哉！」漢王曰：「善。」

黄石公曰：「有清白之士者，不可以爵禄得。守節之士，不可以威刑脅。致清白之士修其禮，致守節之士修其道。」何以明之？郭隗説燕昭王曰：「帝者與師處，王者與友處，霸者與臣處，亡國者與厮役處。詘指而事之，北面受學，則百己者至。先趨而後息，先問而後默，則什己者至。人趨己趨，則若己者至。憑几[③]據杖，眄視指使，則厮役之人至。恣睢奮擊，呴藉叱咄，則徒隸之人至矣。此乃古之服道致士者也。」

---

①「洛浦」，淮南鴻烈作「毛嬙」。　②「假」，史記作「何暇」。　③「几」，原作「凡」，據讀畫齋叢書本及戰國策改。

黄石公曰：「禮者，士之所歸。賞者，士之所死。招其所歸，示其所死，則所求者至矣。」何以明之？魏文侯太子擊禮田子方，而子方不爲禮。太子不悦，謂子方曰：「不識貧賤者驕人乎？富貴者驕人乎？」子方曰：「貧賤者驕人耳。富貴者安敢驕人！人主驕人而亡其國，大夫驕人而亡其家。貧賤者若不得意，納履而去，安往而不得貧賤乎。」宋燕相齊，見逐罷歸，謂諸大夫曰：「有能與我赴諸侯者①乎？」皆執仗排班，默而不對。燕曰：「悲乎！何士大夫易得而難用也？」陳饒曰：「非士大夫易得而難用，君不能用也。君不能用，則有不平之心，是失之於己，而責諸人也。」燕曰：「其説云何？」對曰：「三升②之稷不足於士，而君鴈鶩有餘粟，是君之過一也。果園梨栗，後宫婦女以相提擲，而士曾不得一嘗，是君之過二也。綾紈綺縠，美麗③於堂，從風而弊，士曾不得以爲緣，是君之過三也。夫財者君之所輕，死者士之所重，君不能行君之所輕，而欲使士致其所重，譬猶鉛刀畜之，干將用之，不亦難乎！」宋燕曰：「是燕之過也。」

語曰：「夫人同明者相見，同聽者相聞。德合則未見而相親，聲同則處異而相應。」韓

①「者」，原脱，據韓詩外傳補。

②「升」，韓詩外傳作「斗」。

③「美麗」，韓詩外傳作「靡麗」。

子曰：「趣舍同則相是，趣舍異則相非。」何以明之？楚威①王問宋玉曰：「先生其有遺行歟？何士人衆庶不譽之甚？」宋玉曰：「夫鳥有鳳而魚有鯨。鳳皇上擊九萬里，翺翔乎窈冥之上。夫蕃籬之鷃，豈能與料天地之高哉！鯨魚朝發於崑崙之墟，暮宿於孟諸②。夫尺澤之鯢，豈能與量江海之大哉！故非獨鳥有鳳而魚有鯨，士亦有之。夫聖人瑰意琦行③，超然獨處，夫世俗之民，又安知臣之所爲哉！」議曰：世之善惡，難得而知，苟非其人，莫見其際。何者？夫文章爲武人所嗤，未必鄙也；爲揚、馬④所嗤，此真鄙矣。夫人臣爲桀、紂所毁，未必爲愚也；必若堯、舜所毁，此真愚矣。世之毁譽，不足信也。故曰：「不夜出，安知有夜行人？」太公曰：「智與衆同，非人師。伎與衆同，非國工。」老子曰：「下士聞道，大笑之，不笑不足以爲道。」故曰：「凡人所賤，聖人所貴。」信矣哉！

語曰：「知人未易，人未易知。」何以明之？汗明説春申君，春申君悦之。汗明欲復⑤談，春申君曰：「僕已知先生意矣。」汗明曰：「未審君之聖孰與堯？」春申君曰：「臣何足以當堯！」汗明曰⑥：「然則君料臣孰與舜？」春申君曰：「先生即舜也。」汗明曰：「不然。

①「威」，新序作「威」，文選作「襄」，似當作「襄」。　②「諸」，原作「津」，據文選改。　③「瑰意琦行」，原作「瑰琦意行」，據文選改。

④「揚、馬」，揚雄、司馬遷。　⑤「復」，原脱，據戰國策補。　⑥「汗明曰」，原脱，據戰國策補。

臣請爲君終①言之。君之賢不如堯，臣之能不及舜。夫以賢舜事聖堯，三年而後乃相知也。今君一時而知臣，是君聖於堯而臣賢於舜也。」

記曰：「夫驥，唯伯樂獨知之。若時無伯樂之知，即不容其爲良馬也。」士亦然矣。何以明之？孔子厄於陳、蔡，顏回曰：「夫子之德至大，天下莫能容。然夫子推而行之，世不我用，有國者之醜也，夫子何病焉？」故曰：「文王明夷②則主可知，仲尼旅人③則國可知。」穀梁傳曰：「子既生，不免乎水火，母之罪也。羈冠成童，不就師傅，父之罪也。羈冠，謂交互翦髮。成童，謂八歲已上。就師，學問無方，心志④不通，身之罪也。心志既通，而名譽不聞，友之罪也。名譽既聞，有司不舉，有司之罪也。有司舉之，王者不用，王者之過也。」孔子曰：「夫內行不修，己之罪也。行修而名不彰，友之罪也。」

論曰：行遠道者，假於車馬。濟江海者，因於舟檝。故賢士之立功成名，因於資而假物者。何以明之？公輸子能因人主之材木，以搆宮室臺榭，而不能自爲專屋狹廬，材不足也。歐冶能因國君之銅鐵，以爲金鑪大鍾⑤，而不能自爲壺鼎盤盂，無其用也。君子能

---

①「終」，原作「中」，據戰國策改。　②「明夷」，卦名，離下坤上，喻社會昏暗。　③「旅人」，客居在外之人，指孔子周游列國。　④「志」，原作「至」，據讀畫齋叢書本及穀梁傳改。下同。　⑤「鍾」，通「鐘」。

因人主之政朝，以和百姓，潤衆庶，而不能自饒其家，勢不便也。故舜耕於歷山，恩不及州里。太公屠牛於朝歌，利不及於妻子。及其用也，恩流八荒，德溢四海。故舜假之堯，太公因之周文。君子能修身以假道，不能枉道而假財。慎子曰：「騰蛇游霧，飛龍乘雲，雲罷霧霽，與蚯①蚓同，則失其所乘矣。」韓子曰：「千鈞得船則浮，錙銖失船則沈，非千鈞輕而錙銖重，有勢之與無勢耳②。故勢有不可得，事有不可成。烏獲輕千鈞而重其身，非其身重③於千鈞也，勢不便也。離婁易於百步而難於眉睫，非百步近而眉睫遠，道不可也。」

語曰：「夫有國之主，不可謂舉國無深謀之臣，闔朝無智策之士，在聽察所考精與不精、審與不審耳。」何以明之？在昔漢祖，聽聰之主也，納陳恢之謀則下南陽，不用婁敬之計則困平城。廣武君者，策謀之士也。韓信納其計則燕、齊舉，陳餘不用其謀則泜水敗。由此觀之，不可謂事濟者有計策之士，覆敗者無深謀之臣。虞公不用宮之奇之謀滅於晉，仇由不聽赤章之言亡於智氏，蹇叔之哭不能濟崤、黽之覆，趙括之母不能救長平之敗。此皆人主之聽不精不審耳，天下之國莫皆不有④忠臣謀士也。議曰：天下無災害，雖有賢德，無

---

①「蚯」，原作「丘」，據四庫本改。　②「耳」，原作「自」，據讀畫齋叢書本改。韓非子作「也」。　③「重」上，原衍「而」，據讀畫齋叢書本及韓非子删。　④「莫皆不有」，讀畫齋叢書本作「莫不有」，四庫本作「莫不皆有」。

所施才。老子曰：「大道廢，有仁義。國家昏亂，有忠臣。」淮南子曰：「未有其功而知其賢者，唯堯之知舜也。功成事立而知其賢者，市人之知舜也。」陸機曰：「飛轡西頓，則離朱與矇瞍收察。懸景東秀，則夜光與碔砆匿耀①。是以才換世則俱困②，功偶時而并劭。」以此推之，向使殷無鳴條之事，則伊尹有莘之媵臣；周無牧野之師，則太公渭濱之漁者耳，豈能勒名帝籍，策勳天府乎！故曰：「賢不肖者，才也；遇與不遇者，時也。」誠哉，是言也！

黄石公曰：「羅其英雄則敵國窮。夫英雄者，國家之幹；士民者，國家之本③。得其幹，收其本，則政行而無怨。」知人則哲，唯帝難之，慎哉！

## 政體第八

議曰：夫政理得人則興，失人則毁，故首簡才行，次論政體焉。

古之立帝王者，非以奉養其欲也，爲天下之人强掩弱，詐欺愚，故立天子以齊一之。謂④一人之明不能徧照海内，故立三公九卿以輔翼之。爲絶國殊俗不得被澤，故立諸侯以

①「飛轡」、「懸景」，李善曰：「飛轡、懸景皆謂日也。西頓謂已夕也。東秀謂旦明也。」②「困」，原作「因」，據讀畫齋叢書本及文選改。③「本」，原作「半」，據黄石公三略改。下同。④「謂」，通「爲」。文子作「爲」。

**教誨之。**

**夫教誨之政，有自來矣。何以言之？管子曰：「措國於不傾之地，授①有德也。」**周武王問於粥②子曰：「寡人願守而必存，攻而必得，爲此奈何？」對曰：「攻守同道，而和與嚴其備也。故曰：『和可以守，而嚴不③可以守，嚴不若和之固也。和可以攻，而嚴不可以攻，嚴不若和之得也。』故諸侯發政施令，政平④於人者，謂之文政矣。接士而使吏，禮恭於人者，謂之文禮也。聽獄斷治，刑⑤仁於人者，謂之文誅矣。故三文立於政，行於⑥理。守而不存，攻而不得者，自古至今，未之嘗聞。」尸子曰：「德者，天地萬物得也。義者，天地萬物之宜也。禮者，天地萬物體也。使天地萬物皆得其宜，當其體，謂之大仁。」文子曰：「夫人無廉耻，不可以治也。不知禮義，不可以行法也。法能殺人，不能使人孝悌；能刑盗者，不能使人有廉耻。故聖王在上，明好惡以示之，經非譽以導之，親賢而進之，賤不肖而退之，刑措不用，禮義修而任得⑦賢也。」又曰：「夫義者，非能盡利天下者也，利一人而天下從。暴者，非能盡害海内者也，害一人而天下叛。故舉措廢置，不可不審也。」**積於不涸之倉，務五穀也。**晁錯説

---

①「授」，原脱，據管子牧民補。　②「粥」，同「鬻」。　③「不」，鬻子、新書無。當以鬻子、新書爲是。下「不可以」同。　④「平」，原作「乎」，據讀畫齋叢書本及新書改。　⑤「治刑」，原作「刑治」，據群書治要乙。　⑥「於」，原脱，據群書治要補。群書治要作「行於政，立於治」。　⑦「得」，通「德」。「得賢」，文子作「賢德」。

漢文帝曰：「今土地人民不減於古，無堯、湯之水旱，而蓄積不及古者，何也？地有遺利，人有餘力，生穀之土未盡墾闢，山澤之利未盡出，游食之人未盡歸農也。當今之務在於貴粟，貴粟之道在於使人以粟爲賞罰。今募天下之人入粟塞下①，得以拜爵，得以除罪。如此則富人有爵，農人有錢，粟有所餘②，而國用饒足。不過三歲，塞下之粟必多矣。」漢景帝詔曰：「彫文刻鏤，傷農事者也。錦繡纂組，害女工者也。農事傷，則饑之本也。女工害，則寒之原也。夫饑寒并至而能毋爲非者，寡矣。朕親耕，后親桑，以奉宗廟，爲天下先，欲天下務農蠶，素有蓄積，以備灾害。」鹽鐵論曰：「國有沃野之饒，而人不足於食者，工商盛而本業荒也。有山海之貨，而人不足於財者，不務人用，而淫巧衆也。」**藏於不竭之府，養桑麻、育六畜也。**漢景帝詔曰：「農，天下之本也。黄金珠玉，饑不可食，寒不可衣。其令郡國勸農桑，益種樹③，可充衣食物。吏發人取庸采黄金珠玉者，坐臧爲盜，二千石聽者與罪同。」申鑒論曰：「人不畏死，不可懼之以罪。人不樂生，不可勸之以善。故在上者，先豐人財，以定其志也。」**下令於流水之原，令順人心也。**尉繚子曰：「令，所以一衆心也。不審所出則數變，數變，則令雖出，衆不信也。出令之法，雖有小過，無更，則衆不二聽，即令行矣。」尹文子曰：「父之於子也④，令有必行、有不必行者。

①「塞下」，漢書作「縣官」，前漢紀作「塞下」。　②「餘」，漢書作「渫」，顔師古曰：「渫，散也。」　③「樹」，顔師古曰：「殖也。」　④「父之於子也」，原作「文之於武也」，據尹文子改。

去貴妻，賣愛妾，此令必行者也。因曰：『汝無敢恨，汝無敢思。』此①令不行者也。故爲人上者，必慎所出令焉。」文子曰：「治國有常，而利人爲本。政教有道，而令行爲右②也。」**使士③於不諍④之官⑤，使人各爲其所長也。**孫卿曰：「相高下，序五穀，君子不如農人。通財貨，辨貴賤，君子不如賈人。設規矩，便備用，君子不如工人。若夫論德而定次，量能而授官，言必當理，事必當務，然後君子之所長。」文子曰：「力勝其任，即舉之不重也。能勝其事，則爲之不難也。」**明必死之路，嚴刑罰也。**議曰：孔子曰：「上失其道而殺其下，非理⑥也。故三軍大敗不可斬，獄犴不治不可刑。何也？上教之不行，罪不在人故也。夫慢令謹誅，賊也。徵斂無時，暴也。不誡責成，虐也。政無此三者，然後刑可即⑦也。陳道德以先服之，猶不可，則尚賢以勸之。又不可，則廢不能以憚之。而猶有邪人不從化者，然後待之以刑矣。」袁子曰：「夫仁義禮制者，法之本也。法令刑罰者，治之末也。無本者不立，無末者不成。」何則？夫禮教之法⑧，先之以仁義，示之以禮讓，使之遷善日用而不知。儒者見其如此，因爲⑨治國不須刑法。不知刑法承於下，而後仁義興於上也。法令者，賞善禁淫，居理之要。商、韓見其如此，因曰「治

---

①「此」，原脱，據讀畫齋叢書本補。②「右」，尹知章曰：「上也。」「右」，原作「古」，文子同，形近而誤，據四庫本改。戰國策作「上」。③「士」，管子作「民」。④「諍」，通「爭」，爭頌，爭奪。管子作「爭」。⑤「官」，官府。⑥「理」，讀畫齋叢書本作「禮」。⑦「可即」，原作「即可」，據孔子家語始誅乙。⑧「法」，群書治要作「治」。⑨「爲」，通「謂」。群書治要作「謂」。

國不待仁義」。不知仁義①爲體，故法令行於下也。故有刑法而無仁義則人怨，怨則怒也。有仁義而無刑法則人慢，慢則姦起也。本之以仁，成之以法，使兩道而無偏重，則治之至也。故仲長子②曰：「昔秦用商君之法，張彌天之網，然陳涉大呼於沛澤之中，天下嚮應。人不爲用者，怨毒結於天下也。」桓範曰：「桀、紂之用刑也，或脯醢人肌肉，或刳割人心腹，至乃叛逆衆多，卒用傾危者，此不用仁義爲本者也。」故曰：仁者法之恕，義者法之斷也。是知仁義者，乃刑之本。故孫子曰：「令之以文，齊之以武，是謂必取。」此之謂矣。**開必得之門，信慶賞也。**呂氏春秋曰：「夫信立則虛言③可以賞矣。六合之內，皆可以爲己④府矣。人主見此論者，其王⑤久矣。人臣知此論者，可以爲王者佐矣。」徐幹中論曰：「天生蒸民，其情一也。刻肌虧體，所同惡也。被文⑥垂藻，所同好也。此二者常在，而人或不理其身，有由然也。當賞者不賞，而當罰者不罰，則爲善者失其本望而疑其所行，則爲惡者輕於國法而怙⑦其所守。苟如是，雖日用斧鉞於市，而人不去惡矣。日賞賜爵祿於朝，而人不興善矣。」蜀張裔謂諸葛亮曰：「公賞不遺遠，罰不阿近，爵不以無功取，刑不可以勢貴免，此賢愚之所以僉忘⑧其身也。」**不爲不可**

---

①「不知仁義」，原脱，據群書治要補。 ②「仲長子」，仲長統。 ③「言」，原作「立」，據呂氏春秋貴信改。 ④「己」，原脱，據呂氏春秋補。 ⑤「王」下，呂氏春秋有「不」。 ⑥「文」，原作「立」，據中論賞罰改。 ⑦「怙」，原作「恬」，據中論改。 ⑧「忘」，原作「忌」，據讀畫齋叢書本及三國志改。

**成，量人力也。**文子曰：「夫債少易償也，職寡易守也，任輕易勸也。上操約少之分①，下效易爲之功，是以爲君爲臣久而不相厭也。末世之法，高爲量而罪不及，重爲任而罰不勝，危爲難而誅不敢。人困於三責，即飾智以詐上，雖峻法嚴刑，不能禁其姦也。」新語曰：「秦始皇設刑法爲車裂之誅，築城域以備胡、越。事愈煩，下愈亂。法愈衆，姦愈縱。秦非不欲治也，然失之者，舉措太衆，刑罰太極故也。」**不求不可得，不强人以其所惡也。**故其稱曰：「政者，政之所行在順人心，政之所廢在逆人心。夫人惡憂勞，愛逸樂。逸樂之人惡貧賤，富貴之人惡危墜，存安之人惡絶滅。生生者育之。能逸樂之則人恐之憂勞，能富貴之則人恐之貧賤，能存安之則人恐之危墜，能生育之則人恐之絶滅。故從其四欲則遠者自親，行其四惡則近者以叛②。」晏子曰：「謀度於義者必得，事因於仁者必成。反義而行，背仁而動，未聞能成也。」呂氏春秋曰：「樹木茂則禽獸歸之，水泉深則魚鼈歸之，人主賢則豪傑歸之，故聖主不務歸之者，而務其所歸。故曰：强令之笑不樂，强令之哭不悲，强之爲道可以成小而不可以③成大也。」**不處**

---

①「之分」，原脱，據文子下德補。②「政之所行」至「近者以叛」，管子作：「政之所興，在順民心；政之所廢，在逆民心。民惡憂勞，我佚樂之。民惡貧賤，我富貴之。民惡危墜，我存安之。民惡滅絶，我生育之。能佚樂之則民爲之憂勞，能富貴之則民爲之貧賤，能存安之則民爲之危墜，能生育之則民爲之滅絶。故刑罰不足以畏其意，殺戮不足以服其心。故刑罰繁而意不恐，則令不行矣；殺戮衆而心不服，則上位危矣。故從其四欲則遠者自親，行其四惡則近者叛之。」「以叛」，讀畫齋叢書本作「亦叛」。③「以」，原脱，據讀畫齋叢書本及呂氏春秋補。

**不可久，不偷取一世宜也。**董仲舒論安邊之策，欲令漢與匈奴和親，又取匈奴愛子爲質。班固以匈奴桀驁，每有人降漢，輒亦拘留漢使以相報復，安肯以愛子爲質？孝文時妻以漢女，而匈奴屢背約束，昧利不顧，安在其不棄質而失重利也？夫規事建議，不圖萬世之固而媮恃一時之事者，未可以經遠。晁錯説漢文帝，令人入粟塞下，得以拜爵，得以贖罪。上從之。荀悦曰：「聖人之政，務在①綱紀，明其道義而已。若夫一切之計，必推其公議，度其時宜，不得已而用之。非有大故，弗由之也。」**知時者，可立以爲長。**范蠡曰：「時不至，不可强生；事不究，不可强成。」管子曰：「聖人能輔時，不能違時。」語曰：「聖人修備，以待時也。」**審於時，察於用，而能備官者，可奉以爲君。**議曰：孫卿曰：「盜②王者之法與王者之人爲之，則亦王矣。盜霸者之法與霸者之人爲之，則亦霸矣。盜亡國之法與亡國之人爲之，則亦亡矣。夫與積禮義之君子爲之，則王矣。與端誠信令③之士爲之，則霸矣。與權謀傾覆之人爲之，則亡矣。三者，明主之所謹擇。」此能察於用也。管子曰：「大位④不仁，不可授以國柄。見賢不讓，不可與尊位。罰避親戚⑤，不可使主兵。不好本事⑥，不可與都邑。」又曰：「使賢者食於能則上尊崇，鬬士食於功則卒輕死，使二者設於國則天下理。」傅子曰：「凡都縣之考課有六：一曰以教課治則官

---

①「在」，原作「其」，據前漢紀改。 ②「盜」，荀子王霸作「道」。下同。 ③「令」，荀子作「全」。 ④「位」，管子作「德」。 ⑤「戚」，管子作「貴」。 ⑥「事」下，管子有「不務地利而輕賦斂」。

慎德，二曰以清課本則官慎行，三曰以才課任則官慎舉，四曰以役課平則官慎事，五曰以農課等則官慎務，六曰以獄課訟則官慎理。」此能備官也。

故曰：「明版籍，審什伍，限夫田，定刑名，立君長，急農桑，去末作，敦學斆，核才藝，簡精悍，修武備，嚴禁令，信賞罰，糾游戲，察苛剋，此十五者，雖聖人復起，必此言也。」

夫欲論長短之變，故立政道以爲經焉。

# 長短經卷第二 文中[1]

君德九 臣行十[2] 德表十一 理亂十二[3]

## 君德第九

夫三皇無言，化流四海，故天下無所歸功。伏羲、女媧、神農稱三皇也。帝者，體天則地，有言有令，而天下太平，君臣讓功，四海化行，百姓不知其所以然，故使臣不用禮賞功[4]，美而無害。黄帝者，順天地之紀，時播百穀，懃勞[5]心力耳目，節用水火時物，有土德之瑞，故號黄帝。顓

①「文中」，原脱，據文例補。 ②「十」，原脱，據正文及讀畫齋叢書本補。 ③「十二」，原脱，據正文及讀畫齋叢書本補。 ④「功」上，黄石公三略有「有」。 ⑤「勞」，原脱，據大戴禮記五帝德補。

項者，養材以任地，載時以象天，依鬼神以制義，治氣以教化，潔誠以祭祀，動靜之物，大小之神，日月所照，莫不砥礪。高辛者，取地之財而節用之，撫教萬人而利誨之，歷日月而迎送之，明鬼神而敬事之，其色郁郁，其德嶷嶷。帝堯者，其仁如天，其智如神，就之如日，望之如雲，富而不驕，貴而不舒①。虞舜者，善無微而不著，惡無隱而不彰，任自然以誅賞，委群心而就制，故能造御乎無爲，運道於至和，百姓日用而不知，合德若自有者。此五帝德也。**王者，制人以道，降心服志，**議曰：韓信云：「項王所過，無不殘滅，百姓不親，特劫於威，强服耳。名雖爲霸，實失天下心，故曰其强易弱。」諸葛亮曰：「荆州之人附操者，逼兵勢耳，非心服。今將軍誠命猛將與豫州協規同力，破操軍必矣。」由此言之，人心不服，其勢易破，故王者之道，降心服志也。**設矩備衰，有察察之政②，兵甲之備，而無争戰血刃之用，天下太平，君無疑於臣，臣無疑於主，國定主安，臣以義退，亦能美而無害。**昔三代明王，啓建洪業，文質殊制，而令名一致。故曰：「夏人尚忠，忠之弊也朴，救朴莫若敬。殷人革而修焉，敬之弊也鬼，救鬼莫若文。周人矯而變焉，文之弊也薄，則又反之於忠。」三代相循，如水濟火，所謂隨時之宜，救弊之術。此三王之德也。**霸主，制士以權，結士以信，使士以賞。信衰士疏，賞毁，士不爲用。**左傳曰：「楚圍宋，宋如晉告急。先軫曰：『報施救患，取威定霸，於是乎在矣。』狐偃曰：『楚始得曹，而新

---

① 「舒」，大戴禮記作「豫」。

② 「有察察之政」，黃石公三略作「四海會同，王職不廢」。

婚於衛。若伐曹、衛，楚必救之，則齊、宋免矣。』於是乎蒐于被廬，作三軍，謀元帥，使郤穀將中軍。晉侯始入而教其民，二年，欲用之。子犯曰：『民未知義，未安其居。』於是乎出定襄王，入務利①人，人懷生矣。將用之，子犯曰：『人未知信，未宣其用。』於是乎伐原以示信。人易資者，不求豐焉，明徵其辭。公曰：『可矣乎？』子犯曰：『民未知禮，未生其恭。』於是乎大蒐以示之禮，作執秩以正其官人，聽不惑而後用之。出穀戍，釋宋圍，一戰而霸，文之教也。」此五霸德也。

**故曰：理國之本，刑與德也。二者相須而行，相待而成也。天以陰陽成歲，人以刑德成治，故雖聖人爲政，不能偏用也。故任德多、用刑少者，五帝也。刑德相半者，三王也。杖刑多、任德少者，五霸也。純用刑、强而亡者，秦也。**議曰：古之理者，其政有三：王者之政化之，霸者之政威之，强國之政脅之。故化之不變而後威之，威之不變而後脅之，脅之不變而後刑之。故至於刑，則非王者之所貴矣。故虞南②云：「彼秦皇者，棄仁義而用威力，此可以吞并，而不可以守成。」此任刑之弊也。

**或曰：「王霸之道，既聞命矣。敢問高、光二帝皆拔起壠畝，芟夷禍難③，遂開王業。**

---

①「利」上，原衍「則」，據讀畫齋叢書本及左傳刪。　②「虞南」，虞世南。唐太宗稱其「有五絕：一曰德行，二曰忠直，三曰博學，四曰文辭，五曰書翰」。著帝王略論及北堂書鈔等。　③「難」下，原衍「難」，據讀畫齋叢書本刪。

高祖豁達以大度，光武謹細於條目，各擅其美，龍飛鳳翔，故能掇①亂庇人，拯斯塗炭。然比大德，方天威，孰爲優劣乎？」曹植曰：「昔漢之初興，高祖因暴秦而起，遂誅强楚，光有天下，功齊湯、武，業流後嗣，誠②帝王之元勳，人君之盛事也。然而名不繼③德，行不純道，身没之後，崩亡之際，果令凶婦④肆酷虐⑤之心，嬖妾⑥被人彘之刑，趙王幽囚，禍殃骨肉，諸吕專權，社稷幾移。凡此上事，豈非高祖寡計淺慮以致斯哉？然其梟將畫臣皆古今之所鮮有，歷代之希覩，彼⑦能任其才而用之，聽其言而察之，故兼天下而有帝位也。世祖⑧體乾靈之休德，稟貞和之純精，蹈黄中之妙理，韜亞聖之懿才。其爲德也，聰達而多識，仁智而明恕，重慎而周密，樂施而愛人，值陽九無妄之世，遭炎精厄會之運，殷爾雷發，赫然神舉，奮武略以攘暴，興義兵以掃殘，軍未出於南京，莽已斃於西都⑨。爾乃廟勝而後動衆，計定而後行師，故攻無不陷之壘，戰無奔北之卒，寬⑩仁以和衆，邁德以來遠，故竇融聞聲而影

---

① 「掇」，讀畫齋叢書本作「撥」。　② 「誠」，原脱，據藝文類聚及曹子建集補。　③ 「繼」，原作「純」，據讀畫齋叢書本及藝文類聚改。　④ 「凶婦」，指吕后。　⑤ 「酷虐」，藝文類聚及曹子建集作「酖酷」。　⑥ 「嬖妾」，指戚夫人。

⑦ 「彼」，原作「攸」，據讀畫齋叢書本及藝文類聚改。　⑧ 「世祖」，指漢光武帝劉秀。　⑨ 「西」，原作「東」，據讀畫齋叢書本及藝文類聚改。「西都」，長安。　⑩ 「寬」，讀畫齋叢書本及藝文類聚作「宣」。

附，馬援一見而歎息。敦睦九族，有唐、虞之稱；高尚純朴，有羲皇之素；謙虛納下，有吐握之勞；留心庶事，有日昃之勤。是以計功則業殊，比隆則事異，旌德則靡愆①，言行則無穢，量事②則勢微，論輔則臣弱③，卒能握④乾圖之休徵，立不刊之遐迹，金石銘其休烈，詩書載其懿勳，故曰：光武其優也。」荀悅曰：「高祖起於布衣之中，奮劍而取天下，不由唐、虞之禪，不階湯、武之王⑤，龍興虎變，率從風雲，征亂伐暴，廓清帝宇，八載之間，海內克定，遂荷天衢，登建皇極。上古已來，書籍所載，未嘗有也。非雄俊之才，寬明之略，歷數所授，神祇所相，安能致功如此。焚魚斷蛇，異物同符，豈非精靈之感哉！書曰：『天功⑥人其代之。』易曰：『湯、武革命，順乎天而應乎人。』斯之謂矣。夏正⑦忠，忠之弊野⑧，故殷承之以敬。敬之弊鬼，故周承之以文。文之弊薄，救薄莫若忠。三王之道，周而復始。周、秦之間，可謂文弊，秦不改，反酷刑，漢承其弊，得天統⑨矣。」孔融曰：「周武從后稷已來至其身，相承積十五世，但有魚鳥之瑞。至如高祖，一身修德，瑞有四五。白蛇分，神母哭。西入關，五星聚。又武王伐紂，斬而梟之；高祖入秦，赦子嬰而遣之，是其寬裕，又不如高祖。」虞

---

①「愆」，同「諐」，過失。「靡愆」，無過失。　②「事」，藝文類聚作「力」。　③「臣弱」，藝文類聚作「力劣」。　④「握」，原作「效」，據讀畫齋叢書本及藝文類聚改。　⑤「王」，原作「士」，據前漢紀改。　⑥「功」，讀畫齋叢書本作「工」。

⑦「正」，通「政」。讀畫齋叢書本作「政」。　⑧「野」下，原衍「朴」，據前漢紀刪。　⑨「統」，前漢紀作「下」。

南曰：「帝者與師處，王者與友處，霸者與臣處。漢祖之臣，三傑是也。光武之佐，二十八將是也。豈得以鄧禹、吴漢匹於張良、韓信者乎。然漢祖功臣皆以强盛誅滅，光武佐命悉用優祑安全，君臣之際，良可稱也。絶長補短，抑其次焉。由此言之，夫漢高克平秦、項，開創漢業，衣冠禮樂垂之後代，雖未階王道，霸德之盛也。」

或曰：「班固稱：『周云成、康，漢言文、景。』斯言當乎？」虞南曰：「成、康承文、武遺迹，以周、召爲相，化篤厚之氓，因積仁之德，疾風偃草，未足爲喻。至如漢祖開基，日不暇給，亡嬴①之弊，猶有存者。太宗體兹仁恕，式遵玄默，滌秦、項之酷烈，反軒、昊之淳風，幾致刑厝，斯爲難矣。若使不溺新垣②之説，無取鄧通之夢，懍懍乎庶幾近於王道。景帝之擬周、康，則尚有慙德。」漢文贊曰：「文帝即位二十三年，宫室苑囿車騎服御無所增益，有不便，輒弛③以利人。南越尉他自立爲帝，召貴他兄弟以德懷之，他遂稱臣。與匈奴結親，而背約入盜，令邊備守，不發兵深入，惡煩百姓。吴王詐病不朝，賜以机④杖。群臣諫説雖切，常假借納用焉。張武等受賂金錢，覺加賞賜，以愧其心。專務以德化人，是以海内殷富，興於禮義，斷獄數百，幾致刑措。嗚呼，仁

①「嬴」，指秦王朝。原作「羸」，據讀畫齋叢書本改。　②「新垣」，新垣平。　③「弛」，原作「施」，據讀畫齋叢書本及漢書改。　④「机」，通「几」。

哉！」或問傅子曰：「漢太宗①除肉刑，可謂仁乎？」對曰：「匹夫之仁也。夫王天下者，大有濟者也，非小不忍之謂。由此言之，班固以太宗爲仁，不在除肉刑矣。」景帝贊曰：「孔子稱：『斯人也，三代之所以直道而行。』信哉。周、秦之弊，罔密文②峻，而姦宄不勝。漢興，掃除煩苛，與人休息，至于孝文加之以恭儉，孝景遵業，五六十載之間，至於移風易俗，黎人醇厚。周云成、康，漢言文、景，美矣哉！」此王道也。

或曰：「漢武帝雄才大略，可方前代何主？」虞南曰：「漢武承六世之業，海内殷富，又有高人之資，故能總攬英雄，駕御豪傑，内興禮樂，外開邊境，制度憲章，焕然③可述，方於始皇，則爲優矣。至於驕奢暴虐可以相亞，并功有餘而德不足。」武帝贊曰：「漢承百王之弊，高祖撥亂反政④，文、景務在養人，至于稽古禮文之事，猶多闕焉。孝武初立，卓然罷黜百家，表章六經，遂疇咨海内，舉其俊茂，與之立功，興太學，脩郊祀，改正朔，定曆數，協音律，作詩樂，建封禪，禮百神，紹周後，號令文章，焕焉可述。後嗣得遵洪業，而有三代之風。如武帝之雄材大略，不改文、景之恭儉，以齊⑤斯人，雖詩、書所稱，何有加焉。」推此而言之，彼漢武、秦皇，皆立功之君，非守成之主也。

昔周成以孺子繼統，而有管、蔡四國之變；漢昭幼年即位，亦有燕、蓋、上官逆亂之謀。

---

①「漢太宗」，漢文帝。　②「文」，原作「又」，據讀畫齋叢書本及漢書改。　③「然」，原作「焉」，據讀畫齋叢書本改。　④「政」，通「正」。　⑤「齊」，通「濟」。漢書武帝紀作「濟」。

成王不疑周公，漢昭委任霍光，二主孰爲先後？魏文帝曰：「周成王體聖考之休氣，稟賢妣之胎誨，周、邵①爲保傅，吕望爲太師，口能言則行人稱辭，足能履則相者導儀，目厭威容之美，耳飽德義之聲，所謂沉漬玄流而沐浴清風矣。猶有咎悔，聆二叔之謗，使周公東遷，皇天赫怒，顯明厥咎，然後乃寤。不亮周公之聖德，而信金縢之教言，豈不暗哉！夫②漢昭父非武王，母非邑姜，養惟蓋主，相則桀、光，保無仁孝之質，佐無隆平之治，所謂生於深宫之中，長於婦人之手，然而德與性成，行與體并，在年二七，早知夙達，發燕書之詐，亮霍光之誠，豈將啓金縢、信國史而後乃寤哉！使成、昭鈞年而立，易世而化，貿臣而治，换樂而歌，則漢不獨少，周不獨多也。」大將軍霍光及上官桀秉政，桀害光寵，欲誅之，乃詐爲帝兄燕王旦上書，稱光行上林稱蹕等事。帝不信。

或曰：「漢宣帝政事明察，其光武之儔歟？」虞南曰：「漢宣起自閭閻，知人疾苦，是以留心聽政，擢用賢良，原其循名責實，峻法嚴令，蓋流出於申、韓也。古語云：『圖王不成，弊猶足霸。圖霸不成，弊將如何？』光武，仁義圖王之君也。宣帝，刑名圖霸之主也。今

①「邵」，通「召」。 ②「夫」，原作「天」，據讀畫齋叢書本改。

以相輩，恐非其儔。」議曰：元帝之爲太子，嘗諫宣帝，以爲持法太嚴。帝作色曰：「我漢家以霸、王之道雜之，奈何純任德化，用害政乎？」雖以此言之知其量度不遠，然寬猛之制，有自來矣。昔高祖入秦，約法三章，秦人大悦。此言緩刑之美也。郭嘉説曹公云：「漢末政失於寬，紹以寬濟，故不攝。公糾之以猛，而上下知制。」此言嚴刑之當也。故傳曰：「政寬則人慢，慢則糾之以猛。猛則人殘，殘則施之以寬。寬以濟猛，猛以濟寬，政是以和。」書曰：「刑罰世輕世重。」周禮曰：「刑新國用輕典，刑亂國用重典，刑平國用中典。」由此觀之，但問時代何如耳，嚴刑惡足小哉！

或曰：「漢元帝才藝温雅，其守文之良主乎？」虞南曰：「夫人君之才在乎文德武功而已。文則經天緯地，詞令典策。武則禁暴戢兵，安人和衆。此南面之宏圖也。至於鼓瑟吹簫，和聲度曲，斯乃伶官之職，豈天子之所務乎？」議曰：元帝多才藝，善鼓琴瑟，雖如此，非善之善也。何則？徐幹中論曰：「夫詳小事而略大道，察近物而暗遠數，自古及今，未有如此而不亂也，未有如此而不亡也。所謂詳小事、察近物者，謂耳聽於絲竹歌謠之和，目明於彫琢彩色之章，口給於辯惠切對之辭，心通於短言小説之文，手習於射御書數之巧也。所謂遠數、大道者，謂仁足以覆燾群生，惠足以撫養百姓，明足以照見四方，智足以統理萬物，權足以應變無端，義足以阜生財用，威足以禁遏姧非，武足以平定禍亂，詳於聽受而審於官人，達於廢興之原，通於安危之分，如此則君道畢矣。昔魯莊多伎藝，詩人刺之；魯昭善容儀，有出奔之禍。由是言之，使人主視如離婁，聽如師曠，射如夷羿，書如史籓，可謂善於有司之職，何益於理乎①？」匡衡諫元帝改政書曰：「受命之王，務在創業垂統，傳之無窮。繼體之君，必存於承宣先王之德，而褒大其功。今陛下聖德天覆，子愛海内，然陰陽未和、姧邪未禁者，殆議論者未丕揚先帝之盛功，争言制度不可用。臣竊恨國家釋樂成之業，而虚爲此紛紛也。願陛下詳覽統業之事。」此守文也。

或曰：「觀僞新王莽，謙恭禮讓，豈非一代之名士乎？至作相居尊，驕淫暴虐，何先後相背甚乎？」虞南曰：「王莽天姿惨酷詐僞人也。未達之前，徇名求譽；得志之後，矜能傲物，飾情既盡而本質存焉。愎諫自高，卒不改寤，海内寃酷，爲光武之驅除焉。」班固曰：「王莽始起外戚，折節力行，以要名譽。成、哀②之際，勤勞國家，直道而行，動見稱述③，豈所謂在國必聞，在家必聞，色取仁而行違之者也？莽既非仁，而有邪佞之材，又承四父世業之權，遭漢中微，國統三絶，而太后壽考爲之宗主，故得肆其姧慝④，以成篡盗之禍。推此言之，亦有天時，非人力所致。及其竊位南面，處非所據，顛覆之勢，險於桀、紂，而莽晏然，自謂黄⑤、虞復出也。乃矜⑥其威詐，滔天虐人，是以

①「理」，「治」避諱字。中論作「治」。　②「成哀」，原作「哀成」，據讀畫齋叢書本及漢書乙。　③「述」，原作「術」，據讀畫齋叢書本及漢書改。　④「慝」，原作「匿」，據讀畫齋叢書本及漢書改。　⑤「黄」，原作「皇」，據漢書改。
⑥「矜」，漢書作「奮」。

海内囂然，喪其樂生之心，内外怨恨，遠近俱發，城池不守，支體分裂，遂令天下城邑爲墟。自書傳所載，亂臣賊子無道之人，未有如莽之甚者也。紫色鼃①聲，餘分閏位，爲聖王之驅除云。」吴王孫權論吕蒙曰：「子明②少時，孤謂不辭劇易，果敢有膽而已。長大，學問開益，籌略奇至，可以次於公瑾，圖取關羽，勝於子敬。子敬答孤書云：『帝王之起，皆有驅除，羽不足忌。』此子敬内不能辯，而外爲大言耳。孤亦恕之，不苟責也。」此驅除之意也。

「夏少康、漢光武皆中興之君，孰者爲最？」虞南曰：「此二帝皆興復先緒，光啓王業，其名則同，其實則異。何者？光武之世，籍③思亂之民，誅殘賊之莽，取亂侮亡，爲功差易。至如少康，則夏氏之滅已二代矣，羿及寒浞。藐然遺體，身在胎孕，母氏逃亡，生於他國，不及過庭之訓，曾無强近之親，遭離亂之難，庇身非所而能，踦嶇於喪亂之間，遂成配天之業。中興之君，斯爲稱首。」魏高貴鄉公問荀顗曰：「有夏既衰，后相殄滅，少康收輯夏衆，復禹之績。高祖拔起壟畝，芟夷秦、項。考其功德，誰爲先後？」顗等曰：「造之與因，難易不同，少康功德雖

①「鼃」，原作「蠅」，據讀畫齋叢書本及漢書改。顔師古曰：「鼃者，樂之淫聲，非正曲也。近之學者，便謂鼃之鳴，已失其意。又欲改此贊鼃聲爲蠅聲，引詩『匪雞則鳴，蒼蠅之聲』，尤穿鑿矣。」　②「子明」，吕蒙字。　③「籍」，通「藉」。

美，猶爲中興，與①漢世祖同流可也。至如高祖，臣等以爲優②。」上曰：「少康生③於滅亡之後，降爲諸侯之隸，能布其德，而兆有其謀，卒滅過④、戈，復禹之績，祀夏配天，不失舊物，非至德弘仁，豈能濟斯勳乎！漢祖因土崩之勢，仗⑤一時之權，爲人子則數危其親，爲人君則囚繫⑥賢相，爲人父則不能衛其子，身没之後，社稷幾傾。若與少康易時而處，或未能復大禹之績也。推此言之，宜高夏康而下漢祖矣。」

「後漢衰亂，由於桓、靈，二主凶德，誰則爲甚？」虞南曰：「桓帝赫然奮怒，誅滅梁冀，有剛斷之節焉。然閹人擅命，黨錮事起，中平⑦亂階，始於桓帝。古語曰：『天下嗷嗷，新主之資也。』靈帝承疲民之後，易爲善政。黎庶傾耳，咸冀中興。而帝襲彼覆車，毒逾前輩，傾覆宗社，職帝之由，天年厭世，爲幸多矣。」議曰：桓帝問侍中爰延曰：「朕何如主也？」對曰：「漢中主。」「何者？」「尚書令陳蕃任事則理⑧，中常侍黃門豫政則亂，是以知陛下可與爲善，可與爲非。」此中主之謂也。虞南曰：「夫岷江初發，其源可以濫觴。及其遠也，方舟而後能濟。元帝之時，而

①「與」，原脱，據三國志注引魏氏春秋補。　②「優」，原作「復」，據讀畫齋叢書本及三國志改。　③「生」，原作「先」，據讀畫齋叢書本及三國志改。　④「過」，原作「兵」，據讀畫齋叢書本及三國志改。　⑤「仗」，原作「收」，據三國志改。　⑥「囚繫」，原作「因」，據讀畫齋叢書本及三國志改。　⑦「中平」，原作「非乎」，據讀畫齋叢書本改。　⑧「理」，後漢書作「化」。

任弘恭①、石顯。暨於桓、靈，加以單超、張讓。既斁彝倫，遂傾宗國，其所由來者漸矣。故曰：『熒熒不滅，炎炎奈何。』言慎其始也。嗚呼！百代之後，其鑒之哉。」古語曰：「寒者易爲衣，飢者易爲食。」晁錯云：「夫國富强而鄰國亂者，帝王之資。」由此言之，是知昏亂之君，將以開聖德矣。

自炎精②不競，寓縣分崩，曹孟德挾天子而令諸侯，劉玄德憑蜀、漢之阻，孫仲謀負江、淮之固，三分天下，鼎足而立，皆肇開王業，光啓霸圖。三方之君，孰有優劣？」虞南曰：「曹公兵機智算，殆難與敵，故能肇迹開基，居中作相，實有英雄之才矣。然譎詭不常，雄猜多忌，至於殺伏后，鴆荀彧，誅孔融，戮崔琰，婁生斃於一言，桓邵勞於下拜，棄德任刑，其虐已甚。坐論西伯，實非其人。許邵所謂『治世之能臣，亂世之姦雄』，斯言爲當。劉公待劉璋③以賓禮，委諸葛而不疑，人君之德，於斯爲美。彼孔明者，命世之奇才，伊、呂之儔匹，臣主同心，魚水爲譬。但以國小兵弱，斗絶一隅，支對二方，抗衡上國。若使與曹公易地而處，騁其長算，肆關、張之武，盡諸葛之文，則霸王之業成矣。孫主因厥兄之資，用前朝之佐，介以天險，僅得自存，比於二人，理弗能逮。」陳壽云：「劉備機權幹略不逮魏武，所以基

---

①「恭」，原作「業」，據讀畫齋叢書本改。

②「炎精」，漢以火德王，故炎精指漢朝。

③「璋」，原作「章」，據讀畫齋叢書本改。

宇亦狹。」張輔曰：「何爲其然？夫撥亂之主，當先以收相獲將爲本，一身善戰，不足恃也。諸葛孔明達理①知變。殆王佐之才。玄德無强盛之勢，而令委質。關羽、張飛皆人傑也，服而使之。夫明暗不相爲用，能否不相爲使，武帝雖處安强，不爲之用也，況在危急之間乎！若令玄德據有中州，將與周室比隆，豈徒二②傑而已。」魏帝問吳使趙咨曰：「吳王何等主也？」咨對曰：「聰明仁智，雄略之主也。」帝問其狀。咨曰：「納魯肅於凡品，是其聰也。拔呂蒙於行陣，是其明也。獲于禁而不害，是其仁也。取荆州兵不血刃，是其智也。據三州，虎視天下，是其雄也。屈身於陛下，是其略也。」孫策瘡甚，呼第權曰：「舉江東之衆，決機於兩陣之間，與天下争衡，卿不如我。舉賢任能，各盡其才，以保江東，我不如卿。」陳壽云：「孫權屈身忍辱，任才尚計，有勾踐之奇，人③之傑也。故能自擅江表，成鼎峙之業也。」

**「晉宣帝雄謀妙筭，諸葛亮冠世奇才，誰爲優劣？」虞南曰：「宣帝起自書生，參佐帝業，濟世危難，克清王道，文武之略，實有可稱，而多杖陰謀，弗由仁義，猜忍詭伏，盈諸襟抱。至如示謬言於李勝，委鞫獄於何晏，愧心負理，君子不爲。以此僞情，行之萬物，若使力均勢敵，俱會中原，以仲達之姧謀，當孔明之節制，恐非儔也。」**吳張儼④默記論諸葛亮、司馬

①「理」，讀畫齋叢書本作「禮」，藝文類聚作「治」。　②「二」，指關、張。「豈徒二傑」，即何止二傑。藝文類聚作「三」，誤。　③「人」上，三國志有「英」。　④「儼」，原作「微」，據讀畫齋叢書本改。

宣王二相優劣曰：「漢朝傾覆，天下分崩，二公并遭值際會，託身明主。孔明起蜀、漢之地，蹈一州之土，方之大國，蓋有九分之一也。提步卒數萬，長驅祁山，慨然有飲馬河、雒之志。仲達據天下十倍之地，杖兼并之衆，據牢城，擁精鋭，無擒敵之意，務自保而已，使彼孔明自來自去①。若此而②不亡，則涼、雍不解甲，中國不釋鞍，勝負之勢亦已決矣。方之司馬，不亦優乎！」

或曰：「晉景、文兄弟孰賢？」魏明帝崩，立養子齊王芳，遺詔使曹爽與司馬宣王輔政。宣王誅爽，自專政。宣王薨，子景王名師字子元代立輔政，廢齊王芳，立高貴鄉公。景王薨，弟文王名昭字子上又代立輔政，殺高貴鄉公，立陳留王。後③陳留王以魏禪晉，武帝名炎字安世即位，平吴，天下一統。及子惠帝立，天下大亂，五胡入中原矣。虞南曰：「何晏稱：『惟深也，故能通天下之志，夏侯太初是也。惟機也，故能成天下之務，司馬子元是也。』故知王佐之才，著於早日。及誅爽之際，智略已宣，欽、儉④稱兵全軍獨克，此足見其英圖也。雖道盛三分而終身北面，威名振主而臣節不虧，侯服歸全，於斯爲美。太祖嗣興，克寧禍亂，南定淮海，西平庸、蜀，役不逾時，厥功爲重。及高貴纂曆，聰明夙智，不能竭忠協贊，擬迹伊、周，遂乃僞謗士彦，委罪成

①「自來自去」，原脱，據三國志諸葛亮傳注引默記補。 ②「而」，三國志作「人」。 ③「後」，原作「從」，據讀畫齋叢書本改。 ④「欽、儉」，文欽、毋丘儉。

濟，自貽逆節，終享惡名。斯言之玷，不可磨也。」干寶晉總論曰：「昔宣帝以雄才碩量應運而仕，值魏太祖創基①之初，籌畫軍國，嘉謀屢中，遂服輿軫，驅馳三世。性深阻有如②城府，而能寬綽以容納，行任數以御物，而知人善採拔，故能西擒孟達，東舉公孫淵，內夷曹爽，外襲王陵，屢距諸葛亮節制之兵，而東支吳人輔車之勢，於是百姓與能，大象③始構矣。世宗承基，太祖繼業，玄、豐④亂內，欽、誕⑤寇外，潛謀雖密，而在機⑥必兆。淮浦再擾，而許、洛不震。咸默⑦異圖，用光前烈。然後推轂鍾、鄧⑧，長驅庸、蜀。三關⑨電掃，劉禪入臣。天符人事，於是信矣。始當非常之禮，終受備物之錫。至于世祖，遂享皇極。仁以厚下，儉以足⑩用，和而不弛，寬而能斷，故人詠惟新，四海悅勸矣。沉⑪舟三峽，介馬桂陽，役不二時，江、湘⑫來同。夷吳、蜀之壘垣，通二方之險塞。太康之中，天下書同文，車同軌，雖太平未洽，亦足以明。吏奉其職，人樂其生，百代之一時也。武皇既崩，山陵未乾，而楊駿被誅，母后廢黜，朝士舊臣夷滅者數十族。尋以二公、楚王⑬之變，宗子無維城之助，而閼伯、實沉之隙歲構。師尹無具瞻之貴，而顛墜戮辱之禍日有。方岳無均石之鎮，關門無結草之固。李辰、石冰傾之於荆、揚，劉淵、王彌

---

①「基」，讀畫齋叢書本作「業」。　②「如」，原脱，據文選補。「有如」，晉書作「若」。　③「大象」，大道，大法。　④「玄、豐」，歐陽玄、李豐。　⑤「欽、誕」，文欽、諸葛誕。　⑥「機」，文選作「幾」。　⑦「默」，讀畫齋叢書本作「黜」。　⑧「鍾、鄧」，鍾會、鄧艾。　⑨「三關」，陽平關、江關、白水關。　⑩「足」，讀畫齋叢書本作「節」。　⑪「沉」，讀畫齋叢書本作「汎」。　⑫「湘」，原作「湖」，據讀畫齋叢書本改。　⑬「二公、楚王」，太保衛瓘、太宰司馬亮、楚王司馬瑋。

橈之於青、冀。二十餘年，而河、洛爲墟，戎羯稱制，二帝失尊，山陵無所，何哉？樹立失權，托附非才，四維不張，而苟且之政多也。故觀阮籍之行，而覺禮教崩弛之所由；察庾純、賈充之事，而見師尹之多僻；思郭欽之謀，而寤戎狄之有釁；核傅咸①之奏、錢神之論，而覩寵賂之彰。民風國勢如此，雖以中庸之才、守文之主治之，辛有必見之於祭祀，季札必得之於樂聲，范燮必爲之請死，賈誼必爲之痛哭，又況我惠帝以蕩蕩之德而臨之哉！淳耀之烈未渝，故大命重集于中宗元皇帝也。」

「東晉自元帝已下何主爲賢？」虞南曰：「晉自遷都江左，强臣擅命，垂拱南面，政非己出。王敦以盤石之宗居上流之要，負才矜地，志懷問鼎，非肅祖②之明斷、王導之忠誠，則晉祚其移於王氏矣。若使降年永久，仗任群賢，因瀍、澗之遺黎，乘劉、石③之衰運，則克復中原，不難圖也。」元帝值天下崩離，創立江左。後肅祖即位，大將軍王敦威震内外，將謀爲逆。帝與王導、温嶠等決計征敦，敦敗死也。

或曰：「僞楚桓玄，有奇才遠略，而遂至滅亡，何也？」桓玄，字敬道。父温，大司馬。玄博④綜術藝，以雄豪自處。晉安帝以爲丞相，封楚王，遂禪位。虞南曰：「夫人君之量，必器度宏遠⑤，必虛

---

①「咸」，原作「玄」，據讀畫齋叢書本及晉書改。　②「肅祖」，晉明帝司馬紹。　③「劉、石」，劉曜、石勒。　④「博」，原作「傅」，據晉書改。　⑤「必器度宏遠」，原脱，據通紀補。

己應物，覆載同於天地，信誓擬於暄寒，然後萬姓樂推而不厭也。彼桓玄者，蓋有浮狡之小智，而無含弘之大德。值晉末衰亂，威不逮下，故玄得肆其爪牙，以徼倖之餘，而逢神武之運，至於夷滅，固其宜也。」鬻子曰：「發政①施令爲天下福者，謂之道。上下相親，謂之和。民不求而得所欲，謂之信。除天下之害者，謂之仁。仁與信，和與道，帝王之器也。」由此言之，豪雄小智，何益於樂推哉。

「宋祖誅滅桓玄，再興晉室。梁代裴子野優之於宣、武，其事云何？」虞南曰：「魏武，曹騰之孫，累葉榮顯，濯纓漢室三十餘年。及董卓之亂，乃與山東俱起，誅滅元凶，曾非己力。晉宣歷任卿相，位極台鼎，握天下之圖，居既安之勢，奉明詔而誅逆節，建瓴爲譬，未足喻也。宋祖以匹夫提劍，首創大業，旬月之間，重安晉鼎，居半州之地，驅一郡之卒，斬譙縱於庸、蜀，禽姚泓②於崤、函，剋慕容超於青部，梟盧循於嶺外，戎旗所指，無往不捷。觀其豁達，則漢祖之風；制勝胸襟，則光武之匹。惜其祚短，志未可量，此爲優矣。」裴子野曰：「宋武皇帝奇迹③多於魏武，大德厚於晉宣。拔足行陣之④間，却孫恩蟻聚之衆。奮臂荆、郢，掃桓

①「政」，鬻子作「教」。　②「泓」，原作「紹」，據宋書及通紀改。　③「奇迹」，建康實録作「奇略」。　④「陣之」，原脱，據文苑英華補。

玄盤石之宗。方軌長驅，則三齊無堅壘。迴戈内赴，則五嶺靡餘妖。命孫季高於巨海之上，而番禺①席卷。擢朱齡石於百夫之下，而庸、蜀來王。羌胡畏威，交②爲表裏；董率虎旅，以事中原。然後請呼上帝，步驟前王，光有帝圖，謂之義取者也。」又曰：「桓敬道有文武奇才，志雪餘耻，校③動離亂之中，奄有天下而不血刃。既而嘯命六合，規模進取，未及逾年，坐盜社稷。自以名高漢祖，事捷魏、晉，思專其侈，以冀恭己④。若王謐、桓謙以人望鎮領袖，王綏、謝混以後進相光輝。群從兄弟，方州連郡，民駭其速而服其强，無異望矣。高祖于時，朱方⑤之一匹夫也，無千百之衆，糾合同盟，雹擊二州，未及半旬，蕩清京邑，號令群后，長驅江、漢，推亡楚於匪隙，拔衰晉於已頹，自軒轅以來，用兵之疾，未始有也。自非雄略不世，天命底止，焉能若此者乎？於是人知攸暨，而王迹興矣。」

**「宋孝武、明帝二人孰賢？」虞南曰：「二帝殘忍之性，異體同心。誅戮賢良，割翦枝葉，内無平、勃之相，外闕晉、鄭之親。以斯大寶，委之昏稚，故使齊氏⑥乘釁，宰制天下，未逾歲稔，遂移龜玉。緘縢雖固，適爲大盜之資，百慮同失，可爲長歎，鼎祚傾淪，非不幸**

①「禺」，原作「隅」，據讀畫齋叢書本及文苑英華改。②「交」，原作「友」，據文苑英華改。讀畫齋叢書本作「反」。
③「校」，急速。讀畫齋叢書本作「狡」。④「以冀恭己」，建康實録作「而莫己知」。⑤「朱方」，南方。⑥「氏」，原作「民」，據讀畫齋叢書本及通紀改。「齊氏」，指齊王蕭道成。

也。」孝武名駿，文帝第三子，爲江州刺史。弟劭既殺逆①帝，與顏竣於江州起義，征劭平之。明帝名彧，文帝第十八子。即位，盡殺孝武諸子，務爲彫飾，天下騷然。崩，子昱立，無道，蕭道成殺之。

「齊建元、永明之間，號爲治世，誠有之乎？」虞南曰：「齊高創業之主，知稼穡之艱難，且立身儉素，務存簡約。武帝則留意後庭，彫飾過度，然能委任王儉，憲章攸出，禮樂之盛，咸稱『永明』。宰相得人，於斯爲美。」議曰：子言衛靈公之無道，康子曰：「夫如是，奚爲不喪？」孔子曰：「仲叔圉治賓客，祝鮀治宗廟，王孫賈治軍旅。夫如是，奚其喪！」此言委任有德之美也。田單相齊，過淄水，有老人涉淄而寒，田單解裘而衣之。襄王惡之，曰：「田單之厚施，將欲以取我國乎？不早圖，恐後之。」此言委任有德之惡也。故齊侯惡陳氏厚德，晏子謂齊侯曰：「在禮，家施不及國，大夫不收公利，可以止之。」齊襄惡田單厚施，貫珠者謂襄王曰：「王不如嘉單之善，令曰：『寡人憂人之飢也，單收而食之。寡人憂人之寒也，單解裘而衣之。稱寡人意。單有是善，而王嘉之，善單之善，亦王之善也。』」後里閭相與語曰：「田單之愛人，乃王之教也。」夫收臣下之權，宜如晏子及貫珠者。昔漢祖疾甚，呂后問爲相。曰：「曹參可。」問其次。曰：「王陵可，然少戇，陳平可以助之。陳平智有餘，然難獨任。周勃厚重少文，然安劉氏者，必勃也，可令爲太尉。」宋高祖大漸，誡太子曰：「檀道濟雖有幹

①「殺逆」，叛逆殺害。讀畫齋叢書本作「弒逆」。

略，而無遠志。徐羨之、傅亮當無異圖。謝晦常從征伐，頗識機變，若有同異，必此人也，可以會稽處之。」夫任用賢能，宜如漢高及宋祖矣。

「宋、齊二代，廢主有五，并驕淫狂暴，前後如一。或身被賊殺，或傾墜宗社，豈厥性頑凶，自貽非命，將天之所棄，用亡大業乎？」虞南曰：「夫上智下愚，特禀異氣。中庸之才，皆由訓習。自宋、齊已來，東宫師傅，備員而已。貴賤禮隔，規獻無由。多以位升，罕由德進。此五君者，禀凡庸之性，無周、召之師保①，遠益友之箴規，狎宵人之近習。以斯下質，生而楚言，覆國亡身，理數然也。」議曰：賈生云：「昔成王幼，在襁抱之中，召公爲太保，周公爲太傅，太公爲太師。保，保②其身體。傅，傅之德義。師，導之教訓。此三公之職也。又置三少，曰少傅、少保、少師，是與太子宴③者也。乃孩抱有識，三公三少固明孝仁禮義以導習之，逐去邪人，不使見惡行。選天下之端士孝悌博聞有道術者以翼衛之，使與太子居處。故太子乃生見正事，聞正言，行正道，左右前後皆正人也。夫習與正人居，不能無正，猶生長齊地，不能不齊言也。習與不正人居，猶生長楚地，不能不楚言也。秦使趙高傅胡亥，而教之獄，所習者，非斬劓人，則夷人之三族也。故胡亥今日即位，明日射人。忠諫者謂之誹謗，深計者謂之妖言，視殺人爲刈草菅，然豈胡亥之性惡哉？彼其所以導

---

①「保」，原脱，據通紀補。

②「保保」，原作「師」，據讀畫齋叢書本及新書改。

③「宴」，讀畫齋叢書本作「晏」。

之者非其理也。」晉惠帝太子遹有罪，閻纘上書諫曰：「臣伏念遹長養深宮，沉淪富貴，受饒先帝，父母驕之。每見選師傅，下至群吏，率取膏梁①擊鐘鼎食之家，希有寒門儒素如衛綰、周文，洗馬、舍人亦無汲黯、鄭莊之比，遂使不見事父君之道。古禮，太子以②士禮與國人齒，欲令知賤然後乃貴。自頃東宮亦微太盛，所以致敗。非但東宮，諸王師友文學亦取豪族力能得者。豈有切磋能相長益！今遹言語勃③逆，受罪之日，不失子道，尚可重選師傅。置游談文學，皆選寒門孤宦以學行自立者，及涉履艱難名行素立④者，使與游處，絶貴戚子弟、輕薄賓客，但通古今孝子事⑤親、忠臣事君及思愆改過，皆聞善道，庶幾可全。」由此觀之，故知太子者，選左右俾喻教之最急也。

「**梁元帝聰明才學，克平禍亂，而卒致傾覆，何也？**」元帝，梁武第七子，名繹。爲荊州刺史，破侯景，都荊州。爲西魏萬紐、于謹來伐，執帝害之。**虞南曰：「梁元聰敏伎藝，才兼文武，杖順伐逆，克雪家寃，成功遂事，有足稱者。但⑥國難之後，傷夷未復，信强寇之甘言，襲褊心於懷楚，蕃屏宗支，自爲讎敵，孤遠懸僻，莫與同憂，身亡祚滅，生人塗炭，舉鄢、郢而棄之，良可惜也。」**議曰：淮南子云：「夫仁智，才之美者也。所謂仁者，愛人也。所謂智者，知人也。愛人則無

---

①「梁」，通「粱」，晉書閻纘傳作「粱」。　②「以」上，晉書有「居」。　③「勃」，通「悖」，讀畫齋叢書本作「悖」。

④「立」，晉書作「聞」。　⑤「事」，原作「慈」，據晉書改。　⑥「但」，通紀作「值」。

虐刑，知人則無亂政，此三代所以昌也。智伯有五過人之才①，而不免於身死人手者，不愛人也。齊王建有三過人之巧②，而身虜於秦者，不知賢也。故仁莫大於愛人，智莫大於知人，二者不立，雖察慧捷巧，不免於亂矣。」或曰：「周武之雄才武略，身先士卒，若天假之年，盡其兵筭，必能平一③宇內，爲一代之明主乎？」虞南曰：「周武驍勇果毅，有出人之才④略。觀其卑躬厲士，法令嚴明，雖勾踐、穰苴亦無以過也。但攻取之規有稱於海內，而仁惠之德⑤無聞於天下。此猛將之奇才⑥，非人君之度量也。」由此觀之，夫撥亂之主，當先以收相獲將爲本，一身善戰，不足恃也。故劉向曰：「知人者，王道也。知事者，臣道也。伎藝善戰何益哉！」

**「後齊文宣帝狂勃⑦之迹，桀、紂之所不爲，而國富人豐，不至於亂亡，何也？」**宣帝名洋，後齊高歡第二子，受後魏禪也。虞南曰：「昔齊桓奢淫亡禮，人倫所棄，假六翮于仲父，遂**伯諸侯。宣武帝鄗穢⑧忍虐，古今無比，委萬機於遵彦⑨，保全宗國，以其任用得才，所以社**

①「五過人之才」，美髯長大一材也，射御足力二材也，材藝畢給三材也，攻文辯慧四材也，强毅果敢五材也。②「三過人之巧」，力能引强，走先馳馬，超能越高。③「一」，原脱，據通紀補。④「才」，原脱，據通紀補。⑤從「亦無以」至「惠之德」，原脱，據通紀補。⑥「奇才」，原作「任」，據通紀改。⑦「勃」，讀畫齋叢書本作「悖」。⑧「穢」，原作「稔」，據四庫本改。⑨「遵彦」，楊愔，字遵彦。

稷猶存者也。」議曰：殷有三仁①，太康有五弟，亦皆賢者，而國爲墟，何哉？鬻子云：「君子與人之謀也，能必用道而不能必見受也，能必忠而不能必見入也，能必信而不能必見信也。」故虞公不用宮之奇謀滅於晉，仇由不聽赤章之言亡於智氏。天下之國，莫不有忠臣謀士，但在用與不用耳。苟爲不用，反貽君謗②。賢人君子，安能救敗亂乎！

「陳武帝起自草萊，興創帝業，近代以來，可方何主？」虞南曰：「武帝以奇才遠略，懷匡復之志，龍躍海嵎，豹變嶺表，掃重氛於絳闕，復帝座於紫微，西抗周師，北夷齊寇，宏謀長筭，動無遺册，實開基之令主，撥亂之雄才，比宋祖則不及，方齊高則優矣。」

「隋文帝起自布衣，光有神器，西定庸、蜀，南平江表，比於晉武，可爲儔乎？」虞南曰：「隋文因外戚之重，值③周室之微，負圖作宰，遂膺寶命。留心政治，務從恩澤，故能綏撫新舊，緝寧遐邇，文武制置，皆有可觀。及克定江、淮，咸同書軌，率土黎獻④，企佇⑤太平。自金陵滅後，王心奢汰，雖威加四海，而情憻萬機，荆璧填於內府，吴姬滿於下室⑥，仁壽彫

①「三仁」，三仁人，指微子、箕子、比干。仁者愛人，三人行異而同稱仁，以其俱在憂亂寧民也。　②「謗」，原作「誚」，據讀畫齋叢書本改。　③「值」，原脱，據通紀補。　④「黎獻」，黎民之賢者。通紀作「黎庶」。　⑤「佇」，通紀作「仰」。　⑥「下室」，通紀作「椒掖」。

飾，事將①傾宮，萬姓力殫，中民産竭，加以猜忌心起，巫蠱事興，戮愛子之妃，離上相之母，猫鬼事起，秦王妃及僕射楊素母皆坐焉。綱維已紊，禮教斯亡，牝雞晨響，皇枝勦絶，廢黜不辜，樹立所愛②，廢太子勇爲庶人，立晉王廣也。功臣良佐，誅翦無遺，季年之失，多於晉武，卜世不永，豈天亡乎！」議曰：漢高祖欲以趙王如意易太子，叔孫通諫曰：「昔晉獻公以驪姬故，廢太子立奚齊，晉國亂者數十年，爲天下笑。秦以不早定扶蘇，令趙高得以詐立胡亥，自使滅祀。此陛下所親見。今陛下必欲廢嫡而立少，臣願先伏誅，以頸血污地。」帝曰：「吾直戲耳。」叔孫③通曰：「太子乃④天下本，本之一摇，天下振⑤動，奈何以天下戲！」乃聽之。袁紹愛少子尚，乃以太子譚繼兄後。沮⑥授諫曰：「世稱萬人逐兔，一人獲之，貪者悉止，分定故也。且年均以賢，德均以長⑦，上古之制也。願上惟先代成敗之誡，下思逐免分定之義，若其不改，禍始此矣。」紹不從，後果搆隙。故曰：「立嫡子者，不使庶孽疑焉。疑則動，兩則争。子兩位者家必亂。子兩位而家不亂者，親猶在也。恃親不亂，失親必亂。」有旨哉。

**或曰：「王霸之略，請事斯語矣。敢問殁而作謚，及改正朔，易服色，以變人之耳目，其**

---

①「將」，通紀作「埒」。　②「愛」，原脱，據讀畫齋叢書本補。「所愛」，通紀作「非所」。　③「孫」，原脱，據史記補。

④「乃」，原脱，據讀畫齋叢書本補。　⑤「振」，讀畫齋叢書本作「震」。　⑥「沮」，原作「租」，據讀畫齋叢書本及後漢書改。　⑦「德均以長」，後漢書袁紹傳作「德均則卜」。

事奚象？」對曰：「古之立謚者，將以戒夫後代，隨行受名，君親無隱。今之臣子，不論名實，務在尊崇，斯風替也久矣。昔季康子問五帝之德於孔子，孔子曰：『天有五行，木火金水及土，分時化①育，以成萬②物。一歲三百六十日，五行，行七十二日，化生長育。其神爲③五帝④，五帝，五行之神。古之王者，易代改號，取法五行。五行更王，終始相生，亦象其義，故其生爲明王者，而死配五行。是以太皞配木，勾芒爲木正也。炎帝配火，祝融爲火正也。少皞配金，蓐⑤收爲金正也。顓頊配水，玄冥爲水正也。黄帝配土。后土爲土正也。帝王改號，於五行之德各有所尚，從其所王之德次焉。木家次位火也。木家尚赤，以木德義之普，循其母，兼其子也。夏后氏以金德王而尚黑，殷人以水德王而尚白，水家尚青，而尚白者，避土⑥家之尚青也。土家宜尚白，爲土者四行之主，王⑦於四季，五行用事，先起於木，故土家尚木色青也。周人以木德王而色尚赤，此三代之所以不同也。』及漢之初，公孫臣、賈誼以爲漢土德，以五行之傳⑧，從所不勝。傳移之傳也。五帝相代，常從金木水火土相勝之法也。秦在水德，故謂漢據土而剋之。

①「化」上，原衍「貨」，據孔子家語刪。　②「萬」，原脱，據孔子家語補。　③「爲」，孔子家語作「謂之」。　④「帝」下，原衍「緯」，據孔子家語刪。　⑤「蓐」，原作「辱」，據讀畫齋叢書本改。　⑥「土」，孔子家語王肅注作「木」。　⑦「王」，原作「主」，據孔子家語王肅注改。　⑧「傳」，原作「傅」，據讀畫齋叢書本及下注改。

劉向父子以爲帝出于震，故庖犧氏始受木德。其後以母傳子，終而復始。自神農、黄帝下歷唐、虞、三代，而漢得火焉，故高祖始起，神母夜號，著赤帝之符，得天統矣。昔共工以水德間于木火，與秦同運，非其次，故皆不永也。以吾觀之，帝王之興，各本其所出五帝之後，以定五德。何以明之？漢，堯後也。堯，火德王，故漢爲火焉。袁紹時，耿包曰：「赤德衰盡，袁爲黄胤。」以爲袁，舜後。舜，土德君，故勸進焉。是知帝王之興，各本其所出五帝之後，有自來矣。今秦①，顓頊後，水德也，故秦爲水德焉。以此觀之，雖百代可知也。」

## 臣行第十

夫人臣萌牙②未動，形兆未見，照然③獨見存亡之機、得失之要，豫禁乎未然之前，使主超然立乎顯榮之處，如此者，聖臣也。虛心盡意，日進善道，勉主以禮義，諭主以長策，將順其美，匡救其惡，如此者，良④臣也。夙興夜寐，進賢不懈，數稱往古之行事，以厲主意，

---

①「秦」，原作「泰」，據讀畫齋叢書本改。　②「牙」，通「芽」。　③「照然」，讀畫齋叢書本作「昭然」。　④「良」，原作「大」，據説苑臣術改。

如此者，忠臣也。或問袁子曰：「故少府楊阜，豈非忠臣哉？」對曰：「可謂直士，忠則吾不知。何者？夫爲人臣，見主失道，指其非而播揚其惡，可爲直士，未爲忠也。故司空陳群則不然，其談語終日，未嘗言人主之非；書數十上而外不知。君子謂陳群於是乎長者。」此爲忠矣。明察成敗，早防而救之，塞其間，絶其源，轉禍以爲福，使①君終已無憂，如此者，智臣也。依文奉法，任官職事，不受贈遺，食飲節儉，如此者，貞臣也。國家昏亂，所爲不諛，敢犯主之嚴顔，面言主之過失，如此者，直臣也。是謂六正。桓範世要論曰：「臣有辭拙而意工，言逆而事順，可不恕之以直乎？臣有樸騃而辭訥，外疎而内敏，可不恕之以質乎？臣有犯難以爲上，離謗以爲國，可不恕之以忠乎？臣有守正以逆衆意，執法而違私欲②，可不恕之以公乎？臣有不曲③己以求合，不禍④世以取名，可不恕之以貞⑤乎？臣有從仄陋而進顯言，由卑賤而陳國事，可不恕之以難乎？臣有孤特而執節，介立而見毁，可不恕之以勁乎？此七恕者，所以進善也。」

安官貪禄，不務公事，與世沉浮，左右觀望，如此者，具臣也。主所言皆曰善，主所爲皆曰可，隱而求主之所好，而進之以快主之耳目，偷合苟容，與主爲樂，不顧後害，如此者，

---

①「使」，原脱，據説苑補。　②「欲」，世要論爲君難作「志」。　③「曲」，讀畫齋叢書本作「屈」。　④「禍」，世要論作「耦」。　⑤「貞」，原作「直」，據世要論改。

諛臣也。中實險詖，外貌小謹，巧言令色，又心疾賢，所欲進則明其美，隱其惡，所①欲退則彰其過，匿其美，使主賞罰不當，號令不行，如此者，姦臣也。智足以飾非，辯足以行說，內離骨肉之親，外妬亂於朝廷，如此者，讒臣也。專權擅勢，以輕爲重，私門成黨，以富其家，擅矯主命，以自顯貴，如此者，賊臣也。諂主以佞邪，墜主於不義，朋黨比周，以蔽主明，使白黑無別，是非無聞，使主惡布於境內，聞於四鄰，如此者，亡國之臣也。是謂六邪。桓範世要論曰：「臣有立小忠以售大不忠，效小信以成大不信，可不慮之以詐乎？臣有貌厲而內荏，色取仁而行違，可不慮之以虛乎？臣有害同儕以專朝，塞下情以壅上，可不慮之以嫉乎？臣有進邪說以亂是，因似然以傷賢，可不慮之以讒乎？臣有因賞以償恩，因罰以作威，可不慮之以姦乎？臣有外顯相薦，內陰相除，謀事效公而實挾私，可不慮之以欺乎？臣有事左右以求進，託重臣以自結，可不慮之以僞乎？臣有和同以取諧，苟合以求進，可不慮之以禍乎？臣有悅主意以求親，悅主言以取容，可不慮之以佞乎？此九慮者，所以防惡也。」

子貢曰：「陳靈公君臣宣淫於朝，泄冶諫而殺之，是與比干同也，可謂仁乎？」子曰：「比干於紂，親則叔父，官則少師，忠款之心，在於存宗廟而已。固以必死爭之，冀身死之

①「所」下，原衍「以」，據讀畫齋叢書本刪。

後而紂悔寤，其本情在乎仁也。泄冶位爲下大夫，無骨肉之親，懷寵不去，以區區之一身，欲正一國之淫昏，死而無益，可謂懷①矣。詩云：『民之多僻，無自立辟。』其泄冶之謂乎？」

或曰：「叔孫通阿二世意，可乎？」司馬遷曰：「夫量主而進，前哲所韙。叔孫生希世度務，制禮進退，與時變化，卒爲漢家儒宗。古之君子，直而不挺，曲而不撓，大直若詘，道同蝼虵，蓋謂是也。」議曰：太公云：「吏不志諫，非吾吏也。」朱雲廷詰張禹曰：「尸禄保位，無能往來②，可斬也。」班固曰：「依世則廢道，違俗則危殆，此古人所以難受爵位。」由此言之，存與死，其義云何？對曰：「范曄稱：『夫專爲義則傷生，專爲生則騫義。若義重於生，捨生可也。生重於義，全生可也。』」

或曰：「然則竇武、陳蕃與宦者同朝廷争衡，終爲所誅，爲非乎？」范曄曰：「桓、靈之世，若陳蕃之徒，咸能樹立風聲，抗論昏俗，驅馳岨峗③之中，而與腐夫争衡，終取滅亡者，彼非不能潔情志、違埃霧也，愍夫世士以離俗爲高，而人倫莫相恤也。以遯世爲非義，故

①「懷」，有抱負。孔子家語作「狷」，潔身自好。　②「尸禄保位，無能往來」，漢書作「容身保位，亡能往來」，指韋玄成。　③「岨峗」，險阻。

屢退而不去；以仁心爲己任，雖道遠而彌厲。及遭值際會，協策竇武，可謂萬代一時也。功雖不終，然其信義足以攜持世心矣。」議曰：此所謂「義重於生，捨生可也」。

或曰：「臧洪死張超之難，可謂義乎？」范曄曰：「雍丘之圍，臧洪之感憤壯矣。想①其徒跣且號，束甲請舉，誠足憐也。夫豪雄之所趣舍，其與守義之心異乎？若乃締謀連衡，懷詐筭以相尚者，蓋惟勢利所在而已。況偏城既危，曹、袁方穆，洪徒指外敵之衡，以紓倒懸之會，忿悁之師，兵家所忌，可謂懷哭秦之節，存荆則未聞。」昔廣陵太守張超委政臧洪②，後袁紹亦與結友。及曹操圍張超於雍丘，洪聞超被圍，乃徒跣號泣，勒兵救超，兼從紹請兵。紹不聽，超城陷，遂族誅超。洪由是怨紹，與之絶。紹興兵圍之，城陷誅死。議曰：臧洪當縱横之時，行平居之義，非立功之士也。

或曰：「季布壯士，而反摧剛爲柔，髡鉗匪匿，爲是乎？」司馬遷曰：「以項羽之氣，而季布以勇顯於楚，身屢典軍搴音綺連反。旗者數矣，可謂壯士。然至被刑戮，爲人奴而不死，何其下也。彼必自負其材，故受辱而不羞，欲有所用其未足也，故終爲漢名將。賢者

①「想」，原作「相」，據後漢書臧洪傳論改。

②「洪」，原作「採」，據讀畫齋叢書本及後漢書改。

誠重其死。夫婢妾賤人感慨而自殺者，非勇也，其計盡①無復之耳。」議曰：太史公曰②：「魏豹、彭越雖故賤，然以席卷千里，南面稱孤，喋血乘勝，日有聞矣。懷叛逆之意，及敗，不死而虜，因身被刑戮，何哉？中材以上且羞其行，況王者乎！彼無異故，智略絶人，獨患無身耳。得攝尺之柄，其雲蒸龍變，欲有所會其度，以故幽囚而辭云。」此則縱横之士，務立其功者也。又藺公贊曰：「知死必勇，非死者難也，處死者難。方藺相如引璧睨柱，及叱秦王左右，勢不過誅，然士或怯懦不敢發。相如一厲其氣，威信敵國。退而讓廉頗，名重太山。其處智勇，可謂兼之矣。」此則忠貞之臣，誠知死所者也。管子曰：「不耻身在縲紲之中，而耻天下之不理；不耻不死公子糾，而耻威之不申於諸侯。」此則自負其才，以濟世爲度者也。斯皆士之行已，死與不死之明效也。

或曰：「宗慤③之賤也，見輕庾業。及其貴也，請業爲長史，何如？」裴子野曰：「夫貧而無戚，賤而無悶，恬夫天素，弘此大猷，曾、原之德也。降志辱身，俛眉折脊，忍屈庸曹之下，貴騁群雄之上，韓、黥之志也。卑身之事則同，居卑之情已異，若宗元幹④無作於草具，有韓、黥之度矣，終棄舊惡，長者哉。」宋宗慤之賤也，州人庾業豐富，待客必方丈，其爲慤設則粟⑤飯，慤亦致飽。及爲豫州，請業爲長史也。

---

①「盡」，史記季布欒布列傳作「畫」。　②「曰」，原脱，據讀畫齋叢書本補。　③「慤」，原作「殻」，據宋書改。下同。

④「宗元幹」，宗慤，字元幹。　⑤「粟」，原作「要」，據讀畫齋叢書本及宋書改。

「世稱酈寄賣交，以其給呂禄也，於理何如？」班固曰：「夫賣交者，謂見利忘義也。若寄父爲功臣而執劫，雖摧①呂禄，以安社稷，義存君親，可也。」

或曰：「靳允違親守城，可謂忠乎？」徐衆曰：「靳允於曹公未成君臣。母，至親也，於義應去。昔王陵母爲項羽所拘，母以高祖必得天下，因自殺，以固陵志。明心無所係，然後可得事人，盡其死節。衛公子開方仕齊，十②年不歸。管仲以爲不懷其親，安能愛君，不可以爲相。是以求忠臣必於孝子之門，允宜先救至親。徐庶母爲曹公所得，劉備乃遣庶歸。欲爲天下者，恕人子之情，公又宜遣允也。」魏太祖征徐州③，使程昱留守甄城。張邈叛太祖，迎呂布。布執范令靳允母。太祖遣昱説靳允無以母故，使固守范。允流涕曰：「不敢有二也。」

魏文帝問王朗等曰：「昔子産治鄭，人不能欺；子賤治單父，人不忍欺；西門豹治鄴，人不敢欺。三子之才，於君德孰④優？」對曰：「君任德，則臣感義而不忍欺。君任察，則臣畏覺而不能欺。君任刑，則臣畏罪而不敢欺。任德、感義與夫導德、齊禮、有耻且格等趨者也。任察、畏罪與夫導政、齊刑、免而無耻同歸者也。優劣之懸，在於權衡，非徒鈞銖

①「摧」，原作「權」，據讀畫齋叢書本及漢書改。 ②「十」，三國志作「積」。 ③「徐州」，原作「冀州」，據讀畫齋叢書本及三國志程昱傳改。 ④「孰」，原作「親」，據讀畫齋叢書本改。

之覺也。」

或曰：「季文子、公孫弘，此二人皆折節儉素，而毁譽不同，何也？」范曄稱：「夫人利仁者，或借仁以從利；體義者，不期體以合義。季文子妾不衣帛，魯人以爲美談。公孫弘身服布被，汲黯譏其多詐。事實未殊，而毁譽别者，何也？將體之與利之異乎？故前志云：『仁者安仁，智者利仁，畏罪者强仁。』挍其仁者，功無以殊；核其爲仁，不得不異。安仁者，性善者也。利仁者，力行者也。强仁者，不得已者也。三仁相比，則安者優矣。」議曰：夫聖人德全，器無不備①；中庸已降，才則好偏。故曰：「柴也愚，參也魯，師也僻，由也喭。」由此觀之，全德者鮮矣。全德既鮮，則資矯情而力善矣。然世惡矯僞，而人賢任真。使其真貪愚而亦任之，可爲賢乎？對曰：「吁，何爲其然！夫肖②精天地，負陰抱陽，雖清濁賢愚，其性則異，而趨走嗜欲，所規則同。故靡顔膩理，人所悦也。乘堅驅良，人所愛也。苦心貞節，人所難也。徇公滅私，人所苦也。不以禮教節之，則蕩而不制，安肯攻苦食淡、貞潔公方、臨財廉而取與義乎？故禮曰：『欲不可縱，志不可滿。』古語云：『廉士非不愛財，取之以道。』詩云：『如切如磋，如琢如磨。』皆矯僞之謂也。若肆其愚態，隨其鄙情，名曰任真而賢之，此先王之罪人也。故吾以爲矯僞者，禮義之端；任真者，貪鄙之主。夫强

---

① 「備」，原作「順」，據讀畫齋叢書本改。

② 「肖」，仿效，類似。原作「霄」，據讀畫齋叢書本改。

仁者，庸可誣乎！」

或曰：「長平之事，白起坑趙卒四十萬，可爲奇將乎？」何晏曰：「白起之降趙卒，詐而坑其四十萬，豈徒酷暴之謂乎！後亦難以重得志矣。向使衆人豫知降之必死，則張虛拳①猶可畏也，況於四十萬被堅執鋭哉！天下見降秦之將頭盧依②山，歸秦之衆骸積成丘，則後日之戰，死當死耳，何衆肯服，何城肯下乎！是爲雖能裁四十萬之命，而適足以强天下之戰，欲以要一朝之功，而乃更堅諸侯之守，故兵進而自伐其勢，軍勝而還喪其計，何者？設使趙衆復合，馬服更生，則後日之戰，必非前日之對也，況今皆使天下爲後日乎！其所以終不敢復加兵於邯鄲者，非但憂平原之補縫③，患諸侯之救至也，徒諱之而不言耳。且長平之事，秦人十五已上皆荷戟而向趙矣。夫以秦之强，而十五已上死傷過半，此爲破趙之功小、傷秦之敗大也，又何稱奇哉！」議曰：黄石公稱：「柔者能制剛，弱者能制强。柔者德也，剛者賊也。柔者人之所助，剛者怨之所居。」是故紂之百克而卒無後，項羽兵强終失天下。故隨何曰：「使楚勝，則諸侯自危懼而相救。夫楚之强，適足以致天下之兵耳。」由是觀之，若天下已定，籍④

①「拳」，原作「捲」，據讀畫齋叢書本改。　②「頭盧」，即「頭顱」。「依」，史記集解作「似」。　③「縫」，史記集解作「袒」。　④「籍」，通「藉」。

一戰之勝，詐之可也。若海内紛紛，雄雌未決，而失信義於天下，敗亡之道也。當七國之時，諸侯尚强，而白起乃坑趙降卒，使諸侯畏之而合縱。諸侯合縱，非秦之利，爲戰勝而反敗。何晏論當矣。

或曰：「樂毅不屠二城，遂喪洪業，爲非乎？」夏侯玄曰：「觀樂生遺燕惠王書，其殆乎知機合道，以禮終始者歟！夫欲極道德之量，務以天下爲心者，豈其局迹當時，止於兼并而已哉？夫兼并者，非樂生之所屑。强燕而廢道，又非樂生之所求。不屑苟利，不求小成，斯意兼天下者也。舉齊之事，所以運其機而動四海也。圍城而害不加於百姓，此仁心著於遐邇矣。邁令德以率列國，則幾於湯、武之事矣。樂生方恢大綱，以縱二城，收人明信，以待其弊，將使即墨、莒人顧仇其上。開弘廣之路，以待田單之徒；長容善之風，以申齊士之志。昭之東海，屬之華裔，我澤如春，人應如草，思戴燕主，仰望①風聲，二城必從，則王業隆矣。雖淹留於兩邑，乃致速於天下也。不幸之變，世②所不圖，敗於垂成，時變所③然。若乃逼之以兵，劫之以威，奢殺傷之殘，以示四海之人，雖二城幾於可拔，則霸王之事逝其遠矣。樂生豈不知拔二城之速了哉？顧城拔而業乖也。豈不慮不速之致變

①「望」，原脱，據藝文類聚補。

②「世」，藝文類聚作「勢」。

③「變所」，藝文類聚作「運固」。

哉？顧業乖①與變同也。由是觀之，樂生之不屠二城，未可量也。」或以樂毅相弱燕，破强齊，合五國之兵，雪君王之耻，圍城而不急攻，將令道窮而義服，此則仁者之師，咸以爲謨謀勝武侯也，可乎？張輔曰：「夫以五國之兵共伐一齊，不足爲强；大戰濟西，伏尸流血，不足高②仁。彼孔明包文、武之德，長嘯俟時。劉玄德以知人之明，屢造其廬，咨以濟世。奇策泉涌，遂東説孫權，北抗大魏，以乘勝之師，翼佐取蜀。及玄德臨終，禪以③大位，在擾攘之際，立童蒙之主，設官分職，班叙衆才，文以能④内，武以折衝，然後布其恩澤於國中之人。其行軍也，路不拾遺，毫毛不犯，勳業垂濟而隕。觀其遺文，謨謀弘遠矣。己有功則讓於下，下有闕則躬自咎，見善則遷，納諫則改，故聲烈震遐邇也。孟子曰：『聞伯夷之風，貪夫自廉。』余以爲，覩孔明之忠，姧臣立節，殆將與伊、吕争儔⑤，豈徒樂毅爲伍哉！」

或曰：「商鞅起徒步干孝公，挾三術之略，吞六國之縱，使秦業帝，可爲霸者之佐乎？」劉向曰：「夫商君内急耕織⑥之業，外重戰伐之賞，不阿貴寵，不偏疎遠，雖書云『無偏無黨』，詩云『周道如砥，其直如矢』，司馬法之厲戎士，周后稷之勸農業，無以易此。此所以并諸侯也。故孫卿曰：『四世有勝，非幸也，數也。』夫霸君若齊桓、晉文者，桓不倍柯之盟，

---

①「乖」，原作「速」，據藝文類聚改。　②「高」，讀畫齋叢書本作「爲」。　③「以」，藝文類聚作「登」。　④「能」，善，和睦。藝文類聚作「寧」。　⑤「儔」，原作「睦」，據藝文類聚改。　⑥「織」，原作「戰」，據史記集解改。

文不負原之期，而諸侯信之。此管仲、咎犯之謀也。今商君倍公子卬之舊恩，棄交魏之明信，詐聚①三軍之衆，故諸侯畏其强而莫親信也。籍使孝公遇齊桓、晉文，得諸侯之統將，合諸侯之君，驅天下之兵以伐秦，秦則亡矣。天下無桓、文之君，故秦得以兼諸侯也。衛鞅始自以爲知王霸之德，原其事不倫②也。昔周邵公施美政，其死也，後世思之，『蔽芾甘棠』之詩是。嘗舍於樹下，不忍伐其樹，況害於身乎！管仲奪伯氏駢邑三百户，無怨言。今衛鞅内刻刀鋸之刑，外深鈇鉞之誅，身死車裂，其去霸者之佐亦遠矣。然惠王③殺之亦非也，可輔而用。使衛鞅施寬平之法，加之以恩，申之以信，庶幾霸者之佐乎④！」議曰：商鞅初因景監求見秦孝公，説以帝道，孝公意不入，時時睡。後又與鞅語，不知膝之過席。景監曰：「子何以中吾君？君之歡甚也。」鞅曰：「始吾説公以帝道，而君曰：『久遠，安能邑邑待數十百年，以子孫成事乎？』吾又説以霸道，其意欲之而未能也。吾又以强國之術説君，君大悦之，然亦難以比德於殷、周矣。昔齊桓公與魯莊公會于柯而盟，曹沫以匕首劫桓公反⑤魯侵地。桓公許之。後悔欲無與魯地而殺

---

①「聚」，原作「取」，據史記集解改。　②「倫」，原作「論」，據讀畫齋叢書本改。　③「惠王」，原作「孝公」，據史記集解改。　④以上論述，裴駰史記集解稱「新序論」。司馬貞索隱認爲，新序乃劉歆所撰，其中論商君，故裴氏引之。

⑤「反」，原作「及」，據讀畫齋叢書本改。

曹沫。管仲曰：『棄信于諸侯，失天下之援，不可。』於是與曹沫三敗所亡地。諸侯聞之，皆信齊而欲附焉①。山戎②伐燕，燕告急於齊。齊桓公救燕而還，燕莊公送桓公入齊境。桓公曰：『非天子，諸侯相送不出境。吾不可以無禮於燕。』於是分溝割燕君所至與燕君，令復修召公之政，納貢于周。諸侯聞之，皆從，齊桓公於是始霸。」由此觀之，商鞅深刻棄信，非霸者之佐，明矣。然孝公欲速，不從鞅言，孝公過也。商鞅牽於世，迫於君，不得行其志耳。劉以鞅無霸王之術，謬矣。

諸葛亮以馬謖敗於街亭，殺之。後蔣琬謂亮曰：「昔楚殺得臣，然後文公喜，可知也。天下未定而戮智計之士，豈不惜哉。」亮流涕曰：「孫武所以能制勝者，用法明也。是以楊干亂法，魏絳戮之。四海分裂，兵交方始，若復廢法，何用討賊耶？」習鑿齒曰：「諸葛亮之不能兼上國也，豈不宜哉。夫晉人視林父③之後濟，故廢法而收功；楚成闇得臣④之益己，故殺之以重敗。今蜀僻陋一方，才少⑤上國，而殺其駿桀，退收駑下之用，明法勝才，不師三敗之道，將以成業，不亦難乎！」晉侯使荀桓子與楚戰于邲，桓子敗歸而請死，晉侯欲許之。士

---

①「焉」，原作「馬」，據讀畫齋叢書本改。　②「山戎」，原作「四成」，據讀畫齋叢書本改。　③「林父」，荀林父，卒謚桓，稱荀桓子、中行桓子。　④「得臣」，成得臣，字子玉。　⑤「少」，原作「小」，據讀畫齋叢書本改。

貞子曰：「不可。城濮之役，晉師三日館穀①，文公猶有憂色。左右曰：『有喜而憂，如有憂而喜乎？』公曰：『得臣猶在，憂未歇也。困獸猶鬭，況國相乎！』及楚殺子玉，公喜而後可知，曰：『是晉再克而楚再敗也。』楚是以再世不競。今天或者大警晉也，而又殺林父，以重楚勝，其無乃②不競乎！林父之事君也，進思盡忠，退思補過，社稷之衛也。君若之何殺之？夫③其敗也，如日月之蝕，何損於明？」晉侯使復其位也。

「代④以周勃功大霍光，何如？」對曰：「勃本高帝大臣，衆所歸向，居太尉位，擁兵百萬，既有陳平、王陵之力，又有朱虛諸王之援，酈寄游説以譎諸吕，因衆之心，易以濟事。若霍光者，以倉卒之際，受寄託之任，輔弼幼主，天下晏然。遇燕王、上官⑤之亂，誅除凶逆，以靖王室，廢昌邑，立孝宣，任漢家之重，隆中興之祚，參聲⑥伊、周，爲漢賢相。推驗事效，優劣明矣。」袁盎問漢文帝曰：「陛下以絳侯周勃何如⑦人？」上曰：「社稷臣也。」盎曰：「所謂功

①「館穀」，居其館，食其穀。②「乃」下，左傳有「久」。③「夫」，原作「天」，據讀畫齋叢書本改。④「代」，「世」避諱字。⑤「上官」，原作「綰」，據藝文類聚改。上官，指上官桀。⑥「聲」，藝文類聚作「贊」。⑦「如」，原脱，據讀畫齋叢書本補。

臣，非社稷臣。社稷臣者，主在與在，主亡與亡。方呂后時，劉氏不絶如帶，絳侯爲太尉，主兵柄，不能正。呂后崩，大臣相與誅諸呂。太尉主兵，適會其成功，所謂功臣，非社稷臣也。」

後漢陳蕃上疏薦徐稚、袁閎、韋著三人。帝問蕃曰：「三人誰爲先後？」蕃曰：「閎生①公族，聞道漸訓。著長於三輔，禮義之俗，所謂不扶自直，不鏤自彫。至於稚者，爰自江南卑薄之域，而角立傑出，宜當爲先。」

或曰：「謝安石爲相，可與何人爲比？」虞南曰：「昔顧雍封侯之日，而家人不知。前代稱其質重，莫以爲偶。夫以東晉衰微，壃埸②日駭，況永固苻堅字也。六夷英主，親率百萬；苻融儁才名相③，執鋭先驅，厲虎狼之爪牙，騁長虵之鋒鍔，先築賓館以待晉君，强弱而論，鴻毛、太山不足爲喻。文靖深拒桓沖之援，不喜謝玄之書，則勝敗之數，固已存於胸中矣。夫斯人也，豈以區區萬户之封動其方寸者歟？若論其度量，近古已來，未見其匹。」

隋煬帝在東宫，嘗謂④賀若弼曰：「楊素、韓擒虎、史萬歲三人俱稱良將，其間優劣何

①「生」下，後漢書徐穉傳有「出」。②「埸」，通紀作「場」。③「相」，通紀作「將」。④「謂」，原作「讀」，據讀畫齋叢書本改。

如？」對曰：「楊素是猛將，非謀將。議曰：膽氣果敢，猛將也。淵而有謀，謀將也。韓擒虎是鬬將，非領將。議曰：拳捷趫①悍，鬬將也。御軍齊肅，領將也。史萬歲是騎將，非大將。」議曰：領一偏師，所向無敵，騎將也。包羅英雄，使群才各當其用，大將也。太子曰：「善。」

故自「六正」至于「問將」，皆人臣得失之效也。古語曰：「禹以夏王，桀以夏亡。湯以殷王，紂以殷亡。闔廬以吳戰勝，無敵於天下，而夫差以見擒於越。穆公以秦顯名尊號，而二世以刼於望夷。其所以君王者同，而功迹不等者，所任異也。是以成王處襁褓而朝諸侯，周公用事也。趙武靈王年五十而餓死於沙丘，任李兑故②也。故魏有公子無忌，削地復得；趙任藺相如，秦兵不敢出；楚有申包胥，而昭王反位；齊有田單，而襄王得國。」因斯而談，夫有國者不能陶冶世俗，甄綜人物，論邪正之得失，撮霸王之餘議，而能立功成名者，未之前聞。故知量能授官，至理之術。

①「趫」，原作「⿺麥喬」，據四庫本改。

②「故」，原脱，據説苑尊賢補。

# 德表第十一

孔子曰：「性相近也，習相遠也。」言嗜慾①之本同，而遷染之塗異也。夫刻意②則行不肆③，牽物④則其志流⑤。是以聖人導人理性，裁抑流宕，慎其所與，節其所偏。故傳曰：「審好惡，理情性，而王道畢矣。」

治性之道，必審己之所有餘⑥，而强其所不足。蓋聰明疏通者戒於太察，寡聞少見者戒於擁蔽，勇猛剛强者戒於太暴，仁愛温良者戒於無斷，湛静安舒者戒於後時⑦，廣心浩大者戒於遺忘。

人物志曰：「厲直剛毅，材⑧在矯正，失在激訐⑨。强毅之人，佷剛不和，不戒其强之搪突，而以順爲撓，厲其亢，是故可與立法，難與入微也。柔順安恕，美在寬容，失在少決。柔順之人，緩

---

①「慾」，後漢書作「惡」，李賢注：「言人好惡各有所本，性遷染者由其所習尚。」　②「刻意」，刻，約束，克制。意，心意。　③「肆」，放縱。　④「牽物」，李賢注：「謂爲物所牽制。」　⑤「流」，沉溺，流連忘返。　⑥「所有餘」，長處，優點。　⑦「後時」，不及時，失時。　⑧「材」，才能，指長處。　⑨「訐」，直言無諱。

心寡①斷，不戒其事之不攝，而已②亢爲劌，安其舒，是故可與③循常，難與權疑④也。**雄悍⑤桀健，任在膽烈，失在少⑥忌。**雄悍之人，氣奮英決，不戒其勇之毁跌，而以順爲恇⑦，竭其勢，是故可與涉難，難與居屈也。**精良畏愼，善在恭謹，失在多疑。**精愼之人，畏患多忌，不戒其懦⑧於爲義，而以勇爲悍，增其疑，是故可與保全，難與立節也。**强楷⑨堅勁，用在楨幹，失在專固。**凌楷之人，秉意勁持，不戒其情之固護，而以辯爲虛，强其專，是故可與持正，難與附衆也。**論辯理繹，能在釋結，失在流宕。**博辯之人，論理贍給，不戒其辭之浮濫，而以楷爲繫，遂其流，是故可與汎序，難與立約也。**普博周洽，崇⑩在覆裕⑪，失在溷濁。**弘普之人，意愛周洽，不戚其友之溷雜，而以介爲狷，廣其濁，是故可與撫衆，難與厲俗也。**清介廉潔，節在儉固，失在拘局。**狷介之人，砥訶⑫清激，不戒其道之隘狹，而以普爲穢，益其拘，是故可與中節⑬，難與變通也。**休動⑭磊硌⑮，業在攀躋，失在疏越。**休動

①「寡」，讀畫齋叢書本作「寬」。　②「已」，同「以」。讀畫齋叢書本作「以」。　③「與」，原脱，據讀畫齋叢書本補。
④「權疑」，決斷疑難。　⑤「悍」，原作「捍」，據讀畫齋叢書本及人物志體別改。下同。　⑥「少」，讀畫齋叢書本及人物志作「多」，疑誤。　⑦「恇」，懦弱，膽怯。　⑧「懦」，原作「儒」，據讀畫齋叢書本改。　⑨「楷」，剛直。原作「揩」，據讀畫齋叢書本及人物志改。下同。　⑩「崇」，推重。人物志作「弘」。　⑪「覆裕」，寬裕，周遍。　⑫「砥訶」，詆訶，斥責。　⑬「中節」，孔穎達曰：「得位居中，不易其節。」讀畫齋叢書本作「守節」。　⑭「休動」，喜動。
⑮「磊硌」，卓落大方。人物志作「磊落」。

之人，志慕超越，不戒其意之太猥①，而以静爲滯，果爲鋭，是故可與進趨，難與持後也。沉静𤸃②密，精在玄微，失在遲懦③。沉静之人，道思迴復，不戒其静之遲後，而以動爲疏，美其懦，是故可與深慮，難與捷速也。樸露徑盡，質在中誠，失在不微。樸露④之人，中款⑤實确，不戒其質之野直，而以諝⑥爲誕露其誠，是故可與立信，難與消息也。多智韜情，權在諝⑦略，失在依違。」韜諝之人，原度取容，不戒其術之難正，而以盡爲愚，貴其虛，是故可以贊善，難與矯違也。此拘亢之材，非中庸之德也。

文子曰：「凡人之道，心欲小，志欲大，智欲圓，行欲方，能欲多，事欲少。所謂心小者，慮患未生，戒禍慎微，不敢縱其欲也。志大者，兼包萬國，一齊殊俗，是非輻凑，中爲之轂也。智圓者，終始無端，方流四遠，深泉而不竭也。行方者，直立而不撓，素白而不污，窮不易操，達不肆志也。能多者，文武備具，動静中儀也。事少者，執約以治廣，處静以待⑧躁也。夫天道極即反，盈則損，故聰明廣智守以愚，多聞博辯守以儉，武力毅勇⑨守以畏，

①「太猥」，過於粗疏。 ②「𤸃」，疑爲「瘱」，深邃。人物志作「機」。 ③「懦」，人物志作「緩」。 ④「樸露」，原作「材盡」，據讀畫齋叢書本改。 ⑤「中款」，内心。讀畫齋叢書本作「中疑」，誤。 ⑥「諝」，才智，計謀。讀畫齋叢書本誤作「謂」。 ⑦「諝」，人物志作「譎」。 ⑧「待」，文子微明作「持」。 ⑨「毅勇」，文子九守作「勇毅」。

富貴廣大守以狹，德施天下守以讓。此五者，先王所以守天下也。」

傳曰：「無始亂，無怙富，無恃寵，無違同，無傲禮，無驕能，無復怒，無謀非德，無犯非義。此九言，古人所以立身也。」

玉鈐經曰：「夫以明示者淺①，有過不自知者弊，迷而不反者惑②，以言取怨者禍，令與心乖者廢，後令繆前者毀，怒而無威者犯，好衆辱人者殃，戮辱所任者危，慢其所敬者凶，貌合心離者孤，親佞③遠忠者亡，信讒棄④賢者惛，私人以官者浮，女謁公行者亂，群下外恩⑤者淪，凌下取勝者侵，名不勝實者耗，自厚薄人者棄，薄施厚望者不報，貴而忘賤者不久，用人不得其正者殆，爲人擇官者亂⑥，失其所强者弱⑦，決⑧於不仁者險，陰謀⑨外泄者敗，厚斂薄施者彫。」此自理之大體也。孫卿曰：「口能言之，身能行之，國寶也。口不能言，身能行之，國器也。口能言之，身不能行之，國用也。口言善，身行惡，國妖也。」

故傅子曰：「立德之本莫尚乎正心，心正而後身正，身正而後左右正，左右正而後朝廷

① 「者淺」，黄石公素書作「下者暗」。 ② 「惑」，原作「流」，據黄石公素書改。 ③ 「佞」，黄石公素書作「讒」。
④ 「信讒棄」，黄石公素書作「近色遠」。 ⑤ 「恩」，黄石公素書作「異」。 ⑥ 「亂」，原脱，據黄石公素書補。 ⑦ 「其所强者弱」，原脱，據黄石公素書補。 ⑧ 「決」，黄石公素書作「決策」。 ⑨ 「謀」，黄石公素書作「計」。

正，朝廷正而後國家正，國家正而後天下正。故天下不正修之國[1]家，國家不正修之朝廷，朝廷不正修之左右，左右不正修之身，身不正修之心。所修彌近，所濟彌遠。禹、湯罪己，其興也勃焉，正心之謂也。」尸子曰：「心者，身之君也。天子以天下受令於心，心不當則天下禍。諸侯以國受令於心，心不當則國亡。匹夫以身受令於心，心不當則身爲僇[2]矣。」

## 理亂第十二

夫明察六主，以觀君德；審惟九風，以定國常；探其四亂，覈其四危，則理亂可知矣。何謂[3]六主？荀悅曰：「體政[4]性仁，心明志固[5]，動以爲人，不以爲己，是謂王主。議曰：王主者，謂天姿仁德。克己恕躬，好問力行，動以從義，不以從[6]情，是謂治主。議曰：治主者，謂抑情割欲。勤事守業，不敢怠荒，動以先公，不以先私，是謂存主。議曰：存主者，謂拘法守律。悖逆[7]交爭，公私并行，一得一失，不純道度，是謂衰主。情過於義，私多於公，制度

①「國」，原脱，據群書治要引傅子補。下同。 ②「僇」，原作「謬」，據讀畫齋叢書本改。 ③「謂」，原脱，據讀畫齋叢書本補。 ④「政」，通「正」。前漢紀作「正」。 ⑤「固」，原作「同」，據前漢紀改。 ⑥「從」，前漢紀作「縱」。 ⑦「逆」，原作「義」，據讀畫齋叢書本及前漢紀改。

逾限，政教失常，是謂危主。親用讒邪，放逐忠賢，縱情追欲，不顧禮度，出入游放，不拘儀禁，賞賜行私，以越公用，忿怒施罰，以逾法理，遂非文過，而不知改，忠言擁塞，直諫誅戮，是謂亡主。」故王主能致興平；治主能修其政；存主能保其國；衰主遭無難則庶幾能全，有難則殆；危主遭無難則幸而免，有難則亡；亡主必亡而已矣。

何謂九風？君臣親而有禮，百僚和而不同，讓而不爭，勤而不怨，唯職是司，此理國之風也。尹文子曰：「上不能勝其下，下不能犯其上，上下①不相勝犯，故禁令行，人人無私，雖經嶮易，而國不可侵，治國也②。」禮俗不一，職位不重，小臣讒疾，庶人作議，此衰國之風也。尹文子曰：「君年長多妾媵，少子孫，疏强宗，衰國也。」君好讓，臣好逸，士好游，民好流③，此弱國之風也④。君臣爭明，朝廷爭功，大夫爭名，庶人爭利，此乖國之風也。上多欲，下多端，法不定，政多門，此亂國之風也。尹文子曰：「君寵臣，臣愛⑤君，公法廢，私欲⑥行，亂國也。」以侈爲博，以伉爲高，以濫爲通，遵禮謂之拘，守法謂之固，此荒國之風也。議曰：夫晉家尚於浮虛，

---

①「下」，原脱，據讀畫齋叢書本及尹文子補。　②「也」上，原有「者」，據申鑒刪。　③「流」，申鑒注：「萬民離散，不安其居，如水之流。」　④從「君好讓」至「風也」，原脱，據申鑒政體補。　⑤「愛」，原作「受」，據申鑒改。　⑥「欲」，原脱，據申鑒補。讀畫齋叢書本作「政」。

所以敗也。此之謂矣。**以苛爲察，以利爲公，以割下爲能，以附上爲忠，此叛國之風也。**叔向曰：「大臣重禄而不極諫，近臣畏罪而不敢言，下情不上通，此患之大者也。」上下相疏，内外相疑，**小臣争寵，大臣争權，此危國之風也。上不訪下，下不諫上，婦言用，私政行，此亡國之風也。**尹文子曰：「國貧小，家富大，君權輕，臣勢重，亡國也。内無專寵，外無近習，支庶繁息，長幼不亂，昌國也。農桑以時，倉廩充實，兵甲勁利，封疆修理，强國也。」文子曰：「夫亂國若盛，治國若虚，亡國若不足，存國若有餘。虚者非無人，各守其職也。盛者非多人，皆邀①於末也。有餘非多財，節欲事寡也。不足者非無貨，人躁②而費多也。」

**何謂四亂？**管子曰：「**内有疑妻之妾，此家③亂也。庶有疑嫡之子，此宗④亂也。朝有疑相之臣，此國亂也。任官無能，此衆亂也。**」故曰：立天子者不使諸侯疑焉，立諸侯者不使大夫疑焉，立正妻者不使嬖妾疑焉，立嫡子者不使庶孽疑焉。疑則動，兩則争，雜則相傷。故臣有兩位者國必亂，臣兩位而國不亂者，君猶在也。恃君不亂，失君必亂矣。子兩位者家必亂，子兩位而家不亂者，親猶存也。恃親不亂，失親必亂矣。臣疑其君，無不危之國；孽疑其宗，無不危之家也。

---

①「邀」，循求。文子作「徼」，通「邀」。　②「躁」，通「懆」，貪也。文子作「鮮」，似誤。　③「家」，管子君臣作「宫」。
④「宗」，管子作「家」。

何謂四危？又曰：「卿相不得衆，國之危也。大臣不和同，國之危也。兵主不足畏，國之危也。民不懷其産，國之危也。」

此治亂之形也。

凡爲人上者，法術明而賞罰必者，雖無言語而勢自治；法術不明而賞罰不必者，雖日號令，然勢自亂。管子曰：「理國有三器，亂國有六攻。明君①能勝六攻而立三器，則①國理。不肖君不能勝六攻而立三器，故國亂。三器者何也？曰：『號令也，斧鉞也，禄賞也。』六攻者何也？曰：『親也，貴也，貨也，色也，巧佞也，玩好也。』三器之用何也？曰：『非號令無以使下，非斧鉞無以威衆，非禄賞無以勸人。』六攻之敗何也？曰：『雖不聽而可以得存，雖犯禁而可以得免，雖無功而可以得富。夫國有不聽而可以得存者，則號令不足以使下。有犯禁而可以得免者，則斧鉞不足以威衆。有無功而可以得富者，則禄賞不足以勸人。號令不足以使下，斧鉞不足以威衆，禄賞不足以勸人，則人君無以自守也。』」是故勢理者，雖委之不亂；勢亂者，雖勤之不治。堯、舜拱己無爲而有餘，勢理也；胡亥、王莽馳騖而不足，勢亂也。商子曰：「法令者，人之命也，爲治之本也。一兔走而百人逐之，非以兔可分以爲百，由名分之未定也。夫賣兔者滿市，盜不敢取，由名分之定也。故夫名分定，勢治之

---

①「君」，原作「若」，據讀畫齋叢書本及管子改。

②「則」，原作「故」，據管子改。

道也。名分不定，勢亂之道也①。故勢治者不可亂也，勢亂者不可治也。夫勢亂而欲治之，愈亂矣。勢治而治之，則治矣。故聖人治治不治亂也。聖人爲人作法，必使之明白易知，愚智偏能知②之。故聖人立天下，而天下無刑死者，非可刑殺而不刑殺也，萬人皆知所以辟禍就福，而皆自治也。明主因治而治之，故天下大治也。」故曰：「善戰③者求之於勢，不責於人。」是故明主審法度而布教令，則天下治矣。左傳曰：「國將亡，必多制。」杜預云：「數變法也。」

論曰：夫能匡世輔政之臣，必先明於盛衰之道，通於成敗之數，審於治亂之勢，達於用捨之宜，然後臨機而不惑，見疑而能斷。爲王者之佐，未有不由斯者矣。

---

①「也」，原脱，據商子補。

②「偏」，通「徧」。「知」，原脱，據商子定分補。

③「戰」，原脱，據孫子兵勢補。

# 長短經卷第三　文下



## 反經第十三

議曰：理國之要，以仁義賞罰，此其大略也。然用失其宜，反以爲害，故著反經一章以明之①也。

臣聞：三代之亡，非法亡也，御法者非其人矣。故知法也者，先王之陳迹，苟非其人，道不虛②行。故尹文子曰：「仁義禮樂名法刑賞，此八者，五帝三王治世之術。故仁者所

①「之」，原脱，據四庫本補。

②「虛」，憑空，毫無根據。

以博施於物，亦所以生偏私①。反仁也。議曰：在禮，家施不及國，大夫不收公利。孔子曰：「天子愛天下，諸侯愛境内。」不得過所愛者，惡私惠也。故知偏私之仁，王者惡之也。義者所以立節行②，亦所以成華僞③。反義也。議曰：忘身徇④國，臨大節而不可奪⑤，此正義也。若趙相虞卿，棄相捐⑥君，以周魏齊之危⑦；信陵無忌，竊符矯命，以赴平原之急⑧。背公死黨之義成，守職奉上之節廢。故毛公數無忌⑨曰：「於趙則有功矣，於魏則未爲得。」凡此之類，皆華僞者。禮者所以行謹敬⑩，亦所以生惰慢。反禮也。議曰：漢時欲定禮，文帝曰：「繁禮飾貌，無益於理⑪，躬化⑫謂可⑬耳。」故罷之。郭嘉謂曹公曰：「紹⑭繁禮多儀，公體任自然，此道勝者也。」夫節苦難貞⑮，故生惰慢也。樂者所以和情志，亦所以生淫放。反樂也。樂書曰：「鄭、衛之音，亂代之音；桑間、濮上之音，亡國之音也。」故嚴安曰：「夫佳麗珍怪，固順於耳目，故養失⑯而泰，樂失而淫，禮失而彩，教失而僞。僞彩淫泰，非所以範人⑰之道。」名

---

①「偏私」，偏袒私情，徇私。　②「節行」，節操品行。　③「華僞」，虚浮詐僞。　④「徇」，通「殉」。　⑤「奪」，原作「奮」，據讀畫齋叢書本改。　⑥「捐」，原作「指」，據讀畫齋叢書本改。　⑦「以周魏齊之危」，顔師古曰：「魏齊，虞卿之交也，將爲范雎所殺，卿救之也。」　⑧「以赴平原之急」，顔師古曰：「秦兵圍趙，趙相平原君告急於無忌。無忌因如姬以竊兵符，矯魏僖侯命，代晉鄙爲將，而令朱亥鎚殺晉鄙，遂率兵救趙。秦兵以卻而趙得全。」　⑨「毛公數無忌」，史記信陵君列傳作「客有説公子」。　⑩「謹敬」，尹文子作「恭謹」。　⑪「理」，史記禮書作「治」。　⑫「躬化」，親身感化。　⑬「謂可」，「謂」通「爲」。史記禮書作「謂何」，正義曰：「躬化節儉謂何嫌耳。」　⑭「紹」，袁紹。　⑮「貞」，堅定不移。　⑯「失」，没有控制好，没有把握好。　⑰「範人」，給人做楷模。

**者所以正尊卑，亦所以生矜篡①。**反名也。議曰：古者名位不同，禮亦異數，故聖人明禮制以序尊卑，異車服以彰有德。然漢高見秦皇威儀之盛，乃歎曰：「大丈夫當如此。」此所以生矜篡。老經曰：「夫禮者，忠信之薄②，而亂之首。」信矣哉。**法者所以齊衆異，亦所以生乖分③。**反法也。議曰：道德經云：「法令滋彰，盜賊多有。」賈誼云：「法出而姦生，令下而詐起。」此乖分也。**刑者所以威不服，亦所以生淩暴。**反刑④也。**賞者所以勸忠能，亦所以生鄙争⑤。」**反賞也。

**文子曰：「聖人其作書也，以領理百事。愚者以不忘，智者以記事。及其衰也，爲姦僞以解有罪而殺不辜。**反書也。文子曰：「察於刀筆⑥之迹者，即不知理亂之本。習於行陣之事者，即不知廟勝⑦之權。」莊子曰：「儒以詩、書發冢⑧。大儒曰：『東方作⑨矣，事之何若？』小儒曰：『未解裙襦，口中有珠。詩固有之曰：「青青之麥，生於陵陂。生不布施，死何含珠爲？」』接⑩其鬢，壓其顪⑪，儒以金椎控⑫其頤，徐徐列⑬其頰，無傷口中珠。」由此言之，詩、禮乃盜資也。顪音許穢反。控音腔。**其**

①「矜篡」，驕慢叛逆。 ②「薄」，原作「簿」，據老子改。 ③「生乖分」，尹文子作「乖名分」。 ④「刑」，原作「利」，據讀畫齋叢書本改。 ⑤「鄙争」，卑劣的争鬥。 ⑥「刀筆」，古代書寫工具。「刀筆之迹」，指律法等公牘文字。 ⑦「廟勝」，在廟堂即操勝算。文子微明作「廟戰」，在廟堂謀劃戰事。 ⑧「冢」，原作「壯」，據讀畫齋叢書本及莊子外物改。 ⑨「東方作」，郭象曰：「謂日出也。」 ⑩「接」，捉。 ⑪「顪」，頤下鬚。原作「翽」，據讀畫齋叢書本及莊子外物改。下同。 ⑫「控」，成玄英曰：「控，打也。」 ⑬「列」，分離。

**作囿也，以奉宗廟之具，簡①士卒以②戒不虞。及其衰也，馳騁弋獵，以奪人時。**反囿也。齊宣王見文王囿大，人以爲小，問於孟子。孟子曰：「周文王之囿方七十里，芻蕘者往焉，雉兔者往焉，與人同之，民以爲小，不亦宜乎。臣聞郊關之内有囿方四十里，殺其麋者如殺人之罪，民以爲大，不亦宜乎。」楚靈王爲章華之臺，伍舉③諫曰：「夫先王之爲臺榭也，榭不過講軍實④，臺不過望氛祥⑤。其所不奪穡地，其爲不匱財用，其事不煩官業，其日不妨時務。夫爲臺榭，將以教人利也，不聞其以匱乏也。」**其上賢也，以平教化，正獄訟⑥，賢者在位，能者在職，澤施於下，萬人懷德。至其衰也，朋黨比周，各推其所⑦與，廢公趨私，外内相舉，姧人在位，賢者隱處。**」反賢也。太公謂文王曰：「君好聽世俗之所舉者，或以非賢爲賢，或以非智爲智。君以世俗之所譽⑧者爲賢智，以世俗之所毀者爲不肖，則多黨者進，少黨者退。是以群邪比周而蔽賢，是以世亂愈甚。」文王曰：「舉賢奈何？」太公曰：「將相分職，而君以官舉人，案名察實，選才考能，則得舉⑨賢之道。」古語曰：「重朋黨則蔽主，争名利則害友，務欲速則失德也。」

---

①「簡」，檢閱。 ②「以」，原脱，據文子上禮補。 ③「伍」，原作「五」，據讀畫齋叢書本改。伍舉，伍子胥祖父椒舉。 ④「軍實」，韋昭曰：「軍實，戎事也。」 ⑤「氛祥」，韋昭曰：「凶氣爲氛，吉氣爲祥。」 ⑥「訟」，原作「頌」，據讀畫齋叢書本及文子改。 ⑦「所」，原脱，據文子上禮補。 ⑧「譽」，原作「舉」，據六韜文韜舉賢改。 ⑨「舉」，原脱，據六韜補。

**韓詩外傳曰：「夫士有五反：有勢①尊貴，不以愛人行義理，而反以暴傲。**反貴也。古語曰：「富能富人者，欲貧不可得。貴能貴人者，欲賤不可得。達能達人者，欲窮不可得。」梅福曰：「存人所以自立也，壅人所以自塞也。」**家富厚，不以振窮救不足，而反以侈靡無度。**反富也。**資勇悍，不以衛上攻戰，而反以侵凌私鬬。**反勇也。凡將帥輕去就者，不可使鎮邊。使仁德守之，則安矣。**心智惠②，不以端計教③，而反以事姧飾詐。**反智惠也。說苑曰：「君子之權謀正，小人之權謀邪。」**貌美好，不以統朝莅人，而反以蠱女從④欲。」**反貌也。此五者，所謂士失其美質。

**太公曰：「明罰則人畏懾，人畏懾則變故出。**反明罰也。**明察則人擾，人擾則人徙，人徙則不安其處，易以成變。」**反明察也。太公曰：「明賞則不足，不足則怨長。明王理人，不知所好而知所惡，不知所歸而知所去，使人各安其所生，而天下靜矣。」晉劉頌曰：「凡監司欲舉大而略小，何則？夫細過微闕，謬妄⑤之失，此人情所必有，所固不許在不犯之地⑥，而悉⑦糾以法，則朝野無立⑧人，此所謂以治而亂也。」

①「勢」，原作「執」，據讀畫齋叢書本改。韓詩外傳作「埶」，「埶」古字。②「惠」，通「慧」。③「教」，韓詩外傳作「數」。④「從」，放縱。⑤「妄」，原作「忘」，據晉書劉頌傳改。⑥「所固不許在不犯之地」，意謂不在不允許犯之列。此九字晉書無。⑦「悉」，原作「患」，據讀畫齋叢書本及晉書改。⑧「立」，晉書作「全」。

晏子曰：「臣專其君謂之不忠，子專其父謂之不孝，妻專其夫謂之嫉妬。」反忠孝也。呂氏春秋曰：「夫陰陽之和不長一類，甘露時雨不私一物，萬人之主不阿一人。」申①子曰：「一婦擅夫，衆婦皆亂。一臣專君，群臣皆蔽。故妬妻不難破家也，而亂臣不難破國也。是以明君使其臣并進輻湊，莫得專君焉。」

韓子曰：「儒者以文亂法，俠者以武犯禁。」反文武也。曹公②曰：「恃武者滅，恃文者亡，夫差、偃王是也。」吴子曰：「昔承桑氏之君修德廢武以滅其國，有扈之君恃衆好勇以喪社稷，明王③鑒兹，必内修文德，外治武備④。故當⑤敵而不進，無逮於義⑥；僵尸而哀之，無及於仁矣。」黔⑦經曰：「文中多武，可以輔主；武中多文，可以匡君。文武兼備，可任軍事；文武兼闕，不可征伐。」

子路拯溺而受⑧牛，謝⑨孔子。孔子曰：「魯國⑩必好救人於患也。」子貢贖人而不受金於府。魯國之法，贖人於他國者，受金於府也。孔子曰：「魯國不復贖人矣。」子路受而勸德，子

---

①「申」，原作「由」，據讀畫齋叢書本改。　②「曹公」，曹操。　③「王」，讀畫齋叢書本作「主」。　④「備」，原作「訓」，據吴子改。　⑤「當」，原脱，據吴子補。　⑥「義」，原作「恭」，據吴子改。　⑦「黔」，通「鈐」，讀畫齋叢書本作「鈐」。　⑧「受」，原作「授」，據讀畫齋叢書本改。　⑨「謝」，告訴。淮南鴻烈集解齊俗訓不重「孔子」，「牛謝」連讀，注云「主人謝以牛」。呂氏春秋察微無「謝孔子」。　⑩「魯國」，呂氏春秋作「魯人」。下同。

貢讓而止善。由此觀之，廉有所在而不可公行①。反廉也。匡衡云：「孔子曰：『能以禮讓爲國乎？何有？』朝廷者，天下之楨幹也。公卿大夫相與修②禮恭讓則人不爭，好仁樂施則下不暴，上③義高節則人興行，寬柔惠和則衆相愛。此四者，明王之所以不嚴而化成也。何者？朝有變色之言則下有爭鬭之患，上有自專之士則下有不讓之人，上有克勝之佐則下有傷害之心，上有好利之臣則下有盜竊之人，此其本。」

愼子曰：「忠未足以救亂代，而適足以重非。何以識其然耶？曰：父有良子而舜放瞽叟，桀有忠臣而過盈天下。然則孝子不生慈父之家④，六親不和有孝慈。而忠臣不生聖君之下。國家昏亂有忠臣。故明主之使其臣也，忠不得過職，而職不得過官。」反忠也。京房論議與石顯有隙，及京房被出爲魏郡太守，憂懼上書曰：「臣弟子姚平謂臣曰：『房可謂小忠，未可謂大忠。何者？昔秦時趙高用事，有正先者，非刺高而死，高威自此成。秦之亂，正先趣之。』今臣得出守郡，唯陛下毋使臣當正先之死，爲姚平所笑。」由此觀之，夫正先之所謂忠，乃促秦禍，忠何益哉！

① 「公行」，公然實行。 ② 「修」，遵循。漢書匡衡傳作「循」。 ③ 「上」，通「尚」，崇尚。 ④ 「家」，原作「義」，據讀畫齋叢書本及愼子改。

鬼谷子①曰：「將爲胠篋②、探囊、發匱③之盜胠音起居反。胠，發也，從傍開爲胠。爲之守備，則必攝緘縢④、攝，結也。固扃鐍⑤。音決，紐⑥也。此代俗之所謂智也。然而巨盜至則負匱⑦、揭⑧篋、揭音其謁反⑨。擔囊而趨，唯恐緘縢、扃鐍之不固也。然則向之所謂智者，有不爲盜積者乎？反智也。孫子曰：「小敵之堅，大敵之擒也。」其所謂聖者，有不爲大盜守者乎？何以知其然耶？昔者，齊國鄰邑相望，鷄狗之音相聞，罔罟之所布，耒耨之所刺，方二千餘里。闔⑩四境之內，所以立宗廟社稷，治邑屋州閭鄉里⑪者，曷常不法聖人哉？然而田成子一朝殺齊君而盜其國，所盜者豈獨其國耶？并與聖智之法而盜之。故田成子有乎盜賊之名，而身處堯、舜之安，小國不敢非，大國不敢誅，十二代而有齊國，則是不乃竊齊國，并與其聖智之法，以守其盜賊之身乎？反聖法也。昔叔向問齊晏子曰：「齊其如何？」晏子曰：「此季世，吾弗知。齊其爲陳氏矣。公棄其人，而歸於陳氏。齊舊四量，豆、區、釜⑫、鍾。四升爲

①「鬼谷子」，當爲「莊子」，以下引文見莊子胠篋。　②「篋」，箱子。　③「匱」，同「櫃」。　④「緘縢」，繩索。
⑤「扃鐍」，門閂鎖鑰。　⑥「紐」，原作「細」，據郭象注改。　⑦「匱」，原作「遺」，據讀畫齋叢書本及莊子改。
⑧「揭」，提起。　⑨「反」，原作「也」，據讀畫齋叢書本改。　⑩「闔」，原作「闊」，據讀畫齋叢書本及莊子改。
⑪「里」，莊子作「曲」。　⑫「釜」，原作「負」，據讀畫齋叢書本及左傳改。

豆，各自其四，以登①於釜。釜十則鍾。陳氏三量②皆登③一焉，鍾乃大矣。以家量貸，而以公量④收之。山木如⑤市弗加於山，魚鹽蜃蛤弗加⑥於海。人參其力，二入⑦於公，而衣食其一⑧。公聚朽蠹，而三老凍餒。國之諸市，屨賤踊貴⑨。人多疾病，而或燠休⑩之。其愛之如父母，歸之如流水，欲無獲人，將焉避之？」跖之徒問於跖曰：『盜亦有道乎？』跖曰：『何適其無有道耶？夫妄⑪意室中之藏，聖也；入先，勇也；出後，義也；知可否，智也；分均，仁也。五者不備而能成大盜者，天下未之有也。』後漢末，董卓入朝，將篡位，乃引用名士。范曄論曰：「董卓以虓闞⑫爲情，遭崩剥之勢，故得蹈藉⑬彝倫，毁裂畿服。夫以刳肝斮趾之性，則群生不足以厭其快，然猶折意搢紳⑭，遲疑凌奪，尚有盜竊之道焉。」由是觀之，善人不得聖人之道不立，盜跖不得聖人之道不行。天下之善人少而不善人多，則聖人之利天下也少而害天下也多矣。」反仁義也。議曰：昔仲由爲

①「登」，杜預曰：「成也。」 ②「三量」，指豆、區、釜。 ③「登」，杜預曰：「加也。」 ④「量」，原脱，據左傳補。

⑤「如」，孔穎達疏引正義曰：「如訓往也。言山木往至市也。」 ⑥「加」，原作「知」，據讀畫齋叢書本及左傳改。

⑦「入」，原脱，據左傳補。 ⑧「衣食其一」，杜預曰：「言公重賦斂。」 ⑨「踊貴」，杜預曰：「踊，刖足者屨。言刖多。」 ⑩「燠休」，撫慰。杜預曰：「燠休，痛念之聲，謂陳氏也。」 ⑪「妄」，原作「忘」，據讀畫齋叢書本及莊子改。

⑫「虓闞」，强悍。 ⑬「蹈藉」，踐踏。 ⑭「折意搢紳」，李賢曰：「折，屈也。謂忍性屈情擢用鄭泰、蔡邕、何顒、荀爽等。」

郈①宰，季氏以五月起長溝。當此②之時，子路以其私秩粟爲漿飯，以餉溝者。孔子聞之，使子貢往覆其飯，擊毀其器。子路曰：「夫子嫉由之爲仁義乎？」孔子曰：「夫禮，天子愛天下，諸侯愛境内，大夫愛官職，士愛其家。過其所愛，是曰侵官。」漢武時，河間獻王來朝，被服造次必於仁義。武帝艴③然難之，謂曰：「湯以七十里，文王以百里，王其勉之。」王知其意，歸即縱酒。由是言之，夫仁義兼濟，必有分④乃可。故尸子曰：「君臣父子、上下長幼、貴賤親疎皆得其分曰理，愛得分曰仁，施得分曰義，慮得分曰智，動得分曰適，言得分曰信，皆得其分而後爲成人。」由是言之，跖徒之仁義，非其分矣。

**由是言之，夫仁義禮樂、名法刑賞、忠孝賢智之道，文、武明察之端，無隱於人，而常存於代，非自昭⑤於堯、湯之時，非故逃於⑥桀、紂之朝，用得其道則天下理，用失其道則天下亂。**孫卿曰：「羿之法非亡也，而羿不世中⑦。禹之法猶存也，而夏不代王。故法不能獨立，得其人則存，失其人則亡矣。」莊子曰：「宋人有善爲不龜⑧手之藥者，代以洴澼絖⑨爲事。客聞之，請買其方百

---

①「郈」，原作「郘」，據韓非子改。　②「當此」，原作「此當」，據讀畫齋叢書本及韓非子乙。　③「艴」，惱怒。原作「色」，據史記集解引漢名臣奏改。　④「分」，名分。　⑤「昭」，尹文子大道下作「顯」。　⑥「於」，原脱，據尹文子補。　⑦「中」，得。　⑧「龜」，通「皸」，皮膚凍裂。　⑨「洴澼絖」，郭象曰：「洴澼絖者，漂絮於水上。」

金。客得之，以説吴王。越人有難①，吴王使之將。冬，與越人水戰，大敗越人，裂地而封之②。能不龜手，一也。或以封，或不免於洴澼絖，則③其所用之異。」故知制度者，代非無也，在用之而已。

# 是非第十四

夫損益殊塗，質文異政，或尚權④以經緯⑤，或敦⑥道以鎮俗⑦，是故前志⑧垂教，今皆可以理違。何以明之？

是⑨曰：大雅云：「既明且哲，以保其身。」易曰：「天地之大德曰生。」非⑩曰：語⑪曰：「士見危致命⑫。」又曰：「君子⑬有殺身以成仁⑭，無求生以害仁。」

是曰：管子曰：「疑今者察之古，不知來者視之往。」古語曰：「與死人同病者不可生

①「越人有難」，成玄英曰：「越國兵難侵吴。」　②「之」，原脱，據莊子補。　③「絖則」，原作「則絖」，據讀畫齋叢書本及莊子逍遥游乙。　④「權」，權宜，變通。　⑤「經緯」，謀劃治理。　⑥「敦」，注重。　⑦「鎮俗」，抑制庸俗的風氣。　⑧「前志」，前人的記述。　⑨「是」，指肯定的一方。「是曰」與下文「非曰」原均爲小字横列，今統改爲大字竪排。　⑩「非」，指反對的一方。　⑪「語」，論語。　⑫「致命」，孔安國曰：「不愛其身也。」　⑬「君子」，論語作「志士仁人」。　⑭「仁」，原作「人」，據讀畫齋叢書本及論語改。

也，與亡國同行者不可存也。」非曰：呂氏春秋曰：「夫人以食死者，欲禁天下之食，悖矣。有以乘舟死者，欲禁天下之船，悖矣。有以用兵喪其國者，欲偃天下之兵，悖矣。」杜恕曰：「夫姧臣賊子，自古及今未嘗不有。百歲一人是爲繼踵①，千里一人是爲比肩，而舉以爲戒，是猶一噎而禁人食也。噎者雖少，餓者必多。」

是曰：孔子曰：「惡②訐③以爲直。」非曰：管子曰：「惡隱惡④以爲仁者。」曹魏義至公論曰：「夫代人所謂掩惡揚善者，君子之大義；保明⑤同好者，朋友之至交。斯言之作，蓋閭閻之白⑥談，所以收⑦愛憎之相謗，非篤正之至理、折中之公議也。世士不料⑧其數⑨而係⑩其言，故善惡不分，以覆過爲弘也；朋友忽義，以雷同爲美也。善惡不分，亂實由之；朋友雷同，敗必從焉。談論以當實爲清⑪，不以過難⑫爲貴；相知以等分爲交，不以雷同爲

---

①「繼踵」，接踵，前後緊跟着。　②「惡」，討厭，憎恨。　③「訐」，包咸曰：「謂攻發人之陰私。」「訐」下，原衍「惡」，據論語删。　④「惡」，罪過。　⑤「保明」，使安寧而尊貴。孔穎達曰：「保爲安，明爲尊。」　⑥「白」，没有根據。藝文類聚引作「日」。太平御覽引作「白」。　⑦「收」，結束，消弭。太平御覽、藝文類聚引作「救」。　⑧「料」，抵制。藝文類聚引作「斷」。太平御覽引作「料」。　⑨「數」，理也。　⑩「係」，記載。　⑪「清」，善。原作「情」，據藝文類聚、太平御覽改。　⑫「難」，茂盛，華美。

固。是以達者存其義不察於文，識其心不求於言。」

是曰：越絶書曰：「衒①女不貞，衒士不信。」非曰：漢書曰②：「大行不細謹，大禮不讓辭。」

是曰：黄石公曰：「務廣地者荒，務廣德者强。有其有者安，貪人有者殘。殘滅之政，雖成必敗。」非曰：司馬錯曰：「欲富國者務廣其地，欲强兵者務富其人，欲王者務博其德。三資者備而後王業隨之。」

是曰：傳曰：「心苟無瑕，何恤乎無家？」語曰：「禮義之不愆，何恤於人言？」非曰：語曰：「積毁③銷金，積讒磨骨，衆羽④溺舟⑤，群輕⑥折軸⑦。」

是曰：孔子曰：「君子不器⑧。」聖人智周萬物。非曰：列子曰：「天地無全功，聖人無全能，萬物無全用。全，備也。故天職⑨生覆⑩，地職載形⑪，聖職教化。」

---

①「衒」，自誇，賣弄。　②以下引文漢書無，史記項羽本紀樊噲曰：「大行不顧細謹，大禮不辭小讓。」　③「毁」，誹謗。　④「衆羽」，羽毛衆多。　⑤「溺舟」，使船沉没。　⑥「輕」，指重量小的物體。　⑦「折軸」，使車軸折斷。　⑧「器」，用具，器具。包咸曰：「器者各周其用，至於君子，無所不施。」　⑨「職」，職責。　⑩「生覆」，覆育。　⑪「載形」，養育萬物。

是曰：孔子曰：「君子坦蕩蕩，小人長戚戚。」非曰：孔子曰：「晉重耳之有霸心也生於曹、衛①，越勾踐之有霸心也生於會稽②。故居下而無憂者則思不遠，覆身③而常逸者則志不廣。」

是曰：韓子曰：「古之人目短於自見，故以鏡觀面；智短④於自知，故以道正己。」非曰：老子曰⑤：「反聽之謂聰，内視之謂明，自勝之謂强。」

是曰：唐且曰：「專諸懷錐刀而天下皆謂之勇，西施被短褐而天下稱美。」非曰：慎子曰：「毛嬙、西施，天下之至姣也。衣之以皮倛⑥則見者皆走，易之以玄緆⑦則行者皆止。由是觀之，則玄緆色之助也。姣者辭之，則色厭矣。」

是曰：項梁曰：「先起者制服於人，後起者受制於人。」軍志曰：「先人有奪人之心。」非曰：史佚有言曰：「無始禍。」又曰：「始禍者死。」語曰：「不爲禍始，不爲福先。」

是曰：慎子曰：「夫賢而屈於不肖者，權輕也；不肖而服於賢者，位尊也。堯爲匹夫，

① 王肅曰：「重耳，晉文公也。爲公子時出奔，困於曹、衛。」 ② 王肅曰：「言越王之有霸心，乃坐困於會稽之時也。」

③「覆身」，地位喪失。 ④「短」，原作「疑」，據韓非子觀行改。 ⑤ 以下引文老子無，史記商君列傳趙良曰：「反聽之謂聰，内視之謂明，自勝之謂彊。」 ⑥「倛」，古代驅鬼時用的面具。 ⑦「玄緆」，黑色的細布。

不能使其鄰家；及至南面而王，則令行禁止。由此觀之，賢不足以服物①，而勢位足以屈賢矣。」非曰：賈子曰：「自古至今，與民爲仇者，有遲有速耳，而民必勝之矣。故紂自謂天王也，而桀自謂天父也，已滅之後，民以罵之也。以此觀之，則位不足以爲尊，而號不足以爲榮矣。」

是曰：漢景帝時，轅固與黄生争論於上前。黄生曰：「湯、武非受命，乃殺也。」固曰：「不然。夫桀、紂荒亂，天下之心皆歸湯、武。湯、武與天下之心而誅桀、紂，桀、紂之人弗爲使而歸湯、武。湯、武不得已而立，非受命爲何？」非曰：黄生曰：「冠雖弊必加於首，履雖新必貫於足。何者？上下之分也。今桀、紂雖失道，然君上也；湯、武雖聖，臣下也。夫主有失行，臣不正言匡過以尊天子，反因過而誅之，代立南面，非殺而何？」

是曰：太公曰：「明罰則人畏懾，人畏懾則變故出。明賞則不足，不足則怨長。故明王之理人，不知所好，不知所惡。」非曰：文子曰：「罰無度則戮而無威，賞無度則費而無恩。」故諸葛亮曰：「威之以法，法行則知恩；限之以爵，爵加則知榮。」

① 「物」，藝文類聚引作「不肖」。

是曰：文子曰：「人之化上，不從其言，從其行也。故人君好勇而國家多難，人君好色而國家昏亂。」非曰：秦王曰：「吾聞楚之鐵劍利而倡優拙。夫鐵劍利則士勇，倡優拙則思慮遠。以遠思慮御勇士，吾恐楚之圖秦也。」

是曰：墨子曰：「雖有賢君，不愛無功之臣；雖有慈父，不愛無益之子。」非曰：曹子建曰：「舍罪責功者，明君之舉也。矜愚愛能者，慈父之恩也。」三略曰：「含氣之類皆願得其申志，是以明君賢臣屈己申人。」

是曰：傳曰：「人心不同，其猶面也。」曹子建曰：「人各有好尚。蘭茝蓀蕙之芳，衆人所好，而海畔有逐臭之夫①；咸池②、六英③之發，衆人所樂，而墨子有非之之論。豈可同哉？」非曰：語曰：「以心度心，間不容針④。」孔子曰：「其恕乎？己所不欲，勿施於人。」

是曰：管子曰：「倉廩實，知禮節；衣食足，知榮辱。」非曰：古語曰：「貴不與驕期而驕自至，富不與侈期而侈自來。」

---

①「逐臭之夫」，呂氏春秋：「人有大臭者，自苦而居海上。海上人有悅其臭者，晝夜隨之而弗能去。」②「咸池」，黄帝之樂。③「六英」，帝嚳之樂。一說顓頊之樂。④「間不容針」，形容距離極小。

是曰：語曰：「忠無不報。」非曰：左傳曰：「亂代則讒勝直。」

是曰：韓子曰：「凡人之大體，取舍同則相是，取舍異則相非也。」易曰：「同聲相應，同氣相求。水流濕，火就燥，雲從龍，風從虎。」非曰：易曰：「二女同居，其志不同。」語曰：「二棲不兩雄，一泉無二蛟。」又曰：「凡人情以同相妬，故曰：『同美相妬，同貴相害，同利相忌。』」

是曰：韓子曰：「釋法術而以心理，堯、舜不能正一國。去規矩而妄①意度，奚仲②不能成一輪。使中主守法術，拙匠執規矩，則萬不失矣。」非曰：淮南子曰：「夫矢之所以射遠貫堅者，弓弩力也。其所以中的剖微者，人心也。賞善罰暴者，政令也。其所以行者，精誠也。故弩雖强，不能獨中③；令雖明，不能獨行。」杜恕曰：「世有亂人，而無亂法。若使法可專任，則唐、虞不須稷、契之佐，殷、周無貴伊、呂之輔矣。」

是曰：慮④不先定，不可以應卒⑤；兵不先辨，不可以應敵。左傳曰：「豫備不虞，古之

---

①「妄」，原作「忘」，據韓非子用人改。 ②「奚仲」，夏禹時車正，古代造車者。 ③「獨中」，獨自射中。 ④「慮」，謀劃，思考。 ⑤「卒」，倉猝，突發事變。

善政。」非曰：左傳曰：「士蔿謂晉侯曰：『臣聞之，無喪而戚，憂必讎①之；無戎而城，讎②必保焉。』」春秋外傳曰：「周景王將鑄大錢，單穆公曰：『不可。古者天災降戾，於是乎量資幣，權輕重，以振救人。夫備預有未至而設之，修國備也。預備不虞，安不忘危。有至而後救之，若救火療疾，量資幣之屬。是不相入也。二者先後各有宜。不相入，不相爲用也③。可先而不備謂之怠，怠，緩也。可後而先之謂之召灾。謂人未有患，輕而重之，離人匱財，是以召灾也。周固贏國也，天未厭④禍焉，而又離人以佐灾，無乃不可乎？』」

是曰：左傳曰：「古人有言，一日縱敵，數代之患也。」非曰：晉、楚遇於鄢，范文子不欲戰，曰：「吾先君之亟戰也有故，秦、狄、齊、楚皆强，不盡力，子孫將弱。今三强服矣，齊、秦、狄矣。敵，楚而已。唯聖人能内外無患。自非聖人，外寧必有内憂，驕而亢⑤則憂患生。盍⑥釋楚以爲外懼乎？」

是曰：三略曰：「無使仁者主財，爲其多恩施而附於下。」非曰：陶朱公中男殺人，囚

---

①「讎」，回應，報答。　②「讎」，仇敵。　③「不相爲用也」，原脱，據國語韋昭注補。　④「厭」，抑制。　⑤「亢」，繁忙。　⑥「盍」，何不。

於楚。朱公欲使其少子裝黃金千鎰往視之。其長男固請，乃使行。楚殺其弟。朱公曰：「吾固知必殺其弟。是長①與我俱見苦②，爲生之難，故重其財。如少弟，生見我富，乘堅驅良逐狡兔，豈知財所從來？固輕棄之。今長者③果殺其弟，事理然也，無足悲。」

是曰：語曰：「禄薄者不可與④入⑤亂，賞輕者不可與入難。」愼子曰：「先王見不受禄者不臣，禄不厚者不與入難。」非曰：田單將攻狄，見魯仲子。仲子曰：「將軍攻狄，弗能下也。何者？昔將軍之在即墨，坐而織蕢⑥，立則杖插⑦，爲士卒唱，此所以破燕。今將軍東有液邑⑧之奉，西有菑⑨上之娛，黃金橫帶而馳乎淄、澠之間，有生之樂，無死之心，所以不勝也。」後果然。

是曰：語曰：「貧賤之交不可忘，糟糠之妻不下堂。」非曰：語曰：「交接廣而信衰於友，爵禄厚而忠衰於君。」

是曰：春秋後語曰：「楚春申君使孫子爲宰，客有説春申君曰：『湯以亳，武王以鄗，

①「長」，史記越王勾踐世家作「少」。　②「見苦」，受過苦。　③「長者」，指長男。　④「與」，以。　⑤「入」，參與。　⑥「蕢」，鮑彪曰：「草器。」　⑦「插」，鮑彪曰：「鍤同，刺土器。」　⑧「液邑」，戰國策作「夜邑」。　⑨「菑」，同「淄」。原作「蕢」，據戰國策改。

皆不過百里，以有天下。今孫子，賢人也，而君籍之百里之勢，臣竊爲君危之。』春申君曰：『善。』於是使人謝孫子。孫子去之趙，趙以爲上卿。」非曰：客又説春申君曰：「昔伊尹去夏入殷，殷王而夏亡；管仲去魯入齊，魯弱而齊强。夫賢者之所在，其君未嘗不尊，其國未嘗不榮也。今孫子，賢人也，君何爲辭之？」春申君又曰：「善。」復使人請孫子。

是曰：韓宣王謂摎留曰：「吾欲兩①用公仲、公叔，其可乎？」對曰：「不可。晉用六卿而國分，簡公兩②用田成、闞止而簡公弒，魏兩用犀首、張儀而西河之外亡。今王兩用之，其多力者内樹其黨，其寡力者又籍③於外權。群臣或内樹其黨以擅④主命⑤，或外爲勢交⑥以裂⑦其地，則王之國危矣。」又曰：「公孫衍爲魏將，與其相田儒⑧不善。季文子⑨爲衍説魏王曰：『王獨不見夫服牛驂驥⑩乎，不可百步。今王以衍爲可使，將固用之也，而聽相之計，是服牛驂驥之道。牛馬俱死而不成其功，則王之國傷矣。願王察之。』」非曰：傅子

---

①「欲兩」，原作「兩欲」，據韓非子説林乙。　②「兩」，原脱，據韓非子説林補。　③「籍」，通「藉」，借助。　④「擅」，獨攬，專。　⑤「命」，命令，政令。　⑥「勢交」，攀附權勢之交。　⑦「裂」，瓜分。　⑧「田儒」，戰國策作「田繻」。　⑨「季文子」，戰國策作「季子」。　⑩「服牛驂驥」，役使牛和駿馬駕車。「服」，鄭玄曰：「中央夾轅者。」「驂」，鄭玄曰：「在旁曰驂。」「驥」，駿馬。

曰：「天地至神，不能同道而生萬物；聖人至明，不能一撿①而治百姓。故以異致同者，天地之道也；因物制宜者，聖人之治也。既得其道，雖有相害之物，不傷乎治體矣。水火之性相滅也，善用之者陳鼎釜乎其間，爨之煮之而能兩盡其用，不相害也。天下之物爲水火者多矣，何憂乎相害？何患乎不盡其用耶？」易曰：「天地睽②而其事同也，男女睽而其志通也，萬物睽而其事類也。」

是曰：陳登爲呂布説曹公曰：「養呂布譬如養虎，常須飽其肉，不飽則噬人。」非曰：曹公曰：「不似卿言。譬如養鷹，饑則爲人用，飽則颺去。」

是曰：劉備來奔曹公，曹公以之爲豫州牧。或謂曹公曰：「備有雄志，今不早圖，後必爲患。」曹公以問郭嘉。嘉曰：「有是。然公提劍起義兵，爲百姓除暴，推誠仗信，以招③儁傑，猶懼其未來也。今備有英雄之名，以窮③歸己而害之，以害賢爲名，則智士將自疑，迴心擇主，公誰與定天下者？夫除一人之患，以沮④四海之望，安危之機不可不察。」曹公曰：「善。」非曰：傅子稱：郭嘉言於太祖曰：「備有雄志而甚得衆心，關羽、張飛皆萬人之

①「撿」，通「檢」，法度。讀畫齋叢書本及傅子作「檢」。 ②「睽」，違背，乖離。 ③「招」，讀畫齋叢書本作「召」。

④「窮」，窘急，困窘。 ⑤「沮」，終止，阻止。

敵也，爲之死用。以嘉觀之，其謀未可測也。古人有言曰：『一日縱敵，數世之患。』宜早爲之所。」曹公方招懷英雄，以明大信，未得從嘉謀。

是曰：家語曰：「子路問孔子曰：『請釋①古之道而行由之意，可乎？』子曰：『不可也。昔東夷慕諸夏之禮，有女而寡，爲内②私壻，終身不嫁。不嫁則不嫁矣，然非貞節之義也。倉吾嬈音奴鳥反。取妻而美，讓與其兄。讓則讓矣，然非禮讓之讓也。今子欲捨古之道而行子之意，庸③知子意以非爲是乎？』」語曰：「變古亂常，不死則亡。」書云：「事弗師古，以克④永代⑤，匪説⑥攸⑦聞。」非曰：趙武靈王欲胡服，公子成不悦。靈王曰：「夫服者所以便用⑧，禮者所以便事。聖人觀鄉而順宜，因事而制禮，所以利其人而厚其國。夫翦髮文身，錯臂⑨左衽，甌越⑩之人也。黑齒雕題⑪，鯷冠秫縫⑫，大吳之國也。故禮服莫⑬同，

---

①「釋」，放棄。 ②「内」，納，迎娶。 ③「庸」，何，誰。 ④「克」，能。 ⑤「代」，「世」避諱字。 ⑥「説」，傅説。

⑦「攸」，所。 ⑧「用」，原作「國」，據讀畫齋叢書本及戰國策改。 ⑨「錯臂」，鮑彪注曰：「以兩臂交錯而立，言無禮容。」吴師道曰：「史記趙世家司馬貞索隱曰：『錯臂亦文身，謂以丹青錯畫其臂。孔衍作「右臂左衽」，謂右袒其臂也。』愚謂既言文身，則畫臂爲複，恐後説是，錯或袒字誤。」 ⑩「甌越」，原作「臨越」，據讀畫齋叢書本及戰國策改。

⑪「題」，額。 ⑫「鯷冠秫縫」，原作「却冠梨綜」，據讀畫齋叢書本及戰國策改。「鯷冠」，魚皮帽。「秫縫」，縫製粗糙。

⑬「莫」，不。戰國策作「不」。

而其便一也。鄉異而用變，事異而禮易。是以聖人謀可以利其國，不一其用；謀可以便其禮，不法其故。儒者一師而俗①異，中國同禮②而離教③，況於山谷之便乎？故去就之變，智者不能一；遠邇之服，賢聖莫能同。窮鄉多異俗，曲學多殊辯。今叔父之言，俗也；吾之所言，以制俗也。叔父惡變服之名，以忘效事之實，非寡人之所望也。」公子成遂胡服。

是曰：移風易俗，莫善於樂。非曰：孟子曰④：「天道因則大，化則細⑤。因也者，因人之情也。」

是曰：李尋曰：「夫以喜怒賞誅而不顧時禁，雖有堯、舜之心，猶不能致和平。善言古者，必有效於今；善言天者，必有徵於人。設上農夫欲冬⑥田，雖肉袒⑦深耕，汗出種之，猶不生者，非人心不至，天時不得也。易曰：『時止則止，時行則行。動靜不失於時，其道光明。』書曰：『敬授人時。』故古之王者，尊天地，重陰陽，敬四時，嚴⑧月令，順之以善政，則

① 「俗」，戰國策作「禮」。　② 「禮」，戰國策作「俗」。　③ 「離教」，戰國策作「教離」。　④ 以下引文孟子無，見於慎子因循。　⑤ 「因則大，化則細」，高誘曰：「能循則必大也，化而欲作則小也。」　⑥ 「冬」上，原衍「令」，據漢書李尋傳刪。　⑦ 「袒」，原作「祖」，據讀畫齋叢書本及漢書李尋傳改。　⑧ 「嚴」，原脱，據漢書李尋傳補。

和氣可立致，猶枹鼓之相應也。」非曰：太公謂武王曰：「天無益於兵勝，而衆將所居者九：曰法令不行而任侵①誅，無德厚②而用日月之數③，不順敵之强弱而幸於天④，無智慮而候氛氣⑤，少勇力而望天福，不知地形而歸過於時，敵人怯弱不敢擊而信龜策，士卒不勇而法鬼神，設伏不巧而任背向之道⑥。凡天道⑦鬼神，視之不見，聽之不聞，不可以決勝敗，故明將不法。」司馬遷曰：「陰陽之家⑧，使人拘而多忌。」范曄曰：「陰陽之道⑨，其弊也巫。」

是曰：翼奉曰：「治道之要，在知下之邪正。人誠向正，雖愚爲用；若其懷邪，智益爲害。」非曰：夫人主莫不愛⑩己也，莫知愛己者不足愛也。故桓子曰：「捕猛獸者不令美人舉手，釣巨魚者不使稚子輕預，非不親也，力不堪也。奈何萬乘之主而不擇人哉？」故曰：「夫犬之爲猛，有非則鳴吠，而不遑於夙夜，此自效之至也。昔宋人有沽酒者，酒酸而不

①「侵」，欺凌。　②「德厚」，仁厚。　③「用日月之數」，指趨避每日每月所預示的吉凶。　④「天」，群書治要引作「天道」。　⑤「氛氣」，預示吉凶的雲氣。　⑥「任背向之道」，針對方位預示的吉凶，採取背對或面向的辦法。　⑦「道」，讀畫齋叢書本作「地」。　⑧「陰陽之家」，指擅長星相、占卜、相宅、相墓方術的人。　⑨「陰陽之道」，指星相、占卜、相宅、相墓之術。　⑩「愛」，群書治要引重文。

售，何也？以有猛犬之故。夫犬知愛其主，而不能爲其主慮酒酸之患者，智不足也。」

是曰：語曰：「巧詐不如拙誠。」非曰：晉惠帝爲太子，和嶠諫武帝曰：「季世多僞，而太子尚信，非四海之主，憂不了陛下家事。」武帝不從，後惠帝果敗。

是曰：左傳曰：「孔子歎子産曰：『言以足志，文以足言，不言誰知其志？言之無文，行而不遠。』晉爲伯，鄭入陳，非文辭而不爲功，慎辭也哉！」論語曰：「誦詩三百，授之以政，不達；使於四方，不能專對，雖多，亦奚以爲？」非曰：漢文帝登虎圈，美嗇夫口辯，拜爲上林令。張釋之前曰：「陛下以絳侯周勃何如人也？」上曰：「長者。」又問曰：「東陽侯張相如何如人也？」上復曰：「長者。」釋之曰：「此兩人言事，曾不能出口，豈①效此嗇夫喋喋利口捷給哉！且秦以任刀筆之吏②，争以亟③疾苛察相高，然其弊徒文具耳，亡惻隱之實，以故不聞其過，陵遲至于二世，天下土崩。今陛下以嗇夫口辯④而超遷之，臣恐天下隨風而靡，争口辯，無其實。且下之化上，疾於影響，舉錯之間，不可不審。」帝乃止。

---

①「豈」，原作「豐」，據讀畫齋叢書本及漢書張釋之傳改。 ②「刀筆之吏」，指掌文案的官吏。 ③「亟」，原作「函」，據讀畫齋叢書本及漢書改。 ④「辯」，原作「辭」，據漢書改。

是曰：太史公曰：「春秋推見至隱，易隱之以顯，大雅言王公大人而德逮①黎庶，小雅譏己之得失，其流及上。所言雖殊，其合德一也。相如雖虛辭濫說，然其要歸，引之節儉。此與詩之諷諫何異？」非曰：揚雄以爲：「賦者，將以諷也。必推類而言，極麗靡之辭，閎侈鉅衍，競於使人不能加也。既乃歸之於正，然覽已過矣。往時武帝好神仙，相如上大人賦欲以諷帝，帝反漂漂②有凌雲之志。由是言之，賦勸而不止，明矣。又頗類俳優，非法度所存。賢人君子，詩賦之正也。」

是曰：淮南子曰③：「東海之魚名鰈，音土盍反，與床榻字同。比目而行。北方有獸名曰婁，更食更候④。南方有鳥名曰鶼，音兼。比翼而飛。夫鳥獸魚鰈猶知假力，而況萬乘之主乎？獨不知假天下之英雄俊士，與之爲伍，豈不痛哉！」非曰：狐卷子曰：「父賢不過堯而丹朱放，子賢不過舜而瞽瞍頑，兄賢不過舜而象傲，弟⑤賢不過周公而管叔⑥誅，臣賢不過湯、武而桀、紂伐，況君之欲治，亦須從身始，人何可恃乎？」

---

①「逮」，原作「建」，據讀畫齋叢書本及史記司馬相如列傳改。　②「漂漂」，高飛貌。漢書作「縹縹」，輕舉貌。　③以下引文淮南子無，見於韓詩外傳。　④「候」，察看。韓詩外傳作「視」。　⑤「弟」，原作「兄」，據韓詩外傳補改。　⑥「叔」，原作「蔡」，據韓詩外傳改。

是曰：孔子曰：「不患無位，患己不立。」非曰：孔子厄於陳、蔡，子路愠見，曰：「昔聞諸夫子，積善者天報以福。今夫子積義懷仁久矣，奚居之窮也？」子曰：「由，未之識也，吾語汝。汝①以仁者爲必信耶？則伯夷、叔齊不餓死②首陽。汝以智者爲必用耶？則王子比干不見剖心。汝以忠者爲必報耶？則關龍逢不見刑。汝以諫者爲必聽耶？則伍子胥不見殺。夫遇不遇者時也，賢不肖者才也。君子博學深謀而不遇時者衆矣，何獨丘哉！」

是曰：神農形悴，唐堯瘦臞，舜梨③黑，禹胼胝，伊尹負鼎④而干湯，呂望鼓刀⑤而入周，墨翟無黔突⑥，孔子無暖席⑦，非以貪禄位，將欲起天下之利，除萬人之害。」非曰：李斯以書對秦二世云：「申子曰：『有天下而不恣睢⑧，命之曰以天下桎⑨。』若堯、禹然，故謂之桎

---

①「汝」，原脱，據讀畫齋叢書本及孔子家語在厄補。　②「不餓死」，原作「爲不餓」，據孔子家語改。　③「梨」，郭璞注方言：「言面色似凍梨。」指色黑。讀畫齋叢書本作「黎」，字通。　④「負鼎」，史記殷本紀：「伊尹負鼎俎，以滋味説湯，致於王道。」　⑤「鼓刀」，王逸曰：「鼓，鳴也。呂望未遇之時，鼓刀屠於朝歌也。」　⑥「無黔突」，無薰黑的烟囱，指吃不好飯。　⑦「無暖席」，無温暖的坐席，指坐不安席。　⑧「恣睢」，放縱。　⑨「桎」下，史記李斯列傳有「梏」。

也。夫以人徇①己則己貴而人賤，以己徇人則己賤而人貴。故徇人者賤而所徇者貴，自古及今，未有不然。夫堯、禹以身徇天下，謂之桎者，不亦宜乎！」

是曰：論語曰：「舉逸民②，天下之人歸心焉。」魏文侯受藝③於子夏，敬段干木，過其廬④未嘗不式⑤。於是秦欲伐魏。或曰：「魏君賢，國人稱仁，上下和洽，未可圖也。」秦王乃止。由此得譽於諸侯。非曰：韓子曰：「夫馬似鹿，此馬直千金。今有千金之馬，而無一金之鹿者，何也？馬爲人用，而鹿不爲人用。今處士不爲人用，鹿類也。所以太公至齊而斬華士，孔子爲司寇而誅少正卯。」趙主父使李疵視中山可攻否，還報曰：「可攻也。其君好見巖穴之士、布衣之人。」主父曰：「如子之言，是賢君也，安可攻？」李疵曰：「不然。夫上顯巖穴之士則戰士殆，上尊學者則農夫惰。農夫惰則國貧，戰士怠則兵弱。兵弱於外，國貧於內，不亡何待？」主父曰：「善。」遂滅中山。

是曰：漢書曰：「陳平云：『我多陰謀，道家所禁。吾世即廢亡已矣，終不能復起，以

---

①「徇」，從也，營也。史記李斯列傳作「徇」，聲近義同。②「逸民」，遁世隱居之人。③「藝」，經籍。④「廬」，史記魏世家作「閭」。⑤「式」，通「軾」。顏師古曰：「軾謂撫軾，蓋爲敬也。」

吾多陰禍也。』」其後玄孫坐酎金①失侯。非曰：後漢范曄論耿弇曰：「三代爲將，道家所忌，而耿氏累葉②以功名自終。將其用兵，欲以殺止殺乎？何其獨能崇③也？」

是曰：易曰：「崇高莫大於富貴。」又曰：「聖人之大寶曰位。」非曰：孫子爲書謝春申君曰：「鄙諺曰：『厲人憐王④。』此不恭之言也。雖然，古無虛諺，不可不審察也。此爲劫殺⑤死亡之主言也。夫人主年少而矜材，無法術以知姦，則大臣主斷圖私以禁誅於己也，故殺賢長而立幼弱，廢正嫡而立不義。春秋戒之曰：楚王子圍⑥聘於鄭，未出境，聞王病。反問病，遂以冠纓絞王殺之，因自立也。齊崔杼之妻美，莊公通之。崔杼率其黨而攻莊公。莊公走出，踰於外⑦牆，射中其股，遂殺之，而立其弟。近代李兑用趙，餓主父於沙丘，百日而殺之。淖齒用齊，擢閔王之筋，懸於廟梁，宿昔⑧而死。夫厲雖腫胞之疾⑨，上比前

---

①「酎金」，漢代諸侯敬獻朝廷供祭祀用的貢金。　②「葉」，世。　③「崇」，高貴。後漢書耿弇傳作「隆」。　④「厲人憐王」，梁啓雄曰：「『厲』字借爲『癘』，指患癩病人。癘人憐王，謂患癘病的人可憐那被劫弒的君，認爲他的痛苦甚於自己的癘病。」戰國策「厲」作「癘」。　⑤「爲」，韓非子姦劫弒臣作「謂」。「殺」，戰國策、韓非子均作「弒」。　⑥「圍」，原作「圉」，據韓非子及左傳改。　⑦「外」，韓非子作「北」。　⑧「宿昔」，旦夕，短時間。　⑨「腫胞之疾」，戰國策作「癰腫胞瘍」，韓非子作「癰腫疕瘍」。

代，未至絞繆射股也。下比近代，未至擢筋餓死也。夫劫殺死亡之主，心之憂勞，刑①之困苦，必甚於厲矣。由此觀之，厲雖憐王，可也。」

是曰：易曰：「備物致用，立成其器②以爲天下利者，莫大於聖人。」非曰：莊子曰：「聖人不死，大盗不止。雖重聖人而治天下，則是重利盗跖也。爲之㪷斛以量之，則并與㪷斛而竊之。爲之權衡以稱之，則并與權衡而竊之。爲之符璽以信之，則并與符璽而竊之。爲之仁義以教③之，則并與仁義而竊之。何以知其然耶？彼竊鉤者誅，竊國者爲諸侯，諸侯之門而仁義存焉，則是非竊仁義聖智耶？故逐④於大盗⑤，揭⑥諸侯，竊仁義并㪷斛、權衡、符璽之利者⑦，雖有軒冕⑧之賞弗能勸，斧鉞之威弗能禁。此重利盗跖而使不可禁者，是乃聖人之過也。故曰：『國之利器不可以示人。』彼聖人者，天下之利器也，非所以明⑨天下也。」

是曰：論語曰：「君子固窮⑩，小人窮斯濫矣。」非曰：易曰：「窮則變，通則久。」是以

---

①「刑」，通「形」。②「立成其器」，製作器具。宋祁曰：「一作『立功成器』。」讀畫齋叢書本無「其」字。③「教」，莊子胠篋作「矯」。④「逐」，追隨。⑤「盗」，原作「道」，據莊子改。⑥「揭」，標榜。⑦「者」，原脱，據莊子補。⑧「軒冕」，指官位爵禄。⑨「明」，顯耀。⑩「固窮」，安於貧賤窮困。一説本來就有貧賤窮困的時候。

自天祐之，吉無不利。」太史公曰：「鄙人有言：『何知仁義？已①饗其利者爲有德。』故伯夷醜周，餓死首陽山，而文、武不以其故貶王。跖、蹻暴戾，其徒誦義無窮。由此觀之，『竊鉤者誅，竊國者爲諸侯，諸侯之門仁義存焉』，非虚言也。今拘學②或抱咫尺③之義，久孤於代④，豈若卑論儕俗⑤，與代沉浮，而取榮名哉！」

是曰：東平王蒼曰：「爲善最樂。」非曰：語曰：「時不與⑥善，己獨由之。故曰：非妖則妄。」

是曰：龐統好人倫⑦，勤於長養，每所稱述，多過於才。時人怪而問之。統曰：「當今天下大亂，正⑧道凌遲，善人少而惡人多。方欲興風俗，長道業，不美其談即聲名不足慕企⑨，不足慕企而爲善者少矣。今拔十失五，猶得其半，而可以崇邁⑩代教，使有志者自勵，不亦可乎？」非曰：人物志曰：「君子知損之爲益，故功一而美二⑪。小人不知自益之爲

---

①「已」，通「以」。②「拘學」，指拘泥於學之人，俗謂書呆子。③「咫尺」，形容微小，不足道。④「久孤於代」，長時間與社會格格不入。⑤「儕俗」，投合世俗。「儕」，原作「濟」，據讀畫齋叢書本及史記游俠列傳改。

⑥「與」，稱贊。⑦「人倫」，人才。⑧「正」，三國志龐統傳作「雅」。⑨「企」，原作「也」，據三國志改。

⑩「崇邁」，超越。⑪「功一而美二」，劉昞曰：「自損而行成名立。」

損，故伐一而并失①。由此論之，則不伐者，伐之也；不争者，争之也；讓敵者，勝之也。是故郄至上人②而抑③下滋甚，王叔好争而終於出奔，藺相如以迴車取勝於廉頗，寇恂以不鬭取賢於賈復。物勢之反，乃君子所謂道也。」

是曰：孝經曰：「居家理，治可移於官。」非曰：酈生落魄，無以爲衣食業④。陳蕃云：「大丈夫當掃天下，誰能掃一室！」

是曰：公孫弘曰：「力行近乎仁，好問近乎智，知耻近乎勇。知此三者，知所自理。知所以自理，然後知所以理人。天下未有不能自理而能理人者也，此百代不易之道。」非曰：淮南子曰：「夫審於毫氂⑤之計者，必遺天下之大⑥數；不失小物之選者，或⑦於大事之舉。今人才有欲平九州、存危國，而乃責之以閨閤之禮，修鄉曲之俗，是猶以斧鬋毛，以刀伐木，皆失其宜矣。」

是曰：商鞅謂趙良曰：「子之觀我理秦，孰與五羖大夫賢乎？」趙良曰：「夫五羖大

---

①「伐一而并失」，劉昞曰：「自伐而行毁名喪。」　②「上人」，凌駕於他人之上。　③「抑」，向下壓。原作「柳」，據人物志釋争改。　④「衣食業」，指維持生活的職業。　⑤「氂」，讀畫齋叢書本作「釐」。　⑥「大」，原脱，據淮南鴻烈解主術訓補。　⑦「或」，通「惑」。讀畫齋叢書本及淮南鴻烈解作「惑」。

夫，荆之鄙人也。聞繆公之賢而願望見，行而無資，自鬻於秦客，被褐飯牛。繆公知之，舉之牛口之下，而加之百姓之上，秦國莫敢望①焉。今君之見秦王也，因嬖人景監以爲主，非所以爲名也。」非曰：史記曰：「藺相如因宦者繆賢見趙王。」又曰：「鄒衍作談天論②，其語閎大不經，然王公大人尊禮之。適梁，梁惠王郊迎，執賓主之禮。如燕，昭王擁篲先驅。豈與仲尼菜色陳蔡、孟軻困於齊梁同乎哉？衛靈公問陳於孔子，孔子不答。梁惠王謀攻趙，孟軻稱大王去邠③。持方枘④欲納圜鑿⑤，其能入乎？或曰：『伊尹負鼎而輔湯以王，百里奚飯牛，繆公用霸，作先合然後引之大道。鄒衍其言雖不軌，亦將有牛鼎之意乎！』」

是曰：陳仲舉體氣高烈，有王臣之節。李元禮忠平⑥正直，有社稷之能。陳留蔡伯喈以仲舉强於犯上，元禮長於接下⑦，犯上爲難，接⑧下爲易，宜先仲舉而後元禮。非曰：姚

---

①「望」，怨恨，責怪。　②「談天論」，史記孟子荀卿列傳作「怪迂之變終始大聖之篇十餘萬言」。　③「大王去邠」，指薰育攻周，古公亶父放棄邠，遷於岐下。　④「枘」，榫頭。原作「柄」，據史記孟子荀卿列傳改。　⑤「圜鑿」，圓形卯眼。　⑥「平」，世説新語品藻劉孝標注作「壯」。　⑦「長於接下」，世説新語作「嚴於攝下」。　⑧「接」，世説新語作「攝」。

信云：「夫皋陶戒舜，犯上之徵也。舜理百揆①，接下之效也。故陳平謂王陵言：『面折庭諍，我不如公。至安劉氏，公不如我。』若犯上爲優，是王陵當高於良、平②，朱雲當勝於吴、鄧③乎？」

是曰：史記曰：「韓子稱：『儒者以文亂法，而俠士以武犯禁。』二者皆譏，而學士多稱於世。至如以術取宰相卿大夫，輔翼其世主，固無可言者。及若季次、原憲，季次，孔子弟子，未嘗仕，孔子稱之。讀書懷獨行，議不苟合當世，當世亦笑之。今游俠，其行雖不軌④於正義，然其言必信，其行必果，已諾⑤必誠，不愛其軀，赴士之阨困，羞伐⑥其德，蓋亦有足多者。且緩急，人之所時有也。虞舜窘於井廩，伊尹負鼎俎，傅説匿於傅險，吕尚困於棘津，夷吾桎梏，百里奚飯牛，仲尼畏⑦匡，菜色陳、蔡，此皆學士所謂有道仁人也，猶遭此菑⑧，況以中材而涉亂⑨代之末流乎？其遇害何可勝道哉！而布衣之徒，設所取予⑩然諾，千里誦義⑪，故士窮窘而得委命，此豈非人之所謂賢豪者耶？誠使鄉曲之俠與季次、原憲比權

① 「百揆」，指各種政務。
② 「良、平」，張良、陳平。
③ 「吴、鄧」，吴漢、鄧禹。
④ 「軌」，遵循。
⑤ 「諾」，原作「諸」，據讀畫齋叢書本及史記改。
⑥ 「伐」，誇耀。
⑦ 「畏」，讀畫齋叢書本作「厄」。
⑧ 「菑」，同「灾」。原作「賁」，據讀畫齋叢書本及史記游俠列傳改。
⑨ 「亂」，原作「近」，據史記游俠列傳改。
⑩ 「予」，原作「弔」，據讀畫齋叢書本及史記改。
⑪ 「誦義」，原脱，據讀畫齋叢書本及史記補。

量力，效功於當代，不同日而論矣，曷足小哉！」非曰：漢書曰：「天子建國，諸侯立家，自卿大夫以至庶人各有等差，是以人服事其上而下無覬覦①。孔子曰：『天下②有道，政不在大夫。』百官有司奉法承令，以脩所職。越職有誅，侵官有罰，夫③然，故上下相順而庶事理焉。周室既微，禮樂征伐出自諸侯。桓、文④之後，大夫世權，陪臣執命。陵夷至於戰國，合縱連横，力政争强。由是列國公子⑤，魏有信陵，趙有平原，齊有孟嘗，楚有春申，皆籍⑥王公之勢，競爲游俠，雞鳴狗盜，無不賓禮⑦。而趙相虞卿，棄國捐君，以周⑧窮交魏齊之厄；信陵無忌，竊符矯命，殺將專師，以赴平原之急⑨，皆以取重諸侯，彰⑩名天下。搤腕而游談者，以四豪爲稱首。於是背公黨之議成，守職奉上⑪之義廢矣。及至漢興，禁網疎闊，未之匡改也。魏其、武安之屬競逐於京師，郭解、劇孟之徒馳騖於閭閻，權行州域⑫，力折

①「覬覦」，顔師古曰：「覬，幸也。覦，欲也。幸得其所欲也。」 ②「天下」，原作「天子」，據漢書游俠傳及論語改。 ③「夫」，原脱，據讀畫齋叢書本及漢書補。 ④「桓、文」，齊桓公、晉文公。 ⑤「子」，原脱，據讀畫齋叢書本及史記補。 ⑥「籍」，通「藉」。 ⑦「賓禮」，待以上賓之禮。 ⑧「周」，救濟。原作「固」，據史記改。顔師古曰：「魏齊，虞卿之交也，將爲范雎所殺，卿救之也。」 ⑨「以赴平原之急」，顔師古曰：「秦兵圍趙，趙相平原君告急於無忌。無忌因如姬以竊兵符，矯魏僖侯命，代晉鄙爲將，而令朱亥錘殺晉鄙，遂率兵救趙。秦兵以卻而趙得全。」 ⑩「彰」，漢書游俠傳作「顯」。 ⑪「上」，原作「土」，據讀畫齋叢書本及漢書改。 ⑫「域」，原作「城」，據讀畫齋叢書本及漢書改。

公侯。衆庶榮其名迹，覬而慕之，雖陷刑辟，自與①殺身成名，若季路、仇牧，死而不悔也。曾子曰：『上失其道，民散久矣。』非明王在上，示之以②好惡，齊之以禮法，人曷由知禁而反③正乎？古之正法：五伯，三王之罪人也；而六國，五伯之罪人也。夫四豪者，六國之罪人也，況於郭解之倫，以匹夫之細微④竊殺生之權，其罪也不容於誅矣。」

是曰：尸子曰：「人臣者以進賢爲功，人主者以用賢爲功也。」史記曰：「鮑叔舉管仲，天下不多⑤管仲之賢，而多鮑叔能知人也。」非曰：蘇建嘗⑥責大將軍青曰：「至尊重而天下之賢士大夫毋稱焉，願觀古今名將所招選擇賢者。」大將軍謝曰：「自魏其、武安之厚賓客，天子嘗⑦切齒。彼親附士大夫、招賢黜不肖者，人主之柄也。人臣奉法遵職而已，何與⑧招士？」其爲將如此。議曰：此一是一非，皆經史自相違者。

班固云：「昔王道既微，諸侯力政，時君世主好惡殊方，是以諸家之術蜂起并作，各引一端，崇其所善，以此馳説，取合諸侯。其言雖殊，譬猶水火，相滅亦能相生也。仁之與

---

①「與」，誇。顔師古曰：「與，許也。」　②「以」，原脱，據漢書游俠傳補。　③「反」，原作「天」，據讀畫齋叢書本及漢書改。　④「微」，漢書無。　⑤「多」，稱讚。　⑥「嘗」，曾經。原作「賞」，據史記衛將軍驃騎列傳改。　⑦「嘗」，通「常」。　⑧「與」，干預。

義，敬之與和，事雖相反，而皆相成也。易曰：『天下同歸而殊途，一致而百慮。』」此之謂也。

# 適變第十五

昔先王當時①而立法度，臨務而制事②。法宜其時則理，事適其務故有功。今時移而法不變，務易③而事以古，是則法與時詭，而事與務易④。是以法立而時益亂，務爲而事益廢。故聖人之理國也，不法古，不脩⑤今，當時而立功，在難而能免。秦孝公用衛鞅，鞅欲變法，孝公恐天下議己，疑之。衛鞅曰：「疑行無名，疑事無功。夫有高人之行者⑥，固必見非於世；有獨智之慮者，必⑦見贅⑧於人。愚者闇於成事，智者見於未萌。人不可與慮始，而可與樂成。論至德者不和⑨於

①「當時」，適時。　②「當時而立法度，臨務而制事」，群書治要引商君書作「當時而立法，度務而制事」；商子更法作「當時而立法，因事而制禮」。疑「度」衍。　③「易」，改變。　④「易」，不同，違背。　⑤「脩」，同「修」，遵循。群書治要作「循」。下同。　⑥「者」，原脱，據史記商君列傳補。　⑦「必」，原脱，據史記補。　⑧「贅」，厭惡。史記作「敖」，商君書作「訾」。　⑨「和」，附和。

俗，成大功者不謀於衆。是以聖人苟可以强國，不法其故；苟可以利人，不脩其禮。」孝公曰：「善。」甘龍曰：「不然。聖人不易人而教，智者不①變法而治。因人而教，不勞而功成；緣法而理，吏習而人安。」衛鞅曰：「龍之所言，世俗之言。常人安於習俗，學者溺於所聞。以此兩者居官守法可也，非所②與論於法之外也。三代不同禮而王③，五伯不④同法而霸。智者作⑤法，愚者制焉；賢者更禮，不肖者拘焉。」杜摯曰：「利不百，不變法；功不十，不易器。法古無過，脩禮無邪。」衛鞅又曰：「治代不一道，便國不必故⑥。故湯、武不脩古而王⑦，夏、殷不易禮而亡⑧。反古者不可非，而脩禮者不足多。」孝公曰：「善。」遂變法也。**由是言之，故知若人⑨者，各因其時而建功立德焉。**孟子曰：「雖有茲基⑩，不如逢時；雖有智惠，不如逢代。」范蠡曰：「時不至，不可强生；事不究，不可强成。」語曰：「聖人修備，以待時也。」**何以知其然耶？**

**桓子⑪曰：「三皇以道治，五帝用德化，三王由仁義，五霸用權智。**說曰：「無制令、刑罰，

---

①「者不」，原作「有」，據讀畫齋叢書本及史記改。 ②「所」下，原衍「以」，據讀畫齋叢書本及史記商君列傳删。
③「王」，原作「立」，據讀畫齋叢書本及史記改。 ④「伯不」，原作「百又」，據讀畫齋叢書本及史記改。 ⑤「作」，原作「非」，據史記改。 ⑥「必故」，讀畫齋叢書本及史記作「法古」。 ⑦「王」，原作「主」，據讀畫齋叢書本及史記改。 ⑧「亡」，原作「六」，據讀畫齋叢書本及史記改。 ⑨「若人」，若此人。 ⑩「茲基」，農具名，大鋤。
⑪「桓子」，桓譚。

謂之皇。有制令，而無刑罰，謂之帝。賞善誅惡，諸侯朝事，謂之王。興兵衆，立約盟，以信義矯代①，謂之伯。」文子曰：「帝者，貴其德也。王者，尚其義也。霸者，迫於理也。道狹然後任智，德薄然後任刑，明淺然後任察。」議曰：夫建國立功，其政不同也如此。**五帝以上久遠，經傳無事。唯王、霸二盛之美，以定古今之理焉。**秦、漢居帝王之位，所行者，霸事也，故以爲德之次。**夫王道之治，先除人害，而足其衣食，**論曰：五畝之宅，樹之以桑，匹婦蠶之，年五十者可以衣帛矣。百畝之田，數口之家耕稼脩理，可以無飢矣。雞豚狗彘之畜不失其時，老者可以食肉矣。夫上無貪欲之求，下無奢淫之人，藉税省少而徭役不繁，其仕者食禄而已，不與人争利焉，是以産業均而貧富不得相懸②。**然後教以禮儀，**故明王審己正統，慎乃在位，宫室輿服不逾禮制，九女正序於内，三公分職於外，制井田以齊之，設諸侯以牧之，使饒不溢侈，少不匱乏，然後申以辟雍③之化，示以揖讓之容，是以和氣四塞，禍亂不生。此聖王之教也。**而威以刑誅，使知好惡去就。**虞帝先命禹平水土，后稷播植百穀，契班五教④，皋陶脩刑，故天下太平也。**是故大化四湊，天下安樂。此王者之術。**王者父天母地，調和陰陽，順四時而理五行，養黎元而育群生，故王之爲言往也，蓋言其惠澤優游，善養潤天下，天下歸往之，故曰王也。

---

①「矯代」，糾正世俗。　②「得」，讀畫齋叢書本作「能」。「懸」下續畫齋叢書本有「也」字。　③「辟雍」，原爲學校，東漢以後多爲行鄉飲、大射和祭祀之禮的場所。白虎通辟雍：「天子立辟雍何？所以行禮樂、宣德化也。」　④「教」，原作「穀」，據讀畫齋叢書本改。

霸功之大者，尊君卑臣，權統由一，政不二門，賞罰必信，法令著明，百官脩①理，威令必行。夫霸君亦爲人除難興利，以富國强兵。或承衰亂之後，或興兵征伐，皆未得遵法度，申文理，度代而制，因時施宜，以從便善之計，而務在於立功也。此霸者之術。」王道純而任德，霸道駁而任法，此優劣之差也。

道德經曰：「我無爲而人自化。」文子曰：「所謂無爲者，非謂引之不來，推之不往，謂其脩理而舉事，因資而立功，推自然之勢也。」故曰：智而好問者聖，勇而好問者勝。乘衆人之智即無不任也，用衆人之力即無不勝也。故聖人舉事，未嘗不因其資而用也。故曰：「湯、武，聖主也，而不能與越人乘舲舟泛江湖。伊尹，賢相也，而不能與胡人騎原馬②、服騊駼③。孔、墨，博通也，而不能與山居者入榛薄、出險阻。由是觀之，人智之於物淺矣，而欲以炤④海內、存萬方⑤，不因道理之數而專己之能，則其窮⑥不遠。故智不足以爲理，勇不足以爲强，明矣。然而君人者在廟堂之上，而知四海之外者，因物以識物，因人以知人也。呂氏春秋曰：「昊天無形而萬物以成，大聖無事而千官盡能，此謂不教之教、無言之詔也。」夫冬日之陽，夏日之陰，萬物

---

①「脩」，原作「循」，據讀畫齋叢書本改。下同。　②「原馬」，駿馬。　③「騊駼」，良馬名。　④「炤」，同「照」。

⑤「萬方」，指天下各地。　⑥「窮」，終端。

**歸之而莫之使。至精之感，弗召自來。待目而昭見①，待言而使令，其於理難矣。**文子曰：「三月嬰兒未知利害，而慈母愛之愈篤②者，情也。故曰：言之用者小，不言之用者大。」又曰：「不言而信，不施而仁，不怒而威，是以天心動化者也。施而仁，言而信，怒而威，是以精誠爲之者也。施而不仁，言而不信，怒而不威，是以外貌爲之也。」**皋陶喑③而爲大理，天下無虐刑。師曠瞽而爲太宰，晉國無亂政。**莊子曰：「天地有大美而不言，四時有明法而不議，萬物有成理而不說。聖人無爲，大聖不作，觀於天地之謂也。」**不言之令，不視之見，聖人所以爲師。」此黃、老之術也。**文子曰：「聖人所由曰道，所爲曰事。道由④金石，壹調不可更。事由琴瑟，每終而改調。故法制禮樂者，理之具也，非所以爲理也。」昔曹參相齊，其治要用黃、老術，齊國安集。及代蕭何爲漢相，參去，屬其後相曰：「以⑤齊獄市爲寄，慎勿擾也。」後相曰：「治無大於此⑥者乎？」參曰：「不然。夫獄市者，所以并容也。今君擾之，奸人安所容乎？吾是以先之。」由是觀之，秦人極刑而天下叛，孝武峻法而獄繁，此其弊也。經曰：「我無爲而人自化，我好静而人自正。」參欲以道化其本，不欲擾其末也。太史公曰：「參爲漢相國，清净寡欲，言合道意。然百姓離⑦秦之酷擾，參與休⑧息無爲，故天下俱稱其美矣。」議曰：黃、老之

---

①「昭見」，明察。　②「愛之愈篤」，原作「之憂喻焉」，據文子精誠改。　③「喑」，啞。　④「由」，通「猶」。　⑤「以」下，原衍「治」，據史記曹相國世家刪。　⑥「此」，原脱，據讀畫齋叢書本及史記補。　⑦「離」，遭遇。　⑧「休」，原作「俱」，據史記改。

風，蓋帝道也。

孔子閑居，謂曾參曰：「昔者，明王内脩七教，外行三至。七教修而可以守，三至行而可以征。明王之守也，則必折衝①千里之外；其征也，還師衽席②之上。」曾子曰：「敢問七教？」孔子曰：「上敬老則下益孝，上敬齒③則下益悌，上樂施則下益亮④，上親賢則下擇交，上好德則下無隱，上惡貪則下耻争，上廉讓則下知節。此之謂七教也。七教者，治⑤之本也，教定則本正矣。凡上者，人之表也，表正則何物不正也。昔明王之治人也，必裂地⑥而封之，分屬而理之，使有司月省而時考之，進賢良，退不肖，然則賢良者悦，不肖者懼矣。哀鰥寡，養孤獨，恤貧窮，誘⑦孝悌，選才能。此七者修，則四海之内無刑人矣。上之親下也如手足之於⑧腹心，則下之親上也如幼子之於慈母矣。其於信也如四時，而人信之也如寒暑之必驗。故視遠若邇，非道邇也，見明德也。是以兵革不動而威，用利⑨不施而親。此之謂明王之守，折衝千里之外者也。」議曰：昔管子謂齊桓公曰：「君欲霸王，舉大事則必從其本矣。夫齊

---

①「折衝」，使敵人的戰車後撤。　②「衽席」，指太平安居的生活。　③「齒」，同輩。　④「亮」，通「諒」，體諒。大戴禮記王言作「諒」。孔子家語王言解作「寬」。　⑤「治」下，孔子家語有「民」。　⑥「地」，原脱，據孔子家語補。

⑦「誘」，教導。　⑧「手足之於」，原脱，據孔子家語王言解補。　⑨「用利」，利益，好處。

國百姓，公之本也。人甚憂饑而稅斂重，人甚懼死而刑政險，人甚傷勞而上舉事不時。公輕其稅，緩其刑，舉事以時，則人安矣。」此謂修本而霸王也。曾子曰：「何謂三至？」孔子曰：「至禮不讓而天下①理，至賞不費而天下之士悅，至樂無聲而天下人和。何則？昔者，明王必盡知天下良士之名，既知其名，又知其實，既知其實，然後因天下之爵以尊之，此謂至禮不讓而天下治。因天下之祿，以富天下之士，此之謂至賞不費而天下之士悅。如此，則天下之明譽興焉，此謂之至樂無聲而天下之人和。故曰：所謂天下之至仁者，能合天下之至親。所謂天下之至智者，能用天下之和。所謂天下之至明者，然能舉天下之至賢也。故仁者莫大於愛人，智者莫大於知賢，政者莫大於官能②。有德之君修此三者，則四海之內供命而已矣，此之謂折衝千里之外。夫明王之征，必以道之所廢，誅其君，改其政，弔其人，而不奪其財矣。故曰：明王之征猶時雨之降，至則悅矣，此之謂還師衽席之上。」言安而無憂也。故揚雄曰：「六經之理貴於未亂，兵家之勝貴於未戰。」此孔氏之術也。議曰：孔氏之訓，務德行義，益王道。

墨子曰：「古之人未知爲宮室，就陵阜而居，穴而處，故聖王作爲宮室。爲宮室之法，

---

①「下」下，原衍「之自」，據讀畫齋叢書本及孔子家語删。②「官能」，原作「能官」，據孔子家語乙。

高足以避潤濕，邊足以圉風寒，宮墻之高足以別男女之禮。謹此則止，不以爲觀樂也。故天下之人，財用可得而足也。當今之王爲宮室，則與此異矣，必厚斂於百姓，以爲宮室臺榭曲直之望、青黄刻鏤之飾。爲宮室若此，故左右皆法而象之，是以其財不足以待凶饑、振孤寡，故國貧而民[①]難理也。爲宮室不可不節。議曰：此節宮室者。古之人未知爲衣服時，衣皮帶茭[②]，冬則不輕而煖，夏則不輕而清[③]。聖王以爲不中人之情，故聖人作誨婦人，以爲人衣，爲衣服之法，冬則練帛，足以爲輕煖；夏則絺綌，足以爲輕清。謹此則止，非以榮耳目觀愚人也。是以其人用儉約而易治，其君用財節而易贍也。當今之王，其爲衣服則與此異矣，必厚斂於百姓，以爲文彩靡曼之衣，鑄金以爲鈎，珠玉以爲珮。由此觀之，其爲衣服非爲身體，皆爲觀好也。是以其人淫僻而難治，其君奢侈而難諫。夫以奢侈之君御淫僻之人，欲國無亂，不可得也。爲衣服不可不節。」議曰：此節衣服者也。此墨翟之術也。議曰：墨家之議，去奢節用，蓋强本道。

①「民」，原脱，據墨子辭過補。

②「茭」，草繩。

③「清」，寒涼。墨子作「凊」。

商子曰：「法令者，人之命也，爲治之本。慎子曰：「君人者捨法而以身治，則受賞者雖當，望多無窮；受罰者雖當，望輕無已。君捨法而以心裁輕重，怨之所由生也。是以分馬者之用策①，分田者之用鈎②，非以鈎、策爲過人之智也，所以去私塞怨也。故曰：大君任法而不躬爲，則事斷於法，法之所加，各以其分蒙賞罰，而無望於君，是以③怨不生而上下和也。」一兔走，百人逐之，非以兔可分爲百，由名分之未定也。賣兔滿市，盜不敢取者，由名分之定也。故名分未定，雖堯、舜、禹、湯且皆加務④而逐之；名分已定，則貧⑤盜不敢取。故聖人之爲法令也，置官也，置吏也，所以定分也。尸子曰：「夫使衆者，詔作則遲，分地則速。是何也？無所逃其罪也。言亦有地，不可不分。君臣同地，則臣有所逃其罪矣。故陳繩則木之枉者有罪，審名分則群臣之不審者有罪矣。」名分定則大詐貞信，巨⑥盜愿⑦慤，而各自治也。」尹文子曰：「名定則物不競，分明則私不行。物不競，非無心，由名定故無所措其心；私不行，非無欲，由分明故無所措其欲。然則心欲人人有之，而得同

---

①「用策」，投策，猶抽籤。慎子威德：「夫投鈎以分財，投策以分馬，此所以塞願望也。」　②「用鈎」，投鈎，猶拈鬮。

③「事斷於法，法之所加，各以其分蒙賞罰，而無望於君，是以」，原脱，據慎子君人補。　④「加務」，勉力。商子作「如物」。　⑤「貧」，群書治要引作「貪」。　⑥「巨」，原作「臣」，據讀畫齋叢書本及群書治要改。　⑦「愿」，謹慎老實。

於無心無欲者，在制之有道故也。」申子曰：「**君如身，臣如手。君設其本，臣操其末。爲人君者，操契以責其名。名者，天地之綱，聖人之符。張天地之綱，用聖人之符，則萬物無所逃矣。**議曰：韓子曰：「人主者，非目若離婁①乃爲明也，非耳若師曠乃爲聰也②。不任其數，而待目以爲明，所見者少矣，非不弊之術也。不因其勢，而待耳以爲聰，所聞者寡矣，非不欺之道也。明主者，使天下不得不爲己視，使天下不得不爲己聽，身居深宮之中，明燭四海之内，而天下不能蔽、不能欺者，何也？匿罪之罰重，而告姦之賞厚也。」孫卿曰：「明職分，序事業，材伎官能，莫不治理。如是則厚德者進，廉節者起，兼聽齊明，而百事無留。故天子不視而見，不聽而聞，不慮而知，不動而功，塊然獨坐而天下從之。」此操契以責名者也。尸子曰：「明君之立，其貌莊，其心虛，其視不躁，其聽不淫，審分應辭，以立於朝，則隱匿疏遠。雖有非焉，必不多矣。明君不長耳目，不行間諜，不强聞見，形至而觀，聲至而聽，事至而應。近者不過則遠者理矣，明者不失則微者敬矣。」此萬物無所逃也。**動者摇，静者安，名自名③也，事自定也。**議曰：尸子曰：「治水潦者，禹也。播五穀者，后稷也。聽獄折衷者，皋陶也。舜無爲也，而爲天下父母。」此則名自名也。太公謂文王曰：「天有常刑④，人有常生，與天人共其生者，而

①「離婁」，原作「師曠」，據韓非子姦劫弑臣改。　②「非耳若師曠乃爲聰也」，原脱，據韓非子補。　③「名」，群書治要引作「正」。　④「刑」，六韜作「形」。

天下静矣。」此則事自定之矣。是以有道者因名而正之，隨事而定之。尹文子曰：「因賢者之有用，使不得不用；因愚者之無用，使不得用。用與不用，各得其用，奚患物之亂也？」尸子曰：「聽朝之道，使人有分。有大善者必問其孰進之，有大過者必問其孰任之，而行賞罰焉，且以觀賢不肖也。明分則不弊①，正名則不虛。賢則貴之，不肖則賤之。賢不肖，忠不忠，以道觀之，由白黑也。」昔者，堯之治天下也以名，其名正則天下治；桀之治天下也亦以名，其名倚而天下亂。是以聖人貴名之正也。」議曰：夫闇主以非賢爲賢，不忠爲忠，非法爲法，以名之不正也。李斯書曰：「韓子稱『慈母有敗子，而嚴家無挌②虜』者，何也？則罰之加焉必也。故商君之法，刑棄灰於道者。夫棄灰，薄罪也，而被刑重罰也。夫輕罪且督深③，而況有重罪乎！故人弗敢犯矣。今不務所以不犯，而事慈母之所以敗子，則亦不察於聖人之論矣。」商君之法，皆令爲什伍而相司牧，犯禁相連，於不告姦者腰斬④，明尊卑爵秩等級各以差次，田宅妻妾衣服以家次。有功者顯榮，無功者雖富無芬華，務於耕戰。此商君之法也。此商鞅、申、韓之術也。桓範曰：「夫商鞅、申、韓之徒

---

①「弊」，通「蔽」，蒙蔽。　②「挌」，讀畫齋叢書本作「格」，韓非子作「悍」。　③「深」，原脱，據史記李斯列傳補。
④「腰斬」，原脱，據史記商君列傳補。

貴尚譎詐，務行苛剋，廢禮義之教，任刑名之數，不師古始，敗俗傷化，此則伊尹、周、邵①之罪人也。然則尊君卑臣，富國强兵，守法持術，有可取焉。逮至漢興，有甯戚、郅都之輩，放商、韓之治，專以殺伐②殘暴爲能，順人主之意，希旨而行，要時趨利，敢行禍敗，此又商、韓之罪人也。然其抑强友，撫孤弱，清己禁奸，背私立公，亦有取③焉。至於晚代之所謂能者，乃犯公家之法，赴私門之勢，廢百姓之務，趨人間之事，決煩理務，臨時苟辯，使官無譴負④之累，不省下人之冤，復是申、韓、甯、郅之罪人。」

由是觀之，故知治天下者有王、霸焉，有黄、老焉，有孔、墨焉，有申、商焉，此其所以異也。雖經緯殊致，救弊不同，然康濟群生，皆有以矣。今議者或引長代⑤之法詰救弊之言，議曰：救弊爲夏人尚忠、殷人尚敬、周人尚文者。或引帝王之風譏霸者之政，不論時變而務以飾説，故是非之論紛然作矣，言僞而辯，順非而澤，此罪人也，故君子禁之。

---

①「邵」，通「召」。 ②「伐」，原作「代」，據讀畫齋叢書本及世要論改。 ③「取」，原作「此」，據世要論改。

④「譴負」，猶罪責。 ⑤「長代」，長久於世。

## 正論第十六

議曰：反經、是非、適變三篇，雖博辨利害，然其弊流遁漫羨無所歸，故作正論以質之。

孔子曰：「六藝於理①一也。禮以節人②，樂以發和③，書以導事④，詩以達意，易以神化，春秋以義。」司馬談曰：「易著天地、陰陽、四時、五行，故長於變。禮經紀人倫，故長於行。書記先王之事，故長於政。詩記山川谿谷、禽獸草木、牝牡雌雄，故長於風⑤。樂樂⑥所以立⑦，故長於和。春秋辯⑧是非，故長於理人也。」故曰：「入其國，其教可知也。其爲人也，温柔敦厚，詩教也；疏通知遠，書教也；廣博易良，樂教也；潔静精微，易教也；恭儉莊敬，禮教也；屬辭比事，春秋教也。故詩之失，愚；書之失，誣；樂之失，奢；易之失，賊；禮之失，煩；春秋之失，亂。其爲人也，温柔敦厚而不愚，則深於詩也；子夏曰：「聲成文謂之音。治世之音安以樂，其政和。

①「理」，「治」避諱字。史記滑稽列傳作「治」。　②「節人」，約束人的行爲。　③「發和」，激發和睦的心性。

④「導事」，指導政事。　⑤「風」，習俗，風气。「長於風」，善長移風易俗。　⑥「樂樂」，原作「樂」，據史記太史公自序補。　⑦「立」，成功。　⑧「辯」，原脱，據史記補。

亂世之音怨以怒，其政乖。亡國之音哀以思，其民困。故正得失，動天地，感鬼神，莫近於詩。」太史公曰：「大雅言王公大人而德逮①黎庶。小雅譏小己之②得失，其流及上。所言雖殊，其合德一也。」晉時王政陵遲，南陽魯褒著錢神論，吴郡蔡洪作孤憤。前史以爲「亂世之音怨以怒，其政乖」，此之謂也。**疏通知遠而不誣，則深於書也；**書著帝王之道，典、謨、訓、誥、誓、命之文，三千之徒③并受其義也。**廣博易良而不奢，則深於樂也；**樂書曰：「凡音者，生人心者也。情動其中故形於聲，聲成文謂之音。是故治世之音安以樂，其政和；亂世之音怨以怒，其政乖；亡國之音哀以思，其人困。」樂書曰：「聲音之道與正④相通，宮爲君，商爲臣，角爲人，徵爲事，羽爲物。五者不亂則無怗懘之音矣。宮亂則荒，其君驕；商亂則搥⑤，其臣壞；角亂則憂，其人怨；徵亂則哀，其事勤；羽亂則危，其財匱。五者皆亂則誣⑥，佚⑦相陵謂之慢。如此，國滅亡無日矣。夫上古明王舉樂者，非以娛心快意，所以⑧動盪血脉，流通精神，而和正心也。故宮動脾而和正聖⑨，商動肺而和正義，角動肝而和正仁，徵動心而和正智⑩，羽

---

①「逮」，原作「建」，據讀畫齋叢書本及史記改。　②「小己之」，原作「己」，據史記司馬相如列傳補「小」、「之」。　③「三千之徒」，指孔子弟子。　④「正」，通「政」。史記樂書作「政」。　⑤「搥」，張守節曰：「其聲歌邪不正。」禮記樂記作「陂」，敧邪。　⑥「則誣」，史記、禮記皆無。　⑦「佚」，通「迭」，更迭，輪流。史記、禮記皆作「迭」。　⑧「以」，原脱，據讀畫齋叢書本及史記補。　⑨「聖」，原作「聲」，據史記改。讀畫齋叢書本作「信」。　⑩「智」，史記作「禮」。

動腎而和正禮①。故聞宮音者使人温舒而廣大，聞商音者使人方正而好義，聞角音者使人惻隱而愛人，聞徵音者使人樂善而好施，聞羽音者使人整齊而好禮。夫禮由外入，樂自内出，故聖王使人耳聞雅、頌之音，目視威儀之禮，足行恭敬之容，口言仁義之道。故君子終日言②而邪僻無由入也。」班固曰：「樂者，聖人之所樂也，而可以善人心。其感人也深，故先王著③其教焉。夫人有血氣心知之性，而無哀樂喜怒之常，應感而動，然後心術形④焉。故纖微憔悴之音作而民思憂，闡諧⑤慢⑥易之音作而民康樂，麤厲猛奮之音作而民剛毅，廉直正誠之音作而民肅敬，寬裕順和之音作而民慈愛，流僻邪散之音作而民淫亂。先王耻其亂也，故制雅、頌之聲，本之情性，稽之度數，制之禮義，合生氣之和，導五常之行，使之陽而不散，陰而不集，剛氣不怒，柔氣不懾⑦，四暢交於中而發作於外，足以感人之善心而不使邪氣得接焉。是先王立樂之方也。」吕氏春秋曰：「亡國戮人非無樂也，其樂不樂。溺者非不笑也，罪人非不歌也，狂者非不舞也，亂世之樂有似於此。」范曄曰：「夫鍾⑧鼓非樂之本而器不可去，三牲非孝之主而養不可廢。夫存器而亡本，樂之失也。調氣以和聲，樂之盛也。崇養以傷行，孝之累也。行孝以致養，孝

①「禮」，史記作「智」。　②「言」，原脱，據讀畫齋叢書本及史記補。　③「著」，顏師古曰：「明也。」　④「心術形」，顏師古曰：「術，道徑也。心術，心之所由也。形，見也。」　⑤「闡諧」，寬舒和諧。　⑥「慢」，史記作「嫚」。　⑦「懾」，顏師古曰：「恐也。」　⑧「鍾」，通「鐘」。

之大也。」議曰：東方角，主仁；南方徵，主禮；中央宮，主信；西方商，主義；北方羽，主智。此常理也。今太史公以爲，徵動心而和正智，羽動腎而和正禮，則以徵主智，羽主禮，與舊例乖殊，故非末學所能詳也。**潔净精微而不賊**①，**則深於易也**；易之精微，愛惡相攻，遠近相取，則不能容人近相害之。**恭儉莊敬而不煩，則深於禮也**；太史公曰：「余至大行②禮官，觀三代損益，乃知緣人情而制禮，依人性而作儀。人道經緯萬端，規矩無所不貫③。誘進以仁義，縛束以刑罰，故德厚者位尊，禄重者寵榮，所以總一海内而整齊萬人也。人體安駕乘，爲之金輿④鏓衡⑤以繁其飾；目好五色，爲之黼黻文章以表其能；耳樂鐘磬，爲之調諧八音以蕩其心；口甘五味，爲之庶羞酸鹹以致其美；情好珍善，爲之琢磨珪璧以通其意。故大路⑥越席⑦、皮弁布裳、朱絃洞越、大羹玄酒，所以防其淫佚，救其弊也。是以君臣朝庭尊卑貴賤之序，下及黎庶車輿衣服宮室飲食嫁娶喪祭之分，事有適宜，物有節文。周衰，禮廢樂壞，大小相逾，管仲之家遂備三歸⑧，循法守正者見侮於世，奢溢僭差⑨者謂之顯榮。自子夏，門人之高弟也，猶

---

①「賊」，傷害。 ②「大行」，秦官，主禮儀。 ③「貫」，原作「實」，據讀畫齋叢書本及史記禮書改。 ④「輿」，原作「與」，據讀畫齋叢書本及史記改。下同。 ⑤「鏓衡」，嵌金飾的車轅前端横木。 ⑥「大路」，天子之車。 ⑦「越席」，用蒲草編織的席。 ⑧「三歸」，包咸曰：「三歸，娶三姓女也。婦人謂嫁曰歸。」 ⑨「僭差」，僭越失度。原作「潛安」，據史記改。

云『出見紛華盛麗而悅，入聞夫子之道而樂，二者心戰，未能自①決』，而況中庸②以下，漸漬於失教，被③服於成俗乎！孔子必④正名於衛，所居不合，豈不哀哉！」班固曰：「人函天地陰陽之氣，有喜怒哀樂之情。天稟其性而不能節也，聖人能爲之節而不能絶也，故象天地而制禮樂，所以通神明、立人倫、正情性、節萬事也。人性有男女之情，妬忌之別，爲制婚姻之禮。有交接長幼之序，爲制鄉飲之禮。有哀死思遠之情，爲制喪祭之禮。有尊尊敬上下⑤之心，爲制朝覲之禮。哀其哭踊之節，樂有歌舞之容，正人足以副其誠，邪人足以防其失。故婚姻之禮廢，則夫婦之道苦⑥，而淫僻之罪多。鄉飲之禮廢，則長幼之序亂，而争鬬之獄⑦煩。喪祭之禮廢，則骨肉之恩薄，而背死忘先⑧者衆。朝聘之禮廢，則君臣之位失，而侵淩之漸起。故孔子曰：『安上治人莫善於禮，移風易俗莫善於樂。』揖讓而治天下者，禮樂之謂也。」**屬辭比事而不亂，則深於春秋也。**」壺遂曰：「昔孔子何謂⑨作春秋哉？」太史公曰：「余聞之董生曰：『由周道衰微，孔子爲魯司寇，諸侯害之，大夫壅之。孔子知言之不用、道之不行也，是非二百四十二年之中，以爲天下儀表，貶天子，退諸侯，討大夫，以達王事而已矣。』子曰：『我欲載之空言，不如

---

①「自」，原脱，據史記補。　②「中庸」，中等。　③「被」，原脱，據讀畫齋叢書本及史記補。　④「必」，史記作「曰必也」。　⑤「下」，讀畫齋叢書本無。　⑥「苦」，止，息。　⑦「獄」，原作「玉」，據讀畫齋叢書本及漢書禮樂志改。　⑧「先」，原作「生」，據漢書改。　⑨「謂」，通「爲」。

見之於行事之深切著明也。』夫春秋上明三王之道，下辯人事之紀①，别嫌疑，明是非，定猶豫，善善惡惡，賢賢②賤不肖，存亡國，繼絶代，補弊起廢，王道之大者也。撥亂代，反之正道③，莫近於春秋。春秋之中，弑④君三十六，亡國五十二，諸侯奔走不得保其社稷者不可勝數。察其所以，皆失其本也。」壺遂曰：「孔子之時，上無明君，下不得任用，故作春秋，垂空文以斷禮義，當一王⑤之法。今夫子上遇明天子，下得⑥守職，夫子所論，欲⑦以何明？」太史公曰：「伏羲至純厚，作易八卦。堯、舜之盛，尚書載之，禮樂作焉。湯、武之隆，詩人歌之。春秋採善貶惡，推三代之德，褒周室，非獨刺譏而已。漢興已來，至明天子受⑧命於穆清，澤流罔極。臣下百官力誦聖德，猶不能宣盡其意。且士賢能而不用，有國者⑨之耻也。主上明聖而德⑩不布聞⑪，有司之過也。且余掌其官，廢明聖，罪莫大焉。余所謂述，非所謂作也，而君比之春秋，謬⑫矣。」

**自仲尼没而微言絶，七十子喪而大義乖。戰國縱横，真僞分争，諸子之言紛然殽⑬亂矣。**

---

①「紀」，原作「糾」，據史記太史公自序改。 ②「善善惡惡賢賢」，原作「善惡賢善惡賢」，據讀畫齋叢書本及史記改。 ③「道」，史記無。 ④「弑」，原作「殺」，據讀畫齋叢書本及史記改。 ⑤「王」，原作「正」，據讀畫齋叢書本及史記改。 ⑥「得」下，原衍「保其社稷者不曠」七字，據讀畫齋叢書本及史記删。 ⑦「欲」，原作「然」，據讀畫齋叢書本及史記改。 ⑧「受」，原作「愛」，據讀畫齋叢書本及史記改。 ⑨「者」，原脱，據史記補。 ⑩「德」，原作「聽」，據讀畫齋叢書本及史記改。 ⑪「聞」，原作「問」，據讀畫齋叢書本及史記改。 ⑫「謬」，原作「繆」，據讀畫齋叢書本及史記改。 ⑬「殽」，原作「散」，據漢書藝文志改。

儒家者①，蓋出於司徒之官，助人君順陰陽、明教化者也。游文於六經之中，留意於仁義之際，祖述堯、舜，憲章文、武，宗②師仲尼，此其最高也。然惑者既失精微，而僻者又隨時抑揚，違離道本，苟以譁衆取寵，此僻儒之患也。司馬談曰：「儒者博而寡要，勞而少功，是以其事難盡從。然其叙君臣父子之禮，列夫婦長幼之别，不可易也。夫儒者以六藝爲法，經傳以十③數，累世不能通其學，當年不能究其禮，故曰博而寡要，勞而少功。若夫列君臣父子之禮，序夫婦長幼之别，雖百家弗能易也。」范曄曰：「夫游庠序，服儒衣，所談者仁義，所傳者聖法也。故人識君臣父子之綱④，家知違耶⑤歸正之路。自桓、靈之間，朝綱日陵，國隙屢啓，中智以下靡不審其崩離，而剛⑥强之臣息其闚盗之謀，豪俊之夫屈於鄙生之義者，民誦先王之言也，下畏逆順之勢也。至如張温、皇甫嵩之徒，功定天下之半，聲絶⑦四海之表，俯仰顧眄則大業移矣，猶鞠躬昏主之下，狼狽折禮⑧之命，散成兵，就繩約，而無悔心者，斯豈非學者之效乎？故先師褒勵學者之功篤矣。」

道家者，蓋出於史官，歷紀成敗，秉要執本，清虚以自守，卑弱以自持，此君人南面者

①「者」下，漢書有「流」。　②「宗」，原作「崇」，據讀畫齋叢書本及史記改。　③「十」，史記太史公自序作「千萬」。
④「綱」，原作「網」，據讀畫齋叢書本及後漢書改。　⑤「耶」，同「邪」。　⑥「剛」，後漢書蔡玄傳作「權」。　⑦「絶」，後漢書作「馳」。　⑧「禮」，後漢書作「札」。

之術也。合於堯之克讓，易之謙謙，此其所長也。及放①者爲之，則欲絶去禮樂②，兼棄仁義，曰③獨任清虚，可④以爲治，此道家之弊也。司馬談曰：「道家使人精神專一，動合無形，贍足萬物。其爲術也，因陰陽之大順，采⑤儒、墨之善，撮名、法之要，與時遷徙⑥，應物變化，立信⑦施事，無所不宜，指約而易操，事少而功多。夫道家無爲，又曰無不爲。其實易行，其辭難知，其術以虚無爲本，以因循爲用。無成勢，無常形，故能究萬物之情。不爲物先，不爲物後，故能爲萬物主。有法無法，因時爲業；有度無度，因物⑧與合。故曰聖人不朽⑨，時變是守。虚者道之常，因者君之綱，群⑩臣并至，使各⑪自明也。」

陰陽家者，蓋出於羲和之官，敬順昊天，歷象日月星辰，敬授人時，此其所長也。及拘者爲之，則牽於禁忌，泥於小數，捨人事而任鬼神，此陰陽之弊也。司馬談曰：「陰陽之術大詳而衆忌諱，使人拘而多畏。然其叙四時之大順，不可失也。夫陰陽四時、八位十二度、二十四節各有教

①「放」，原作「弊」，據讀畫齋叢書本改。　②「樂」，漢書藝文志作「學」。　③「曰」，原脱，據漢書補。　④「可」，原作「何」，據漢書改。　⑤「采」，原作「乘」，據讀畫齋叢書本及史記太史公自序改。　⑥「徙」，史記作「移」。　⑦「信」，史記作「俗」。　⑧「物」，原作「無」，據史記改。　⑨「朽」，原作「巧」，據史記改。　⑩「群」，原作「君」，據讀畫齋叢書本及史記改。　⑪「各」，原脱，據史記補。

令，曰順之者昌，逆之者亡，未必然也。故曰使人拘而多忌。夫春生夏長，秋收冬藏，此天①之大經②，弗順則無以爲天下紀綱，故曰叙四時之大順，不可失也。」漢書曰：「天人之際，精祲有以相盪，善惡有以相推，事作乎下者象動乎上，陰陽之理，各應其感。陰變則静者動，陽蔽則明者晻，水旱之灾隨類而至，故曰日蝕地震皆陽微陰盛也。臣者君之陰也，子者父之陰也，妻者夫之陰也，夷狄者中國之陰也。春秋日蝕三十六，地震五③，或夷狄侵中國，或政權在臣下，或婦棄④夫，或臣子背君父，事雖不同，其類一也。是以明王即位，正五事。五事者，貌、言、視、聽、思也。建大中⑤以承天心，則庶徵序於下，日月理於上。如人君淫溺後宫，般樂游田，五事失於躬，大中之道不立，則咎⑥徵降而六極⑦至。凡灾異之發，各象過失，以類告人。傳曰：『田獵不宿，飲食不享，出入不節，奪人農時，及⑧有姦謀，則木不曲直。』又曰：『棄法律，逐功臣，殺太子，以妾爲妻，則火不炎上。』又曰：『好治宫室，飾臺榭，内淫亂，犯親戚，侮父兄，則稼穡不成。』又曰：『好攻戰，輕百姓，飾城⑨郭，侵邊城⑩，則金不從革。』又曰：『簡宗廟，不禱

---

①「天」下，史記有「道」字。　②「經」，原作「極」，據讀畫齋叢書本及史記改。　③「五」下，原衍「十二」，據漢書杜周傳删。　④「棄」，漢書作「乘」。　⑤「大中」，不偏不倚的中正之道。　⑥「咎」，原作「各」，據漢書谷永傳改。　⑦「六極」，書洪範曰：「一曰凶短折。二曰疾。三曰憂。四曰貧。五曰惡。六曰弱。」　⑧「及」，原作「反」，據讀畫齋叢書本及漢書改。　⑨「飾城」，「飾」，通「飭」，整治。「城」，原作「成」，據讀畫齋叢書本及後漢書改。　⑩「城」，原作「成」，據讀畫齋叢書本改。後漢書作「境」。

祠，廢祭祀，逆天時，則水不潤下。』」管輅曰：「貴人有事，其應在天。在天，則日月星辰也。兵動人憂，其應在物。在物，則山林鳥獸也。」又曰：「夫天雖有①大象而不能言，故運星精於上，流神明於下，驅風雲以表異，役鳥獸以通靈。表異者必有沉浮之候，通靈者必有宫商之應。是以宋襄失德，六鷁退飛；伯姬將焚，鳥鳴其灾②；四國未火，融風以發；赤雲③夾日，殃在荆楚④。此乃上天之所使，自然之明符也。」後漢竇武上書曰：「間者有嘉禾、芝草、黄龍之瑞見。夫瑞生必於嘉士，福至實由吉人。在德爲瑞，無德爲灾。陛下所行不合天意，不宜稱慶。」又襄⑤楷曰：「按春秋已來，及古帝王，未有河清者也。臣以爲，河者，諸侯位也。清者屬陽，濁者屬陰。河當濁而反清者，陰欲爲陽，諸侯欲爲帝也。京房易傳曰：『河水清，天下平。』今天垂異，地吐天，民癘疫，三者並時，而有河清，猶春秋麟不當見而見，孔子書以爲異也。」魏青龍中，張掖郡玄⑥川溢湧，寶石負圖⑦，狀像靈龜⑧麟鳳龍馬，炳焕成形，時人以爲魏瑞。任令于綽齎⑨以問張臶。臶密謂綽曰：「夫神以知來，不追以往，禎祥先見，然後廢興從之。漢已久亡，魏以⑩得之，

① 「有」，原脱，據三國志魏志杜夔傳補。 ② 「灾」，原作「哭」，據三國志改。 ③ 「雲」，三國志作「烏」。 ④ 「楚」，原脱，據讀畫齋叢書本及三國志補。 ⑤ 「襄」，原作「裴」，據後漢書襄楷傳改。 ⑥ 「玄」，原作「云」，據讀畫齋叢書本及三國志魏志管寧傳改。 ⑦ 「圖」，原作「鼎」，據三國志張臶傳改。 ⑧ 「像靈龜」，原脱，據三國志補。 ⑨ 「齎」，原作「齊」，據讀畫齋叢書本及三國志改。 ⑩ 「以」，通「已」。三國志作「已」。

何所追廢興徵祥乎？此石，當今之變異，而將來之禎①瑞。」後司馬氏果代魏。漢武時，巫爲上致神君。神君但聞其聲，不見其形。荀悅曰：「易稱有天道焉，有地道焉，有人道焉，各當其理而不相亂，亂則有氣變而然。若夫大石自立，僵柳復生，此形之異也。男化爲女，死而復生，此含氣之異也。鬼神髣髴在於人間，言語音聲，此精神之異也。夫形神之異，各以類感，善則生吉，惡則生凶，精氣之際，自然之符異也。故逆天之理，則神失其節，而妖神妄②興。逆地之理，則形失其節，而妖③妄生。逆中和之理，則含氣④失其節，而妖物妄出。此其大旨也。若夫神君之類，精神之異也。春秋傳曰：『作事不時，怨讟動於人，則有非言之物而言。』當漢武之時，賦斂繁衆，人民彫弊，故有無形而言者⑤至也。其於洪範，言僭則生時妖，此蓋怨讟而生時⑥妖之類也。故通於道者，正身以應⑦萬物，則⑧精神形氣各反其本也。」後漢陳蕃上書曰：「昔春秋之末，周德衰微，數十年間，無復災眚者，天所棄也。天之於漢，悢悢⑨無已，故慇懃示變，以悟陛下。除妖去孽，實在修德。」故周書曰：「天子見怪則修德，諸侯見怪則修政，大夫見怪

---

①「禎」，原作「楨」，據讀畫齋叢書本及三國志改。　②「妄」，原作「事」，據前漢紀改。　③「妖」下，讀畫齋叢書本有「人」，前漢紀有「形」。　④「氣」，前漢紀作「血」。　⑤「者」，原脱，據前漢紀補。　⑥「時」，原脱，據前漢紀補。　⑦「以應」，原作「則」，據前漢紀改。　⑧「則」，原脱，據前漢紀補。　⑨「悢悢」，李賢曰：「猶眷眷也。」原作「恨恨」，據後漢書陳蕃傳改。

則修職，士庶見怪則修身。神不能傷道，妖不能害德。」漢書曰：「夫動人以行不以言，應天以實不以文。」此天人之大略矣。

法家者，蓋出於理官。信賞必罰，以輔禮制，此其所長也。及刻者爲之，則亡教化，去仁愛，專任刑法，而欲以致治，至於殘賊至親，傷恩薄厚，此法家之弊也。司馬談曰：「法家嚴而少恩，然其①正君臣上下之分，不可改也。夫法家不別親疏，不殊貴賤，一斷於法，則親親尊尊②之恩絶矣。可使行一時之計，而不可長用也，故曰③嚴而少恩。至於尊主卑臣，明職分，不相逾越，雖百家不能改也。」

名家者，蓋出於禮官。古者名位不同，禮亦異數。孔子曰：「必也正名乎！」此其所長也。及繳④者爲之，繳音工釣反。則苟鉤鈲析亂⑤而已，此名家之弊也。司馬談曰：「名家使人撿⑥而善失真⑦，然其正名實，不可不察。夫名家苛察繳繞，使人不得反其意，專決於名而⑧失人情，故曰使人撿而善失真。若夫控名責實，參伍不失，此不可不察也。」鈲音普覓反。

---

①「其」，原脱，據史記太史公自序補。②「親親尊尊」，原作「親尊親尊」，據史記改。③「曰」，原脱，據史記補。④「繳」，纏繞，糾纏不清。漢書藝文志作「譤」，詐僞。⑤「鉤鈲析亂」，添亂。「鈲」，顔師古曰：「破也。」「亂」，原作「辭」，據讀畫齋叢書本及漢書藝文志改。⑥「撿」，約束，節制。史記作「儉」。⑦「善失真」，原作「若失貞」，據讀畫齋叢書本及史記改。⑧「而」，原作「時」，據史記改。

墨家者，蓋出於清廟之官。茅屋采①椽，是以貴儉；養三老五更②，是以兼愛；選士大射，是以上賢；宗祀嚴父，是以右鬼；右，信也。順③四時而行，是以非命；言無吉凶之命，但有賢不肖善惡也。以孝示天下，是以上同，言皆同於④治也。此其所長也。及弊⑤者爲之，見儉之利，因以非禮，推兼愛⑥之意而不知別親疏，此墨家之弊也。司馬談曰：「墨者儉而難遵，是以其事不可偏⑦循，然其强本節用不可廢也。夫墨者亦上論堯、舜，言其德行曰：堂高三尺，土階三等，茅茨不翦，采椽不斲，飯土簋，飲土形⑧，糲粱⑨之食，藜藿之羹。夏日葛衣，冬日鹿裘。其送死，桐棺三寸，舉音不盡其哀。教喪禮，必以此爲萬人率。使天下法若此，則尊卑無別。夫世異時移，事業不同，故曰儉而難遵也。要曰强本節用，則家給人足之道，此墨家⑩之所長，雖百家不能廢也。」漢武帝問董仲舒策曰：「蓋儉者不造玄黃旌旗之飾，及至周室設兩觀，乘大輅，八佾陳於庭而頌聲興。夫帝王之

---

①「采」，原作「採」，據讀畫齋叢書本及漢書改。顏師古曰：「采，柞木也。字作『棌』，本從『木』。以茅覆屋，以棌爲椽，言其質素也。」　②「三老五更」，古代於大學設三老五更之位。鄭玄曰：「三老五更各一人，皆年老更事致仕者也。天子以父兄養之，示天下之孝悌也。」「三老五更，互言之也，皆老人更知三德（謂正直、剛、柔）五事（謂貌、言、視、聽、思）者也。」　③「順」，原脱，據漢書補。　④「於」，如淳注作「可以」。　⑤「弊」，通「蔽」，蒙蔽，壅蔽。漢書作「蔽」。　⑥「推兼愛」，原作「樂推愛」，據漢書改。　⑦「偏」，通「徧」。史記作「徧」。　⑧「土形」，用土燒製的食器。「土」，原作「上」，據史記改。「形」，通「鉶」，盛羹器。史記作「刑」。　⑨「粱」，通「粱」。　⑩「家」，史記作「子」。

道豈異旨哉?」對曰:「制度文彩,玄黃之飾,所以明尊卑,異貴賤,而勸有德也,故春秋受命所先制者,改正朔,易服色,所以應天也。然則宮室旌旗之制,有法而然者也。孔子曰:『奢則不遜,儉則固。』儉非聖人之中制。」故曰:「奢不僭上,儉不逼下。」此王道也。

**縱橫家者,蓋出於行人之官。**孔子曰:「使乎使乎!」**言當權事制宜,受命而①不受辭,此其所長也。及邪人爲之,則上詐諼,**許遠反。**而棄其信,此縱橫之弊也。**荀悦曰:「世有三游,德之賊也:一曰游俠,二曰游説,三曰游行。夫立氣勢、作威福、結私交以立强於世者,謂之游俠。飾辯辭、設詐謀,馳逐於天下以要時勢②者,謂之游説。色取人③、合時好、連黨類、立虚譽以爲權利者,謂之游行。此之三者,亂之所由生,傷道害德,敗法或④世,先王之所慎也。凡三游之作,生⑤於季世,周、秦之末,尤甚焉。上不明,下無正,制度不立,綱紀弛廢。以毁譽爲榮辱,不核其真。以愛憎⑥爲利害,不論其實。言論者計厚薄而吐辭,選舉者度親踈而下筆。然則利不可以不⑦義求,害不可以道避,是以君子犯禮,小人犯法。飾華廢實,競趨⑧時利,薄骨肉之恩,篤僚友之愛⑨,忘修身之道,而求衆

---

①「而」,原脱,據漢書補。　②「勢」,原作「世」,據前漢紀孝武改。　③「人」,前漢紀作「仁」。　④「或」,通「惑」,讀畫齋叢書本及前漢紀作「惑」。　⑤「生」,原作「主」,據讀畫齋叢書本及前漢紀改。　⑥「憎」,原作「增」,據前漢紀改。

⑦「不」,讀畫齋叢書本及前漢紀無。　⑧「趨」,原作「取」,據前漢紀改。　⑨「愛」,原作「厚」,據前漢紀改。

人譽，苞苴①盈於門庭，聘問交②於道路，於是流俗成而正道壞矣。游俠之本，生於武毅不撓，久要不忘平生之言，見危受命，以救時難，而濟同類。以正行之者謂之武毅③，其失之甚者，至於爲盜賊矣。游説之本，生於是非，使於四方，不辱君命。出疆有可以安社稷、利國家，則專對解結之辭繹④矣，民之莫⑤矣。以正行之者謂之辯智，其失之甚者，至於詐矣。游行之本，生於道德仁義，汎愛容衆，以文會友，和而不同，進德及時，以立功業於世。以正行之者謂之君子，其失之甚者，至於因事害私，爲姧宄矣。甚相⑥殊遠，豈不哀哉！故大道之行，則三游廢矣。」

雜家者，蓋出於議官。兼儒、墨，合名、法，知國體之有此，見王理之無不貫，此其所長也。及蕩者爲之，則漫羨而無所歸心，此雜家之弊也。

農家者，蓋出於農稷之官。播百穀，勸耕桑，以足衣食。孔子曰：「所重人食。」此其所長也。及鄙者爲之，則欲君臣之并耕，勃⑦上下之序，此⑧農家之弊也。班固曰：馬遷史記，「其是非頗謬於聖人，論大道則先黄、老而後六經，序游俠則退處士而進姧雄，述殖貨⑨則崇利勢而羞賤

---

①「苞苴」，原作「芭蕉」，據讀畫齋叢書本及前漢紀改。　②「交」，原作「友」，據前漢紀改。讀畫齋叢書本作「盈」。　③「毅」，原作「義」，據前漢紀改。　④「繹」，盛貌。　⑤「莫」，通「慕」，羨慕，貪慕。原作「瘼」，據前漢紀改。　⑥「甚相」，前漢紀作「其相去」。　⑦「勃」，通「悖」，亂也。　⑧「此」，原脱，依文例補。　⑨「殖貨」，漢書作「貨殖」。

貧，此其所弊也。然其善序事理，辨而不華，質而不俚，其文直，其①事核，不虚美，不隱惡，故世謂之實録」。

文子曰：「聖人之從事也，所由異路而同歸。秦、楚、燕、魏之歌異轉而皆樂，九夷、八狄之哭異聲而皆哀。夫歌者樂之徵②也，哭者哀之效也，愔愔於中而應於外，故在所以感之矣。」

論曰：范曄稱：「百家之言政者尚矣，大略歸乎寧固根柢、革易時弊也。而遭運無恒，意見偏雜，故是非之論紛然相乖。嘗試論之：夫世非胥、庭③，人乖鷇飲④，理迹萬肇⑤，情故萌生，雖周物之智不能研其推變，山川之奥未足況其紆險，則應俗適事，難以常條⑥。何以言之？若夫玄聖御代則大同極軌⑦，施舍之道，宜無殊典。而損益異運，文朴遞行，用明居晦，迴泬⑧於曩時，興戈陳俎，參差於上世。及至戴黄屋，服絺衣，豊⑨薄不齊，而致治

---

①「其」，原脱，據漢書司馬遷傳補。　②「徵」，原作「微」，據文子精誠改。　③「胥、庭」，赫胥氏、大庭氏，并古帝號。　④「鷇飲」，雛鳥靠喂養，喻淳樸。莊子作「鷇食」。　⑤「萬肇」，萬端。　⑥「常條」，常規。　⑦「極軌」，最高準則。　⑧「迴泬」，李賢曰：「猶攜互不齊一也。」原作「迴穴」，據後漢書仲長統傳改。　⑨「豊」，同「豐」。

則一。亦有宥公族①，黥國儲②，寬躁③已隔④，而防非必同。此其分波而共源，百慮而一致者也。若乃偏情矯用，則枉直必過。故葛履屨⑤霜，弊由崇儉；楚楚衣服，戒在窮奢；踈禁⑥厚下，以尾大陵弱；斂⑦威峻法⑧，以苛薄⑨分崩。斯曹、魏之刺所以明乎國風，周、秦末軌所以彰於微滅。故用捨之端，興敗資焉。是以繁簡唯時，寬猛相濟。刑書鐫鼎，事有可詳；三章⑩在令，取貴能約。太叔致猛政之衰⑪，國子流遺愛之涕⑫，宣孟改冬日之和⑬，平陽循畫一之法⑭。斯實弛張之弘致，庶可以徵其統乎！數子之言當世失得，皆悉究矣。

---

①「宥公族」，寬宥君主同族之罪。事見禮記文王世子。②「黥國儲」，秦孝公太子犯法，黥其師。事見史記商君列傳。「儲」，原作「𠍴」，據史記改。③「寬躁」，緩急。後漢書作「寬慘」。④「已隔」，已分開，不同。後漢書作「巨隔」。⑤「履屨」，後漢書作「屨履」。⑥「踈禁」，防制過寬。⑦「斂」，聚也。⑧「法」，後漢書作「罰」。⑨「苛薄」，苛刻。⑩「三章」，指漢高祖約法三章。⑪「太叔致猛政之衰」，左傳：「鄭子產有疾，謂太叔曰：『我死，子必爲政，唯有德者能以寬服民，其次莫如猛。夫火烈，民望而畏之，故鮮死焉。』太叔爲政不忍猛而寬，鄭國多盜。太叔悔之曰：『吾早從夫子，不及此。』」⑫「國子流遺愛之涕」，左傳曰：「及子產卒，仲尼聞之，出涕曰：『古之遺愛也。』」「國子」，指子產。「遺愛」，指子產愛民的遺言。⑬「宣孟改冬日之和」，左傳：「趙衰，冬日之日也。趙盾，夏日之日也。」宣孟，即趙盾。指趙盾以苛猛替代趙衰之寬和。⑭「平陽循畫一之法」，史記：「蕭和爲法，顜若畫一。曹參代之，守而勿失。」平陽即曹參。

然多謬通方①之訓，好申一隅之説。貴清浄②者以席上③爲腐議，束名實④者以柱下⑤爲誕辭。或推前王之風可行於當年，有引救弊之規宜流於長世。稽之篤論，將爲蔽矣。」

由此言之，故知有法無法，因時爲業。時止則止，時行則行。動不失其時，其道光明。非至精者，孰能通於變哉！

①「通方」，共同遵循的道理。②「貴清浄」，指道家。③「席上」，指儒家。④「束名實」，指名家。⑤「柱下」，指老子。

# 長短經卷第四　霸紀上

## 霸圖第十七

臣聞：周有天下，其理三百餘年。成、康之隆也，刑錯①四十餘年而不用。及其衰也，亦三百餘年。太公説文王曰：「雖屈於一人之下，則申於萬人之上，唯賢②人而後能爲之。」於是文王所就而見者六人，求而見者十③人，所呼而友者千人。友之友謂之朋，朋之朋謂之黨，黨之黨謂之群。以此友天下，賢人者二人④而歸之。故曰：「三分天下有其二，以服事殷。」此之謂也⑤。故五伯音霸。

①「錯」，通「措」，置而不用。　②「賢」，群書治要作「聖」。　③「十」上，群書治要有「七」字。　④「二人」，史記周本紀：「文王禮下賢者，日中不暇食以待士，士以此多歸之。伯夷、叔齊在孤竹，聞西伯善養老，盍往歸之。」　⑤「也」上，原衍「者」，據讀畫齋叢書本删。

更起。五①伯者，常佐天子興利除害，誅暴禁邪，匡正②海内，以尊天子。五伯既没，賢聖莫續，天子孤弱，號令不行，諸侯恣行，强凌弱，衆暴寡。吴王問伍胥曰：「伐楚如何？」對曰：「楚執政衆而乖，莫適任患。若爲三師以肄③之，一師④至，彼必皆出。彼出即歸，彼歸即出，楚必道弊。亟肄以疲之，多方以誤之。既疲，而後以三軍繼之，必大克。」闔閭從之，楚於是乎始病。越王勾踐問於大夫種曰：「伐吴何如？」對曰：「伐吴有七術⑤，其略云：尊天事鬼以空其邦⑥，遺之好美以榮⑦其志，遺之巧工使起宫室以盡其財，遺之諛臣使之易伐⑧，强其諫臣使之自殺，堅甲厲兵以承其弊。」越王於是飾美女西施，獻之吴王。吴王悦之。子胥諫，不受，吴王誅子胥。越又爲榮楣⑨，鏤以黄金，獻之吴王。吴王受之，而起姑蘇之臺，五年乃能成，百姓道死。越又蒸粟種遺吴王。吴王付人種之，不生，吴大饑。齊桓公欲弱楚，乃鑄錢，市生鹿於楚。楚聞之喜，廢耕而獵鹿。桓公藏粟五倍，楚足錢而乏粟。桓公乃閉

---

①「五」，原脱，據史記平津侯主父列傳補。　②「正」，原作「主」，據讀畫齋叢書本及史記改。　③「肄」，杜預曰：「猶勞也。」原作「隸」，據讀畫齋叢書本及左傳改。下同。　④「師」，原作「帥」，據讀畫齋叢書本及左傳改。　⑤「七術」，越絶書及吴越春秋作「九術」。　⑥「邦」，原作「邪」，據越絶書改。　⑦「榮」，通「營」，迷惑，惑亂。讀畫齋叢書本及史記正義引越絶書作「熒」。　⑧「伐」，自矜。　⑨「榮楣」，四庫本作「榮楯」。「榮」，華貴。「楣」、「楯」均爲房屋構件。

關，楚降者十四五。及柯之盟①，桓公欲倍曹沫之約，管仲因而信之，諸侯由是歸齊。故其稱曰：「知與之爲取，政之寶也。」鄭桓公欲襲鄶，先問鄶之豪傑、良臣、辨②士③，書其名姓，擇鄶之良田賂④之，爲官爵之名而書之，因爲壇⑤場郭門之外而埋之，釁以鷄豭之血。鄶君以爲内難也，盡殺之。桓公因襲鄶。此皆諸侯恣行，天子之令不行也。田常⑥簒齊，六卿⑦分晉，並爲戰國，此人之始苦也。齊侯⑧與晏子坐于露寢，公歎曰：「美哉茲室！其誰有此乎？」晏子曰：「如君之言，其陳氏乎？陳氏雖無大德，而有施於人。豆、區、釜、鍾⑨之數，其取之公也薄⑩，其施之人也厚⑪。公厚斂焉，陳氏厚施焉，人歸之矣。詩云：『雖無德與汝，式歌且舞⑫。』陳氏之施，人歌舞之矣。後⑬世若少墮⑭，陳氏而不亡，則國

①「柯之盟」，史記刺客列傳：「齊桓公許與魯會於柯而盟。曹沫執匕首劫齊桓公，桓公乃許盡歸魯之侵地。既已，桓公怒，欲倍其約。管子曰：『不可。夫貪小利以自快，棄信於諸侯，失天下之援，不如與之。』於是乃遂割魯侵地。」②「辨」，通「辯」。③「士」，原作「七」，據讀畫齋叢書本及韓非子内儲説改。④「賂」，原作「貽」，據韓非子改。⑤「壇」，原作「壃」，據韓非子改。⑥「田常」，左傳哀公十四年：「齊陳恒弑其君壬（簡公）。」陳恒即田常。⑦「六卿」，指春秋時晉國的范、中行、智、趙、韓、魏六氏。⑧「齊侯」，指齊景公。⑨「豆、區、釜、鍾」，左傳昭公三年：「齊舊四量，豆、區、釜、鍾。四升爲豆，各自其四，以登於釜。釜十爲鍾。陳氏三量皆登一焉，鍾乃大矣。以家量貸，而以公量收之。」⑩「其取之公也薄」，杜預曰：「謂以公量收。」⑪「其施之人也厚」，杜預曰：「謂以私量貸。」⑫詩見小雅車舝。朱熹曰：「言我雖無美德以與女，女亦當歌舞以相樂也。」「式」，用也。⑬「後」，原作「復」，據左傳改。⑭「墮」，通「惰」，懈怠。左傳作「惰」。

其國也已。」後果篡齊。智伯從韓、魏之君伐趙，韓、魏陰謀叛，智果曰：「二主殆將有變，不如殺之，不殺則遂親之。」智伯曰：「親之奈何？」智果曰：「魏宣子之謀臣趙葭，韓康子之謀臣段規，是皆能移其君之計。君與二君約，破趙則封二子萬家之縣各一，如是則二主之心可以無變。」智伯不從，韓、魏果反，殺智伯。**於是强國務攻，弱國務守，合縱連衡，馳車轂擊，介胄生蟣虱，人無所告訴。**

**及至秦蠶食天下，并吞戰國，一海内之政，壞諸侯之城，法嚴政峻，諂諛者衆。使蒙恬將兵北攻胡，尉他將卒以戍越，宿兵無用之地，人不聊生。始皇崩，天下大叛。陳勝、吴廣舉於陳，**陳涉、吴廣戍漁陽，屯大澤，會天雨，道不通，度已失期，失期當斬。二人乃謀曰：「今已失期，當斬。今舉大計，亦死。等死①，死爲國，可乎？」乃先已②鬼神威衆，因斬尉，召令徒屬曰：「公等遇雨，皆已失期，失期當斬。藉③令弟④無斬，而戍死者固十六七。且⑤壯士不死則已⑥，死則舉大名。侯王將相寧有種乎？」徒屬皆曰：「敬受命。」遂分將徇地，自立爲陳王。**武臣、張耳舉於趙，**武臣略定趙地，號武信君。蒯通説范陽令徐公曰：「臣，范陽百姓蒯通也，竊憫公之將死，故弔。雖然，賀公得通而生也。」徐公再拜曰：「何以弔之？」通曰：「足下爲令十年矣，殺人之父、孤人之子、斷人之足、黥人之首

---

①「等死」，原脱，據史記陳涉世家補。　②「已」，通「以」，用也。　③「藉」，服虔曰：「假也。」　④「弟」，蘇林曰：「且也。」　⑤「且」，原作「目」，據史記改。　⑥「已」上，原衍「亡」，據讀畫齋叢書本及史記删。

甚衆，然而慈父孝子所以不敢傳刃公之腹中者，畏秦法也。今天下大亂，秦政不施，然則慈父孝子將爭接刃公之腹，以復其怨而成其名。此通之所以弔也。」曰：「何以賀得子而生也？」通曰：「趙武信君不知通不肖，使人候通，問其死生。通見武信君而說之曰：『必將戰勝而後略地，攻得而後取天下城，臣竊以爲殆矣。用臣之計，無戰而略地，不攻而下城，傳檄而千里可定矣。』彼將曰：『何謂也？』臣因說曰：『范陽令宜整頓其士卒以守戰者也，怯而畏死，貪而好富貴①，故欲以其城先下君。先下君而不利，則邊地之城皆將相告曰：「范陽令先降而身死。」必將嬰②城固③守，皆爲④金城湯池⑤，不可攻矣。爲君計者，莫如以黃屋朱輪迎范陽令，使馳騖⑥於燕、趙之郊，則邊城皆將⑦相告曰：「范陽令先下而身富貴矣。」必相率而降，由是如坂上走丸也。此臣所謂傳檄而千里定者也。』」徐公再拜，具⑧車馬遺通，通遂以此說武臣。武臣以車百乘、騎二百、侯印迎徐公。燕、趙聞之，降者⑨三十餘城，如蒯通策也。**項梁舉吴**，梁令項羽殺假守通，便舉兵起吴。吴，今蘇州也。**田儋舉齊**，儋從⑩少年，縛奴欲殺之，以見狄令⑪，因殺令

---

①「貴」，原作「者」，據讀畫齋叢書本及漢書改。　②「嬰」，孟康曰：「以城自繞。」　③「固」，原作「因」，據讀畫齋叢書本及漢書蒯通傳改。　④「爲」，原作「宜」，據漢書改。　⑤「金城湯池」，形容城池堅固。顏師古曰：「金以喻堅，湯喻沸熱不可近。」　⑥「騖」，通「鶩」，疾馳。讀畫齋叢書本及漢書作「鶩」。　⑦「將」，原脱，據讀畫齋叢書本及漢書補。　⑧「具」，原作「遺其」，據讀畫齋叢書本及漢書改。　⑨「者」，原作「其」，據讀畫齋叢書本及漢書改。　⑩「從」，原作「徙」，據讀畫齋叢書本及漢書改。　⑪「以見狄令」，服虔曰：「古殺奴婢皆當告官。儋欲殺令，故詐縛奴而以謁也。」「見」，原脱，據讀畫齋叢書本補。

舉兵也。景駒舉郢，周市舉魏，韓廣舉燕。窮山通谷，豪傑并起，而亡秦族矣。

漢高祖名邦，字季，姓劉氏，沛國豐邑人，爲泗上之亭長。秦二世元年，陳勝等起，勝自立爲楚王。張耳、陳餘諫曰：「將軍出萬死之計，爲天下除害，今始至陳，而自立爲王，是示天下之私也。不如立六國後，自爲樹黨，進師而西，則野無交兵，城無守墻，誅暴秦，據咸陽，以令諸侯，天下可圖也。」勝不聽。沛人殺其令，立高祖爲沛公。時項梁止薛，沛公往從之，共立義帝。范曾說項梁曰：「秦滅六國，楚最無罪。自懷王入秦不反，楚人憐之，故語曰：『楚雖三户，亡秦必楚。』今陳勝首事，不立楚後，其勢不長。今君起江東，楚鋒①起之將皆争附君者，以君代代楚將，爲能復立楚後也。」梁自求懷王孫心立也。約曰：「先入咸陽者王之。」秦將章邯大敗項梁於定陶，梁死，章邯以爲楚不足憂，乃北伐趙。楚使項羽等救趙，遣沛公别將西入關。沛公遂攻宛，降之。沛公攻宛，南陽太守吕錡②保城不下。沛公欲遂西。張良曰：「强秦在前，宛兵在後，此危道也。」乃圍宛。宛急，錡欲自殺。其舍人陳恢逾城見沛公曰：「宛吏人懼死堅守，足下盡日攻之，死殞者必衆。引兵而去，宛必隨之。足下前失咸陽之約，後有强宛之患，不如約③降，封其守，引其甲卒而西。諸城未下者，

①「鋒」，漢書作「蜂」，顔師古曰：「蜂起，如蜂而起，言其衆也。一説『蜂』與『鋒』同，言鋒鋭而起者。」　②「錡」，漢書作「齮」。　③「約」，原脱，據漢書補。

必開門而待足下。」沛公曰：「善。」封呂錡爲殷侯。**攻武關，大破秦軍。**趙高殺二世，立子嬰，遣兵拒關。張良曰：「秦兵尚强，未可輕也。願益張旗幟①諸山上，爲疑兵，令酈食其持重寶啗秦將②。」秦將果欲連和俱西。沛公欲聽之。良曰：「此獨其將欲叛，恐士卒不從。士卒不從，必危。不如因其解③而擊之。」乃擊秦軍，破之。**入咸陽，與秦人約法三章。**秦人獻牛酒，沛公讓，不受，於是人知德矣。**遣兵拒關，欲王關中。是時項羽破秦軍於河北，率諸侯兵四十萬至鴻門，欲擊沛公。沛公因項伯自解於羽。羽遂殺子嬰而東都彭城，立沛公爲漢王，王巴漢④。**漢王不肯就國，欲攻楚。蕭何曰：「王雖王漢⑤之惡，不猶愈於死乎？且語⑥曰『天漢』，其稱甚美。夫能屈於一人之下，則申於萬人之上，湯、武是也。願大王王漢中，撫其士人，以致賢人，收用巴蜀，還定三秦，天下可圖。」**於是用韓信策，乃東伐，還定三秦。**漢王之國也，韓信亡⑦楚，從入蜀，無所知名。數與蕭何語，何奇之，薦爲大將軍。信拜禮畢，王曰：「丞相數言將軍，將軍何以教寡人計策？」信謝，因問王曰：「今東向争權天下者，豈非項王耶？」曰：「然。」信曰：「大王自料勇悍仁强孰與項王比？」漢王默然良久，曰：「不如

---

①「旗幟」，原作「其熾」，據讀畫齋叢書本及漢書改。 ②「將」，原脱，據四庫本及漢書補。 ③「解」，通「懈」。史記作「解」，讀畫齋叢書本及漢書作「懈」。 ④「漢」，漢書作「蜀」。 ⑤「漢」，漢書蕭何傳作「漢中」。 ⑥「語」，原作「該」，據讀畫齋叢書本及史記改。 ⑦「亡」，出逃。

也。」信再拜，賀曰：「雖信亦以爲大王不如。然臣嘗事之，請言項王之爲人也。項王喑噁①叱咤，千人皆廢②，然不能任屬③賢將，此特匹夫之勇也。項王見人，恭敬慈愛，言語呴嘔④。人有疾病，涕泣分食飲。至使人有功當封爵者，印刓弊⑤，忍不能與，此所謂婦人之仁也。項王雖霸中國而臣諸侯，不居關中而都彭城，有倍義帝之約，而以親愛王，諸侯不平。諸侯之見項王遷逐義帝置江南，亦皆歸逐其主而⑥自王善地。項王所過，無不殘滅者，天下多怨，百姓不親附，特劫於威强服耳。名雖爲霸，實失天下心，故曰其强亦⑦弱。今大王誠能反其道，任天下武勇，何所不誅？以天下城邑封功臣，何所不服？以義兵從思東歸之士，何所不散？且三秦王爲秦將，將秦子弟數歲矣，殺亡不可勝計，又欺其衆降諸侯，至新安，項王詐坑秦降卒二⑧十餘萬，唯獨邯、欣、翳⑨得脱，秦人父兄怨此三人，痛入骨髓。今楚强以威而王此三人，秦人莫愛⑩也。大王之入武關，秋毫無所害，除秦苛法，與民⑪約法三章耳，秦人無不

---

①「喑噁」，發怒聲。原作「喑啞喑啞」，據讀畫齋叢書本及史記改。漢書作「意烏」。②「廢」，孟康曰：「伏也。」

③「屬」，顔師古曰：「委也。」④「呴嘔」，和好貌。漢書作「姁姁」。⑤「印刓弊」，原作「銷印列幣」，據史記改。漢書作「刻印刓」。「刓」，蘇林曰：「與『摶』同。」摶，旋轉，玩弄。⑥「而」下原衍「以」，據讀畫齋叢書本及史記删。

⑦「亦」，通「易」。讀畫齋叢書本及史記作「易」。⑧「二」，原作「三」，據讀畫齋叢書本及史記改。⑨「邯」，章邯。

「欣」，長史欣。「翳」，都尉翳。「翳」，原作「醫」，據讀畫齋叢書本及史記改。⑩「愛」，原作「威」，據讀畫齋叢書本及史記改。⑪「民」，原作「秦」，據讀畫齋叢書本及史記改。

欲得大王王秦者。於諸侯之約，大王當王關中，關中人户咸知之。大王失職①入漢中，秦人無不恨者。今大王舉而東，三秦可傳檄而定也。」於②是漢王大喜，遂聽信計。初，漢王之國也，張良送至褒中，説漢王曰：「王何不燒絶所過棧道，示天下無還心，以固項王③意？」漢王乃使張良還，因燒之。楚以此無憂漢王之心也。

**田榮怨項王之不己立④，殺田市，自立爲齊王。羽北擊滅齊，**項羽以吴令鄭昌爲韓王，拒漢。張良遺項羽書曰：「漢王失職之蜀，欲得王關中，如約即止，不敢反。」又以齊反書遺羽，曰：「齊欲滅楚。」羽以故不西行，而北擊齊。**而使九江王殺義帝於郴。漢王爲之縞素發喪，臨三日，以告諸侯。**董公説漢王曰：「臣聞順德者昌，失德者亡。兵出無名，事故不成。故曰：明其爲賊，敵乃可服。項王爲無道，放殺其主，天下之賊也。夫仁不以勇，義不以力。三軍之衆，爲之素服，以告諸侯，爲此東伐，四海之内莫不仰德。此三王之舉也。」漢王曰：「善。」

**漢王因項羽之擊齊，率諸侯之師五十六萬東襲楚，破彭城。羽聞之，留其將擊齊，自以精兵三萬歸擊漢。漢王與羽大戰彭城下。漢王不利，出梁地至虞，謂左右曰：「孰能爲**

---

①「職」，原作「識」，據讀畫齋叢書本及史記改。　②「也於」，原脱，據讀畫齋叢書本及史記補。　③「項王」，原重，據讀畫齋叢書本及史記删。　④「立」，原脱，據讀畫齋叢書本及四庫本補。

使淮南王黥布，令發兵背楚，留項王於齊數月，我之取天下可以萬全？」隨何乃使淮南，説布背楚。隨何説淮南王曰：「漢王使使臣敬進書於大王御者。竊怪①大王與楚何親也？」淮南王曰：「寡人北②向而臣事之③。」隨何曰：「大王與項王俱列爲諸侯，北面而臣事之，必以楚爲强，可以託國也。項王伐齊，身自負版④築以爲士卒先。大王宜悉⑤淮南之衆，身自將之，爲楚軍前鋒。今乃發四千人以助楚，北面而臣事人者，固若是乎？夫漢王戰於彭城，項王未出齊也，大王宜掃淮南之兵渡淮⑥，日夜會戰彭城下。大王撫萬人之衆⑦，無渡淮者，垂拱而觀孰勝。夫託國於人⑧者，固若是乎？大王提空名以向楚，而欲厚自託，臣竊爲大王不取也。然大王不背楚者，以漢爲弱也。夫楚兵雖强，天下負之以不義之名，以其背約而殺義帝也。然而楚王將以戰勝自强，漢王收諸侯還守滎陽，下蜀、漢之粟，深溝高壘，分卒守，徼乘塞。楚人還兵，間以梁地，深入敵國八九百里，欲戰則不得，攻城即⑨力不能，老弱轉糧千里之外。楚兵至滎陽、成⑩皋，漢堅守而不動，進則不得攻，退則不得解。故曰：楚不足恃也。使楚

---

①「怪」，原作「惟」，據史記改。　②「北」，原作「地」，據史記改。　③「之」下，原衍「必以楚爲强可以託國也」十字，據讀畫齋叢書本及史記删。　④「版」，原作「販」，據讀畫齋叢書本及漢書改。　⑤「悉」，顏師古曰：「盡也。」　⑥「淮」下，原衍「南」，據讀畫齋叢書本及史記删。　⑦「衆」，原作「聚」，據讀畫齋叢書本及史記改。　⑧「人」下，原衍「臣」，據讀畫齋叢書本及史記删。　⑨「即」，讀畫齋叢書本及史記作「則」。　⑩「成」，原作「城」，據讀畫齋叢書本及史記改。下同。

勝，則諸侯自危懼而相救。夫楚之强，適足以致天下之兵耳。故楚不如漢，其勢易見也。今大①王不與萬②全之漢，而自託於危亡之楚，臣竊爲大王惑之。臣非以淮南之兵足以亡楚也。大王發兵而倍楚，項王必留齊數月，漢之取天下可以萬全。臣請以③大王提劍而歸漢，漢王必裂地土而分天下大王，又況淮南必大王有也。故使臣進愚計，願大王留意也。」淮南王曰：「請奉命。」陰許叛楚與漢，未敢泄。楚使者在淮南，方急責英布發兵，舍④傳舍。隨何直入，坐楚使者上坐，曰：「九江王以⑤歸漢，楚何得以令發兵？」布愕然。楚使者起。何因說布曰：「事已搆矣，獨殺楚使者，無使歸，而疾走漢，并力。」乃如漢使者教，於是殺楚使者，因起兵攻楚也。

**漢王如滎陽，使韓信擊魏王豹，虜之。**漢王問酈生曰：「魏大將誰也？」曰：「柏直。」王曰：「此其口尚乳臭，不能當韓信。」「騎將馮敬。」王曰：「不能當灌嬰。」「步將項他。」王曰：「不能當曹參。在吾無患矣。」王乃以信爲左丞相擊魏。信進兵，爲陳船，欲渡臨晉。魏聚兵距⑥之。信乃伏兵從夏陽以瓦罌渡⑦軍，襲安邑，虜魏王豹，便進兵伐趙也。**漢遂與楚相拒於滎陽。楚圍漢王。用陳平計，間得出。**漢王急問陳平：「策安出？」陳平曰：「彼項王骨鯁之臣亞父、鍾離末之屬不過數人，大王

---

①「大」，原脱，據讀畫齋叢書本及史記補。　②「萬」下，原衍「人」，據讀畫齋叢書本及史記删。　③「以」，鄭玄曰：「猶與也。」　④「舍」，原脱，據讀畫齋叢書本及史記補。　⑤「以」，通「已」。　⑥「距」，通「拒」。　⑦「瓦罌」，史記作「木罌缻」。「渡」，讀畫齋叢書本作「度」。

能出捐數萬金行反間，間其君臣，以疑其心，項王爲人，意忌信讒，必内相誅。漢因舉攻之，破楚必矣。」漢王乃以四萬斤金與平，恣其所爲，不問出入。平既多以金縱反①間於楚軍，宣言諸將鍾離末等爲項王將，功多矣，然終不能裂地而封，欲與漢爲一，以滅項氏，分王其地。項王果疑，使使至漢。漢爲大牢之具，舉進，見楚使，即佯驚曰：「吾以爲亞父使，乃項王使也。」復持去，以惡具進楚使。使歸，具報項王。項王大疑亞父。亞父欲急擊漢王，項王不信亞父。亞父聞項王疑，乃曰：「天下事大定矣，君王自爲之，願賜骸骨。」項王從之。

**入關收兵，欲復東。轅生説漢王出軍宛、葉，引項王南渡，使韓信等得集河北。羽②果引兵南渡，如其策。** 轅生説曰：「漢與楚相拒於滎陽、成皋數歲③，漢常困。願王出武關，項王必引兵南走。王深壁，令滎陽、成皋間且得休息，使韓信等得集於河北趙地，君王乃復走滎陽。如此，則楚備者多，力分，漢得休息，復與之戰，破楚必矣。」漢王從此計，出軍宛、葉間。項王聞漢王在宛，果引兵南渡，如轅生之策。

**韓信與張耳以兵數萬東下井陘，擊趙，破之。乃報漢，因請立張耳爲趙王，以鎮撫其國。**

①「反」，原作「乃」，據讀畫齋叢書本及漢書改。　②「羽」下，原衍「兵」，據四庫本删。　③「歲」，原作「月」，據史記改。

**漢王從之。**初，趙王與成安君陳餘聞漢且襲之①，聚兵井陘口。廣武君李佐②車說曰：「聞漢將韓信涉西河，虜魏王，擒夏悦，新喋血閼與。今乃輔以③張耳，議欲下趙。此乘勝而去國遠鬭，其鋒不可當。臣聞千里餽糧，士有饑色，樵蘇後爨，師不宿飽。今井陘之道，車不得方軌，騎不得成列，行數百里，其勢糧食必在後。願足下假臣奇兵三萬人，從間道出，絕其輜重。足下深溝高壘，堅營勿與戰。使前不得鬭，退不得還。吾奇兵絕其後，野無所掠鹵，不至十日，而兩將之首可致於戲下。願足下留意臣之計，不④，必爲二子所禽⑤。」成安君不聽廣武君。廣武君策不用，信聞知之，大喜，乃進軍擊趙，破之。趙之破也，韓信令軍中無殺廣武君，有能生得者，購千金。於是有縛廣武君而致戲下者，信乃解其縛，師事之。問曰：「僕欲北攻燕，南伐齊，何若而有功⑥？」廣武君辭謝曰：「臣聞敗軍之將不可與言勇，亡國之大夫不可與圖存。今臣敗亡之虜，何足以權大事乎？」信曰：「僕聞百里奚居虞而虞亡，在秦而秦霸，非愚於虞而智於秦，用聽與不用聽也。誠令成安君聽足下計，若信者，亦爲禽矣。僕委心歸計，願足下勿辭。」廣武君曰：「臣聞智者千慮必有一失，愚者千慮必有一得。故曰：狂夫之言，聖人擇焉。顧恐臣計

---

①「之」上，原衍「兵」，據讀畫齋叢書本及史記刪。　②「佐」，史記作「左」。　③「以」，原作「於」，據讀畫齋叢書本及史記改。　④「不」，同「否」。讀畫齋叢書本及史記作「否」。　⑤「禽」，俘獲，制伏。原作「會」，據讀畫齋叢書本及史記改。　⑥「功」，原作「攻」，據讀畫齋叢書本及史記改。

未必足用，願效愚忠。夫成安君有百戰百勝之計，一旦而失之，軍破鄗下，身死泜①上。今將軍涉西河，虜魏王，禽夏悦、闕與，一舉而下井陘，不終朝而破趙二十萬衆，誅成安君，名聞海内，威震天下，農夫莫不輟耕釋耒，工女下機，褕②衣甘食，傾耳以待命。若此者，將軍之所長也。然而衆勞卒疲，其實難用。今將軍欲舉倦弊之兵，頓燕堅城之下，欲戰恐不得，攻城不能拔，情見勢屈，曠日糧竭，而弱燕不服，齊必距境以自强也。燕、齊相恃③而不可下，劉、項之權未有所分也。若此者，將軍之短也。臣愚，竊以爲過矣。故善用兵者不以短擊長，而以長擊短。」韓信曰：「然則何用？」廣武君曰：「方今爲將軍計，莫如案甲休兵以鎮趙，撫其孤弱，百里之内，牛酒日④至，以饗士大夫醳兵。北首燕路，而後遣辯士奉咫尺之書，暴所長於燕，燕必不敢不聽。燕以⑤從，使諠告者東告齊，齊必從風而服，雖有智者，亦不知爲齊計矣。如是，則天下事可圖也。兵固有先聲而後實者，此之謂也。」韓信曰：「善。」從其策，發使燕，齊從風而靡也。

**十二月，漢王拒楚於成臯，享師，欲復戰。郎中鄭忠説曰：「王高壘深壁，勿與戰。使**

---

①「泜」，原作「泫」，據讀畫齋叢書本及史記改。②「褕」，衣服華美。原作「愉」，據讀畫齋叢書本及史記改。③「恃」，讀畫齋叢書本及史記作「持」。④「日」，原作「已」，據讀畫齋叢書本及史記改。⑤「以」，通「已」。

劉賈佐彭越入楚地，焚其積聚，破楚師必矣。」項羽乃東擊彭越，留曹咎①守成皋。時漢數困滎陽、成皋，計欲捐成皋以東，屯鞏、洛以距楚，用酈生計，復守成皋。酈生説曰：「臣聞知天②之天者，王事可成；不知天之天者，王事不可成。王者以人爲天，而人以食爲天。夫敖倉，天下轉輸久矣，臣聞其下乃有藏粟甚多。楚人拔滎陽，不堅守敖倉，乃引而東。令適卒東守成皋，此乃天所以資漢也。方今楚易取而漢反却，自奪其便③，臣以爲過矣。且兩雄不俱立，楚、漢久相持不決，百姓騷動，海内摇蕩，農夫釋耒，工女下機，天下之心未有所定。願足下急復進兵收滎陽，據敖倉之粟，塞成皋之險，杜太行之路，拒飛狐之口，守白馬之津，以示諸侯效實刑制④之勢，則天下知所歸矣。今燕、趙已定，唯齊未下。今田廣據千里之齊，田間將二十萬之衆，軍於歷城。諸田宗强，負海阻河⑤、濟，南近楚，人多變詐，足下雖遣數十萬師，未可以歲月破也。臣請得奉明詔説齊王，使爲漢而稱東藩。」上曰：「善。」乃從其畫，復守敖倉。而使酈生説齊王曰：「王知天下之所歸乎？」王曰：「不知也。」曰：「王知天下之所歸，則齊國可得而有也。若王不知天下之歸，即齊國未可得保也。」齊王曰：「天下何歸？」酈生

---

①「曹咎」，原作「曹無咎」，據史記項羽本紀改。　②「天」，原作「人」，據史記酈生列傳改。下「不知天」同。　③「其便」，原作「使臣」，據讀畫齋叢書本及史記改。　④「刑」，通「形」。「刑制」，顔師古曰：「以地形而制服。」　⑤「負海阻河」，原作「負河阻海」，據讀畫齋叢書本及史記乙。

曰：「天下歸漢。」王曰：「先生何以知之？」酈生曰：「漢王與項羽戮力西向擊秦，約先入咸陽者王之。漢王先入咸陽，項王負約不與，而王之漢中。項羽遷殺義帝，漢王聞之，起蜀漢之兵擊三秦，出武關，而責①義帝之處，收天下之兵，立諸侯之後。降城即以侯其將，得賂即以分其士，與天下同其利，英豪賢才皆樂爲之用。諸侯之兵四面而至，蜀漢之粟方船而下。項王有背約之名，殺義帝之②負③，於人之功無所記，於人之罪心不忘，戰勝而不得其賞，拔城而不得其封，非項氏莫能④用事，爲人刻印，刓⑤而不能授，攻城得賂積財而不能賞。天下叛之，賢才怨之，而莫爲用，故天下之士歸於漢王，可坐而策也。夫漢王發蜀漢，定⑥三秦，涉西河之外⑦，援⑧上黨之兵，下井陘之路，誅成安君之罪，北破魏⑨，舉三十二⑩城。此蚩尤之兵，非人力也，天之福也。今已據敖倉之粟，塞成皋之險，守白馬之津，杜太行之坂，拒飛狐之口，天下後服者先亡矣。王疾先下漢王，齊國社稷可得而保也。不下漢王，危亡立可待也。」田廣以

---

①「責」，原作「貴」，據讀畫齋叢書本及史記改。　②「之」，原脱，據讀畫齋叢書本及史記補。　③「負」，罪責，過失。　④「能」，史記作「得」。　⑤「刓」，原脱，據史記補。集解曰：「瓚曰：『項羽吝於爵賞，玩惜侯印，不能以封於人。』」　⑥「定」，原作「之」，據讀畫齋叢書本及史記改。　⑦「外」，原作「水」，據四庫本及史記改。　⑧「援」，顔師古曰：「引也。」原作「授」，據史記及漢書改。　⑨「北破魏」，史記作「破北魏」，索隱曰：「北魏謂魏豹，豹在河北故也。亦謂之西魏，以大梁在河南故也。」　⑩「三十二」，原作「二十三」，據讀畫齋叢書本及史記改。

爲然，乃聽酈生説，罷歷下兵守。淮陰侯乃夜渡兵①平原襲齊，齊王烹酈生，引兵東走。初，酈生見沛公，沛公方倨牀使兩女子洗足，而見酈生。酈生入，則長揖不拜，曰：「足下欲助秦攻諸侯耶？且欲率諸侯破秦耶？」沛公罵曰：「豎儒！天下同苦秦久矣，故諸侯相率而攻秦，何謂助秦攻諸侯乎？」酈生曰：「必欲聚徒合義兵誅無道之秦，不宜倨見長者。」於是沛公輟洗足，起而謝之。

羽初東，囑曹咎曰：「漢即挑戰，慎勿與戰，勿令漢得東而已。」咎乃出戰，死，漢王遂進兵取成皋。漢挑曹咎戰，楚軍不出，使人辱之數日。咎怒，渡兵汜水上。士卒半渡，擊破之，盡得楚國寶貨。羽聞咎破，乃還軍廣武間，爲高壇，置太公於其上。漢王遣侯公説羽，求太公。羽乃與漢約，中分天下，割鴻溝以西爲漢，以東爲楚，歸漢王父母及吕后。項王解而東。漢王欲西，張良曰：「今漢有天下太半，而諸侯皆附。楚兵疲，食盡，此天亡楚之時，不如因其東②而取之。」漢王乃追羽，與齊王韓信、魏相彭越期會擊楚，皆不會。用張良計，信等皆引兵圍羽垓下，遂滅項氏。漢王問張良曰：「諸侯不從，奈何？」良曰：「楚兵且破，未有分地，其不至，固宜。君王能與共天下，可立致也。齊王信之立③，非君王意，信亦不自堅。彭越本定梁地，始君

①「兵」下，原衍「革」，據讀畫齋叢書本及史記删。　②「東」，史記作「機」。　③「立」，原作「言」，據讀畫齋叢書本及史記改。

王①以魏豹故②，越得拜爲相國。今豹死，越亦望王，而君王不早定。今能取睢③陽以北至穀城以王彭越，從陳以東傳④海與齊王信，信家在楚，其意欲復得故邑，能出捐此地以許兩人，使各自爲戰，則楚易敗。」於是漢王發使使韓信、彭越，劉賈等皆引兵圍羽垓下。

**都洛陽。用婁敬策，從都長安。**婁敬説上曰：「陛下都洛，豈欲與周室并隆哉？」上曰：「然。」敬曰：「陛下取天下與周室異。周之先自后稷，堯封之於邰，積德累善十有餘世。公劉避桀居邠，大王以戎狄故去邠，杖馬箠居岐⑤，國人争歸之。及至文王爲西伯，斷虞、芮之訟，始受命，吕望、伯夷自海濱來歸之。武王伐紂，不期而會孟津之上者八百諸侯，皆曰紂可伐矣，遂滅殷。成王即位，周公之屬傅⑥相焉，乃營成周洛邑，以此爲天下之中也。諸侯四方咸納職貢，道理均矣。有德則易以王，無德則易以亡。凡居此者，欲令周務以德致人，不欲依阻險，令⑦後世驕奢以虐人也。及周之盛時，天下和洽，四夷向風，慕義懷德，附離而并事，天下不屯一卒⑧，不戰一士，四夷大國之民莫不賓服，效其貢職。及其周

---

①「王」，原脱，據讀畫齋叢書本及史記補。　②「故」，原作「死」，據讀畫齋叢書本及史記改。　③「睢」，原作「睢」，據讀畫齋叢書本及漢書改。　④「傳」，原作「傅」，據讀畫齋叢書本及史記改。　⑤「岐」，原作「歧」，據讀畫齋叢書本及史記改。　⑥「傅」，原作「傳」，據讀畫齋叢書本及史記改。　⑦「令」，原作「今」，據讀畫齋叢書本及史記改。　⑧「卒」，原作「桼」，據讀畫齋叢書本及史記改。

之衰也，分而爲兩①，天下莫朝。周不能制，非其德薄，形勢弱也。今陛下起豐擊沛，收卒三千人，以之②徑往，而卷蜀、漢，定三秦，與項藉③戰於滎陽，争成皋之口，大戰七十，小戰四十，使天下之民肝腦塗地，父子暴骨於中野，不可勝數，哭泣之聲未絶，傷夷④者未起，而欲比⑤隆於成、康之時，臣切⑥以爲不侔矣。且夫秦地被山帶河，四塞以爲固，卒然有急，百萬之衆可具⑦，此所謂天府也。陛下入關而都之，山東雖亂，秦之故地可全而有。夫與人鬭，不搤其喉而拊其背，未能全勝也。今陛下入關而都⑧，案⑨秦之故地，此亦搤天下之喉而拊其背。」高祖以問群臣，群臣皆⑩山東人，争⑪曰周王七百年，秦二世即滅，不如都洛陽。洛陽東有成皋，西有崤、澠，背河向伊、雒，其固亦足恃也。留侯曰：「洛陽雖有此固，其中小，不過數百里，田⑫地薄，四面受敵，此非用武之國也。夫關中，左崤、函，右隴、蜀，沃野千里，南有巴、蜀之饒，北有胡苑之利，阻三面而守獨一面。東制諸侯，諸侯安定，河、渭漕輓天下，足以西給京師。諸

---

①「兩」下，原衍「三」，據讀畫齋叢書本及史記删。　②「之」，原作「足」，據讀畫齋叢書本及史記改。　③「項藉」，史記作「項羽」。　④「夷」，顔師古曰：「創也。」「夷」下，原衍「之」，據讀畫齋叢書本及史記删。　⑤「比」，原作「北」，據讀畫齋叢書本及史記改。　⑥「切」，同「竊」，猶言私下。　⑦「具」，原作「拒」，據讀畫齋叢書本及史記改。　⑧「都」下，原衍「長安」，據史記及漢書删。　⑨「案」，據。原作「業」，據讀畫齋叢書本及史記改。　⑩「皆」下，原衍「曰」，據讀畫齋叢書本及史記删。　⑪「争」下，原衍「王周」，據讀畫齋叢書本及史記删。　⑫「田」，原脱，據史記補。

侯有變，順流而下，足以委輸。此所謂金城千里，天府之國，婁敬說是也。」於是高帝即日駕，西都關中。

## 有告楚王韓信反，用陳平計擒之，廢爲淮陰侯。

高帝問諸①將，諸②將曰：「亟發兵坑豎子耳。」高帝默然。問陳平，平曰：「人上書言信反，人有聞知者乎？」曰：「未有。」曰：「信知之乎？」曰：「不知。」平曰：「陛下精兵孰與楚？」上曰：「不能過。」平曰：「陛下將用兵，有能敵韓信乎？」上曰：「莫及也。」平曰：「今兵不如楚精③，將又不及，而舉兵擊之，是趣戰也，切④爲陛下危之。」上曰：「爲之奈何？」平曰：「古者天子巡狩會諸侯，南方有雲夢，陛下弟⑤出僞游雲夢，會諸侯於陳。陳⑥，楚之西界，信聞天子以好出游，其勢必郊迎謁，而陛下因擒之，此特⑦一力士之事。」高帝以爲然，發使告諸侯，上因隨行，信果迎道中。帝預具武士，見信即執縛之。田胥⑧賀上曰：「甚善。陛下得韓信，又治秦中⑨。秦，形勝之國，帶河阻山，懸隔千里，執⑩戟百萬，秦得百二焉。地勢便利，其以下兵於諸侯，譬猶居臺⑪之上建瓴水也。夫齊東有琅邪、即墨之饒，南有太山之固，西有濁河⑫之限，北有渤海之利，地方二千里，

---

①「諸」，原作「上」，據史記陳丞相世家改。　②「諸」，原脱，據史記補。　③「精」下，原衍「兵」，據讀畫齋叢書本及史記刪。　④「切」，讀畫齋叢書本作「竊」。　⑤「弟」，顔師古曰：「但也。」　⑥「陳」，原脱，據讀畫齋叢書本及史記補。　⑦「特」，原作「時」，據讀畫齋叢書本及史記改。　⑧「胥」，史記及漢書作「肯」。　⑨「秦中」，如淳曰：「時山東人謂關中爲秦中。」　⑩「執」，史記作「持」。　⑪「臺」，史記作「高屋」。　⑫「濁河」，黄河。

持戟百萬，懸隔千里之外，齊得十二焉。此東西秦①也，非親子弟莫可使王齊者。」上曰：「善。」賜金五百斤。**陳狶②爲代相，與韓信、王黄等反，狶自立爲代王③。上自往破之。**高祖赦趙、代吏人爲狶所詿誤者。趙相奏④斬常山守、尉，曰：「常山北⑤二十五城，狶反，亡其二十城。」上問曰：「守、尉反乎？」對曰：「不反。」上曰：「是力不足也。」赦之。復以爲守、尉。上既至邯鄲，喜曰：「狶不南據漳水，北守邯鄲，吾知其無能爲也。」問周昌曰：「趙亦有壯士可令將者乎？」對曰：「見有四人。」四人謁⑥，上慢罵曰：「豎⑦子能爲將乎？」各封之千户以爲將。左右諫曰：「從入蜀、漢，伐楚，功未徧行。今⑧此何功而封？」上曰：「非爾所知也。陳狶反，邯鄲以北皆狶有也。吾以羽檄徵天下兵，未有至者，今唯獨邯鄲中兵耳。吾胡⑨愛四千户不封此四人，以慰趙子弟心？」皆曰：「善。」於是上曰：「陳狶將誰也？」曰：「王黄、曼丘臣，皆故賈人。」上曰：「吾知之矣。」乃各以千金購黄、臣等。其黄、臣等麾下授⑩購賞，皆生得⑪，以故⑫陳狶軍遂敗。初，韓信知漢王⑬畏惡其能，與陳狶謀反。高帝自將擊狶，信稱病不從行，欲從中起。信舍人得罪，信囚

---

①「東西秦」，劉攽曰「按文多『西』字。」　②「狶」，同「豨」。　③「王」，原作「主」，據讀畫齋叢書本及史記改。　④「奏」，原作「秦」，據讀畫齋叢書本及史記改。　⑤「北」，史記無。　⑥「謁」，原作「謂」，據四庫本及史記改。　⑦「豎」，原作「堅」，據讀畫齋叢書本及史記改。　⑧「今」，原作「令」，據讀畫齋叢書本及史記改。　⑨「胡」，原作「乎」，據史記改。　⑩「授」，讀畫齋叢書本作「受」。　⑪「生得」，活捉。指黄、臣等被活捉。　⑫「故」，原作「固」，據讀畫齋叢書本及史記改。　⑬「王」，原脱，據史記補。

之，欲殺，舍人弟告信反狀於吕后。吕后欲召，恐其黨不就，乃與蕭相國謀，詐令人從上所來，言豨已死矣，列侯群臣皆賀。相國詐信曰：「雖病，强入賀。」信入，吕后使武士縛信，斬之長樂宫矣。**尉他王南越，反。高祖使陸賈賜尉他印綬爲南越王，令稱臣，奉漢約。**陸生至南越，尉他魋髻①箕踞②見陸生。陸生因進説曰：「足下中國人，親戚昆弟墳墓在真定。今足下反天性，棄冠帶，欲以區區之越與天子抗衡爲敵國③，禍且④及身矣。且夫秦失其政，諸侯豪傑并起，唯漢王先入關，據咸陽。項王背約，自立爲西楚霸王，諸侯皆屬，可謂至强。然漢王起巴、蜀，鞭笞天下，制諸侯，遂誅項羽，滅之。五年間，海内平定，此非人力，天之所建也。天子聞君王南越，不助天下誅暴逆，將欲移兵而誅王。天子憐百姓新勞苦，且休之，遣臣授君王印綬，剖符通使。君王宜郊迎，北面稱臣。乃欲以新造未集⑤之越，屈强⑥於此，漢誠聞之，掘王先人冢，夷王種宗族⑦，使一偏將將十萬衆以臨越，越則殺王以降，如反覆手耳。」於是尉他蹶然起謝。陸生卒拜尉他而還。初，南海尉任囂病且死，召龍川令趙他，謂曰：「聞陳勝作亂，豪傑叛秦相立。番禺負山險，阻南海，東西數千里，頗有中國人相輔，此一州之主也，可以立國。」即以他

---

①「魋髻」，史記、漢書作「魋結」。服虔曰：「魋音椎。」顔師古曰：「『結』讀曰『髻』。椎髻者，一撮之髻，其形如椎。」②「箕踞」，顔師古曰：「謂伸其兩腳而坐。亦曰其形似箕。」③「國」，原作「因」，據讀畫齋叢書本及史記改。④「且」下，原衍「欲」，據讀畫齋叢書本及史記删。⑤「集」，顔師古曰：「猶成也。」⑥「屈强」，顔師古曰：「謂不柔服也。」⑦「夷王種宗族」，顔師古曰：「夷，平也。謂平除其種族。」史記作「夷滅宗族」。

行南海尉事。囂死，他移檄告諸郡曰：「盗兵即至，急絶新道，聚兵自守。」因稍以法誅秦所置長吏，以其黨爲假守，自立爲南越武王。

**高祖在位十二年崩，年六十二。惠帝立，呂后臨政。**呂后時，陳平燕居深念。陸生曰：「何念之深也？」平曰：「生揣我何念？」陸生曰：「足下位爲上相，食三萬户侯，可謂極富貴無欲矣。然有憂念，不過患諸呂少主耳。」平曰：「然。謂①之奈何？」陸生曰：「天下安，注意於相；天下危，注意於將。將相和則士豫②附。士豫附，天下雖有變則權不分。權不分，爲社稷計，在兩君掌握耳。何不交歡太尉，深相交結？」平用其計，竟誅諸呂。初，呂后之崩也，大臣誅諸呂，呂禄爲將北軍，太尉勃③不得入北軍。時酈商子寄與呂禄善，於是乃使人劫酈商。其子紿④呂禄，信之，故與出游，而太尉乃得入北軍誅呂氏也。

**景帝時，吴、楚反，征平之。**帝使太尉周亞夫東擊吴、楚，亞夫問父客鄧都尉曰：「策將安出？」客曰：「吴兵鋭甚，難争鋒。楚兵輕，不能持久。方今爲將軍計，莫若引兵東⑤壁⑥昌邑，以梁喂⑦吴，吴

①「謂」，通「爲」。讀畫齋叢書本作「爲」。②「豫」，樂也。顔師古曰：「素也。」「素」通「愫」，誠心。「豫」，原作「預」，據漢書改。③「勃」，原作「剋」，據讀畫齋叢書本及漢書改。④「紿」，司馬貞曰：「欺也，詐也。」原作「結」，據史記改。⑤「東」，史記作「東北」。⑥「壁」，堅守營壘。⑦「喂」，喂食。史記作「委」。

必盡銳攻之。將軍深溝高壘，使輕兵絶淮、泗口，吴糧道絶，使吴、梁相弊而糧食竭，乃以全制其極，破吴必矣。」條侯曰：「善。」因①請上曰：「楚兵剽輕，難與争鋒，願以梁餧之，絶其糧道，乃可制也。」上許之。亞夫至滎陽，吴方急攻梁。梁急請救。亞夫引兵東北走昌邑，深壁而守。梁王使使請亞夫。亞②夫守便宜，不往，堅壁③不出，而使弓高侯等屯吴、楚兵後，絶其餉道。吴、楚兵乏糧，飢，欲退，數挑戰，終不出④。吴、楚既餓，乃引兵而去。亞夫出精兵追擊，大破吴也。**崩，太子徹立。**是爲武帝。**崩，子勿⑤立。**是爲昭帝。霍光輔政，上官桀⑥害光寵，詐爲帝兄燕王旦上書，稱光行上林稱蹕⑦，又私調校尉。帝不信，而上官桀詐僞事果發，伏誅。**崩，立武帝孫昌邑王賀。**賀，昌邑哀王髆之子，即位二十七日，事⑧有千一百二十七條，霍光廢賀爲海昏侯也。**廢，立武帝曾孫詢。**是爲宣帝。帝，衛太子之孫。**崩，立太子奭。**是爲元帝。**崩，立太子驁。**是爲成帝，委政諸舅王鳳等。同日拜鳳兄弟五人爲侯，號曰五侯。五侯皆專政也。**崩，立宣帝孫定陶恭王子欣。**是爲哀帝。即位六年，崩，無嗣。

---

①「因」，原作「困」，據讀畫齋叢書本及漢書改。　②「亞」，原脱，據讀畫齋叢書本及漢書補。　③「壁」，原脱，據讀畫齋叢書本及漢書補。　④「出」，原作「王」，據讀畫齋叢書本及漢書改。　⑤「勿」，讀畫齋叢書本作「勿陵」，漢書作「弗陵」，張晏曰：「昭帝也，後但名『弗』，以二名難諱故。」　⑥「桀」，原作「傑」，據讀畫齋叢書本及漢書改。下同。　⑦「蹕」，韋昭曰：「止人行也。」　⑧「事」，前漢紀曰：「詔諸官署徵發凡一千一百二十七事，荒淫迷惑，失帝王義。」

崩，立帝弟中山孝王衎。是爲平帝。帝年幼，爲王莽所酖，崩。立宣帝玄孫嬰，是爲孺子。莽廢嬰自立。

僞新室王莽者，成帝舅王曼之子，元帝王皇后之姪也。元帝崩，成帝即位，以元舅鳳爲大司馬，兄弟五人皆爲侯。元帝皇后，魏郡王禁之女，生成帝時，鳳秉政，同日封兄弟五人爲五侯。曼早卒，鳳將薨，以莽託太后，太后，莽之姑也。封爲新都侯。五侯競爲僭，起治第舍。莽幼孤貧，獨折節恭①謹，當世名士多爲莽言，上由是賢之，拜爲侍中。莽交結將相，收贍名士，賑施賓客，故虛譽隆洽，傾熾其諸父矣。時成帝廢許后，立趙飛鷰。飛鷰女弟爲昭儀，昭儀害②後宮皇子③。帝無嗣，乃立定陶王忻④爲皇太子。忻者，宣帝孫，成帝弟之子。初，王祖母傅太后陰爲王求爲漢嗣，私事趙皇后、昭儀及帝舅王根⑤，故勸立之。莽以發定陵侯淳于長大姦，拜爲大司馬，初，長與許皇后姊孊私通，因孊賂遺長，長許欲白上爲左皇后。時王根輔政，久病，長當代根。莽心害長寵，白根曰：「長與許貴人私交通，見將軍久病，私喜。」根怒，令莽白長，長下獄死。時年三十八。成帝崩，哀帝即位，立皇后傅后，后即帝祖母，定陶恭太后從女弟也。封后父傅晏爲

---

①「恭」，原作「莽」，據讀畫齋叢書本及前漢紀改。　②「害」，原作「立」，據讀畫齋叢書本及漢書改。　③「皇子」，原作「皇太子」，據讀畫齋叢書本及漢書删「太」字。　④「忻」，漢書作「欣」。　⑤「王根」，原作「王鳳」，據漢書改。

孔鄉侯，帝母丁后曰恭皇太后，舅丁明爲安陽侯。莽乞骸骨，避丁、傅也。哀帝崩，時莽以侯在弟①，太皇太后令莽備佐喪事，太皇太后，元帝皇后也。復爲大司馬，徵立中山王爲帝。即平帝。帝名衎，爲中山王，即孝王子也。太皇太后臨朝，莽秉政，百官總②己以聽於莽。附順者拔擢，忤恨者誅滅。以王舜③、王邑爲腹心，甄豐、甄邯主擊斷，平晏典樞機，劉歆典文章，孫建爲爪牙，皆以才能並任顯職。莽色厲而言方④，欲有所爲⑤，徵⑥見風采，黨與承旨⑦而顯奏之，莽因固讓，示不得已，上以惑⑧太后，下以取⑨信於衆庶。越常氏重譯獻白雉一、黑雉二。莽令益州諷群臣奏言：「莽功德比周公，宜賜號安漢公。」平帝崩，莽徵宣帝玄孫廣戚⑩侯子嬰立之，年三歲，遂謀居攝如周公故事。時元帝統絶，宣帝曾孫五人，莽惡其長者，託以卜相宜吉，乃立嬰也。東都太守翟義反，敗死。義，丞相方進子也，立劉信爲天子也。莽自謂威德遂盛⑪，獲天人之助，用銅匱符命⑫，遂即

① 「弟」，官邸，大住宅。今通作「第」。　② 「總」，統領，總管。　③ 「王舜」，原作「王尋」，據漢書改。　④ 「言方」，顔師古曰：「假爲方直之言。」　⑤ 「爲」，原作「僞」，據讀畫齋叢書本及前漢紀改。　⑥ 「徵」，預兆，迹象。前漢紀作「微」。　⑦ 「承旨」，原作「百姓」，據前漢紀改。　⑧ 「惑」，原作「感」，據讀畫齋叢書本及前漢紀改。　⑨ 「取」，原作「耳」，據前漢紀改。　⑩ 「戚」，原作「成」，據漢書改。　⑪ 「遂盛」，旺盛。　⑫ 「銅匱符命」，漢書王莽傳曰：「梓潼人哀章見莽居攝，即作銅匱，爲兩檢，署其一曰『天帝行璽金匱圖』，其一署曰『赤帝行璽某傳予黃帝金策書』。某者，高皇帝名也。書言王莽爲真天子，皇太后如天命。」

真①。梓橦人哀章②上銅匱符命。其九年，赤眉賊起。琅邪女子吕母爲子報仇③，黨衆復浸多，號赤眉賊。十四年，世祖起兵，與王匡等共立劉聖公爲更始皇帝。更始即世祖族兄。世祖及兄伯昇，與新市、平林兵士王匡等合軍攻棘陽。莽遣王尋、王邑擊更始，二公兵敗於昆陽。漢兵遂入城中，人皆降。莽走漸臺，藏於室中北隅間。校尉公孫賓就④斬莽，遂傳首詣更始於宛。

世祖光武皇帝諱秀，字文叔，南陽蔡陽人，高皇帝之九代孫也。王莽末，天下連歲灾蝗，寇盜連歲蜂起，莽末，南方飢饉，人民群入野澤，掘鳧茈而食，更相侵奪。新市人王匡爲平理爭訟，遂推而爲渠帥。時劉玄避吏平林。時世祖④避吏新野，因賣穀宛。宛人李通以圖讖⑤説世祖，通父守，好讖記。通素聞守説，云：「劉氏復興，李氏爲輔。」私嘗懷之。及下江、新市兵起，通弟軼乃共計議曰：「今四方擾亂，新室且亡，漢當更興。南陽宗室，獨劉伯昇兄弟汎愛容衆，可與謀大事。」通⑥笑

---

①「即真」，由攝政即皇帝位。　②「哀章」，原作「袁安章」，據漢書改。　③「吕母爲子報仇」，漢書王莽傳：「初，吕母子爲縣吏，爲宰所寃殺。母散家財以酤酒買兵弩，陰厚貧窮少年得百餘人，遂攻海曲縣，殺其宰以祭子墓。引兵入海，其衆浸多，後皆萬數。」　④「公孫賓就」，讀書齋叢書本及漢書作「公賓就」。顔師古曰：「公賓，姓也。就，名也。」後漢紀作「公孫賓就」，則公孫爲姓，賓就爲名。　④「世祖」，原作「劉玄」，據讀畫齋叢書本改。　⑤「圖讖」，李賢曰：「圖，河圖也。讖，符命之書讖驗也。言爲王者受命之徵驗也。」　⑥「通」，原脱，據後漢書李通傳補。

曰：「吾意也。」會世祖避事在宛，通聞之，即遣軼迎世祖，遂相約結。未幾①，世祖與伯昇、鄧晨俱之宛，與穰人蔡②少公等讌語。少公頗學圖讖，言劉秀爲天子。或曰：「是國師劉秀乎？」世祖笑曰：「何用知非僕耶？」坐者皆大笑。晨心獨喜。後因謂世祖曰：「王莽殘③暴，盛夏斬人，此天亡之時。往時之會宛語，獨當應耶？」世祖笑。及漢兵起，鄧晨遂往從之。**世祖於是與通弟李軼起於宛，兄伯昇起於春陵，鄧晨起新野，會衆兵擊長聚。新市人王匡等立劉聖公爲天子而害伯昇，**劉玄字聖公，世祖族兄也，避吏于平林，王匡等立之。初，伯昇自王莽篡漢，常④憤憤懷匡復社稷之慮，不事家人之居業，傾財破産交結天下雄俊。王莽末，盜賊群起，伯昇召諸豪傑計議。於是使親客鄧晨起新野，世祖、李軼起於宛。伯昇自⑤發春陵，子弟七八千人，部署賓客，自稱柱天都部使。劉嘉誘新市、平林兵王匡、陳牧⑥等合軍而進屠長聚。諸將議立劉氏，以從人望。豪傑咸欲歸伯昇，而新市、平林將帥樂放縱，憚伯昇威明，貪聖公懦弱，先定策立之，然後召伯昇示其議。伯昇曰：「諸將軍欲尊立宗室，德甚厚焉。愚鄙之見，竊有未同。今赤眉起青、徐，衆數十萬。聞南陽立宗室，恐赤眉復有所立，如此將内自争。今

---

①「幾」，原脱，據讀畫齋叢書本補。「未幾」，四庫本作「初」。　②「蔡」下，原衍「恭」，據後漢書删。　③「殘」，後漢書鄧晨傳作「悖」。　④「常」，原作「帝」，據後漢書齊武王縯傳改。　⑤「自」，原脱，據後漢書補。　⑥「牧」，原作「收」，據讀畫齋叢書本及後漢書改。

王莽未滅，而宗室相攻，是疑天下而自捐權，非所以破莽也。且首兵唱號，鮮有能遂，陳勝、項羽即其事也。舂陵去宛三百里耳，未足爲功，而遽自①尊立，爲天下准的，使後人能承吾弊，非計善者也。今且稱王以號令。若赤眉所立者賢，則相率而往從之。若無所立，破莽除②赤眉，然後舉尊號，亦未晚也。願善詳思之。」諸將不從，遂立聖公，由是豪傑失望。伯昇都部將劉稷勇冠三軍，聞更始立，怒曰：「本起兵圖大事者，劉伯昇兄弟也，更始何者耶？」更始君臣聞而心忌之，乃陳兵數千收稷，將誅之。伯昇固爭。李軼、朱鮪因勸更始，并執伯昇，即日害之。李軼與世祖既隙，後因馮公孫③致密書，求效誠節，咸④勸秘之。世祖乃班露⑤軼書曰：「李文季⑥多詐，不信人也。今移其書告守尉。」書既宣露，朱鮪使人殺軼也。**號更始元年。更始使世祖爲偏將軍，徇昆陽。王莽聞漢帝立，大懼，遣大司徒王尋、大司空王邑將兵百萬擊世祖於昆陽。世祖破之。**初，伯昇拔宛已三日，而世祖尚未知，乃僞使人持書報城中「宛下兵到」，而佯墮下其書。尋、邑得之，不喜。諸將既經累⑦捷，膽氣益壯，無不一當百。世祖乃與敢死者三千人，從城西出衝中堅，尋、邑陣亂，乘鋭崩之，遂殺王尋。莽兵大潰，走者自⑧相騰踐，奔

---

①「自」，原作「目」，據讀畫齋叢書本及後漢書改。　②「除」，後漢書作「降」。　③「馮公孫」，馮異，字公孫。後漢書有傳。　④「咸」，原字殘作「弍」，據四庫本改。讀畫齋叢書本作「或」。　⑤「班露」，公布。　⑥「李文季」，東觀漢記作「軼」，四庫本作「李季文」。　⑦「累」，讀畫齋叢書本作「屢」。　⑧「自」，原作「是」，據讀畫齋叢書本改。

殪百餘里間。會大雷風，雨飛如注，滍水盛溢，虎豹皆戰慄，溺死者以萬數，水爲之不流。**三輔豪傑共誅王莽，傳首詣宛。**

**更始以世祖行大司馬事，持節北渡河，鎮慰①州郡。**鄧禹杖策②北渡河，追世祖，世祖見禹甚歡，謂曰：「我得專封拜，先生遠來，寧欲仕乎？」禹曰：「不願也。明公威德加於四海，禹得效③其尺寸，垂功名於竹帛耳。」世祖笑，因留宿。禹進説曰：「更始雖都關西，今山東未安，赤眉、青犢之屬動以萬數，三輔假號，往往群聚。更始既未有挫，而不自聽斷。諸將皆虜人屈④起，志在財帛，爭用威力，朝夕自快而已，非有忠良明智、深慮遠圖、欲尊主安民者也。四方分崩離析，形勢可見。明公雖建藩輔之功，猶恐未可成立。於今之計，莫如延覽英雄，務悦人心，立高祖之業，救萬人之命。以公而慮之，天下不足定也。」世祖大悦。及從至廣阿，披輿地圖，指示禹曰：「天下郡國如是，今始得其一。子前言以吾慮之天下不足定，何也？」禹曰：「今海内散亂，人思明君，猶赤子之慕慈母也。古之興者，在德厚薄，不可⑤以小大。」世祖笑悦。又馮異説世祖曰：「人思漢久矣。今更始諸將縱横暴虐，所至虜掠，百姓失望，無所依戴。今公專命方面，施行恩德。夫有桀、紂之亂，乃見湯、武之功。人⑥久飢渴，易爲充飽，宜急分

①「鎮慰」，安撫慰問。　②「杖策」，執馬鞭，謂策馬而行。　③「效」，原作「挍」，據讀畫齋叢書本及後漢書改。

④「屈」，通「崛」。　⑤「可」，讀畫齋叢書本無。　⑥「人」，原作「久」，據後漢書馮異傳改。

遣官屬，巡行郡縣，理寃結，布惠澤。」世祖納之也。**王郎詐爲成帝子子輿，立爲天子，都邯鄲，遣使降下郡國，世祖滅之。**王昌一名王郎，趙國邯鄲人也。素爲卜相，常以河北有天子氣。時趙繆王子林好奇數，任俠趙、魏間，而郎與之善。初，王莽簒位，長安中或稱成帝子子輿者，莽殺之。郎緣是稱真子輿云。更始元年，平林等率車騎數百，晨入邯鄲城，立郎爲天子。世祖進攻邯鄲。郎少傅李立爲反間①，開關門内漢軍，遂拔邯鄲，斬王郎，收文書，得人吏與郎交關謗毁上者數十②章，世祖不省，會諸將燒之，曰：「令反側以自安也。」**世祖威聲日盛，更始疑慮，乃遣使立世祖爲蕭王，令罷兵，與諸將有功者還長安，遣苗曾爲幽州牧③、韋順爲上谷守，并北之部④。**時世祖居邯鄲宮，耿弇請間，説曰：「今更始失政，君臣淫亂，諸將擅命於畿外，貴戚縱横於都内，天子之命不出城門，所拜牧守輒自遷易，百姓不知所從，士人莫敢自安，虜掠財物，刧掠婦女，懷金玉者至不生歸。元元叩心，更思王莽。又銅馬、赤眉之屬數十輩，數及百萬，聖公不能辨⑤也，其敗不久。公首事南陽，破百萬之軍，今⑥定河北，據天府之地，以義征伐，發音⑦響應，天下可馳檄而定。天下至重，不可令他姓得之。間⑧使者從西

①「間」，原脱，據後漢書王昌傳補。 ②「十」，後漢書光武紀作「千」。 ③「苗曾」，原作「苗魯」，據後漢書耿弇傳改。下同。「牧」，原作「收」，據讀畫齋叢書本改。 ④「部」，原作「郡」，據後漢書改。 ⑤「辨」，治理。 ⑥「今」，原作「令」，據後漢書耿弇傳改。 ⑦「音」，後漢書作「號」。 ⑧「間」，後漢書作「聞」。

方來，欲罷兵，不可從也。今吏士死亡者多，弇願北歸幽州，益發精兵，以集大計。」世祖大悅。弇歸上谷，斬韋順等。**世祖辭，不就徵，斬苗曾等，自是始貳於更始。是時長安政亂，四方背叛，皆平之。**梁王劉永擅命睢陽，公孫述稱王巴、蜀，李憲自立爲淮南王，秦豐自號爲楚黎王，張步起琅邪，董憲起東海，延岑①起漢中，田戎起夷陵，并置將帥，侵略郡縣。又有赤眉、銅馬之屬，不可勝計。初，銅馬降，世祖猶不自安。世祖知其意，勑令各歸營勒兵馬，乃自乘輕騎，按行部②陣。降者更相語曰：「蕭王推赤心致③人腹中，安得不投死乎？」由是悉服。世祖使耿弇討張步，步聞之，乃使其大將費邑軍歷下，又分兵屯祝阿，別於太山、鍾城列營數十，以待弇。弇乃度河④，先擊祝阿。自旦攻城，日未中而拔之，故開圍一角，令其衆得奔歸鍾城。鍾城人⑤聞祝阿潰，大懼，遂空壁亡去。費邑分遣其弟敢守巨里。弇進⑥兵脅⑦巨里，使多伐樹木，揚言以填塞坑塹。數日，有降者言：「邑聞弇欲攻巨里，謀來救之。」弇乃令軍中曰：「後三日，當悉力攻巨里城。」陰緩生口，令得亡歸。歸者以弇期告邑。邑至日，果自將救之。弇喜謂將曰：「吾所以修攻具者，欲誘致邑耳。今來，適所求也。」即分三千人守巨里，自引精兵上崗坂，

---

①「延岑」，原作「岑延」，據後漢書光武紀乙。　②「部」，原作「步」，據後漢書改。　③「致」，後漢書作「置」。

④「河」，原作「兵」，據後漢書耿弇傳改。　⑤「人」，原脱，據後漢書補。　⑥「進」，原作「留」，據後漢書改。讀畫齋叢書本作「分」。　⑦「脅」，原作「貢」，據讀畫齋叢書本及後漢書改。

乘高合戰，臨陣斬邑。既而收首級以示巨里城。城中兇懼，費敢悉衆亡歸張步。步時都劇，使其弟藍守西安，諸郡太守守臨菑，相去四①十里。弇進軍居二城之間。弇視西安城雖小而堅，臨菑雖大而實易攻，乃勑諸部：「後五日攻西安城。」藍聞之，晨夜警守。至期夜半，弇勑諸將皆蓐食，會明至臨菑城，出其不意，半日拔之，入據其城。張藍懼，遂將其衆士②歸劇。弇乃令軍中無得妄③掠劇下，須④張步至乃取之，以激怒步。步聞之大笑，至臨菑攻弇。弇先出臨菑水上，突騎欲縱，弇恐挫其鋒，令步不敢進，故示若⑤弱以盛其氣。乃引歸小城，陳兵於內。步氣盛，直攻弇營，與劉歆合戰。弇昇王宮壞臺⑥望之，視歆⑦鋒交，乃自引精兵以橫突步陣，大破之。步走，降世祖。陳俊逃，弇欲招其故衆，令後追斬諸賊，悉平之⑧。**赤眉賊入函關，攻更始。世祖乃遣鄧禹引兵而西，以乘更始、赤眉之亂。**赤眉賊樊崇立劉盆子爲天子，入長安，殺更始，寇掠關中。**於是諸將上尊號，乃命有司設壇於鄗南千秋**

①「四」，原作「三」，據讀畫齋叢書本及後漢書改。　②「士」，後漢書作「亡」。　③「妄」，原作「委」，據讀畫齋叢書本及後漢書改。　④「須」，原作「頃」，據後漢書改。　⑤「若」，讀畫齋叢書本及後漢書皆無。　⑥「壞臺」，原作「懷臺」，據讀畫齋叢書本及後漢書改。李賢曰：「臨淄本齊國所都，即齊王宮中有壞臺也。」東觀記作環臺。　⑦「歆」，原作「韶」，據讀畫齋叢書本及後漢書改。　⑧「陳俊逃，弇欲招其故衆，令後追斬諸賊，悉平之」，讀畫齋叢書本「後」作「俊」，其餘全同。四庫本無「陳俊逃」三字，「後」作「陳俊」。據後漢書張步傳「八年夏，步將妻子逃奔臨淮，與弟弘、藍招其故衆乘船入海，琅邪太守陳俊追擊斬之」，則此處當作「步欲招其故衆，令陳俊追斬諸賊，悉平之」。

亭五城陌，即皇帝位。諸將上奏曰：「漢遭王莽，宗廟廢絶，豪傑憤怒，兆人塗炭，王與伯昇首舉義兵。更始因其資，以據帝位，不能奉承大統，而敗亂綱紀，盗賊日多，群生危蹙。大王初征昆陽，王莽自潰。後拔邯鄲，北州弭定，三分天下有其二，跨州據土，帶甲百萬，言武力則莫之敢抗，論①文德則無所與辭。臣聞帝王不可以久曠，天命不可以謙拒，惟大王以社稷爲計，萬姓爲心。」又彊華②自關中奉赤伏符曰：「劉秀發兵捕③不道，四夷雲集龍鬭④野，四七之際火⑤爲主。」然後即皇帝位。

十月，駕東幸洛陽。赤眉降。大司徒鄧禹、馮異、鄧弘⑥等征赤眉，異⑦曰：「異前與戰，拒華陰，經數十日，雖屢獲雄將，餘衆尚多，可稍以恩信傾誘⑧，難卒用兵破也。上令使諸將屯⑨澠池，要⑩其東，異以擊其西，一舉而取之，此萬成計也。」禹、弘不從，遂大戰。赤眉佯敗，棄輜重走，車⑪皆載土，以豆覆其上。兵士飢，争取之。赤眉引還擊弘等，弘等軍亂潰。異與禹救之，赤眉小却。異歸壁，約期會

---

①「論」，原作「諱」，據後漢書光武帝紀改。　②「彊華」，原作「經華夏」，據讀畫齋叢書本及後漢書改。　③「捕」，原作「部」，據讀畫齋叢書本及後漢書改。　④「鬭」下，原衍「於」，據讀畫齋叢書本及後漢書删。　⑤「火」，原作「大」，據讀畫齋叢書本及後漢書改。　⑥「鄧弘」，原作「劉弘」，據後漢書馮異傳改。　⑦「異」，原作「畢」，據讀畫齋叢書本及後漢書改。　⑧「誘」，原脱，據讀畫齋叢書本及後漢書補。　⑨「屯」，原脱，據讀畫齋叢書本及後漢書補。　⑩「要」，阻攔，截擊。　⑪「車」，原作「東」，據讀畫齋叢書本及後漢書改。

戰。異使壯士變服色與赤眉同，伏於道側。旦日，赤眉使萬人攻異前部，異裁①出兵救之。賊見勢弱，遂悉衆攻異。異乃縱兵大戰。日昃，賊氣衰。伏兵卒起，衣服相亂，赤眉不復識，遂驚潰。赤眉君臣面縛，奉皇帝璽綬降世祖。平隗囂，滅公孫述，天下大定。崩於南宫，時年六十二②。世祖初起兵時年二十八。末孫靈帝用奄人曹節等，矯制誅太傅陳蕃、李膺，其黨人皆禁錮。中平九年，黄巾賊起。鉅鹿張角自稱大賢師③，奉事黄、老道，畜養子弟，連結郡國，期三月五日内外俱起。唐周告之，角便起，皆著黄巾爲摽幟④也。靈帝崩，太子辯即位。董卓入朝，因廢帝爲弘農王，而立獻帝。李傕逼帝東遷。曹操遷帝都許。操薨，帝遜位於曹丕。

魏太祖武皇帝，沛國譙人也，姓曹，諱操，字孟德。靈帝時爲典軍⑤校尉。漢末，奄竪擅權，何進謀誅奄官。太后不聽，進乃召四方猛將，使引兵向京師，欲以恐劫太后。陳琳進諫曰：「易稱『即鹿無虞』，諺⑥有『掩目⑦捕雀』。夫物微而尚不可欺以得志，況國之大事而可詐立乎！今將軍總皇威，握兵要，龍驤虎視，高下在心，以此⑧行事，無異於鼓洪鑪而燎毛髮，但當速發雷霆，行權

---

①「裁」，通「纔」，方才。　②「二」，原作「三」，據後漢書光武紀改。　③「師」，原作「帥」，據讀畫齋叢書本改。後漢書作「良師」。

④「摽」，通「標」。「幟」，原作「懺」，據讀畫齋叢書本及後漢書皇甫嵩傳改。　⑤「軍」，原作「農」，據三國志魏志改。

⑥「諺」，原作「説」，據三國志改。　⑦「目」，原作「口」，據後漢書改。　⑧「此」，原作「比」，據讀畫齋叢書本及三國志改。

立斷，違經合道，天人順之。而反釋其利器，更徵於他，大兵一聚，强者爲雄，所謂倒持干戈，授人以柄，必無成功，祇爲亂階。」進不納其言。董卓至，廢帝爲弘農王，而立獻帝，京師大亂。太祖亡出關，至陳留，散家財合義兵於己吾①，與後將軍袁術、冀州牧②韓馥、豫州刺史孔伷、兖州刺史劉岱、渤海太守袁紹同時俱起兵③，衆各數萬，推紹爲盟主。設壇場，共盟誓。臧洪操盤歃④血而盟曰：「漢室不幸，皇綱失統，賊臣董卓乘釁縱暴，害加至尊，毒流百姓，大懼淪喪社稷⑤，翦覆四海。兖州刺史劉岱、豫州刺史孔伷等，糾合義兵，并赴國難。凡我同盟，齊心戮力，以致臣節，殞首喪元，必無二志。有渝此盟，俾墜其命，無克遺育。皇天后土，祖宗明⑥靈，實皆鑒⑦之。」洪慷慨，涕泗立下，聞者激揚。曹公行奮武⑧將軍。卓聞兵起，乃徙天子都長安，卓留兵屯洛陽。司徒王允與呂布殺卓。楊奉、韓暹以天子還洛陽。太祖至洛陽，衛京邑。暹遁走。太祖以洛陽燒焚殘破，奉天子都許。下詔責袁紹以地廣兵强專自樹黨，不聞勤王之師。紹時并公孫瓚兼四州

① 「己吾」，原作「巴梧」，據讀畫齋叢書本及三國志改。 ② 「牧」，原作「刺史」，據讀畫齋叢書本及三國志改。
③ 「兵」，原脱，據三國志補。 ④ 「歃」，原脱，據讀畫齋叢書本及三國志補。 ⑤ 「社稷」，原脱，據三國志補。
⑥ 「明」，原作「盟」，據讀畫齋叢書本及三國志改。 ⑦ 「鑒」，原作「覽」，據讀畫齋叢書本及後漢書改。 ⑧ 「行」下，原衍「稱」，據三國志删。「武」，原作「擊」，據讀畫齋叢書本及三國志改。

之地。**紹遂攻許。太祖破之官渡，紹嘔血死。**袁紹字本初，汝南人也，爲司隸校尉。董卓議廢立，紹不聽。卓怒。紹懸節於上東門，奔冀州。卓購求紹。伍瓊爲卓所信，陰①爲紹說曰：「夫廢立大事，非常人所及。袁紹不達大體，恐懼出奔，非有他志。今②急購之，勢必爲變。袁氏樹恩四世，門生故吏遍於天下，若收豪傑，以聚徒衆，英雄因之而起，即山東，非公所有也。不如赦之，拜一郡守。紹喜於免罪，必無患矣。」卓以爲然，乃遣授紹③勃海太守。紹乃與孔伷④等同起義⑤，襲奪韓馥冀州，據河北，揀⑥精卒十萬，騎萬匹，欲進攻曹操於許⑦。沮⑧授進說曰：「近討公孫，師出⑨歷年，百姓疲弊，賦役方殷，此國之深憂也。宜先獻捷天子，務農逸民。若不得通，乃表⑩曹操隔我王路⑪，然後進屯黎陽，漸營河南，益作舟船，繕治器械，分遣精騎，抄其邊鄙，令彼不得安，我取其逸，如此可坐定也。」郭圖、審配曰：「兵書之法，十圍五攻，敵則能戰。今以明公神武，連河朔之强衆，以伐曹操，其勢譬如覆手。今不時取，後難圖之。」授曰：「蓋聞救亂誅暴謂之義兵，恃衆憑强謂之驕兵。兵義無敵，驕者先滅。曹操奉定天

---

①「陰」，原作「陳」，據三國志改。 ②「今」，原作「令」，據讀畫齋叢書本及後漢書改。 ③「紹」，原作「詔」，據讀畫齋叢書本及三國志改。 ④「伷」，原作「伯」，據讀畫齋叢書本及三國志改。 ⑤「義」，原作「父」，據四庫本及後漢書董卓傳改。 ⑥「揀」，讀畫齋叢書本及四庫本作「練」。 ⑦「許」，原作「舜」，據讀畫齋叢書本及後漢書袁紹傳改。 ⑧「沮」，原作「俎」，據讀畫齋叢書本及後漢書改。下同。 ⑨「出」，原作「徒」，據讀畫齋叢書本及後漢書改。 ⑩「表」，原作「袁紹」，據讀畫齋叢書本及後漢書改。 ⑪「路」，原作「命」，據後漢書改。

子，建宫許都，今舉兵相向，於義則違。且廟勝之策，不在强弱。曹操法令既行，士卒精練，非公孫瓚坐受圍者也。今棄萬安之術，而興無名之師，竊爲公懼之。」圖曰：「武王伐紂，不爲不義，況兵加曹操，而云①無名？且②公師徒精鋭，將士思奮③，而不及時早定大業，所謂④天與不取，反受其咎，此越之所以霸，吴之所以亡也。監軍之計在於持牢⑤，而非見時知機之變也。」紹遂不用沮授之計。曹公軍官渡，紹將悉衆而南。田豐説紹曰：「曹公善用兵，變化無方，衆雖少，未可輕也，不如以久持之。將軍據山河之固，擁四州之衆，外結英雄，内修農戰，然後簡其精鋭，分爲奇兵，乘虚迭出⑥，以擾河南。救右則擊其左，救左則擊其右，使敵疲於奔命，人不得安業。我不勞而彼已困⑦，不及三年，可坐克也。今釋廟勝之策，而決成敗於一戰，若不如志，悔無及也。」紹不從，遂攻操於官渡。紹自引兵至黎陽。沮授臨行，散其資財，會宗族以與之，曰：「勢在威無不加⑧，勢亡⑨則不保其身。哀哉！」其弟宗曰：「曹操士馬不敵，君何懼焉？」授曰：「以曹兖州之明略，又挾天子以爲資，我雖克伯珪，衆實疲弊，而主驕將汰⑩，軍之破

①「云」，原作「去」，據讀畫齋叢書本及後漢書改。②「且」下，原衍「曹」，據讀畫齋叢書本及後漢書删。③「奮」，原作「舊」，據四庫本及後漢書改。④「謂」，原作「爲之」，據讀畫齋叢書本及後漢書改。⑤「牢」，原作「勞」，據讀畫齋叢書本及後漢書改。⑥「出」，原作「實」，據讀畫齋叢書本及後漢書改。⑦「困」，原作「用」，據讀畫齋叢書本及後漢書改。⑧「加」，原作「如」，據讀畫齋叢書本及後漢書改。⑨「亡」，原作「忘」，據讀畫齋叢書本及後漢書改。⑩「汰」，通「泰」，驕泰，奢侈。

敗在此舉也。揚雄有言：『六國嗤嗤①，爲嬴弱姬②。』殆今之謂耶？」及渡河，臨舟歎曰：「上盈其志，下務其功，悠悠黄河③，吾將濟乎？」紹果爲曹公所取④。紹進保陽武⑤，與操相持。沮授又説曰：「北兵雖衆，而果勁不及南。南穀虚少，財貨不及北。南利在於急戰，北利於緩博⑥。宜修持以久，曠以日月。」紹不從，連營漸逼官渡。許攸進曰：「曹操兵少，而悉師拒我，許下餘守，勢必虚弱。若分遣輕騎，星行掩襲，許拔則操爲成擒，如其未潰，可令首尾奔命，破之必也。」紹又不能用。會攸家犯法，審配收繫之。攸不得志，遂奔曹公，而説操使襲取淳于瓊。瓊時督軍屯在烏巢，去紹軍四十里。操自將，急擊之。時張郃説紹曰：「曹公兵精，往必破瓊。瓊破，則將軍事去矣。宜引兵救之。」郭圖曰：「郃計非也。不如攻其本營，勢必還，此爲不救而自解也。」郃曰：「曹公營固，攻之必不拔。若瓊等見擒，吾屬盡爲虜矣。」紹但遣輕騎救瓊，而以重兵攻操營，不能下。曹公破瓊，焚其積聚。紹軍潰散奔北，曹公遂破紹，乃威震天下也。**太祖討紹子譚、尚於黎陽。尚與熙奔遼東。太守公孫康斬尚、熙，送其首，遂平河北。**初，太祖討譚、尚於黎陽，連戰數克，諸將欲乘勝攻之。郭嘉曰：「袁紹愛此二子，莫適立⑦也。

---

①「嗤」，通「蚩」，愚蠢。　②「嬴弱姬」，原作「嬴疲誰」，據讀畫齋叢書本及後漢書改。李賢曰：「法言之文也。嬴，秦姓也。姬，周姓。方言：『蚩，悖也。』六國悖惑，侵弱周室，遂爲秦所并也。」　③「河」，原作「向」，據讀畫齋叢書本及後漢書改。　④「所」上，原衍「之」，據四庫本删。「取」，四庫本作「敗」。　⑤「陽武」，原作「武陽」，據後漢書乙。　⑥「博」，讀畫齋叢書本作「搏」。　⑦「莫適立」，未确定繼位之人。

有郭圖、逢紀爲之謀臣，定交①鬪其間，還相離也。急之則相持，緩之而②後争心生，不如南向荆州征劉表，以待其變。變成，而後擊之，可一舉而定也。」太祖曰：「善。」太祖方征劉表，譚果與弟尚争冀州。譚遣辛毗乞降請救。太祖以問群臣，群臣多以爲表强，宜先平之，譚不足憂也。荀攸曰：「天下方有事，而表坐保江、漢間，其無四方之志可知矣。袁氏據四州之地，帶甲十萬，紹以寬得衆，借③使二子和穆，以守其成業，則天下之難未息。今兄弟遘惡，其勢不兩全。若有所并則力專④，力專則難⑤圖也。及其亂而取之，則天下不足定也。此時不可失也。」太祖曰：「善。」乃許譚和，破袁尚。**太祖征劉表，會表卒，子琮降。**劉表字景升，山陽高平人。初平元年，詔以表爲荆州刺史，南接五嶺⑥，北據漢川，地方數千里，帶甲十餘萬。曹操與袁紹相持於官渡，紹遣人求助，表許之而不至，亦不援操，且欲觀天下之變。劉先⑦説表曰：「今豪傑并争，兩雄相持，天下之重在於將軍。將軍若有所爲，起乘其弊可也。如其不然，固將擇⑧所宜從。豈可擁甲十萬，坐觀成敗？求援而不能助，見賢士而不能歸，此兩怨必集於

---

①「交」，原脱，據四庫本及三國志補。　②「而」，原作「則」，據四庫本及三國志改。　③「借」，假如。原作「欲」，據讀畫齋叢書本及三國志補。　④「專」，原作「全」，據三國志改。下同。　⑤「難」，原脱，據讀畫齋叢書本及三國志補。　⑥「嶺」上，原衍「岑」，據讀畫齋叢書本及後漢書劉表傳删。　⑦「劉先」，原作「劉先生」，讀畫齋叢書本作「劉先主」，據後漢書改。李賢曰：「零陵先賢傳曰：『先字始宗，博學强記，尤好黄、老，明習漢家典故。』」　⑧「擇」，原作「釋」，據讀畫齋叢書本及後漢書改。

將軍，恐不得復中立矣。曹操善用兵，且賢俊多歸之，其勢必舉袁紹，然後移兵徇江、漢，恐將軍不能禦也。今之勝計，莫若以荆州附操，操必重德將軍，長享福祚，垂之後嗣，此萬全之策也。」表不從。十三年，曹操自將征表，未至，表疽發背，卒。操軍新野，傅巽説琮歸降。琮曰：「今與諸君據全楚之地，守先君之業，以觀天下，何爲不可？」巽曰：「逆順有大體，强弱有定勢。以人臣拒人主，逆道也。以新造之楚而禦中國，必危也。以劉備而敵曹公，不當也。三者皆短，欲以抗王師之鋒，必亡之道也。將軍自料，何如劉備①？」琮曰：「不若也。」巽曰：「誠以備不足禦曹公，即雖保全，楚不能以存。誠以劉備足敵曹公，則備不能爲將軍下②也。願將軍勿疑。」琮遂舉衆降。時劉備奔在荆州，表不能用，聞荆州降，遂奔夏口也。**關中諸將馬超、韓遂、成宜等反，曹公破之。**曹公與馬超等夾關爲界，曹公③急持之，而潛遣徐晃等夜渡蒲坂津，據河爲營。公自潼關④北渡，未濟，超赴船急戰。丁斐⑤放牛馬以餌賊，賊亂，取牛馬，公乃得渡，結營渭南⑥。超遣信求割地任子以和，公僞⑦許之。韓遂請與⑧公相見，至期，交馬

---

①「劉備」，原脱，據讀畫齋叢書本及後漢書補。　②「下」，原脱，據後漢書補。　③「公」，原作「上」，據讀畫齋叢書本改。　④「公自潼關」，原作「以自河」，據讀畫齋叢書本及三國志改。　⑤「斐」，原作「裴」，據讀畫齋叢書本及三國志改。　⑥「結營渭南」，原作「紹營河南」，據四庫本及三國志改。　⑦「僞」，原作「爲」，據讀畫齋叢書本及三國志改。　⑧「與」，原作「以」，據四庫本及三國志改。

上語移時，不及軍事，但説京都故舊，拊手歡笑。既罷，超問遂何言，遂曰：「無所言。」超疑之。他日，公又與遂書，多所殺滅黜逭①，如遂改定者。超愈疑遂。曹公乃與戰，大破之，關中平。諸將問公曰：「初，賊守潼關，渭②北道缺，不從河東擊馮翊，而反守潼關，引日而後③北渡，何④也？」公曰：「賊守潼關，若吾入河東，賊必引守諸津，則西河⑤未可渡也。吾故盛兵向潼關，賊悉衆南守，西河之備虚，故二將得擅取⑥西河，然後引軍北渡。賊不能與吾争西河者，以有二將之軍。連車樹柵爲甬⑦道而南者，既爲不可勝，且以示弱。渡渭⑧爲堅壘，虜至而不出，所以驕之也。故賊不爲營壘，而求割地。吾順言許之，所以從其意，使自安而不爲備。因⑨畜士卒之力，一旦擊之，所謂疾雷不及掩耳，卒⑩雹不及瞑目。兵之乘變，固非一道也。」**天子策命公爲魏王。**孫權稱吴王，據江東；劉備襲益州牧劉璋，據蜀，天下遂三分矣。**二十五年，薨於洛陽，子丕嗣，**丕字子桓，武帝太子也，是爲文帝。**受漢禪。崩，子叡嗣。**叡字元仲，文帝太子也，是爲明帝。**崩，子齊王芳立。**十五年廢。**廢，高貴鄉公髦立。**七年殺。**廢⑪，**

---

①「殺滅黜逭」，塗抹改易。　②「渭」，原作「河」，據讀畫齋叢書本及三國志改。　③「後」，原作「復」，據四庫本及三國志改。　④「何」，原脱，據讀畫齋叢書本及三國志補。　⑤「西河」，原作「河西」，據四庫本及三國志乙。　⑥「取」，原作「敗」，據四庫本及三國志改。　⑦「甬」，原作「通」，據讀畫齋叢書本及三國志改。　⑧「渭」，原作「河」，據四庫本及三國志改。　⑨「因」，原作「田」，據讀畫齋叢書本及三國志改。　⑩「卒」，同「猝」，突然，迅疾。　⑪「廢」，依注及三國志當作「殺」。

常道鄉公璜立。璜禪晉。晉封爲陳留王。

晉高祖宣皇帝名懿，字仲達，姓司馬，河内温人也。仕於魏武之世，歷文、明二帝①，居將相之位。平孟達，達爲新城太守，反。滅公孫度②，度，世稱燕王，據遼東。擒王陵。陵謀立楚王爲帝，兵敗自殺。魏明帝崩，遺詔使帝爲太尉，與大將軍曹爽輔少主。少主，齊王芳也。帝誅曹爽。爽謀爲不軌，宣帝謝病避之。爽黨李勝爲荆州別駕③，帝詭爲耄惛云：「并州近胡，可爲其備。」勝退謂爽曰：「司馬公屍居殘氣，神形以離，不足虞也。」爽於是專恣。惡太后知政，遷于永寧宮。嘉平元年，天子謁高平陵④，爽兄弟權兵⑤從出。宣帝乃起奏永寧宮，廢爽，然後勒兵至洛水迎天子，奏爽與⑥其黨謀反，皆誅。宣帝崩，子師代⑦爲相。師字子元，是爲肅宗景皇帝。鎮東大⑧將軍毌⑨丘儉、揚州刺史文欽反，征平之。儉、欽初反也，景帝問王肅曰：「安國寧主，其術安在？」肅答曰：「昔關羽率荆州之衆降于禁於漢濱，遂有北向争天下心。後孫權取其將士家屬，羽士衆一旦瓦解。今淮南將士父母皆在内⑩州，但急往禦之，使不得前，必有關羽土崩之勢。」景王從之，遂破儉等也。景帝

---

①「帝」，原作「年」，據讀畫齋叢書本改。　②「度」，三國志作「淵」。　③「別駕」，原作「別帝」，據讀畫齋叢書本改。

④「高平陵」，原作「高陵」，據晉書宣帝紀改。　⑤「權兵」，把持兵權。　⑥「與」，原脱，據四庫本補。　⑦「代」，原作「伐」，據讀畫齋叢書本改。　⑧「大」，原脱，據晉書景帝紀補。　⑨「毌」，原作「母」，據讀畫齋叢書本及三國志改。　⑩「内」，原脱，據三國志王肅傳補。

崩，弟昭代爲相，昭字子上，是爲太祖文帝。輔政爲司空。諸葛誕據壽春反，奉詔征平之。伐蜀，擒劉禪。于時政出於權臣，人君主祭而已。魏帝不能容，自勒兵攻①相府。太祖用長史賈充計，逆戰，舍人成濟執殺魏帝。高貴鄉公也，名髦，字士彦。乃僞令皇太后下令廢少帝，又委罪成濟，誅其三族。太祖崩，子炎受魏禪。炎字安世②，文帝太子，是爲世祖武皇帝。既受魏禪，用羊祜、杜預計征吴，平之。立二十五年，崩，太子衷立。字正度，是爲惠帝，武帝太子。惠帝不惠③，妃賈充女爲皇后。后秉權，殺楊駿，廢太后，賈后婬妬，遇姑無禮，乃詐誣太后父楊駿反，使帝誅之，廢太后於金墉城，餓殺之。誅太宰汝南王亮、太保衛瓘，亮、瓘并以名德執政，后意不得行，乃使帝弟楚王瑋矯詔誅亮、瓘，因又誅瑋。戮楚王瑋，殞太子遹，賈后無子，乃詐有娠，養賈謐爲子④。太子遹，宫人謝氏生也，少而聰惠。賈后惡之，譖太子，廢之金墉城，又遣小黄門殺太子。用趙王倫爲相國。倫惡司空張華、僕射裴頠正直，矯詔誅之。倫遂篡帝位。於是齊王攸之子冏與帝弟成都王穎等起義兵誅倫，穎於是鎮鄴。并州刺史東瀛公騰、安北將軍王浚又起

①「攻」，原作「敗」，據讀畫齋叢書本改。　②「安世」，原作「子安」，據晉書武帝紀改。　③「惠」，通「慧」。　④「養賈謐爲子」，「謐」下原衍「子」，據晉書删。晉書惠賈皇后傳：「初，后詐有身，内稿物爲産具，遂取妹夫韓壽子慰祖養之。」賈謐乃「后母廣城君養孫」。

兵討穎。穎敗，挾天子南奔洛陽。後惠帝復位，帝弟長沙王乂譖冏誅之。由是戎狄並興，四方阻亂①，遂分爲三十六國②。劉元海爲匈奴質子，在洛陽，晉武帝與語，説之。謂王渾曰：「元海容儀機鑒③，由余④、日磾無以加也。」渾對曰：「元海容儀實如聖旨，然其文武才幹賢於二子遠。陛下若任之以東南之事，吴會不足平也。」帝稱善。孔恂、楊珧曰：「臣觀元海之才，當今無比。陛下若輕其衆，不足以成事。若假之威權，平吴之後，恐其不復北⑤渡也。非我族類，其心必異。任之本部，臣竊爲陛下寒心。若舉天阻之固以資⑥之，無乃不可乎？」帝默然。後秦涼覆没，帝疇咨將帥。李憙⑦曰：「陛下誠能發匈奴五部之衆，假元海一將軍⑧之號，鼓行而西，指期可定也。」孔恂曰：「李公之言，未盡殄患之理。元海若能平涼州，斬⑨樹機能，恐涼州方有難耳。蛟龍得雲雨，非復池中物也。」帝乃止。惠帝失馭，寇賊蜂起。成都王穎鎮鄴，表元海行寧朔將軍，監五部軍事。及王浚等討穎，元海説穎曰：「今二鎮

①「阻亂」，擁兵據險作亂。　②「三十六國」，當爲「十六國」。　③「機鑒」，聰慧明察。　④「余」，原作「金」，據讀畫齋叢書本及晉書劉元海傳改。　⑤「北」，原作「比」，據讀畫齋叢書本及晉書改。　⑥「舉天阻之固以資」，原作「與太祖之國以賢」，據晉書改。　⑦「憙」，原作「喜」，據晉書改。　⑧「軍」，原脱，據讀畫齋叢書本及晉書補。　⑨「斬」，原作「漸」，據晉書改。

跋扈，衆十餘萬，恐非宿衛及近都①士衆所能禦之，請爲殿②下還説五部衆，以赴國難。」穎從之。元海至國，左賢王劉宣等上大單于之號，二旬之間，衆以五萬，遂寇平陽，陷之。入蒲③。於時五胡亂中原矣。石勒者，上黨羯胡也，據於趙。幽州之牧王浚署置百官，勒有并吞之意，欲先發使以觀之。議者僉曰：「宜如羊祜、陸抗之事④，亢書相聞。」時張賓有疾，勒就而謀之。賓曰：「王浚假三部之力，圖稱南面，雖曰晉藩，實懷僭逆之志，必思協英雄，圖濟事業。將軍威振海内，去就爲存亡，所在爲輕重，浚之欲將軍，猶楚之招韓信也。今權譎遣使，無誠款之形，脱生⑤猜疑，圖之兆露，後雖奇略，無所設也。夫立大事，必先爲之卑，當稱藩推奉，尚恐不信。羊、陸⑥之事，臣未見其可也。」勒曰：「君侯之計是也。」乃遣其舍人王子春賫珍寶奉表推崇浚。浚謂子春曰：「石公一時英武，據有舊趙，成鼎峙之勢⑦，何爲稱藩於孤？其可信乎？」子春曰：「石將軍英才俊拔，士馬盛强，實如聖旨。仰唯明公州郡貴望，累葉重光，出鎮藩岳，威聲播於八表，固以胡、越欽風，戎夷歌德，豈唯區區小府，而敢不斂衽神闕者乎？昔陳

---

①「都」，原作「郡」，據讀畫齋叢書本及晉書改。　②「殿」，原作「殺」，據讀畫齋叢書本及晉書改。　③「入蒲」，晉書作「入都蒲子」。　④「宜如羊祜、陸抗之事」，晉羊祜與吴陸抗對境而治。三國志陸遜傳引晉陽秋：「抗嘗遺祜酒，祜飲之不疑。抗有疾，祜饋之藥，抗亦推心服之。」又漢晉春秋曰：「抗嘗疾，求藥於祜，祜以成合與之，曰：『此上藥也，近始自作，未及服，以君疾急，故相致。』抗得而服之。」「抗」，原作「杭」，據讀畫齋叢書本及晉書石勒傳改。　⑤「生」，原脱，據晉書補。　⑥「陸」，原作「祜」，據讀畫齋叢書本及晉書改。　⑦「勢」，原作「時」，據四庫本及晉書改。

嬰豈其鄙王而不王，韓信薄帝而不帝哉！但以帝王不可以勇致力争故也。石將軍之擬明公，猶陰精①之比太陽，江河之比洪海耳。項籍、子陽覆車不遠，是石將軍之明鑒也。明公亦何怪乎？自古誠胡人而爲名臣者實有之矣，帝王則未之有也。石將軍非以惡帝王而讓明公也，顧取之不爲天下所許也，願公勿疑。」浚大悦，遣使報勒。勒復遣使奉表於浚，期親詣幽州上尊號，亦修牋於棗嵩，乞并州牧、廣平公，以見必信之誠。勒纂兵戒期襲浚，而懼劉琨及鮮卑爲其後患，沈吟未發。張賓曰：「夫襲敵國當出其不意，軍嚴，經日不行，豈顧有三方之慮乎？」勒②曰：「然。爲之奈何？」賓曰：「王彭祖之據幽州，唯杖三部。今皆離叛，還爲寇讎，此則外無聲援以抗我也。幽州飢儉，人皆蔬食，衆叛親離，甲旅寡弱，此内無强兵以禦我也。若大軍在郊，必土崩瓦解。今三方未靖③，將軍便④能懸軍千里，以征幽州也。輕軍往反，不出二旬。就使三方有動，勢足旋趾⑤。宜應機電發，勿後時也。且劉琨、王浚雖同名晉藩，其實仇敵。若修牋於琨，送質請和，琨必欣於得我，喜於浚滅，終不救浚而襲我也。」勒曰：「善。」於是輕騎襲幽州。勒晨至薊⑥北門，叱門者開門⑦。疑有伏兵，先驅牛羊數千頭，聲言上禮，實欲⑧填諸街巷，使兵不得發。勒⑨入，浚乃懼。勒入其廳事，令甲士執浚，送於襄國，市斬之。此三十六國之大略也。惠帝立

①「陰精」，月亮。　②「勒」，原作「勤」，據讀畫齋叢書本及晉書改。　③「靖」，原作「謂」，據四庫本及晉書改。　④「便」，原作「使」，據讀畫齋叢書本及晉書改。　⑤「旋趾」，轉圜。　⑥「薊」，原作「蒯」，據四庫本及晉書改。　⑦「開門」，原脱，據四庫本及晉書補。　⑧「欲」，原脱，據讀畫齋叢書本及晉書補。　⑨「勒」，原作「勤」，據讀畫齋叢書本改。

十四年，崩，弟豫章王爔立，字豐度，是爲懷帝。都長安，爲胡賊所殺。後魏拓跋氏以晉懷帝永嘉三年自雲中入鴈門，北有沙漠，南據陰山，衆數十萬。至孝文乃改跖跋爲元氏，都洛陽。肅宗崩，大都督爾朱榮謀立莊帝，榮害靈太后及王公二千人，立莊帝。帝殺爾朱榮。左僕射爾朱世隆率榮部曲，自晉陽襲京城，執莊帝①，殺之，而立恭帝，又廢之。高歡乃立②廣平王子修，後爲斛律斯椿所脅，走入關。周太祖宇文黑獺奉帝都長安，披草萊，立朝廷，是爲西魏。詔授宇文黑泰爲丞相。泰又害出帝，立南陽王寶炬，是爲文帝。文帝崩，立王子欽③爲帝。又廢之，而立恭帝，泰爲太師。泰薨，子覺嗣，封周公。魏帝禪位於覺。覺，黑泰第三子，受禪，國號周。至宣帝崩，禪於隋④。初，爾朱世隆之殺莊帝也，高歡爲晉州刺史，起兵誅之，立魏出帝，歡爲丞相。後魏既西入關，乃立清河王之子善見爲帝，遷都鄴，是爲東魏。高歡薨，子齊王洋受東魏禪，國號齊。至温公緯⑤爲周所滅⑥。周又爲隋所滅。隋文帝既受周

---

①「執莊帝」，北齊書神武紀：「爾朱兆入洛，執莊帝以北。殺帝，而與爾朱世隆等立長廣王曄，改元建明。」　②「立」，原作「知」，據讀畫齋叢書本改。　③「欽」，原作「朗」，據北史魏本紀改。　④「禪於隋」，據周書，禪位隋乃静帝。「隋」，原作「隨」，據四庫本改。下同。　⑤「緯」，原作「偉」，據讀畫齋叢書本改。「温公緯」，北齊書作「後主緯」。
⑥「爲周所滅」，據北齊書，緯子恒，隆化二年即皇帝位，改元承光元年，尊緯爲太上皇帝。「爲周將尉遲綱所獲，送鄴，周武帝與抗賓主禮，并太后、幼主、諸王俱送長安，封帝温國公。至建德七年，無少長咸賜死。」

禪，又南滅陳，天下一統矣。懷帝崩，立吳王晏子鄴①，是爲愍帝②，愍帝亦爲胡賊所殺。此時胡亂中原，晉元乃遷都江左也。

中宗元皇帝睿，乃興於江東。睿字景文，宣帝曾孫也。元帝幼而聰敏，及中原喪亂，乃與王敦等渡江，綏撫江左，甚得衆心。後王敦於武昌反，至石頭，帝攻之不克，乃委政於敦。敦還鎮武昌。帝在位十六年，崩，太子紹立。紹字道畿，是爲肅宗明皇帝。王敦威振内外，將謀爲逆，肅宗征破之。用温嶠等，決計征之。初，敦之謀反也，温嶠爲其從事中郎，夙夜綜其府事，僞相親善。京兆尹缺，嶠説敦曰：「宜自樹腹心，以間③搆人主，愚謂錢鳳可④用。」敦曰：「莫若君。」嶠爲⑤辭讓。臨別之際，嶠自⑥起行酒。嶠僞醉，以手板擊錢鳳幘，幘爲之墯。乃作色曰：「錢世儀何人，温太真自行酒，而敢不飲！」鳳不悦，以醉爲解。明日，嶠將發，鳳説敦留之。敦曰：「嶠常云錢世儀精神滿腹，昨小加聲色，豈得以此相譏耶？」嶠至都，陳敦反逆狀。三年，肅宗崩，至孝帝昌明立，簡文帝第三子⑦。羝賊苻⑧堅寇淮南，晉冠軍將軍謝玄等大破堅於淝水。苻堅以百萬之衆至淝水，謝玄乃選勇士八千人涉

---

①「鄴」，原作小字注「晏字子業」，據晉書帝紀改。鄴字彦旗。　②「是爲愍帝」，原作小字注，「愍」作「敏」，據四庫本改。下同。

③「間」，原作「聞」，據讀畫齋叢書本改。　④「可」，原作「何」，據讀畫齋叢書本及晉書温嶠傳改。

⑤「爲」，讀畫齋叢書本作「僞」。　⑥「嶠自」，原作「自嶠」，據讀畫齋叢書本乙。　⑦「簡文帝第三子」，原作大字正文，今改小字注文。　⑧「苻」，原作「符」，據讀畫齋叢書本及晉書改。下同。

渡淝水。玄遣使謂堅曰：「阻水爲陣，曠日持久。請小却，與君周旋。」秦諸將聞前軍唱却，謂已失利。朱序之徒聲云堅敗。大軍退，自相填籍，聞風聲鶴唳，皆曰南軍至也，遂大敗。堅還長安。苻堅因此卒亡滅也。二十一年，帝崩。自後遂干戈相繼。至安帝爲桓玄所篡，宋祖劉裕平玄。至恭帝，遂禪於宋。

高祖武皇帝，姓劉，名裕，字德輿，彭城人。桓玄篡晉，僞楚桓玄，字敬德①，譙國龍亢②人也。形貌瓌特。爲江州刺史，襲殺荆州刺史殷仲堪。會稽王世子元顯專政，以玄跋扈，遣軍征之。玄聞見討，即率衆下至京師，殺元顯。詔以玄爲丞相，封楚王，遂禪位。高祖與劉毅、何無忌等潛謀匡復，起兵平玄，時桓玄使桓弘鎮廣陵，劉道規爲弘中兵參軍，令道規襲弘。桓修③鎮丹徒，高祖爲修中兵參軍，自襲修。克期同發，劉毅、道規等既襲廣陵④，斬桓弘，以其衆南渡。高祖、何無忌襲京師，斬桓修。率二州之衆千二百人，進舍竹里，移檄京師曰：「夫成敗相因，理不常泰，狡⑤焉縱虐，或值聖明。自我大晉，屢遘陽九⑥之厄，隆安已來，皇家多故，貞良斃於豺狼，忠臣碎於虎口。逆臣桓玄敢肆凌慢，

①「敬德」，晉書作「敬道」。②「亢」，原作「冗」，據讀畫齋叢書本改。③「桓修」，「桓」字原在「弘」上，「修」原作「循」，據讀畫齋叢書本改。下「修」同。④「廣陵」，原作「廣陽」，據讀畫齋叢書本改。⑤「泰狡」，原作「奉校」，據讀畫齋叢書本及南史宋本紀改。⑥「陽九」，指災荒年景和厄運。

阻兵荆郢，亟①暴都邑，天未亡難，凶力寔繁，逾年之間，遂傾皇祚。主上②播越，流幸非所，神器沈辱，七廟隳墜。雖夏后之羅③浞、殪，有漢之遭莽、卓，方之④於玄，未足爲喻。自玄篡逆，於今歷載，彌年亢旱，民不聊生，士庶病於轉輸，文武困於版築⑤，室家分析，父子乖離，豈惟大東有杼軸之悲⑥，摽梅有傾筐之怨⑦而已哉。仰觀天文，俯察人事，此而可存，孰有可亡？凡在有心，誰不扼腕？裕等所以扣心泣血，不遑啓處，夕寐宵興，思獎忠烈，潛搆崎嶇，過於履虎，乘機奮發，義不圖全。輔國將軍劉毅、廣武將軍何無忌等，忠烈斷金，精誠貫日，投袂荷戈，志在畢命。義衆既集，文武争先，咸謂不有一統⑧，事無以輯。辭不獲已，遂總軍要，庶上憑祖宗之靈，下罄義夫之力，翦馘逋逆，盪清華夏⑨。公侯諸君，或世樹忠貞，或身寵爵禄，而并俛眉猾豎，無由自效，顧瞻周道，寧不弔乎？今日之事，良其會⑩也。裕以虚

① 「亟」，杜預曰：「數也。」讀畫齋叢書本及宋書武帝紀作「肆」，恣意。 ② 「上」，原脱，據讀畫齋叢書本及宋書補。 ③ 「羅」，通「罹」，遭遇。宋書作「罹」。 ④ 「之」，原作「今」，據讀畫齋叢書本及宋書改。 ⑤ 「築」，原作「策」，據南史改。 ⑥ 「大東有杼軸之悲」，詩小雅大東：「小東大東，杼柚其空。」「小東大東」指東國遠近。「杼柚」，織機，指工商之事。 ⑦ 「摽梅有傾筐之怨」，詩召南摽有梅：「摽有梅，頃筐塈之。」傳曰：「塈，取也。」疏曰：「此梅落盡，故頃筐取之於地，以興漸衰者善時。此善時已盡，則有勤望之憂，宜及此時取之。」 ⑧ 「統」，原脱，據讀畫齋叢書本及宋書補。 ⑨ 「華夏」，宋書作「京輦」，南史作「京華」。 ⑩ 「會」，原作「食」，據讀畫齋叢書本及宋書改。

薄，才非古人，受任於既傾之運，勢接於已踐之機①，丹誠未宣，感慨憤②激。望霄漢以永懷，顧山川而增佇。投檄之日，神馳賊廷。」何無忌之辭也。桓玄使桓謙屯東陵，卞範之屯覆舟山。義軍朝食，并其餘進造覆舟山東，令羸③兵登山，多張旗幟④，布滿山谷。高祖率衆奔之，士皆殊死戰。謙軍一時潰走，玄挾天子⑤單舸走江陵。玄將入蜀，奔至枚回洲⑥，逢益州參軍費恬之黨，射殺之。**奉天子反正，因居將相之任，封豫章郡公。蜀賊譙縱稱王，高祖遣將征平之。**高祖使朱齡石率衆二萬，自江陵伐蜀。高祖誡曰：「劉敬宣⑦往年⑧至黄武⑨，無功而退。今者師出應道青衣。賊料我當⑩出其不意，復從内水，如此，則涪城之⑪戍必有重兵。若逼黄武，正墮⑫其計。今軍自外水出取成⑬都，疑兵向黄武，此制敵之上策。」爲書於函，署曰：「至⑭白帝發。」諸將雖行，未知所趨。及次⑮白帝，乃發書，書言衆軍悉

---

①「已踐之機」，已處在危險境地。「機」，通「幾」，危殆。　②「慨憤」，原作「憤塡」，據南史改。　③「羸」，原作「嬴」，據讀畫齋叢書本及晉書改。　④「幟」，原作「熾」，據讀畫齋叢書本及宋書改。　⑤「子」，原脱，據宋書補。　⑥「枚回洲」，原作「牧四州」，據宋書改。　⑦「宣」，原作「先」，據宋書朱齡石傳改。　⑧「年」，原脱，據宋書補。　⑨「黄武」，原作「廣武」，據南史、建康實録改。宋書作「黄虎」。下同。　⑩「當」，原作「由」，據宋書改。　⑪「之」下原衍「成」，據建康實録删。　⑫「墮」，原作「隨」，據建康實録改。　⑬「成」，原作「城」，據宋書改。　⑭「至」，原脱，據宋書補。　⑮「次」，至。

由外水，臧熹①自中水出廣漢②，使羸弱乘高艦十③餘，向黄武。譙縱果使④譙道福重兵守涪城，朱齡石次⑤彭模⑥，拒成都二百里，譙縱大將侯暉等屯彭模。朱齡石謂劉鍾曰：「天方暑熱，賊今固險，攻之難拔，祇困吾師。欲畜鋭息甲，伺⑦隙而進，卿以爲何如？」鍾曰：「不⑧然。前揚聲言大衆由内水，故譙道福不敢捨涪。今重兵卒至⑨，出其不意，侯暉之徒已破膽⑩矣。暉之阻兵，非堅壁也，因⑪其懼而攻之，其勢易克。克彭模，鼓行而前，成都不能守矣。緩兵相持，虚實將見，涪軍復來，難爲敵也。若進不能戰，退無所資，二萬餘人同爲蜀子虜矣。」從之。明日遂攻，皆克，斬⑫侯暉。於是遂進克諸城，諸城守相次瓦解，縱自縊而死。

**姚泓僭號於西京，高祖征平之，擒泓。**高祖既滅秦，入長安，留子義真鎮長安，而還江南。時赫連都統萬人聞之，大悦，謂王買德曰：「朕將進圖長安，卿試言進取之方略。」買德曰：「劉裕滅秦，所謂以亂平亂⑬，未有德政，以濟蒼生。關中形勝之地，而以弱才小智⑭守之，非經遠之

---

①「熹」，原作「喜」，據讀畫齋叢書本及宋書改。　②「廣漢」，原作「廣陵」，據讀畫齋叢書本及宋書改。　③「艦十」，原作「檻千」，據讀畫齋叢書本及宋書改。　④「使」，原脱，據讀畫齋叢書本及宋書補。　⑤「次」上原衍「謂」，據讀畫齋叢書本删。　⑥「彭模」，原作「鍾摸」，後兩處分别作「平摸」、「平謀」，據宋書改。　⑦「伺」，原作「侚」，據建康實録改。　⑧「不」，原作「而」，據讀畫齋叢書本及建康實録改。　⑨「至」，原脱，據四庫本補。　⑩「膽」，原本「瞻」，據讀畫齋叢書本及晉書改。　⑪「因」，原作「困」，據讀畫齋叢書本及建康實録改。　⑫「斬」上，原衍「克」，據讀畫齋叢書本及晉書删。　⑬「平亂」，原脱，據讀畫齋叢書本及晉書赫連勃勃傳補。　⑭「智」，晉書作「兒」。「智」下原衍「而」，據讀畫齋叢書本及晉書删。

規。狼狽而反者，欲速①成篡事，無暇②有意於京師③。陛下以順伐逆，義貫幽顯，百姓懸④命望陛下旗鼓，以日爲歲。清泥、上洛，南師之要衝，宜致游軍斷其去來⑤之路，然後度潼關，塞崤、陜⑥，絶其水陸之道。聲檄長安⑦，申布恩澤，三輔之人皆壺漿以迎王師矣。義真獨坐空城，逃竄無所，一旬之間，必見⑧縛於麾下，所謂兵不血刃，不戰而自定也。」勃勃善之，南伐長安。高祖懼，召義真東鎮洛陽，以朱齡石守長安，長安人逐齡石，而迎勃勃，遂失關中也。**鮮卑慕容超據守青州，稱燕王，高祖征，擒超。**

初，超叔父德盜有三齊，德死，超襲其位，遂寇淮北。高祖將有事中⑨華，因其侵也，乃北伐超。大將軍公孫五樓説超曰：「吴兵輕鋭，難與争鋒，截斷大峴，使不得入，上策也。堅壁清⑩野，芟除粟麥⑪，中策也。據城待戰，下策也。」超曰：「引使過峴，我以鐵騎躝之，成擒矣。何據清野，自取蹙弱乎？」初，謀是役也，諫者曰：「賊若不嚴守大峴，則堅壁廣固，守而不出。軍無所資，何能自支？」高祖曰：「不然。鮮

①「速」，原作「連」，據讀畫齋叢書本及晉書改。②「暇」，原作「勝」，據讀畫齋叢書本及晉書改。③「京師」，晉書作「中原」。④「百姓懸」，原作「者以君」，據四庫本改。⑤「來」，原作「東」，據讀畫齋叢書本及晉書改。⑥「陜」，讀畫齋叢書本作「峽」。⑦「安」，原脱，據讀畫齋叢書本及晉書補。⑧「見」，晉書作「面」。⑨「中」，原作「時」，據讀畫齋叢書本改。⑩「清」，原作「青」，據讀畫齋叢書本及建康實録改。下同。⑪「麥」，原作「麦」，據建康實録改。

卑性貪，略不及遠。既幸其勝，且愛其穀，謂我孤軍，將不及久，必將引我，且亦①輕戰。師一入峴，吾何②患焉。」既逾峴，虜軍未出，高祖喜曰：「天贊我也。」衆曰：「軍未克，公何悦焉？」高祖曰：「師既過險，士有必死之志。餘糧棲畝，軍無匱乏之③憂。虜墮吾計，勝可必也。」六月，慕容超使五樓據臨朐，羸老守廣固。聞軍近，超亦會焉。拒④臨朐四十里有巨蔑水，超使五樓往據之，曰：「晉軍得水，則難敗也。」五樓馳進。前鋒孟⑤龍符奔就，争先得據之。五樓退。大軍有車四千兩⑥，分爲兩翼，方軌徐進。未及臨朐，賊騎交至，劉藩⑦等拒之。日向昃⑧，戰猶酣。高祖謂檀韶等曰：「虜之精兵悉於是矣，臨朐留守必將寡弱，子以潛軍逾其後，往必剋城，多易旗幟⑨，此韓信所以剋趙也。且吾前言，兵自海道往，必聲之。」韶等鼓行⑩而進，賊望曰：「海軍至。」超棄城走，遂剋之。軍聞城陷，懼而不敢動。高祖親鼓，士卒咸奮，大奔崩之。超奔廣固，進軍圍之。城陷，獲超，歸於京師，斬於建康市。**賊盧循據南海，因高祖北伐燕，乘虚下襲建業。高祖還，乃平之。劉毅據荆州，貳於高祖。高祖遣將征，誅**

①「亦」，原作「示」，據南史宋本紀改。②「何」，原作「所」，據讀畫齋叢書本及南史改。③「之」，原作「乏」，據讀畫齋叢書本及建康實録改。④「拒」，通「距」。⑤「孟」，原作「蓋」，據讀畫齋叢書本及建康實録改。⑥「車四千兩」，原作「四千人」，據建康實録及宋書武帝紀改。⑦「劉藩」，原作「龍符」，據南史宋本紀改。⑧「昃」，原作「側」，據建康實録改。⑨「幟」，原作「熾」，據建康實録改。⑩「鼓行」，原作「行鼓」，據建康實録乙。

毅。裴子野曰：「義旗同盟，莫有能全其功名者。何也？相與見疇日①之遄捷，不知王業之艱難。彼則褰裳濡足，唯利是視②。我則芟夷群醜，寧或負人。劉希樂③、諸葛長民皆人傑④也，豈其⑤暗於天命，亦勢使然歟？假如⑥何孟齡⑦、魏長道⑧，庸詎其有血食。善哉，武王之作周也！八百諸侯皆同會，曰：「紂可伐矣。」尚還師於盟津⑨。豈不知順人行戮，惡欲速多禍也？高祖東方之師，疾則疾矣，而僥倖之釁於是乎繁。嗚呼！仁義之弊，至於偷薄，而況奇功哉！」荆州刺史司馬休之反，征之。裴子野曰：「書稱『慮善以動，動惟厥時』。若司馬休之之動，非其時。天方厭晉，罔⑩敢知吉⑪。己雖得

①「日」下，原衍「期」，據四庫本删。②「視」，原作「規」，據四庫本改。讀畫齋叢書本作「親」。③「劉希樂」，劉毅，字希樂。④「皆人傑」，晉書史臣論劉毅等人曰：「此數子者，氣足以冠時，才足以經世，屬大亨數窮之運，乘義熙天啓之資，建大功若轉圜，翦群凶如拉朽，勢傾百辟，禄極萬鍾，斯亦丈夫之盛也。然希樂陵傲而速禍，諸葛驕淫以成釁，造宋而乖同德，復晉而異純臣，謀之不臧，自取夷滅。」⑤「其」，原作「可」，據四庫本改。⑥「如」，原作「其」，據四庫本改。⑦「何孟齡」，指何無忌。晉書史臣曰：「無忌挾功名之大志，挺文武之良才，追舊而慟感時人，率義而響震勍敵，因機效捷，處死不懦，比乎同時之輩，豈同日而言歟？」⑧「魏長道」，魏詠，字長道。原作「長」，四庫本作「石長道」，據晉書列傳五十五改。晉書贊曰：「魏終協契，效績揚輝。」⑨「盟津」，讀畫齋叢書本作「孟津」。⑩「罔」，原作「囚」，據建康實録改。⑪「吉」，原作「去」，據建康實録改。

衆，能違天乎！五運推移，無不亡之國。爲廢姓，處亂朝，賢若三仁①，且猶顛沛，而況豪俠者哉！昔中原殄滅，衣冠道盡，於時四海争奉中宗②，豈徒繫於晉德，實大有禮義，故能遂兼南國，其興也勃焉。至乎義熙③，不欲異於是矣。而宗室交流，未忘前事，波迸越逸，禍敗相尋，豈龕④黎之伐弘多，將咎周之徒孔熾，不達興廢，何其黝歟？」**晉帝加高祖位相國，總百揆；揚州牧，封十郡，爲宋公。晉安帝崩，大司馬瑯琊王即位，徵帝入輔，禪位於宋。**帝奉表陳讓，表不獲⑤通。宋臺臣勸進，猶不許。太史令駱達⑥陳天文符應曰：「案⑦晉義熙元年至元熙元年，太白晝見經天，凡七。占曰：『太白晝經⑧天，人更主，異姓興。』義熙七年，五虹見于東方。占曰：『五虹見，天子黜，聖人出。』十年⑨，鎮星、歲星、太白、熒惑聚于東井。十三年，鎮星入太微。占曰：『鎮星守大微，有立王，有徙王。』元熙元年，黑龍四登⑩於天。易傳曰：『冬，龍見，天子亡社稷，大人受命。』漢建武至建安末一百九⑪十六年而禪魏，魏自

①「三仁」，指微子、箕子、比干。　②「中宗」，指晉元帝司馬睿。晉書史臣曰：「愍帝奔播之後，徒厠其虛名，天下之政既去，非命世之雄才不能取之矣。淳耀之烈未渝，故大命集于中宗皇帝。」　③「義熙」，指晉安帝司馬德宗。

④「龕」，通「戡」，平定。　⑤「不獲」，原作「獲不」，據讀畫齋叢書本及宋書武帝紀乙。　⑥「駱達」，原作「路造」，據讀畫齋叢書本及宋書改。　⑦「案」，原作「安」，據讀畫齋叢書本及南史宋本紀改。　⑧「晝經」，原作「經晝」，據讀畫齋叢書本乙改。　⑨「十年」，讀畫齋叢書本作「九年」。　⑩「登」，原作「癸」，據讀畫齋叢書本及南史改。

⑪「九」，原作「七」，據讀畫齋叢書本及南史改。

黄初至咸熙末四十六年而禪晉，晉自太始至今百五十六年三代揖讓，咸窮於六。六，亢位也。」帝乃從之。永初元年六月丁卯，即帝位於南郊，設壇柴燎，告天禮畢，備法駕幸建康宮，臨太極前殿，大赦改元。在位三年崩，初大漸，召太子誡之曰：「檀道濟雖有幹略，而無遠志。徐羨之與傅亮當無異圖。謝晦常從征伐，頗識機變，若有同異，必此人也，可以會稽處之。」後皆如言也。立太子義符。是爲營陽王①。即位，昏亂。司空徐羨之輔政，廢爲營陽王。廢，立宜都王義隆。是爲文帝。帝，高祖第三②子，爲太子劭所煞③。初，劭及弟濬并多乖禮度，懼上知，乃爲巫蠱咒咀。帝聞之，大怒，將廢劭而煞濬，更議所立，持疑未定，以事語濬母潘淑妃，潘淑妃以告劭。劭勃④凶，乃煞帝于合殿。劭即位也。弑⑤，立武陵王駿。是爲孝武皇帝，文帝第三子也。劭殺帝，駿建義兵，至京誅劭。崩，立太子子業。是爲前廢帝。帝凶勃，左右壽寂之⑥殺之。崩，立湘東王彧。是爲明帝⑦，文帝第十八子也。孝武諸子，江州刺史晉安王勛、尋陽王子房等并舉兵反，皆征平。崩，立太子昱。是爲後廢帝。在位凶勃，常欲殺楊玉夫，玉夫懼。是夜七夕，令玉夫伺織女渡報己。王敬則⑧先與玉夫通謀，玉夫候

---

①「營陽王」，原作「滎陽王」，據宋書改。下同。　②「三」，原作「二」，據南史改。　③「煞」，讀畫齋叢書本作「殺」。下「煞濬」同。　④「勃」，通「悖」，乖戾。　⑤「弑」，原脱，據四庫本補。　⑥「之」，原脱，據宋書前廢帝紀補。　⑦「帝」下，原衍「帝」，據讀畫齋叢書本删。　⑧「王敬則」，原作「王劭則」，據四庫本及南齊書高帝紀改。

帝眠熟，遂斬之，送首與齊王蕭道成也。崩，立順帝準①。是爲順皇帝，明帝第三子也。遜位於齊蕭道成。凡八代六十年。

齊太祖高皇帝諱道成，姓蕭氏，東海蘭陵人也，爲輔國將軍。宋明帝初，會稽太守尋陽王子房反，在東諸郡起兵；徐州刺史薛安都據彭城，歸魏，遣從子索兒攻淮陰；晉安王勛遣臨川内史張淹自鄱陽道入三吴。帝并討平之。使鎮淮陰七年，徵還都，宋明帝嫌帝非人臣相，而人間流言帝爲天子，愈以爲疑。帝初見徵，部下勸勿就徵，帝曰：「主上自誅諸弟，爲太子幼弱，作萬歲後計，何關他族？唯應速發，緩當見疑。骨肉相殘，自非靈長②之運；禍難方興，與卿等戮力也。」至，拜常侍。明帝崩，遺詔使與袁粲共掌機事。江州刺史桂陽王休範舉兵反，帝討平之。初，範舉兵，朝庭惶駭。帝與褚彦回③集中書省計議，莫有言者。帝曰：「昔上流謀逆，皆因淹緩以敗。休範必遠懲前失，輕兵急下，乘我無備。請頓新亭，以當其鋒。」因索筆下議，餘并注同，乃單車白服出新亭。築壘未畢，賊騎交至④，乃解衣高卧以安衆心，竟破之也。遷中領軍，蒼梧王深相猜忌。帝晝卧裸袒，蒼梧王率數十人直入領軍府，立帝於宫内，畫腹爲射的，自引滿射之。左右玉夫因諫

①「準」，原作「淮」，據四庫本及宋書順帝紀改。　②「靈長」，廣遠綿長。　③「褚彦回」，褚淵，字彦回。　④「至」下，原衍「乃單車白服出新亭築壘未畢賊交至」，據讀畫齋叢書本删。

曰：「領軍腹大，是佳射堋①，而一箭便死，後無復射。不如以骲箭射之。」一箭中臍，蒼梧投弓於地也。**常語左右楊②玉夫：「伺織女度③，報我。」是夜七夕，玉夫懼，取千牛刀殺之。**玉夫與王敬則通謀殺蒼梧，齎首送領軍府報帝，帝乃④戎服，夜入殿中。明旦，召袁粲等計議。粲欲有言，帝鬢鬚盡張，眼光如電。敬則拔刀跳躍，麾衆曰：「天下之事皆應決蕭公，敢有開一言者，染敬則刀。」乃自取白紗帽加帝首，令即位，曰：「事須及熱。」帝正色曰：「卿都不自解也。」**帝乃迎立順帝。荆州刺史沈攸之反，帝討之。**初，攸之稱，太后召⑤己下都。袁粲、劉秉等見帝威名日盛，不自安，與攸之通謀舉事殿内。帝命王敬則於殿内誅之。**進位相國，封齊公，備九錫。**策曰：「朕以不造，夙罹旻凶。嗣君失德，書契未紀。威侮五行，虔劉九族⑥。神歇靈繹⑦，海水群飛。綴旒之殆，未足爲譬。豈直小宛⑧興刺，黍離作歌而已哉！天贊皇宋，實啓明宰。爰登寡昧，纂承大業。高勳至德，振古絶倫。雖保衡翼殷，博陸匡漢，方斯蔑如也。今將授公典禮，其敬聽朕命。乃者袁、劉⑨搆禍，寔繁有徒。子房⑩不臣，

---

①「射堋」，箭靶。　②「楊」，原作「陽」，據四庫本及南齊書改。　③「度」，通「渡」。　④「乃」，原作「行」，據南史齊本紀改。　⑤「召」，原作「名」，據南齊書高帝紀改。　⑥「族」，南齊書作「縣」。　⑦「繹」，終結。原作「澤」，據南齊書改。　⑧「宛」，原作「苑」，據讀畫齋叢書本及南齊書改。　⑨「袁、劉」，袁粲、劉秉。南齊書：「司徒袁粲、尚書令劉秉相結舉事，殿内宿衛主帥無不協同。」原作「袁鄧」，據讀畫齋叢書本及南齊書改。　⑩「子房」，王子房。南齊書：「時四方反叛，會稽太守尋陽王子房及東諸郡皆起兵。」

稱兵協亂。顧瞻宮掖，將成茂草。言念邦國，翦爲仇讎。當此之時，人無固志。公投袂徇難，超然奮發。登戎車而戒路，執①金版而先驅。麾鉞一臨，凶黨冰泮。此則霸業之基，勤王之始也。安都背叛，竊據徐方。敢率犬羊，凌虐淮浦。索兒愚悖，同惡相濟。天祚無象②，背順歸逆。北鄙黔黎，奄墜塗炭。公受命宗社，精貫朝日。擁節軍門，氣逾霄漢。破釜之捷，斬馘③蔽野。石梁之戰，梟其渠帥。保境全人，江陽即序。此又公之功也。張淹迷昧，不顧本朝。爰自南區，志圖東夏。潛軍間入，竊覬不虞。於時江服未夷，皇途薦阻。公忠義奮發，在險彌亮。以寡④制衆，所向風偃。朝廷無東顧之憂⑤，閩、越有來蘇之望。此又公之功也。匈奴野心，侵掠疆埸⑥。醜羯侜張，勢振彭、泗。公奉辭伐罪，戒旦⑦晨征。兵車始交，氛祲時蕩。弔死扶傷，弘宣皇澤。俾我淮、淝，復沾盛化。此又公之功也。自茲厥後，獫狁孔熾。封豕長蛇，重窺上國。而世故相仍，師出已老。角城高壘，指日淪陷。公眷言王事，發憤忘食。躬擐甲冑，視險若夷。分疆畫界，開創青、兗。此又公之功也。桂⑧陽負衆，輕問九鼎。裂冠毀冕，拔本塞

---

①「執」，原作「報」，據南齊書改。　②「天祚無象」，原作「天許無勇」，據南齊書改。高帝紀曰：「徐州刺史薛安都反彭城，從子索兒寇淮陰，山陽太守程天祚舉城叛，徐州刺史申令孫又降，徵太祖討之。」　③「馘」，原作「醎」，據讀畫齋叢書本及南齊書改。　④「寡」，原作「竊」，據讀畫齋叢書本及南齊書改。　⑤「憂」，原作「愛」，據讀畫齋叢書本及南齊書改。　⑥「埸」，原作「場」，據南史改。　⑦「旦」，原作「且」，據讀畫齋叢書本及南齊書改。　⑧「桂」，原作「柱」，據讀畫齋叢書本及南齊書改。

源。烈火焚於王城，飛矢集乎君屋。群后憂惶，元戎無主。公挺劍凝神則奇謀不世，把旄指麾則懦夫成勇。信宿之間，宣①陽底定。此又公之功也。蒼梧肆虐，諸夏糜沸。淫刑已逞，誰則無辜？黔首相悲，朝不謀夕。高祖之業已淪，文明之軌誰嗣？公遠稽殷、漢之義，近遵魏、晉之典。猥以眇身，入奉宗社。七廟清謐，九區反政。此又公之功也。袁、劉攜貳，成此亂階。醜圖②潛搆，危機密發。據有石頭，志犯應路。公神謨内運，霜鋒外舉。袄沴③載澄，國途悦穆。此又公之功也。沈攸之④包禍，歲月滋彰。蜂目豺聲，阻兵安忍？乃眷西顧，緬同異域。而經綸惟始，九伐未申。長惡不悛，遂逞凶逆。公杖鉞出關，疑⑤威江甸。正情與皎日同亮，明略與秋雲競爽。至義所感，人百其心。積年逋誅，一朝顯戮。沮⑥浦安流，章臺順軌。此又公之功也。公有濟天下之勳，加之以明悊，道庇生靈，志匡宇宙。戮力肆心，劬勞王室。險阻艱難，備嘗之矣。若乃締搆宗社之勤⑦，造物資始之澤。雲布霧散，光被六幽⑧。弼余一人，永清四海。遐方款關而慕義，荒服重譯而來庭。汪哉邈乎，無得而名之。」**四月，宋帝禪位於齊。甲午即皇帝位，於南郊柴燎告天。**曰：「皇帝臣道成，敢用玄牡昭告于皇皇后帝。夫肇自生靈，樹以司

①「宣」，原作「寅」，據讀畫齋叢書本及南齊書改。②「圖」，原作「國」，據讀畫齋叢書本及南齊書改。③「妖沴」，妖氛，喻寇亂。原作「拔彌」，據讀畫齋叢書本及南齊書改。④「之」，原脱，據南齊書補。⑤「疑」，通「凝」，凝聚。⑥「沮」，原作「湘」，據讀畫齋叢書本及南齊書改。⑦「勤」，原作「動」，據讀畫齋叢書本及南齊書改。⑧「幽」，原作「戎」，據讀畫齋叢書本及南齊書改。「六幽」，指天地四方。

牧，所以闡極則天，開元創物，肆兹①大道，惟命不于常。昔在虞、夏，受終上代。粤自漢、魏，揖讓中葉。咸焕諸方册，載在典謨。水德既②微，仍世多故。實賴道成匡救之功，以弘濟於厥難。大造顛墜，再搆區宇。誕惟天人，罔③弗和會。迺仰協歸運，景屬與能，用集大命于兹。辭④德匪嗣，至於累仍，而群公卿士，庶尹御事，爰及黎獻，暨於百戎，僉曰：『皇天眷命，不可以固違。人神無統，不可以曠主。』畏天之威，敢不祗順鴻歷。敬簡元辰，虔奉皇符。登壇受⑤禪，告類上帝。以答人衷，式敷萬國。惟明靈是饗。」**禮畢，備法駕，幸建康宫，臨太極前殿，大赦改元。建元四年崩，立太子賾。**是爲世祖武皇帝也。**崩，立大孫昭業。**是爲鬱林王。即位無道，武帝梓宫下渚⑥，帝於端門内奉辭，輼輬車裁⑦入閤，即奏胡伎。高宗煞之。**崩，立弟昭文。**廢爲海陵王也。**廢，立西昌侯鸞。**是爲高宗明皇帝，始安貞王道生子也。即位亟行誅戮，且寢疾經年，預爲梓宫之故地，高武諸子掃地無遺⑧也。**崩，立太子寶卷。**是爲東昏侯。即位凶暴，以金花帖地，令潘妃行其⑨上，曰：「此步步生蓮花也。」又於苑中爲市，自爲市吏，以潘妃爲市令。義師至，爲左右所殺也。**崩，立和帝寶融。**明帝第八子也。**以位禪梁。**先是，文惠

---

①「兹」，原作「涉」，據讀畫齋叢書本及南齊書改。　②「既」，原作「在」，據南齊書改。　③「罔」，原作「冈」，據讀畫齋叢書本及南齊書改。　④「辭」，原作「舜」，據南齊書改。　⑤「受」，原作「命」，據南齊書改。　⑥「渚」，胡三省曰：「渚在東府前，秦淮之渚也。」原作「諸」，據讀畫齋叢書本及南齊書改。　⑦「裁」，通「纔」，剛剛。原作「載」，據讀畫齋叢書本及南齊書改。　⑧「遺」，讀畫齋叢書本作「餘」。　⑨「其」，原脱，據讀畫齋叢書本及南齊書補。

太子與才人共賦七言詩，句後輒云「愁和帝」，是驗矣。東昏侯宮裏作散叛髻，反根向後，東昏時，天下散叛矣。又立帽，騫其口而舒兩翅，名曰「鳳渡三橋」。裂裙向後，總而結之，名曰「反縛黃鸝」。梁武宅在三橋，而「鳳渡」之名①，鳳翔之驗也。「黃鸝」者，皇離也，而反縛之，東昏戮死之應也。先是，百姓及朝士以帛填胸，名曰「假兩」。假者，非正名也。儲兩而假之②，明不得真也。東昏誅，子廢爲庶人，儲③兩之意也。

**梁高祖武皇帝名④衍，姓蕭氏，爲巴陵王法曹，後爲竟陵王子良八友。**初，皇考之薨，不得志。及至鬱林失德，齊明帝作輔將，爲廢立計，帝⑤欲助齊明傾齊武之嗣，以雪心耻。齊明亦知之，每與帝謀。時齊明將追隨王，恐不從，又以王敬則在會稽，恐爲變，以問帝。帝曰：「隨王雖有美名，其實庸劣，既無智謀之士，爪牙唯仗司馬垣歷生、武陵太守卞白龍耳。此并唯利是爲，若啗以顯職，無不載馳，齊王正⑥須折簡耳。敬則志安江東，窮其富貴，宜選美⑦女以娱其心。」齊明曰：「吾意也。」果如其策。**魏將王肅攻司州，帝破之，以功封建康郡男。齊明帝崩，東昏即位，遺詔以帝爲都督雍**

①「名」，原脱，據南史齊本紀補。②「假之」，原作「服」，據讀畫齋叢書本及南史改。③「儲」，原作「諸」，據讀畫齋叢書本改。④「名」，原作「石」，據讀畫齋叢書本改。⑤「帝」，原作「常」，據讀畫齋叢書本及南史梁本紀改。⑥「正」，南史作「止」。⑦「美」，原作「姜」，據讀畫齋叢書本及南史改。

**州刺史。**東昏時，劉暄等六人更直内省①，分日帖勑，世謂六貴。又有御刀等八人，號曰八要。皆口擅王言，權行國憲。帝謂張弘策②曰：「政出多門，亂其階矣。當今避禍，唯有此地。勤行仁義，可坐作西伯。但諸弟在都，恐罹時患也，須與益州圖之耳。」時上長兄懿罷益州還，仍行郢州州事。帝與謀不從，懿尋被害也。**長兄懿被害，帝起義。**召僚佐集於廳事，告以舉兵。是日建牙。先是，東昏以劉山陽爲巴西太守，使過荆州，就行事蕭穎胄以襲襄陽。帝知其③謀，乃遣王天武詣江陵，遍與州府人書論軍事。天武既④發，帝謂弘策曰：「今日坐收天下矣。荆州得天武至，必恫惶無計。若不見同，取之如拾芥耳。斷三峽，據巴、蜀，分兵定湘中，便全有上流。以此威聲，臨九派，斷彭蠡，傳檄江南，風之靡草，不足比也，政⑤小延引日月耳。江陵本憚襄陽人，加脣亡齒寒，必不孤立，寧得不見同耶？以荆、雍之兵，掃定東夏，韓、白⑥重出，不能爲計。況以無筭昏主，役御刀應勑之徒哉！」及山陽至巴陵，帝復令天武賫書與穎胄兄弟。去後，帝謂張弘策曰：「用兵之道，攻心爲上，攻城次之；心戰爲上，兵戰次之。今日是也。近遣天武往州府，人皆有書。今段⑦只有兩封與行事兄弟，云：『一一⑧具天武口。』及問天武，口

---

①「内省」，原作「省内」，據梁書武帝紀乙。　②「張弘策」，原作「王弘策」，據梁書改。　③「其」，原作「兵」，據讀畫齋叢書本及南史梁本紀改。　④「既」，原脱，據讀畫齋叢書本及南史補。　⑤「政」，通「正」，只。　⑥「韓、白」，指漢韓信和秦白起。　⑦「今段」，這次，此時。原作「今假」，據讀畫齋叢書本及南史改。　⑧「一一」，完全。

無所說。天武是行事心①膂，彼聞必謂行事兄弟②共隱其事，則人人生疑。山陽惑於衆口，判相嫌貳③，則行事進退無以自明，是馳兩空函定一州也。」山陽至江安，果疑不上④。穎胄乃斬天武，送山陽，信之。至荆州馳入城。將逾閾⑤，懸門奮發，折其軫，投車而走。陳秀拔戟逐之，斬于門外。穎胄即遣驛使傳首於帝，仍以南康王⑥尊號之議來告，曰：「時不利，當須待來年二月。」帝答曰：「今坐甲十萬，糧用日竭，若頓兵十旬，必生悔吝。且太白出西方，仗義而動，天時人謀，有何不利？昔武王伐紂，行逆太歲，復須待來年耶？」帝不從，乃赫然大號也。**戊申，帝發自襄陽，**帝留弟守襄陽城，謂曰：「當置心襄陽人腹中，推誠信之勿疑也。天下一家，乃當相見也。」**郢、魯諸城及諸將並降。**初，東昏遣吴子陽等⑦十三軍救郢州，進據巴口。帝命王茂潛師襲加湖，子陽竄走，衆盡溺於江，郢、魯二城相視奪氣⑧。先是，東昏使陳伯之鎮江州，爲子陽聲援。帝謂諸將曰：「夫征討未必須實力，聽威聲耳。今加湖之敗，誰不讋服？陳武牙⑨即伯之之子，狼狽奔歸，彼人之情當凶懼。我謂九江可傳檄而定也。」因命搜所獲俘

---

①「心膂」，親信得力之人。原作「必膂」，據讀畫齋叢書本及南史改。　②「兄弟」，南史作「與天武」。　③「貳」，原作「哉二」，據讀畫齋叢書本及南史改。　④「上」，原作「止」，據梁書改。　⑤「閾」，門檻。原作「國」，據讀畫齋叢書本及南史改。　⑥「以南康王」，原作「似南陽王」，據南史改。　⑦「等」，原脱，據梁書補。　⑧「奪氣」，喪失勇氣。　⑨「陳武牙」，梁書作「陳虎牙」。下同。

囚，得伯之幢主①蘇隆之，厚加賞賜，使致命焉。魯山、郢城②并降。伯之及子武牙見帝至，并束甲請罪。**壬午，帝鎮石頭，命衆軍圍六門。衛尉張稷斬東昏，以黄油裹首送軍。**帝命吕僧珍③勒兵封府庫及圖籍，收潘妃，誅之，以宮女二千人分賚將士也。**平京邑，齊和帝以位禪梁，帝即位。太清元年，齊司徒侯景以十三州内屬。侯景④反，至京師，幽帝而崩。**天監中，釋寶誌爲詩曰：「昔年三十八，今年八十三⑤，四中復有四，城北火酣酣。」帝封記之。帝三十八剋建業，八十三遇火災，元年四月十四日，同泰寺火災。皆如其言，此之謂也。**侯景立武帝太子綱⑥爲帝，又爲景所殺。**追尊爲太宗簡文皇帝也。**湘東王繹於荆州，使王僧辯等平侯景，傳首江陵。**僧辯等勸進曰：「衆軍⑦以今月戊子總集建康，分勒武旅，百道同趨，轟然大潰，群兇四滅。伏惟陛下咀痛茹哀，嬰忍⑧憤酷。自紫庭絳闕，胡塵四起，掖垣好畤⑨，冀馬雲屯，豺狼當路，非止一人，鯨鯢不梟，經載矣。天

---

①「幢主」，武官，負責宿衛或統軍。「幢」，原作「憧」，據梁書改。　②「郢城」，原作「城郢」，據讀畫齋叢書本及南史乙。　③「吕僧珍」，原作「召僧」，據讀畫齋叢書本及南史改。　④「景」下原衍「景」，據讀畫齋叢書本及南史删。　⑤「三」，原作「二」，據讀畫齋叢書本及南史改。　⑥「綱」，原作「網」，據讀畫齋叢書本及南史改。　⑦「衆軍」，原作「今衆」，據讀畫齋叢書本及南史改。　⑧「忍」，原作「思」，據讀畫齋叢書本改。　⑨「畤」，原作「疇」，據讀畫齋叢書本及南史改。

威既振，寃耻并雪。百司岳牧，仰祈宸鑒，咸以錫珪之功，既歸有道，當辟①之禮，允屬聖明。而優詔謙沖，杳然凝邈，飛龍可躋，而乾爻在四。帝閽云叫，而閶闔未開。謳歌再馳，是用翹首。豈可久稽群議，有曠彝則也？」**景平②，湘東王即位於江陵。**是謂孝元皇帝，武帝第七子也。**魏使萬紐于謹來攻，梁王蕭詧率衆會之。帝見執，魏人戕帝。**初，武陵之平，議者欲因其舟艦還都建鄴。宗懍、黄羅漢皆楚人，不願移，曰：「建鄴王氣已盡，渚宮洲已滿百。」於是乃留尋。而歲星在井，熒惑守心，帝觀之，慨然謂朝臣曰：「吾觀玄象，將恐有賊。但吉凶在我，運數由天③，避之何益？」尋爲魏軍所逼，城陷見執。進土囊④而殞之。江陵先有九十九洲⑤，古老相傳云：「洲滿百，荆州出天子。」桓玄爲荆州刺史，内懷逆意，乃遣鑿破一洲，以應百數。隨而崩破，竟無所成。宋文帝爲宜都王，在藩，一洲自立。俄而文帝纂統。太清末，枝江楊之閤浦復⑥生一洲。明年而梁元帝立。承聖末，其洲與大岸通也。**江陵既**

①「辟」，通「璧」，「當璧」，指繼承帝位。左傳：「初，共王無冢適，有寵子五人，無適立焉，乃大有事于群望而祈曰：『請神擇於五人者，使主社稷。』乃徧以璧見於群望曰：『當璧而拜者，神所立也。誰敢違之。』」②「平」，原作「子」，據讀畫齋叢書本改。南史孔奂傳：「及景（侯景）平，司徒王僧辯先下辟書，引爲左西掾。梁元帝於荆州即位。」梁書文帝本紀：「承聖元年冬十一月丙子，世祖即位於江陵。」③「天」，原作「人」，據讀畫齋叢書本及南史梁本紀改。④「土囊」，裝滿沙土的袋子，用以壓死或悶死囚人。⑤「江陵先有九十九洲」，原脱，據南史補。⑥「枝江楊之閤浦復」，原作「柏江揚閤浦」，據讀畫齋叢書本及南史改。

陷，王僧辯、陳霸先等議立帝子方智，是爲敬皇帝，元帝第九子。於江州奉迎至建鄴即位。太平二年，禪位于陳。

高祖武皇帝，姓陳氏，名霸先，吴興長城人也。梁武帝時爲直閤將軍。侯景反，高祖率所領與侯景大戰，侯景敗死。湘東王即位，授南徐州刺史，還鎮京口。承聖三年，西魏攻陷西臺，高祖與王僧辯立晉安王，進帝位。司空僧辯又與齊氏和親，納貞陽侯。高祖歎曰：「嗣主高皇之孫，元皇之子，竟有何辜，坐見廢黜？假立①非次，此情可知也。」高祖以爲不義，潛師襲王僧辯于石頭，剋之。是夜，縊僧辯，貞陽侯遜位，晉安王復立。徐嗣徽北引齊師，遣②蕭軌等四十六將濟江至莫府山，高祖并破之。進帝位丞相，進爵爲陳王。永定三年，梁帝禪位於陳。三年，熒惑在天尊③也。上崩，時上長子衡陽王昌爲質於周，乃立高祖弟始興列④王長子蒨也。立弟子蒨。是爲世祖文皇帝也。崩，立太子伯宗。是爲廢帝。廢，立頊。是爲高宗宣皇帝，始興列王第二子也。崩，立太子叔寶，是爲長城公也。叔寶在東宮，好學有文藝，及

①「假立」，原作「立見」，據讀畫齋叢書本及南史改。　②「遣」，原作「遠」，據讀畫齋叢書本及南史改。　③「在天尊」，原作「守心人尊」，據讀畫齋叢書本及南史改。「在天尊」即「守心」，李奇曰：「心爲天王也。」　④「列」，讀畫齋叢書本作「烈」。下同。

即位，耽酒色。左右佞嬖珥貂者五十人，婦人美貌麗服者千餘人。常使孔貴妃等八人夾坐，江總、孔範等十人預宴，號曰狎客。先令八婦人襞綵箋，製五言詩，十客一時繼和，遲則罰酒。君臣酣飲，從昏達旦，以此爲常也。隋文帝初受周禪，甚敦鄰好。宣帝崩，遣使赴弔，修敵國之禮，書稱名頓首。而後主驕奢，書末云：「想彼統内如宜，此宇宙清泰。」隋文帝不悦，以示朝臣。賀若弼、楊素等以爲主辱，再拜請罪，并求致討。文帝曰：「我爲人①父母，豈可限一衣帶水而不拯之乎？」命作戰船，人請密之，文帝曰：「吾將顯行天誅，何密之有！使投柹②于江。若彼能改，吾又何求也？」以晉王廣爲元帥，督八十總管以致討。初，隋師送璽書暴後主二十③惡，又散寫詔書書④三十萬⑤紙遍諭江東。諸軍既下，江濱⑥鎮戍相繼奏聞。沈客卿掌機密，抑而不言。隋軍臨江，後主曰：「王氣在此。齊兵三度來，周兵再度至，無不摧没。虜今來，必自敗。」縱酒作詩不輟。隋軍或進拔姑孰，或斷曲阿之衝，乃下詔曰：「犬羊凌縱，侵竊郊畿，蜂蠆有毒，宜時掃定。」以蕭摩訶爲皇畿大都督，分兵守要害，僧尼道士執役。隋軍南北道并進，衆軍敗績。韓擒虎入自南掖門，文武百官

①「人」，南史陳本紀作「百姓」。
②「柹」，削下的木皮、木片。
③「二十」，原脱，據南史陳本紀補。
④「又散寫詔書書」，原脱，據南史補。
⑤「萬」，原脱，據讀畫齋叢書本及南史補。
⑥「濱」，原脱，據南史補。

**皆遁出，擒後主。**隋師之入也，僕射袁憲勸端坐殿上，正色待之。後主曰：「鋒刃之下，未可及①當，吾自有計。」乃逃于井。隋軍人以繩引之，驚其太重，乃與張貴妃、孔貴人同東②而上。隋文帝聞之，大驚。鮑宏對曰：「東井于天文爲秦分，今王都所在。投井，其天意也。」先是，江東多唱王獻之桃葉辭云：「桃葉復桃葉，渡江不用檝。但渡無所苦，我自迎接汝。」及晉王廣軍於六合鎮，其山名桃葉，果乘陳船而渡之也。**晉王廣入據臺城，送後主於東宮。己③巳，後主與王公百司發自建鄴，之長安。及至京師，列陳輿服，引後主及王公，使宣詔讓後主。後主雀息④不能對。封長城公。**

隋文帝東巡，登芒山。後主侍飲，賦詩曰：「日月光天德，山河壯帝居。太平無以報，願上東封書。」及出，隋文帝目送之，曰：「此敗豈不由詩酒？將作詩功夫，何如思安時事也？」**至仁壽四年，終於洛陽。**先是，蔣山⑤衆鳥鼓翼撫膺曰：「奈何帝，奈何帝。」後主在東宮時，有鳥一足，集其殿庭⑥，以觜畫地成文，曰：「獨足上高臺，盛草化爲灰。欲知我家處，朱門⑦當水開。」解者以爲，獨足言後主獨行無衆，盛草言荒穢，隋承火運，草得火而灰。及至京師，家於都水臺，所謂高臺當水也。有會稽人史溥，曾

---

①「及」，原作「友」，據南史改。　②「東」，讀畫齋叢書本及南史作「乘」。　③「己」，原脱，據南史補。　④「雀息」，猶屏息，因恐懼而不敢出聲。　⑤「蔣山」，原作「獎山」，據讀畫齋叢書本及隋書改。　⑥「殿庭」，原作「庭殿」，據讀畫齋叢書本及隋書乙。　⑦「門」，原作「闕」，據讀畫齋叢書本及南史改。

夢着朱衣人武冠自天而下，以手執金板。溥往看，上文曰：「陳氏五主三十四年①。」陳亡，果如夢。梁末，童謡云：「可憐巴馬子，一日行千里。不見馬上郎，但見黄塵起。黄塵污人衣，皂莢相料理。」及僧辯滅，群臣以謡言奏，言僧辯本乘巴馬擊侯景。馬上郎，王字也。塵，謂陳②也。而不解皂莢之謂。既而陳滅於隋，説者以爲江東謂羖羊角爲皂莢，隋氏姓楊，楊，羊也，言終滅於隋。北齊末，諸省官多稱省主，主將見省也。則知興亡之兆，盡有徵云。

**隋高祖，姓楊氏，名堅。周武帝初，爲隋州刺史，女爲太子妃。周宣帝立，拜爲大司馬。宣帝崩，立靖帝，進爵爲隋王，遂禪位焉，改號開皇元年。九年，平陳，廢太子勇爲庶人，立晉王廣爲皇太子。高祖崩，太子即位。**是爲煬帝。**煬帝無道，盜賊蜂起。十三年，幸江都。李密設壇於鞏，自署爲魏公。**密，遼東③人，蒲山公寬之子也。少倜儻，有大志，常有思亂之心。與楊玄感爲刎頸交。玄感以勢凌之，密怒曰：「決機兩陣之間，暗啞咄嗟，三軍披靡，邀功一時，密不如公。若涉彼長途，驅策賢俊，使各申其用，公不如密。豈可以一階一級而輕天下士大夫耶？」及玄感反，密歸之，爲其謀主。後玄感敗，密變姓名，奔翟讓。讓立密爲魏公，開幕府，置僚屬，凡十餘萬

①「陳氏五主三十四年」，南史作「陳氏五帝三十二年」。 ②「陳」，原作「塵」，據讀畫齋叢書本及南史改。 ③「東」，原作「衆」，據讀畫齋叢書本改。

**人。梁師①都據夏州，劉武周殺太原留守王仁②恭，舉兵反。竇建德自號夏王，朱粲自號楚王，劉元進據吳都。煬帝聞群賊起，大懼，使馮慈明徵兵東都，**煬帝聞盜賊蜂起，召群臣問之，皆曰：「此鼠竊狗盜，何足以憂？」侍御史韋德裕曰：「今海內土崩，綱紀大壞，而內史侍郎虞世基、御史大夫裴蘊等阿媚陛下，隱秘不言，所謂積薪已燃，宗廟必不血食矣。周書曰：『綿綿不絕，將成江河。』陛下勿以諛言不以介意。」乃詔馮慈明詣東都徵兵，將以討密，爲儆邏所獲，歸之李密。密聞慈明至，大悅。謂慈明曰：「皇天無親，惟德是輔。主上毒流四海，天下咸知。密糾合蒼生，思平宇內，熊羆之士百萬有餘，據敖倉之粟，帶成皋之險，干戈精練，甲胄堅實，決東海可西流，蹴太山可東倒。以此禦敵，何敵不摧！以此攻城，何城不陷！東都危急，不日將降，幸少留意，同建功名。」慈明曰：「蒲山公策名先帝，位極朝端。明公不思造我之恩，翻懷反噬之志，棄皇隋之大德，即梟感之頑嚚，惡積禍盈，敗不旋踵。綱漏吞舟，至于今日。昔巨君③以天下之衆斃於光武，處仲④以江左之師窮乎明帝。明公以烏合之卒不越數千，狼顧鴟張，强梁村塢。唯德是輔，公何預焉？」密乃幽之于司徒府。慈明密令人詣東都。事泄，翟讓殺之。**詔唐國公淵⑤鎮太原。五月甲子，唐公舉義兵，遙尊煬帝爲太上皇，立代王侑爲**

①「師」，原作「歸」，據隋書煬帝紀改。　②「仁」，原脱，據隋書補。　③「巨君」，王莽字巨君。　④「處仲」，王敦字處仲。　⑤「淵」，原作「諱」，即避李淵諱，今徑用「淵」。

天子，行伊、霍①故事。傳檄天下，聞之響應。此裴寂、殷開山計也。代王侑時在西京。秋七月，唐公將西圖長安，仗白旗，誓衆於太原之野，被甲三萬。留公子元吉守太原。義師次霍邑，隋武牙郎將宋老生拒義師。時連雨不霽，糧運不給，又訛言突厥將襲太原，唐公懼，命旋師，用秦王諫乃止。秦王諫曰：「獨夫肆虐，天下崩離，狼顧蜂飛，跨州連縣，丈夫不得耕耘，女子不得紡績，故仗劍汾晉，舉旆參墟，將斬封豕以安萬人，戮鯨鯢而清四海。據崤函之固，挾天子之威，令諸侯，定天下，是以聞之響應，投赴如歸。今遇小敵便將返旆，恐義師一朝解體，大事去矣，勢不可全。還守太原則一城賊耳，恐不及旋踵，禍變仍生。」乃止也。老生背城而陣，一戰斬之，平霍邑。諸城皆降，唯屈突通鎮河東堅守不下也。冬十月，義師次長樂宮，衛文昇挾代王乘城拒守。十一月，平京師，尊代王爲天子，改元②義寧。遣使四出徇郡縣。隋行宮，唐公悉罷之，後宮還其親屬。初，隋將多侵百姓，百姓患之。及義師至，秋毫無犯，皆曰：「真吾君矣。」時煬帝將之丹陽，而大臣將卒皆北人，不願南遷，咸思歸。宇文化及因百姓之不堪命，殺煬帝於江都，隋室王侯無少長皆斬之，立嗣王浩爲天子，化及爲丞相。上曾夢見青衣兒謂曰：「去亦死，住亦死，不若乘舡渡

①「伊、霍」，商伊尹和漢霍光。
②「元」，原作「之」，據讀畫齋叢書本及隋書煬帝紀改。

江水。」裴蘊、虞世①基皆南人，贊成其事。將卒不願南還，將因會鴆之。南陽公主懼殺其婿，以謀告宇文士及。士及告其兄化及，遂反執帝。帝曰：「吾何負于天地，而致此乎？」馬文舉對曰：「臣聞萬姓不可無主，故立君以撫之。是知一人養萬姓，非萬姓養一人。高祖文皇帝粤有下國，丕隆大寶，除苛政，布恩德，南滅强陳，北威狡虜，二十餘年，河清海晏。既而棄世升遐。陛下即位，違遠社稷，委棄京都②，巡游行幸，略無寧歲。漕通河、洛，控引江、淮，丁壯倦勞苦，老弱疲轉餉。高熲、賀若弼先朝重臣，勳德俱茂；薛道衡英華冠世，經綸之才，咸被非辜，卒遭夷戮。賢哲之士退，諂佞之子昇。又頻年討遼，征役不息，行者不反，國用空虛，白骨被於原野，肝膽塗於草澤。悠悠寃魂，有請上帝，將假手於人矣。及在鴈門，取辱戎虜，重圍既解，理須寧息。方更巡游吴、越，翱翔江上③，頭會箕斂④，以供行樂。士卒無短褐，後宫厭羅綺。士卒無糟糠，犬馬賤粟肉。甲胄生蟣虱，戎馬不解鞍。拒諫飾非，無心反駕，遂使九縣瓜分，八紘幅裂。以天下之富，四海之貴，一旦棄之，猶曰無罪。臣竊爲陛下羞之。」乃默然，縊殺之。

**五月戊午，天子侑遜位於別宫，禪位於唐，都長安。**

大業末，謡曰：「桃李子，洪水繞⑤楊山，宛在花園裏。」李，唐姓也。洪水者，唐王諱也。楊，隋姓也。花者，華不實也。園，囿也。代王名侑，侑與囿

①「世」，原脱，據隋書虞世基傳補。

②「都」，讀畫齋叢書本作「師」。

③「江上」，原作「上江」，據四庫本乙。

④「頭會箕斂」，漢書音義曰：「家家人頭數出穀，以箕斂之。」指按人頭收取租稅。

⑤「繞」，原作「遶」，據舊唐書五行志改。

音同。言楊侑雖爲帝，終於曆數有歸，唐王當踐其位也。己巳，王世充、段達等立越王侗爲皇帝於洛陽。六月，宇文化及自江都至彭城，據黎陽，稱許。李密率大軍壁清淇。敦煌張守一聞密之拒化及也，説越王以討。越王不用其策，用孟琮計與密連和。張守一説曰：「臣聞，鴻鵠之翮①未就，沖天之情以②萌；武③豹之文未備，食牛之心已成。今陛下據全周之地，背河面洛，帶甲十萬，粟支數十年，此霸王之資，非待翮成、文備之勢也。固城自守，不以濟世爲心，何異夫群蟻之嬰一穴乎？竊爲陛下不取。」越王曰：「若之何？」對曰：「三王之興，五伯之舉，莫不由兵以成大業。故夏啓有甘野之師，齊桓起邵④陵之衆，皆以征討不庭⑤，伐叛威慝者也。今天下土崩，英雄競起，爲陛下腹心之患者莫過夏、魏。夏遣師涉河，則東都非陛下之地；魏遣師逾洛，洛口之粟非⑥陛下所有。累卵之危，無以加也。臣聞，兵以正合，而以奇勝。韓信所以斬成安，子房所以降秦也。請選精鋭之士二萬人守洛陽，三萬人循河而守，以備夏寇。陛下親率⑦大軍，出洛口，掩魏之師。魏之君臣謂陛下從天而至，蒼⑧卒之間，智者不爲計矣。李密既滅，則建德懾氣。備守邊疆，相時而動，則文皇之業可修，世祖之基不墜。」越王曰：「朕新受命，人神未附，兵革屢興，恐士大夫解體於我。」守一曰：「陛下以累聖之資，繼

---

①「翮」，原作「融」，據讀畫齋叢書本改。 ②「以」，通「已」。 ③「武」，「虎」避諱字。 ④「邵」，通「召」。 ⑤「庭」，原作「遲」，據讀畫齋叢書本改。 ⑥「非」，原脱，據四庫本補。 ⑦「率」，原作「卒」，據讀畫齋叢書本改。 ⑧「蒼」，讀畫齋叢書本作「倉」。

二祖之業，雖夏人之思禹德，復戴少康，漢室之戀劉宗，重尊光武，以今況古，彼有慙德。況密有可伐之勢者三。何則？始密與翟讓同起烏合之衆，大業已就，密乃殺讓而奪其位，士卒初喪其主，鬼神新失其祀，人神未附，一也。地廣兵衆，法令不明，賞罰不信，二也。精鋭之卒并拒秦王，鞏、洛所留悉皆老病，乘其虚而襲之，必得志矣，三也。志曰：『奪人之先。』又曰：『天時不如地利，地利不如人和。』陛下兼此三事，又居之以先，無不克矣。」王將從之。孟琮曰：「化及率思歸之衆，其鋒不可當，李密英雄，勇略不世，非密無以滅化及。且襲之不得，復生一化及。臣請説以利害，示以大節，使爲元戎，以除凶祲。徐議其後，未爲晚焉。」王曰：「善。」孟琮東説密曰：「明公以烏合之卒密邇王城，罕慕德之人，無山澤之固，兵法所謂四分五裂，特①所忌焉。今東有化及之師，西有東都之衆。東拒化及則王師襲其後，備②東都而不行，則化及之師日至。於是六軍出洛口，化及下武牢，誠恐不暇轉旋，敗亡已及。今皇帝，世宗成帝之子，世祖明帝之孫也。以累世之資，當樂推之運，士馬百萬，據有舊都。宇文化及懷音蔑聞，親行梟鏡③。主上枕戈待旦，將卒蓄力待明。將軍誠能率先啓行，誅鋤兇暴，則有盤石之安，無累卵之危也。晉文捨斬祛④，齊桓置

①「特」，原作「持」，據讀畫齋叢書本改。　②「備」，原脱，據四庫本補。　③「梟鏡」，亦作「梟獍」。梟爲食母之惡鳥，獍爲食父之惡獸，喻忘恩負義的惡人。　④「斬祛」，左傳曰：「晉獻公使寺人披伐蒲，重耳逾垣而走，披斬其祛。」杜預曰：「祛，袂也。」孔穎達曰：「斬其袖之末也。」借指舊怨。

射鈎①，況主上聖哲自天，寬和容衆，將軍勿以疇昔之失過望於皇帝也。狐裘羔袖，將軍擇焉。」密初聞張守一之謀，大懼。及琮至，大悦。使記室李儉朝，越王大悦，拜密爲太尉、魏國公。**李密無東都之慮，盡鋭攻化及，破之。密自敗化及，益②以驕傲。越王命王世③充擊密。密不用祖君彦計，密師敗績，遂西奔京師，尋謀叛，殺之。**王世充之擊密也，密會群寮議之。裴仁基曰：「世充今悉鋭而至，洛下必空，但堅守其要路，無令得東而已。以鋭卒三萬循河曲西上，示逼東都，東都必急，世充必救。待其至洛，然後還軍。如此，我有餘力，彼勞奔命。兵法所謂『彼出則歸，彼歸則出，數戰以疲之，多方以誤之』也。」密曰：「公知其一，不知其二。今世充之兵不可當者三：兵仗精鋭，一也。決計深入，二也。食盡求戰，三也。我但乘城固守，蓄力待時，彼欲戰不得，求走無路，不盈十日，世充之首可致麾下。諸君以爲何如？」單雄信曰：「以樂戰之兵，當思歸之卒，饑④飽不敵，戰必尅矣。」祖君彦曰：「不可。夫師曲爲老，師正爲直。曲則爲飢，直則爲飽。世充挾隋室之威，不可爲曲。主公以逆爲名，不可謂直。裴光禄之謀，一時之上也。主公之策，久之上也。單將軍之言，滅亡之下也。夫物不兩大，勝無

---

①「射鈎」，左傳曰：「桓公置射鈎，而使管仲相。」杜預曰：「乾時之役，管仲射桓公中帶鈎。」　②「益」上，原衍「之」，據讀畫齋叢書本删。　③「世」，原脱，據四庫本補。　④「饑」，原作「食」，據讀畫齋叢書本改。

常資，故慶者在閭，弔者在門。誠恐乘於化及，必殆於世充。請案甲息兵，俟時觀釁。世充志大而體强，心勇而多悍，忸于自伐，必有異圖，不盈數年，禍將作矣。然後仗順而舉，應天順人。嵩岳爲城，洛水爲池，武臣勁兵經略於外①，文吏儒士守之於内，孰與邀一時之功，墜萬全之業？欲取之，先與之；將弱之，必强之。欲取而不與，必受天咎；將弱而不②强，必受天殃。願主③公姑與之而强之，我承其弊，以全制其後，無不④捷矣。」密曰：「智哉！」欲不戰。王伯當、單雄信曰：「天下安樂，百姓無事，耨文耒⑤墨，從容於廟堂，武不如文。四海沸騰，英雄競起，角帝圖王，蕩清氛祲，文不如武。各有其時，不可戾也。越王淫虐之餘，天厭之久矣。且天命不常，能者代⑥之，何曲直之有？請以定亂屬武臣，制治屬文吏。今日不戰，則大事去矣。」密遂用單雄信策，合戰，密師敗績。世充乘勝趨洛口，密左長史邴元真以倉城降。密奔武牢⑦，不敢入。北渡河，遂奔唐。初，王伯當與單雄信、徐世勣俱爲密將，軍中號爲三傑，故密信之而戰。**大唐武德二年，王世⑧充殺越王侗於洛陽，僭稱尊號，隋氏滅矣。**梁時，沙門寶誌爲書曰：「牽三來就九，索虜下殿走。意欲東南游，厄在彭城口。」今兹三月，江都童謡曰：「江水

① 「外」，原作「水」，據讀畫齋叢書本改。 ② 「不」，原脱，據讀畫齋叢書本補。 ③ 「主」，原作「王」，據讀畫齋叢書本改。 ④ 「不」，原脱，據讀畫齋叢書本補。 ⑤ 「耒」，原作「采」，據讀畫齋叢書本改。 ⑥ 「代」，原作「伐」，據讀畫齋叢書本改。 ⑦ 「武牢」，「虎牢」避諱改。 ⑧ 「世」，原脱，據四庫本補。

何泠泠，楊柳何青青。人今正好樂，已復戍彭城。」牽三就九，十二年也。戍言輸也。吳人謂北人爲虜。江都西有彭城村，村有彭城水。上引其水入西閣之下，果於此被執。初，上在江都，聞英雄競起，皆曰：「此乃狂賊，終無所成。」及聞義師起，上方卧，驚起曰：「此得之矣。」楊廣博覽多聞，而不知李淵①爲天子，安用聖爲？撫心而歎，久之復卧，曰：「王者不死，天自成人也。」

論曰：干寶稱，帝王之興，必俟天命，苟有代謝，非人事也。堯、舜内禪，體文德也。漢、魏外禪，順大名也。湯、武革命，應天人也。高、光争伐，定功業也。各因其運而得天下，隨時之義大矣哉。范曄曰：「自古喪大業、絶宗禋，其所以致削弱禍敗者，蓋漸有由矣。三代以嬖色取禍，嬴②氏以奢虐致灾，西京自外戚失祚，東都緣閹尹傾國，成敗之來，先史商之久矣。」自秦、漢迄於周、隋，觀其興亡，雖亦有數，然大抵得之者皆因得賢豪，爲人興利除害；其失之也，莫不因任用群小，奢汰無度。孔子曰：「以約失之者鮮矣。」又曰：「遠佞人，去僻惡。」有旨哉！昔秦王見周之失統，喪權於諸侯，遂自恃任人，不封立諸侯。及陳勝、楚、漢，咸由布衣，非封君有土，而并滅秦。高祖既定天下，念項王從函谷入，而已由武關到，惟修關梁，强守禦，内充實三軍，外多發屯戍。及王翁之奪取，乃不犯關梁而坐得其處。王翁見以專國秉政得之，即抑

①「淵」，原作「諱」，即避李淵諱，今徑用「淵」。

②「嬴」，原作「羸」，據四庫本及後漢書宦者列傳改。

重臣，收下權。及其失之，又不從大臣生焉。更始見王翁以失百姓心亡天下，既西到京師，恃人悦聲，則自安樂，不納諫臣。赤眉圍其外，近臣反於城，遂以破敗。由是觀之，夫患害非一，何可勝爲防備哉。賈誼曰：「夫事有招禍，法有起姦，唯置賢良，然後無患耳。」

# 長短經卷第五

霸紀中

## 七雄略第十八

臣聞：天下，大器也。群生，重蓄也。器大不可以獨理，蓄重不可以自守，故劃野分疆，所以利建侯也；親踈相鎮，所以關盛衰也。

昔周監二代，立爵五等，封國八百，同姓五十五，深根固本，爲不可拔者也。故盛則周、邵①相其治，衰則五霸扶其弱，所以夾輔王室，左右厥世，此三聖制法之意。文、武、周公爲三聖。然厚下之典，弊於尾大，自幽、平之後，日以陵夷，爵禄多出於陪臣，征伐不由於天

①「邵」，通「召」。

子。**吴并於越**，越王勾踐敗吴，欲遷吴王於甬東①，與百家君②之。吴王曰：「孤老矣，不能事君王。」遂自剄死。越王滅吴。**晉分爲三**，晉昭公六年卒，六卿欲弱公室，遂以法盡滅羊舌氏之族，而分其邑爲十縣，六卿各以其子爲大夫，晉益弱，六卿皆大。哀公四年，趙襄子、韓康子、魏桓子共殺智伯，盡分其地。至烈公十九年，周威烈王③賜趙、韓、魏皆命爲諸侯，晉遂滅。**鄭兼於韓**，鄭桓公者，周厲王少子也，幽王以爲司徒。問太史伯曰：「王室多故，子安逃死乎？」太史伯曰：「獨有雒之東土河、濟之南可居。」公曰：「何如？」對曰：「地近虢、鄶。虢、鄶之君貪而好利，百姓不附。今公爲司徒，民皆愛公，請試居之，民皆公之民也。」桓公曰：「善。」竟國之。至後世君乙爲韓哀侯所滅，并其國，鄭遂亡。**魯滅於楚**，魯頃公二十四④年，楚考烈王滅魯，魯頃公亡，遷于卞邑，爲家人，魯遂絶。**海内無主四十餘年，而爲戰國矣。**

**秦據勢勝之地，騁狙詐之兵，蠶食山東，山東患之。蘇秦，洛陽人也，合諸侯之縱以賓秦；張儀，魏人也，破諸侯之縱以連横，此縱横之所起也。**議曰：易稱先王建萬國而親諸侯。

---

①「甬東」，杜預曰：「越地，會稽句章縣東海中洲也。」「甬」，原作「埇」，據讀畫齋叢書本及左傳改。　②「君」，史記吴太伯世家作「居」。　③「周威烈王」，原作「周威王」，據史記晉世家改。　④「二十四」，原作「二」，據史記魯周公世家改。

孔子作春秋爲後世法，譏世卿不改制世侯。由是觀之，諸侯之制，所從來上矣。荀悦曰：「封建諸侯，各世其位，欲使視人如子，愛國如家。置賢卿大夫，考績黜陟，使有分土而無分人。而王者總其一統，以御其政。故有暴於其國者，則人叛。人叛於下，誅加於上，是以計利思害，勸賞畏威，各競其力而無亂心。天子失道則侯伯正之，王室微弱則大國輔之，雖無道，不虐於天下，此所以輔相天地之宜，以左右人者也。」曹元首曰：「先王知獨理之不能久，故與人共理之①。知獨守之不能固，故與人共守之。兼親疎而兩用，參同異而并進，輕重足以相鎮，親疎足以相衛。兼并路塞，逆節不生也。」陸士衡曰：「夫爲人不如厚己，利物不如圖身，安上在乎悦下，爲己存乎利人。夫然，則南面之君各矜②其治，九服之人知有定主，上之子愛於是乎生，下之體信於是乎結。世治足以敦風，道衰足以禦暴。强毅之國不能擅一時之勢，雄俊之人無以寄霸王之志。蓋三代所以直道，四王所以垂業。夫興衰隆弊，理所固有；教之廢興，存乎其人。愿法期於必凉③，明道有時而闇。故世及之制弊於强禦，厚下之典漏於末折，浸弱之釁遘自三季，陵夷之禍終於七雄。」所謂「末大必折，尾大難掉」，此建侯之弊也。

**蘇秦初合縱，至燕，**周武定殷，封邵公於燕，與六國并稱王。**説燕文侯曰：「燕東有朝鮮、遼**

①「之」，原作「人」，據讀畫齋叢書本改。②「矜」，晉書陸機列傳作「務」。③「愿」，孔安國曰：「慤也。」「凉」，杜預曰：「薄也。」李善曰：「言法不可常愿，故期於必薄；道不可常明，故有時而或暗。以諭盛衰興廢抑唯常理也。」

東，北有林胡①、樓煩，西有雲中、九原，南有呼沲、易水，地方二千餘里，帶甲數十萬，車六百乘，騎六千匹，粟支數年，南有碣石、鴈門之饒，北有棗栗之利，民雖不田作而足於棗栗矣，此所謂天府者也。夫安樂無事，不見覆軍殺將，無過燕者。大王知其所以然乎？夫燕所以不犯寇、被甲兵②者，以趙之爲蔽③其南也。秦、趙相斃，而王以全燕制其後，此燕之所以不犯寇也。且夫秦之攻燕也，逾雲中、九原，過代上谷，今易州也。彌地數千里，雖得燕城，秦計固不能守也。秦之不能害燕亦明矣。今趙之攻燕也，發號出令不至十日，而數十萬之軍軍於東垣矣。渡呼沲，涉易水，不至四五日而距國都矣。故曰：秦之攻燕也戰於千里之外，趙之攻燕也戰於百里之內。夫不憂百里之患，而重於千里之外，計無過於此者。是故願大王與趙從親，天下爲一，則燕國必無事矣。燕文侯許之。樂毅獻書燕王曰：「比目之魚，不相得則不能行，故古者稱之，以其合兩而如一也。今山東不能合弱而如一，是山東之智不如魚也。又譬如軍士④之引車也，三人不能行，索二人五人而車因行矣。今山東三國⑤弱而不能敵秦，索⑥二國

①「林胡」，原作「胡林」，據讀畫齋叢書本及史記蘇秦列傳乙。　②「兵」，原脱，據史記補。　③「蔽」，原作「弊」，據讀畫齋叢書本及史記改。　④「士」，原作「壬」，據讀畫齋叢書本及戰國策燕策改。　⑤「三國」，指韓、趙、梁。
⑥「索」上，原衍「秦」，據讀畫齋叢書本及戰國策删。

因能勝秦矣。然而山東不知相索，則智固不如軍士矣。胡與越人言語不相知，志意不相通，同舟而渡波，至其相救助如一。今山東之相與也，如同舟而濟，秦之兵至，不能相救助如一，智又不如胡、越之人矣。三物①者，人之所能爲也②，山東主遂不悟，此臣之所爲山東苦也，願大王熟慮之。今韓、梁、趙三國已合矣，秦見三晉之堅也，必南伐楚。趙見秦之伐楚，必北攻燕。物固有勢異而患同者。秦久伐韓，故中山亡③。今秦之伐楚，燕必亡。臣竊爲大王計，不如以兵南合三晉，約戍韓、梁之西邊。山東不能爲此，此必皆亡矣。」燕果以兵南合三晉。趙將伐燕，蘇代爲燕說趙王曰：「今者臣從外來，過易水④，見蚌方出曝，而鷸啄其肉，蚌合而拑其喙⑤。鷸曰：『今日不雨，明日不雨，必見蚌脯。』蚌亦謂鷸曰：『今日不出，明日不出，必見死鷸。』兩者不肯相捨，漁父得而并擒之。今趙且伐燕，燕、趙久相支，以弊其衆，臣恐强秦之爲漁父也，願大王熟計之。」趙王乃止。齊宣王因燕喪⑥伐燕，取十城。燕易王謂蘇秦曰：「先生能爲燕得侵地乎？」秦曰：「請爲王取之。」遂如齊見齊王，俯⑦而慶，仰而弔。齊王曰：「是何慶弔相

①「物」，鮑彪曰：「物猶事。」「三物」，指上述三事。　②「也」，原作「一」，據讀畫齋叢書本及戰國策改。　③「亡」，原作「民」，據讀畫齋叢書本及戰國策改。　④「易水」，原脱「易」，據戰國策補。　⑤「喙」，原作「啄」，據讀畫齋叢書本及戰國策改。下同。　⑥「喪」，原作「衰」，據讀畫齋叢書本及史記改。　⑦「俯」，原作「拜」，據史記改。

隨之速也？」蘇秦曰：「臣聞，飢人之所以飢而不食烏喙者，爲其偷①充腹而與死人同患也。今燕雖小弱，即秦王之女壻也。大王利其十城，而長與强秦爲仇。今使弱燕爲鴈行，而强秦推②其後，是食烏喙之類也。」齊王曰：「然則奈何？」蘇秦曰：「臣聞，古之善制事者，轉禍而爲福，因敗而爲功。大王誠能聽臣，歸燕十城，燕必大喜；秦王知以己之故而歸燕之十城，亦必喜，此所謂棄仇讎而結碩友也。」齊王曰：「善。」於是歸燕十城。

蘇秦如趙，趙之先與秦同祖。周繆王使造父御，破徐偃王，乃賜造父以趙城，趙氏世爲晉卿也。說趙肅侯曰：「臣竊爲君計，莫若安民無事，且無庸有事於民③也。安民之本，在於擇交，擇交而得則民安，擇交而不得則民終身不安。請言外患。齊、秦爲兩敵而民不得安，倚秦攻齊而民不得安，倚齊攻秦而民不得安。君誠能聽臣，燕必致氈裘狗馬之地，齊必致魚鹽之海，楚必致橘柚之園，韓、魏、中山皆可使致湯沐之俸④，而貴戚父兄皆可受封侯。夫割地利邑⑤，五伯之所以覆軍擒將而求也。封侯貴戚，湯、武所以放⑥弑而争也。今君高拱而

①「偷」，苟且。②「推」，戰國策作「制」，史記作「敝」。③「於民」，原作「民爲」，據史記改。④「俸」，讀畫齋叢書本作「奉」。⑤「利邑」，史記作「包利」，戰國策趙策作「效實」。「實」，鮑彪曰：「實，如氈裘之類。」⑥「放」，驅逐，流放。

兩有之，此臣之所爲君願也。夫秦下軹道則南陽危，劫韓苞①周則趙自操②兵，據衛取淇、卷則齊必入朝秦。秦欲已得乎山東，則必舉兵而嚮趙矣。秦甲渡河逾漳，據蕃③吾，則兵必戰於邯鄲之下矣。此臣之所爲君危也。當今之時，山東之建國莫强於趙。趙地方二千餘里，帶甲數十萬，車千乘，騎萬匹，粟支數年。西有常山，南有河、漳，東有清河，北有燕。燕固弱國，不足畏也。秦之所害於天下莫如趙，然而秦不敢舉兵而伐趙者，何也？畏韓、魏之議其後也。然則韓、魏，趙之南蔽也。秦之攻韓、魏也，無名山大川之險，稍稍蠶食之，傅④國都而止。韓、魏不能支秦，必入臣於秦。秦無韓、魏之規⑤，則禍必中於趙矣。此臣之所謂君患也。臣聞，堯無三夫之分⑥，舜無咫尺之地，以有天下；禹無百人之聚，以王諸侯；湯、武之士不過三千，車不過三百乘，卒不過三萬，立爲天子，誠得其道也。是故明主外料其敵之强弱，内度其士卒賢不肖，不待兩軍相當，而勝敗存亡之機固已形於胸中

①「苞」，通「包」，裹。「苞周」，張守節曰：「周都洛陽，秦若劫取韓南陽，是包裹周都也，趙邯鄲故須危，起兵自守。」②「操」上，原衍「銷」，據讀畫齋叢書本及史記删。「自操兵」，戰國策作「自銷鑠」。③「蕃」，讀畫齋叢書本作「番」。④「傅」，迫近，靠近。原作「傳」，據讀畫齋叢書本及史記改。⑤「規」，戰國策作「隔」。⑥「三夫之分」，鮑彪曰：「一夫有田百畝，此未爲唐侯時。」

矣。豈掩於衆人之言，而以冥冥決事哉！臣竊以天下之地圖按之，諸侯之地五倍於秦，料度諸侯之卒十倍於秦，六國并力西面而攻秦，秦必破矣。今西面而事之，見臣於秦。夫破人之與見破於人，臣之與見臣於人也，豈可同日而論哉！夫衡人者，皆欲割諸侯之地以與秦。秦成，則高臺榭，美宮室，聽笙竽之音，國被秦患而不與其憂，是故衡人日夜務以秦權①恐愒諸侯，以求割地，願大王熟計之。臣聞，明主絶疑去讒，屏流言之迹，塞朋黨之門，故尊主强兵之臣得陳忠於前矣。故竊爲大王計，莫若一韓、魏、齊、楚、燕、趙從親以叛秦，合天下之將相，會於洹水之上，通質，刑白馬而盟，約曰：『秦攻楚，齊、魏各出鋭師以佐之，韓絶其糧道，趙涉河、漳，燕守常山之北。秦攻韓、魏，則楚絶其後，齊出鋭師以佐之，趙涉河、漳，燕守雲中。秦攻齊，則楚絶其後，韓守成皋，魏塞其糧道，趙涉河、漳，指②博關，燕出鋭師以佐之。秦攻燕，則趙守常山，楚軍武關，齊涉渤海，今滄州也。韓、魏皆出鋭師以佐之。秦攻趙，則韓軍宜陽，楚軍武關，魏軍河外，齊涉清河，今貝州也。燕出鋭師以佐之。諸侯有不如約者，以五國之兵共伐之。』六國從親以賓秦③，則秦甲必不敢出於函谷以

①「權」，原作「擁」，據讀畫齋叢書本及史記改。　②「指」，原脱，據史記補。　③「賓秦」，司馬貞曰：「六國之軍共爲合從相親，獨以秦爲賓而共伐之。」

害山東矣。如此，則霸王之業成矣。」趙王曰：「善。」秦既破趙長平軍，遂圍邯鄲。趙人震恐東徙，乃使蘇代厚幣①說秦相應侯曰：「武安君擒馬服子乎？」曰：「然。」「又欲圍邯鄲乎？」曰：「然。」代曰：「趙亡則秦王矣。夫武安君所謂②秦戰勝攻取者七十餘城，南取鄢、郢、漢中，北擒馬服之軍，雖周、召、呂望之功不益於此。趙亡即秦王矣。以武安君爲三公，君能爲之下乎③？欲無爲之下，固不得矣。秦攻韓，圍邢丘，困上黨，上黨之人皆歸趙，不樂爲秦人之日久矣。今趙北地入燕，東地入齊，南地入韓、魏，君之所得，無慮幾何。故不如因而割之，無以爲武安君之功也。」於是應侯言於秦王曰：「秦兵疲勞，請許韓、趙之君，割地以和。」秦既罷軍，趙王使趙赦約事秦，欲割六城而與之。虞卿謂王曰：「秦之攻趙也，倦而歸乎？其力尚能進。愛王而弗攻乎？」王曰：「秦之攻我，無餘力矣。必以倦歸耳。」虞卿曰：「秦以其力攻其所不能取，倦而歸，王又割其力之所不能取④以送之，是助秦自攻耳。來年，秦復求割地，王將與之乎？弗與則棄前功而兆後禍也，與之則無地以給之。語曰：『强者善攻，弱者善守。』今聽秦，秦兵不弊而多得地，是强秦而弱趙也。以益秦之强而割逾弱，其計固不止矣。且王之地有盡，而秦之求無已，以有盡之地而給無已之求，其勢必無趙矣。」王計未定，樓緩從秦來，王以問之。緩曰：「不如

①「幣」，原作「弊」，據讀畫齋叢書本及史記白起王翦列傳改。 ②「謂」，通「爲」。 ③「乎」，原作「禾」，據讀畫齋叢書本及史記改。 ④「取」，原作「守」，據讀畫齋叢書本及史記虞卿列傳改。

與之。」虞卿曰：「臣言勿與，非固勿與而已也。秦索六城於王，王以六城賂齊。齊，秦之深讎也，得王之六城，并力而西擊秦。齊之德王，不待辭之畢也。則王失之於齊，取償於秦。而齊、趙之深讎可以報矣，且示天下有能爲也。王以此發聲，兵未窺於境，秦之重賂必至於趙，而反請和於王。秦既請和，韓、魏聞之必盡重王，重王必出重寶以一於王，則是王一舉而得三國之親，而秦益危矣。」趙王曰：「善。」即遣虞卿東見齊王，與之謀秦。虞卿未及發，而秦使者已在趙矣。樓緩聞之，亡去。秦圍趙，王使平原君入楚從親而請其救。平原君之楚，見楚王，説以利害。日出而言，日中不決。毛遂乃按劍歷階而上，謂平原君曰：「縱之利害，兩言而決耳。今日出而言，日中不決，何也？」楚王叱曰：「胡不下？吾與汝君言，汝何爲者？」毛遂按劍而前曰：「王之所以遇遂者，以楚國之衆也。今十步之内，王不得恃楚國之衆，王之命懸於遂之手矣。吾君在前，叱者何也？且遂聞，湯以七十里之地立爲天子，文王以百里之壤而臣諸侯。今楚地方五千里，持戟百萬，此霸王之資也。以楚之强，天下莫能比而不能當也。白起，小豎子耳，率數萬之衆，興師以與楚戰，一戰而舉鄢、郢，再戰而燒夷陵，三戰而辱王之先人。此百代之怨，趙之所羞，而王不知耻焉。今合縱者，爲楚不爲趙也。」楚王曰：「苟如先生之言，謹奉社稷以從。」楚於是遂出兵救趙。趙孝成王時，秦圍邯鄲，諸侯之救兵莫敢擊秦。魏王使晉鄙救趙，畏秦，止於湯陰不進。魏使客將軍新垣衍間入邯鄲，令趙帝秦。此時，魯連適游趙，會秦圍邯鄲，聞魏欲令趙尊秦爲帝，乃見平原君曰：「梁客新垣衍安在？吾請爲君責而歸之。」平原君曰：「勝請爲紹介。」魯連見新垣衍而無言。新垣衍曰：「吾視①居此圍城之中，皆有求於平原君也。今觀先生之玉貌，非有求於平原君也，曷爲久居圍城之中而不去乎？」魯連曰：「世以鮑焦爲無從容②而死者，皆非也。衆人不知，則爲一身③。彼秦者，棄禮義而上首功④之國，權使其士⑤，虜使其人。彼即肆然⑥而爲帝，過而爲政⑦於天下，則連有蹈東海而死耳，吾不忍爲之人也。所以見將軍者，欲以助趙。」衍曰：「先生助之，將奈何？」魯連曰：「吾將使梁及燕助之，齊、楚則固助之矣。」衍曰：「燕則爲請以從矣。若乃梁者，即吾乃梁人也，先生惡能使梁助之？」魯連曰：「梁未覩秦稱帝之害故耳。使梁覩秦稱帝之害，則必助趙矣。」衍曰：「秦稱帝之害何如？」連曰：「昔者，齊威王嘗爲仁義矣，率天下諸侯而朝周。周貧且微，諸侯莫朝，而齊獨朝之。居歲餘，周烈王崩，齊後往。周怒，赴於齊曰：『天崩地坼，天子下席⑧，東蕃之臣田嬰後至則斮⑨。』齊威王

①「視」下，原衍「君」，據讀畫齋叢書本及史記魯仲連列傳刪。　②「容」，原作「客」，據讀畫齋叢書本及史記改。「從容」，司馬貞曰：「言世人見鮑焦之死皆以爲不能自寬容而取死。」莊子盜跖：「鮑焦飾行非世，抱木而死。」　③「則爲一身」，原作「爲一耳」，據讀畫齋叢書本及史記改。司馬貞曰：「焦以耻居濁世而避之，非是自爲一身而憂死。」　④「首功」，司馬貞：「秦法，斬首多爲上功。謂斬一人首，賜爵一級，故謂秦爲首功之國。」　⑤「權使其士」，司馬貞曰：「言秦人以權詐使其戰士，以奴虜使其人民。」「士」，原作「上」，據讀畫齋叢書本及史記改。　⑥「肆然」，司馬貞曰：「猶肆志也。」　⑦「過而爲政」，司馬貞曰：「謂以過惡而爲政也。」原作「過而遂政」，據讀畫齋叢書本及史記改。　⑧「下席」，司馬貞曰：「言其（太子）寢苫居廬也。」　⑨「斮」，何休曰：「斬也。」

勃然怒曰：『叱嗟！而母婢也。』卒爲天下笑。故生則朝周，死則叱之，誠不忍其求也。彼天子固然，其無足怪。」衍曰：「先生①獨不見夫僕②乎？十人而從一人者，寧力不足而智不若耶？畏之也。」魯連曰：「嗚呼！梁之比秦若僕耶？」衍曰：「然。」魯連曰：「吾將使秦王烹醢梁王。」衍愕然曰：「亦太甚③矣，先生之言也！先生又惡能使秦王烹醢梁王？」連曰：「固也，待吾將言之。昔者九侯、鄂侯、文王，紂之三公也。九侯有子而好，故獻之紂。紂以爲醜，醢九侯。鄂侯争之强，辧④之疾，故脯鄂侯。文王聞之，喟然而歎，故拘之牖里之庫百日，欲令之死。曷爲人俱稱王，卒就脯醢之地？齊湣王將之魯，夷維子爲御，執策而從，謂魯人曰：『子將何以待吾君？』魯人曰：『吾將以十大牢待子君。』夷維子曰：『安以取禮而來？彼吾君者，天子也。天子巡狩，諸侯避舍，納管籥，攝衽抱机⑤，視膳於堂下。天子已食，若⑥退而聽朝也。』魯人投其籥，不果内。不得入於魯。將之薛，假塗於鄒。當是時，鄒君死，湣王欲入弔。夷維子謂鄒之孤曰：『天子弔，主人必將倍殯⑦，設几北面於南方，然後天子南面弔。』鄒之群臣曰：

①「生」，原作「王」，據讀畫齋叢書本及史記改。　②「僕」，供役使的僕人。　③「太甚」，原作「秦」，據讀畫齋叢書本及史記改。　④「辧」，讀畫齋叢書本作「辧」，史記作「辯」，古多通用。　⑤「机」，通「几」，几案，小桌。「抱机」，原作「袍扒」，據讀畫齋叢書本及史記改。　⑥「若」，乃，就。　⑦「倍殯」，「倍」通「背」。司馬貞曰：「謂主人不在殯東，將倩其殯棺立西階上，北面哭，是倍也。天子乃於阼階上南面而弔之。」「殯」，死者入殮後停柩以待葬。禮記曰：「周人殯於西階之上。」

『必若此，將伏劍而死。』故不敢入於鄒。鄒，魯之大夫，生則不得事養，死則不得賻襚①，然且欲行天子之禮於鄒、魯，鄒、魯之臣不果内。今秦，萬乘之國也，梁亦萬乘之國也，俱據萬乘之國，交有稱王之名。覩其一戰而勝，遂欲從而帝之，則且變易諸侯之大臣。彼將奪其所不肖而與其所賢，奪其所憎而與其所愛，又將使其子女讒妾②爲諸侯妃姬，處梁之宫，梁王安得晏然？而將軍又何得故寵乎？」於是新垣衍起，再拜謝曰：「吾請出，不敢復言帝秦。」秦將聞之，爲③退軍五十里。

蘇秦如韓，韓之先與周同姓，事晉，得封於韓爲韓氏。後周烈王賜韓侯，得列爲諸侯也。說韓宣王曰：「韓北有鞏、成皋之固，西有宜陽、商阪之塞，東有宛、穰、洧水，南有陘山，地方九百餘里，帶甲數十萬，天下之强弓勁弩皆從韓出。韓卒超足④而射，百發不暇止，遠者栝⑤洞胸，近者鏑⑥掩心。韓之劍戟則龍泉、太阿，皆陸斷牛馬，水截鵠鴈。夫以韓卒之勁與大王之賢，乃西面而事秦，交臂而服焉，羞社稷而爲天下笑，無大於此者也。是故，願大王熟計之。大王無事秦，事秦必求宜陽、成皋。今茲效之，明年又復求割地。與之則無地以給

---

①「賻襚」，張守節曰：「衣服曰襚，貨財曰賻，皆助生送死之禮。」　②「妾」，原作「妄」，據讀畫齋叢書本及史記改。

③「爲」下，原衍「韓」，據讀畫齋叢書本及史記删。　④「超足」，司馬貞曰：「謂超騰用勢，蓋起足蹋之而射也。」

⑤「栝」，箭身。　⑥「鏑」，箭頭。

之，不與則棄前功而受後禍。且夫大王之地有盡，而秦之求無已。以有盡之地而逆無已之求，此所謂市怨結禍者，不戰而地已削矣。臣聞鄙諺曰：『寧爲雞口，無爲牛後。』今王西面交臂而臣事秦，何異於牛後乎？夫以大王之賢，挾强韓之兵，而有牛後之名，竊爲大王羞之。」韓王勃然作色，按劍太息曰：「寡人雖不肖，不能事秦。」從之。韓攻宋，秦大怒曰：「吾愛宋。韓氏與我交而攻我所甚愛，何也？」蘇秦爲韓説秦王曰：「韓氏之攻宋，所以爲王也。以韓之强，輔之以宋，楚、魏必恐，恐必西面而事秦，王不折一兵，不殺一人，無事而割安邑，此韓氏之所以禱於秦也。」韓惠王聞秦好事，欲罷①其人，無令東伐，乃使水工鄭國來間秦，説秦王令鑿涇水以溉田。中作而覺，欲誅鄭國。鄭國曰：「始，臣爲間。然渠成，亦秦之利。臣爲韓延數年命，爲秦開萬代之利也。」王從之。

蘇秦如魏，魏之先，畢公高之後，與周同姓。武王伐紂，封高公於畢，以爲姓。畢萬事晉獻公，獻公封萬於魏，以爲大夫。後周烈王賜魏俱得爲諸侯。説魏襄王曰：「大王之地，南有鴻溝、陳、汝南②，東有淮、潁、煮棗，西有長城之界，北有河水③、卷、衍，地方千里。地名雖小，然而田舍廬廡④

① 「罷」，疲勞，衰弱。 ② 「汝南」，原作「汝」，據史記蘇秦列傳改。 ③ 「河水」，史記作「河外」。 ④ 「田舍廬廡」，原作「田與田廬」，據讀畫齋叢書本及史記改。

曾無芻牧之地①。人民之衆，車馬之多，日夜行不絶，輷輷殷殷②，若有三軍之衆。魏，天下之强國也。王，天下之賢主也。今迺有意西面而事秦，稱東藩，築帝宮③，受冠帶④，祠春秋⑤，臣竊爲大王耻之。臣聞，越王句踐戰，弊卒⑥三千，擒夫差於干遂。武王卒三千，革車三百乘，制⑦紂於牧野，豈其卒衆哉？誠能奮其威也。今竊聞大王之卒，武士二十萬，倉頭二十萬⑧，奮擊⑨二十萬，厮徒⑩十萬，車六百乘，騎六⑪千匹，此過越王句踐、武王遠矣，今乃聽於群臣之説而欲臣事秦。夫事秦必割地以效實，故兵未用而國已虧矣。夫爲人臣，割其主之地以外交，偷取一旦之功而不顧其後，破公家而成私門，外挾强秦之勢以内劫其主，以求割地，願大王熟察之。周書曰：『綿綿不絶，蔓蔓⑫奈何？毫氂不伐，將用斧柯⑬。』前慮未定，後有大患，將奈之何！大王誠能聽臣，六國從親，專心并力，則必無强秦

---

①「無芻牧之地」，鮑彪曰：「居人多故。」芻牧，割草放牧。②「輷輷殷殷」，衆車行進之聲。③「築帝宮」，鮑彪曰：「爲秦築宮，備其巡幸。」④「受冠帶」，鮑彪曰：「受服於秦。」⑤「祠春秋」，鮑彪曰：「助秦祭。」⑥「弊卒」，疲憊的兵士。⑦「制」，制服。戰國策作「斬」。⑧「倉頭」，應劭曰：「謂士卒皂巾。」「二十萬」，原脱，據史記補。⑨「奮擊」，指勇士。史記、戰國策作「倉頭二十萬，奮擊二十萬」。⑩「厮徒」，張守節曰：「謂炊烹供養雜役。」⑪「六」，史記作「五」。⑫「蔓蔓」，顔師古曰：「言其長久，日以茂盛也。」⑬「用斧柯」，逸周書作「成斧柯」。「斧柯」，斧柄。孔晁曰：「此言防患在微也。」

之患。故弊邑趙王使臣效愚計，奉明約，在大王詔①之。」魏王曰：「謹奉教。」虞卿説春申君伐燕，以定身封②。春申君曰：「所道③攻燕，非齊即魏。魏、齊新惡楚，楚雖欲攻燕，將何道哉？」對曰：「請令魏王可④君。」虞卿遂如魏，謂王曰：「夫楚亦强大矣，天下無敵，乃且攻燕。」魏王曰：「向也子云天下無敵，今也子云乃且攻燕者，何也？」對曰：「今謂馬力多則有矣，若曰勝千鈞⑤則不然者，何也？夫千鈞非馬之任也。今謂楚强大則有矣，若夫越趙、魏而鬭⑥兵於燕，則豈楚之任哉？非楚之任而楚爲之，是弊楚也。弊楚即强魏，其於王孰便？」魏王曰：「善。」從之。

蘇秦如齊，齊太公望呂尚者，事周爲文、武師，謀伐紂。武王已平商，封尚父於齊營丘也。説齊宣王曰：「齊南有泰山，東有琅邪，西有清河，北有勃海，此四塞之國也。臨菑⑦甚富而實，其民無不吹竽鼓瑟、彈琴擊筑、鬭雞走狗、六博蹹踘者也。臨菑之途，車轂擊，人摩肩，連衽成帷，舉袂成幕，揮汗成雨，家殷人足，志高氣陽。夫以大王之賢與齊之强，天下莫能當

---

①「詔」，教導，告誡。　②「封」，指封地。戰國策楚策：「虞卿謂春申君曰：『臣聞之春秋，於安思危，危則慮安。今楚王之春秋高矣，而君之封地不可不早定也。爲主君慮，封者莫如遠。今燕之罪大而趙怒深，故君不如北兵以德趙，踐亂燕，以定身封。此百代之一時也。』」　③「道」，取道，經過。　④「可」，同意，許可。　⑤「鈞」，孔穎達曰：「三十斤爲鈞。」　⑥「鬭」，原作「關」，據戰國策楚策改。　⑦「臨菑」，戰國策作「臨淄」。

也。今乃西面事秦，竊爲大王羞之。且夫韓、魏之所以畏秦者，爲與秦接境壤界也。兵出相當，不出十日，而戰勝存亡之機決定①矣。韓、魏戰而勝秦，則兵半折，四境不守。戰而不勝，則國已危，亡隨其後也。是故韓、魏之所以重與秦戰，而輕爲之臣也。今秦之攻齊則不然，陪②韓、魏之地，過衛晉陽之道，經於亢父之險，車不得方軌，騎不得比行，百人守險，千人不敢過也。秦雖欲深入則狼顧，恐韓、魏之議其後。是故洞③疑虚喝，驕矜④而不敢進。夫不深料秦之無奈齊何也，而欲西面事之，是群臣之計過也。今無事⑤秦之名，而有强國之實，故願大王少留意計之。」齊王曰：「善。」蘇秦説閔王曰：「臣聞，用兵而喜先天下⑥者憂，約結而喜生⑦怨者孤。夫後起者藉⑧也，而遠怨者時⑨也，故語曰：『騏驥之衰也，駑馬先之；孟賁之倦也，女子勝之。』夫駑馬、女子之筋骨力勁非賢於騏驥、孟賁也，何則？後起之籍⑩也。臣聞，戰攻之道非師⑪者，雖有百萬之軍，北之堂上⑫；雖有闔閭⑬、吴起之將，擒之户内。千丈之城，拔之樽俎⑭之

---

①「定」，讀畫齋叢書本無。　②「陪」，讀畫齋叢書本作「倍」。　③「洞」，通「恫」，恐懼。讀畫齋叢書本及戰國策作「恫」。　④「矜」，原作「務」，據讀畫齋叢書本及史記改。　⑤「事」，原脱，據讀畫齋叢書本補。　⑥「天下」，原脱，據讀畫齋叢書本及戰國策補。　⑦「生」，讀畫齋叢書本及戰國策作「主」。　⑧「藉」，鮑彪曰：「言有所資權。」

⑨「時」，鮑彪曰：「得其時也。」　⑩「籍」，通「藉」。　⑪「非師」，鮑彪曰：「師，旅也。言不用師。」「非」，原作「朳」，據讀畫齋叢書本及戰國策改。　⑫「北之堂上」，北，敗逃。堂，廟堂，朝廷。鮑彪曰：「言謀之於堂，彼自敗也。」

⑬「闔閭」，鮑彪曰：「闔閭將孫武也，此以君臣互言之。」　⑭「樽俎」，指宴席。

間；百尺之衝①，折之於席上②。故鐘鼓竽瑟之音不絕，地可廣而欲可成；和樂倡優之笑不乏，諸侯可同日而致也。故夫善爲王業者，在勞天下而自佚，亂天下而自安。諸侯無成謀③，則國無宿憂也。何以知其然耶？昔魏王擁土④千里，帶甲三十⑤萬，從十二諸侯朝天子以西謀秦。秦恐，寢不安席，食不甘味。衛鞅謀於秦王曰：『王何不使臣見魏王，則臣必請北魏矣。』秦王許諾。衛鞅見魏王曰：『大王之功大矣，令行於天下矣。所從十二諸侯，非宋、衛則鄒、魯、陳、蔡，此固大王之所以鞭箠使也，不足以王天下。不若北取燕，東伐齊，則趙必從矣；西取秦，南伐楚，則韓必從矣。大王有伐齊、楚之心，而從天下之志，則王業見矣。大王不如先行王服，然後圖齊、楚。』魏王善之。故身廣公宮，制丹衣柱⑥，建九游⑦從七星之旗。此天子之位也，而魏王處之。於是齊、楚怒，諸侯奔齊，齊人伐魏，殺太子，覆其十萬之軍。是時秦王拱手受河西之外。故衛鞅始與秦王計也，謀約不下席而魏將已擒於齊矣；衝櫓⑧未施而西河之外已入於秦矣。此臣之所謂北之堂上，擒將户内，拔城於樽俎之間，折衝於席上者也。」楚懷王使柱國昭陽將兵伐魏，得八城。又移兵而攻齊，齊湣王患之。陳軫曰：「王勿憂也，請令罷之。」即往見昭陽於

---

①「衝」，衝車。　②「席上」，戰國策作「衽席之上」。　③「無成謀」，鮑彪曰：「圖我之謀不成。」　④「土」，原作「兵」，據戰國策齊策改。　⑤「三十」，戰國策作「三十六」。　⑥「制丹衣柱」，鮑彪曰：「以丹帛爲柱衣。」　⑦「游」，旌旗上的飄帶。　⑧「櫓」，高巢車。「衝櫓」，泛指戰車。

軍，再拜賀戰勝之功。起而請曰：「敢問楚之法，覆軍殺將，其官爵何也？」昭陽曰：「官爲上柱國，爵爲上執珪。」陳軫曰：「貴於此者何等也？」曰：「唯有令尹耳。」軫曰：「令尹貴耳，王非置兩令尹也，臣竊爲君譬之，可乎？楚有祠者，賜其同舍人酒一卮。舍人相謂曰：『數人飲之不足，一人飲之有餘。請畫地爲蛇，先成者飲酒。』一人蛇先成，引酒且飲之，乃左手持卮，右手畫地，曰：『吾能爲之足。』足未成，一人蛇復成，奪其卮曰：『蛇固無足，子安能爲之足乎？』遂飲其酒。爲蛇足者終亡其酒。今公攻魏，破軍殺將，得八城，而又移兵攻齊，齊畏公甚，以此名君足矣，冠①之上非可重也。戰無不勝而不知止，身且死，爵且歸，猶爲蛇足者也。」昭陽以爲然，引軍而去。

**蘇秦如楚**，楚之先出自帝顓頊。帝嚳高辛時爲火正，命曰祝融。其後苗裔事周文王。當周成王時，舉文、武勤勞之後嗣，而封熊繹於楚蠻以子男之田，姓羋氏②，甚得江、漢間人和。至熊通，使使隨人之周，請尊其號。周不聽，熊通怒，乃自立爲武王。**説威王曰：「楚，天下之强國也。王，天下之賢主也。西有黔中、巫郡，東有夏州、海陽，南有洞庭、蒼梧，北有陘塞、郇陽。地方五千餘里，帶甲百萬，車千乘，騎萬匹，粟支十年。此霸王之資也。夫以楚之强，大王之賢，天下莫能當也。今乃西面而事秦，則諸侯莫不西面而朝章臺之下矣。秦之所害莫如楚，楚强**

①「冠」，戰國策作「官」。　②「羋氏」，原作「芊氏」，據史記楚世家改。

則秦弱，秦強則楚弱，其勢不兩立，故爲大王計，莫如從親以孤秦。大王不從親，秦必起兩軍，一軍出武關，一軍下黔中，則鄢、郢動矣。臣聞，治之其未亂也，爲之其未有也。患至而後憂之，則無及也。故願大王早熟計之。大王誠能聽臣，臣請令山東之國奉四時之獻，以承大王之明詔，委社稷，奉宗廟，陳士勵兵，在大王所用之。故縱合則楚王，衡成則秦帝。今釋霸王之業，而有事人之名，竊爲大王不取也。夫秦，虎狼之國也，有吞天下之心。秦，天下之仇讎也。衡人皆欲割諸侯之地以事秦，此所謂養仇而奉讎。大逆不忠，無過此者。故從親①則諸侯割地以事楚，衡合則楚割地以事秦。此兩策者，相去遠矣。二者，大王何居焉？故敝邑趙王使臣效愚計，奉明約，在大王之詔詔之②。」楚王曰：「善。」謹奉社稷以從。」楚襄王既與秦和，慮無秦患，乃與四子專爲淫侈。莊辛諫，不聽。辛去之趙。後秦果舉鄢、郢。襄王乃徵辛而謝③之。莊辛曰：「臣聞鄙諺曰：『見兔而顧犬，未爲晚也。亡羊而補牢，未爲遲也。』臣聞湯、武以百里王，桀、紂以天下亡。今楚國雖小，絶長補短猶以千里，豈特百里哉！王獨不見夫蜻

① 「親」，結交。

② 「之詔詔之」，戰國策作「命之」。

③ 「謝」，道歉，認錯。

蛉乎，六足四翼，飛翔乎天地之間，俛啄①蚉虻而食之，仰②承白露而飲之，自以爲無患，與人無事③也，不知夫五尺童子方將調飴④膠絲，加己乎四仞之上，而下爲螻蟻之食。蜻蛉其小者也，黄雀因是以，俯啄白⑤粒，仰棲茂樹，鼓翅奮翼，自以爲無患，與人無事，不知夫公子王孫左挾彈，右攝丸，以其頰爲鏑⑥，晝棲乎茂樹，夕調乎酸鹹。黄雀其小者也，蔡聖侯⑦因是以，南游乎高陂，北陵乎巫山，飲茹溪之流，食湘波之魚，左枕幼妾，右擁嬖女，與之馳騁乎高蔡⑧之中，而不以國家爲事，不知夫子發方受令乎宣王，繫己以朱絲而見之也。蔡聖侯事其小者也，君王因是以，左州侯，右夏侯，飯封禄之粟，而載方府之金，與之馳騁乎雲夢之中，而不以天下國家爲事。不知夫穰侯方受命乎秦王，填黽塞之内，而投己於黽塞之外。」襄王聞之，身體戰慄，乃執珪而授莊辛，與之謀秦，復取淮北之地。楚人有以弱弓微繳⑨加歸鴈之上，楚襄王召問之，乃對以秦、燕、趙、魏⑩爲鳥以激怒王，曰：「夫先王爲秦所欺而客死于外，怨莫大焉。

---

①「俛啄」，原作「挽」，據讀畫齋叢書本及戰國策改。　②「仰」，原脱，據戰國策補。　③「事」，戰國策作「争」。下同。　④「飴」，原作「鉛」，據讀畫齋叢書本及戰國策改。　⑤「白」，原作「自」，據讀畫齋叢書本及戰國策改。
⑥「鏑」，戰國策作「招」，鮑彪曰：「補曰：一本標後語云：『以其頸爲的。』『的』或爲『招』。」據此，「鏑」似當爲「的」。的，李善曰：「射質也。」　⑦「蔡聖侯」，戰國策作「蔡靈侯」，鮑彪曰：「春秋及史無『聖侯』，『聖』當作『靈』。」　⑧「高蔡」，鮑彪曰：「即上蔡。」　⑨「繳」，原作「徼」，據四庫本及史記楚世家改。　⑩「魏」，原作「衛」，據史記改。

今以匹夫尚有報萬乘，子胥、白公是也。今以楚之地方五千里，帶甲百萬，猶足以踊躍於中野，而坐受伏①焉，臣竊爲大王弗取。」襄王遂復爲縱約伐秦。

六國既合縱，蘇秦爲縱約長。北報趙，趙肅侯封秦爲武安君，乃投縱約書於秦，秦不敢闚兵函谷十五餘年。

張儀爲秦連衡，秦欲攻魏，先敗韓申差②軍，斬首八萬。諸侯震恐，而儀乃來説魏王。説魏王曰：秦孝公時，公孫鞅請伐魏，曰：「魏居嶺阨之間，西都安邑，與秦界河，而獨擅山東之利。利則西侵秦，病即東收地。今以君賢聖，國賴以盛，宜及此時伐魏。魏不支③，秦必東徙。東徙則據山河之固，東向以制諸侯，此帝業也。」自是之後，魏果去安邑，徙都大梁。「魏地方不至千里，卒不過三十萬。地四平，諸侯四通，條達輻湊，無名山大川之限。從鄭至梁二百餘里，車馳人走，不待倦而至。梁南與楚境，西與韓境，北與趙境，東與齊境。卒戍四方，守亭障者不下十萬。梁之地勢，固戰場也。大梁，今汴州是也。梁南與楚不與齊，齊攻其東。東與齊不與趙，趙攻其北。不合於韓則韓攻其西，不親於楚則楚攻其南。此所謂四分五裂之道也。且諸侯之爲

①「伏」，史記作「困」。 ②「申差」，原作「由差」，據史記張儀列傳改。 ③「支」，原作「友」，據史記商君列傳改。

縱者，將以安社稷、尊主强兵顯名也。今爲縱者，一天下，約爲昆弟，刑白馬以盟洹水之上，以相堅也。而親昆弟、同父母尚有爭錢財，而欲恃詐僞反覆蘇秦之謀，其不可成亦以明矣。大王不事秦，秦下兵攻河外，據卷、衍①、酸棗，劫衛取晉陽則趙不南，趙不南則梁不北，梁不北則縱道絶，縱道絶則大王之國欲無危不可得也。秦折②韓而攻梁，韓恃③於秦，秦、韓爲一，梁之亡立可須也。此臣之所爲大王患也。爲大王計，莫如事秦，事秦則楚、韓必不敢動，無楚、韓之患，則大王高枕而卧，國必無憂矣。大王不聽秦，秦下甲士而東伐，雖欲事秦，不可得也。且夫從人多奮辭而少可信，説一諸侯而成封侯之業，是故天下之游談士莫不日夜搤腕瞋目切齒以言縱之便，以説人主。人主賢其辯而牽其説，豈得無眩哉！臣聞之，積羽沉舟，群輕折軸，衆口鑠金。故願大王審計定議。」魏王於是倍縱約而請成於秦。

范雎説秦昭王曰：「夫穰侯越韓、魏而攻齊剛、壽，非計也。少出師不足以傷齊，多出師則害於秦也，其於計疎矣。且齊湣王南攻楚，破軍殺將，再辟地千里，而齊尺寸之地無得者，豈齊不欲得地哉？形所不能有也。諸侯見齊之罷落④，興師伐之，士辱兵頓。故齊所以大破者，以其破楚肥韓、魏

---

① 「衍」下，原衍「燕」，據讀畫齋叢書本及史記張儀列傳删。　② 「折」，原作「析」，據讀畫齋叢書本及史記改。戰國策作「挾」。　③ 「恃」，讀畫齋叢書本及史記作「怯」。　④ 「落」，史記作「弊」。

也。此所謂借賊兵而資盜糧也。王不若遠交而近攻，得寸則王之寸，得尺則王之尺。今釋近而攻遠，不亦謬乎！昔者，中山之國五百里，趙獨吞之，功成名立而利附焉，天下莫之能争。今夫韓、魏，中國之處而天下之樞，王若欲霸，必親①中國而爲天下樞，以威楚、趙。楚强則附趙，趙强則附楚。楚、趙皆附，齊亦懼矣。齊懼②，必卑辭重幣以事秦。齊已附，則韓、魏因可虜③也。」王曰：「善。」乃拜睢爲客卿，謀兵事。伐魏，拔懷及邢丘。齊、楚來伐魏，魏王使人求救於秦，冠蓋相望而秦救不至。魏人有唐雎者，年九十餘矣，謂王曰：「老臣請西説秦王，令兵先臣出。」王再拜，遣之。唐雎到秦，入見秦王。秦王曰：「丈人芒然而遠至此，甚苦矣。夫魏之來求救數矣，寡人知魏之急也。」唐雎曰：「大王知魏之急而救兵不發，臣竊以爲用策之臣無任矣。夫魏，萬乘之國也。然所以西面而事秦，稱東藩、築帝宫、受冠帶、祠春秋者，以爲秦之强足以與也。今齊、楚之兵已合於魏郊，而秦救不發，亦將賴其未急也。使之而急，彼且割地而約縱，王當奚救焉？必待其急而救之，是失一東藩之④魏，而强二敵⑤之齊、楚，則王何利焉？」於是秦王遽發兵救魏。

**張儀説楚懷王曰：「秦地半天下，兵敵四國，被山帶河，四塞以爲固。**范睢説秦昭王曰：

---

①「必親」，原脱，據史記范睢列傳補。　②「懼」，原作「附」，據史記改。　③「虜」，原作「慮」，據史記改。　④「藩之」，原作「之藩」，據史記乙。　⑤「二敵」，原作「三勁」，據史記改。

「大王之國，四塞以爲固，北有甘泉、谷口，南有涇、渭，右隴、蜀，左關、阪，奮擊百萬，戰車千乘，利則出攻，不利則入守，此王者之地。民怯於私鬬，勇於公戰，此王者之人。王并此二者而有之，以當諸侯，譬如放韓盧①而捕蹇兔也。」虎賁之士百有餘萬，車千乘，騎萬匹，粟如丘山。法令既明，士卒安樂，主明以嚴，將智以武，雖無出甲，席卷常山之險，必折天下之脊，天下後服者先亡矣。且夫爲縱者，無以異驅群羊而攻猛虎，虎之與羊不格②明矣。今王不與虎而與群羊，臣竊以爲大王之計過也。凡天下强國，非秦而楚，非楚而秦。兩國交争，其勢不兩立。大王不與秦，秦下甲據宜陽，韓之上地不通。下兵河東、成皋，韓必入臣，則梁亦從風而動。秦攻楚之西，韓攻其北，社稷安得無危？臣聞，兵不如者勿與挑戰，粟不如者勿與持久。秦西有巴、蜀，大船積粟起於汶山，浮江而下，至楚三千餘里。舫舟載卒，一載五千人，日行三百里，里數雖多，然不費牛馬之力，不至十日而拒扞關矣。扞關驚，則從境以東盡城守矣，黔中、巫郡非王之有也。秦舉甲出武關，南面而伐，則北地絶。秦兵之攻楚也，危雖在三月之内，而楚待諸侯之救在半歲之外，此其勢不相及也。夫待弱國之救，忘强秦之禍，此

①「韓盧」，鮑彪曰：「俊犬名。博物志：『韓有黑犬名盧。』」

②「格」，鮑彪曰：「格猶敵。」

臣爲大王患也。大王嘗與吴人戰，五戰而三①勝，陣卒盡矣。偏②守新城，存民苦矣。臣聞，功大者易危，而人弊者怨上。夫守易危之功，而逆强秦之心，臣竊爲大王危之。凡天下而信約縱親者蘇秦，封爲武安君也。蘇秦相燕，即陰與燕王謀伐齊，破齊而分其地。乃佯爲有罪，出走入齊，齊王因受而相之。居二年而覺，齊王大怒，車裂蘇秦於市。夫以一詐僞之蘇秦，而欲經營天下，混一諸侯，其不可成亦明矣。今秦與楚接壤界，固形親之國也。大王誠能聽臣，臣請使秦太子入質於楚，楚太子入質於秦，請以秦女爲大王箕帚之妾，效萬室之都以爲湯沐之邑，長爲昆弟之國，終身無相攻。臣以爲，計無便於此者。」楚王乃與秦從親。白起將兵來伐楚，楚襄王使黄歇説秦昭王曰：「天下莫强於秦、楚，今則聞大王欲伐楚，此猶兩虎相與鬬而駑犬受其弊，不如善楚。臣請言其説。臣聞之，物至則反，冬夏是也。致至③則危，累碁是也。今大國之地半天下，有二垂，此從生人已來萬乘之地未嘗有也。王若能持功守威，黜攻伐之心，肥仁義之德，則三王不足四，五霸不足六也。王若負人徒之衆，挾兵革之强，欲以力臣天下之主，臣恐其有患也。詩云：『靡不有初，鮮克有終。』易曰：『狐涉水，濡其尾。』此言始之易而終之難也。

①「三」，原脱，據讀畫齋叢書本及史記張儀列傳補。　②「偏」，原作「編」，據史記改。　③「致」，鮑彪曰：「言取物置之物上。」原作「智」，據讀畫齋叢書本及戰國策改。「至」，高誘曰：「極也。」

何以知其然耶？智伯見伐趙之利，而不知榆次之禍；吴王見伐①齊之便，而不知干遂之敗。此二國者，非無大功也，没利於前而易患於後也。今王妬楚之不毁也，而忘毁楚之强韓、魏也，臣爲王慮而不取也。王無重世之德於韓、魏，而有累世之怨焉。夫韓、魏父兄子弟接踵而死於秦者，將十世矣。身首分離，暴骸草澤者相望於境，係頸束手爲群虜者相望於路。故韓、魏之不亡，秦社稷之憂也。今王信之，與兵攻楚，不亦過乎？臣爲王慮，莫若善楚。楚、秦合爲一以臨韓，韓必斂手。王施以山東之險，帶以河曲之利，韓必爲關内侯②。若是而王以十萬戍鄭，梁之人寒心，許、鄢、夷陵嬰城，而上蔡、召陵不往來也。如是，魏亦爲關内侯矣。王善楚，而關内侯兩萬乘之主注地於齊，齊右壤可拱手而取也。然後危動燕、趙，摇蕩齊、楚，此四國者不待痛而服也。」秦王曰：「善。」止不伐楚。

楚頃襄王謀與齊、韓連和，因欲圖周。周赧王使臣武公説楚相昭子。昭子曰：「乃圖周則無之。雖然，周何故不可圖？」對曰：「夫西周之地，絶長補短不過百里，名爲天下共主，裂其地不足以肥國，得其衆不足以勁兵，雖攻之不足以尊名，然而好事之君、喜攻之臣，發號用兵，未嘗不以周爲終始。是何也？則祭器在焉，欲器之至而忘殺君之亂。今韓以器之在③楚，臣恐天下以器讎楚。」於是楚計輟不行。

秦武王使樗里疾以車百乘入周，周君迎之甚敬。楚王讓周，以其重秦

① 「伐」，原作「代」，據讀畫齋叢書本及新序改。 ② 「關内侯」，關内諸侯。「關」，指函谷關。 ③ 「在」，原脱，據史記楚世家補。

客也。游勝爲周謂楚王曰：「昔者，智伯欲伐仇猶，遺大鍾，載以廣車，因隨之以兵。仇猶卒亡①，無備故也。齊桓公之伐蔡也，號曰誅楚，其實襲蔡。今②秦者，虎狼之國，有獨吞天下之心，使樗里子疾以車百乘入周。周君懼焉，以蔡、仇猶爲戒，故使長兵居前，强弩居後，名曰衛疾，而實囚之。周君豈能無愛國哉？恐一旦國亡，而憂大王也。」楚王乃悦。楚襄王有疾，太子質於秦，不得歸。黄歇説秦相應侯曰：「今楚王疾，恐不起，秦不如歸太子。太子即位，其事秦必謹。若不歸，則咸陽一布衣耳。楚更立太子，必不事秦。夫失與③國而絶萬乘之和，非計也，願相國慮之。」應侯爲言於秦王，王不肯，乃遁也。

張儀如韓説韓宣王曰：「韓地險惡山居，五穀所生非菽而麥，地方不過九百里，無二年之食。料大王之卒悉舉不過三十萬，而厮徒負養在其中矣。今秦帶甲百萬，車千乘，騎萬匹，虎賁之士號詢④科頭⑤貫頤⑥奮戟者不可勝數。山東被甲蒙冑以會戰，秦人捐甲徒裼以趨敵，左挈人頭，右⑦挾生虜。秦逐山東之卒，猶孟賁之與怯夫；以輕重相壓，猶烏獲之

---

①「亡」，原作「已」，據讀畫齋叢書本及史記樗里子列傳改。 ②「今」，原作「合」，據讀畫齋叢書本改。 ③「失與」，原作「一」，據讀畫齋叢書本及史記春申君列傳改。 ④「號詢」，叫駡。戰國策作「跿跔」，鮑彪曰：「謂徒跣也。」 ⑤「科頭」，鮑彪曰：「不著兜鍪。」兜鍪，頭盔。 ⑥「貫頤」，鮑彪曰：「貫人之頤。」即洞穿面頰。 ⑦「右」，原作「而」，據讀畫齋叢書本及史記張儀列傳改。

與嬰兒。諸侯不料地之弱、食之寡，而聽縱人之甘言好辭，比周以相飾，誑誤其主，無過此者。大王不事秦，秦下甲據宜陽，斷韓之上地①，東取成皋、滎陽，則鴻臺之宮、桑林之苑非王有也。夫塞成皋，絶上地，則王之國分矣。故爲大王計，莫如爲秦。秦之所欲弱莫如弱楚，而能弱楚者莫如韓。非以韓能强於楚也，其地②勢然也。今西面而事秦以攻楚，秦王必喜。夫攻楚而私其地，轉禍而悦秦，計無便於此者。」宣王聽之。范雎説秦王曰：「秦、韓之地形相錯如繡，秦之有韓，譬如木之有蠹，人之有腹心病也。天下無變則已，有變，其爲秦患者孰大於韓乎？王何不收韓？」王曰：「吾固欲收韓，韓不聽，爲之奈何？」對曰：「韓安得不聽王？若下兵攻滎陽③則成皋之道不通，北斷太行之道則上黨之師不下。王一興兵而攻滎陽，則其國斷而爲三，韓必見危亡矣，安得不聽？若聽，則霸事因可慮矣。」王曰：「善。」乃從之。

張儀説齊湣王曰：「天下强國無過齊者，大臣父兄殷衆富樂，然爲大王計者，皆爲一時之説，不顧百代之利。縱人説大王者，必曰：『齊西有强趙，南有韓、梁。齊，負海之國也，地廣民衆，兵强士勇，雖有百秦，將無奈齊何也。』大王賢其説而不計其實。臣聞，齊與魯

① 「上」，原脱，據史記補。

② 「地」，原脱，據史記補。

③ 「滎陽」，原作「熒陽」，據讀畫齋叢書本改。下同。

三戰而魯三勝，國以危，亡隨其後。雖有戰勝之名，而有破亡之實。是何也？齊大而魯小也。今秦之與齊也，猶齊之與魯也。今秦、楚嫁女娶婦爲昆弟之國，韓獻宜陽，魏效河外，趙入朝①澠池，割河間以事秦。大王不事秦，秦軀②韓、梁攻齊之南地，悉趙兵渡清河，指博關，臨菑、即墨非王有也。國一旦見攻，雖欲事秦，不可得也。是故願大王熟計之。」齊王許之。

燕攻齊，取七十餘城，唯莒、即墨不下。齊田單以即墨破燕，殺騎劫③。燕將懼誅而保聊城，不敢歸。田單攻之歲餘，聊城不下。魯連乃爲書約之，以矢射城中，遺燕將軍曰：「吾聞之，智者不倍時而棄利，勇士不怯死而滅名，忠臣不先身而後君。今君行一朝之忿，不顧燕王之無臣，非忠也。殺身亡聊城而威不信於齊，非勇也。功廢名滅，後世無稱，非智也。故智者不再計，勇者不再却。今死生榮辱，尊卑貴賤，此其時也。願公詳計而無與俗同。且楚攻齊之南陽④，魏攻平陸⑤，而齊無南面之心，以爲亡南陽之害小，不若得濟北之利大，故定計而堅守之。今秦人下兵，魏不敢東面；横秦之勢成，則楚國之形危。且前棄南陽⑥，斷右壤，存濟北，計猶且⑦爲之也。今楚、魏交退⑧於齊，而燕救不至。以

---

①「朝」下，原衍「歌」，據史記張儀列傳删。　②「軀」，通「驅」。　③「劫」下，原衍「燕」，據讀畫齋叢書本删。　④「南陽」，原作「城陽」，據讀畫齋叢書本及史記魯仲連列傳改。下同。　⑤「平陸」，原作「平陵」，據讀畫齋叢書本及史記改。

⑥「南陽」，原作「南面」，據讀畫齋叢書本及史記改。　⑦「猶且」，仍然。　⑧「退」，原作「兵」，據史記改。

全齊之兵①，無天下之②規③，與聊城共④據⑤朞年之弊，即臣見公之不能得也。齊之必決於聊，公無再計。彼燕國⑥大亂，上下迷惑，栗腹以百萬⑦之衆五折於外，萬乘之國被圍於趙，壤削主困，爲天下笑。國弊禍多，人無所歸。今又以弊聊之人距全齊之兵，朞年不解，是墨翟之守也；食人炊骨，士無反外之心，是孫臏、吴起之功⑧也，能見於天下矣。故爲公計者，不如罷兵休士，全軍歸報燕王，燕王必喜。士民見公如見父母，攘臂而議於世，公業可明也。意者，懟⑨燕棄世，東游於齊乎？請裂地定封，富比乎陶、衛⑩，世世稱孤，此亦一計也。二者顯名厚實，願公察之，孰計而審處一焉。且吾聞之，效小節者不能行大威，惡小耻者不能成榮名。昔管仲射桓公，中其鉤，基也；遺⑪公子糾不能死，怯也；束縛桎梏，辱也。此三行者，鄉里不通，世主不臣。使管仲終窮有抑⑫而不出，不免爲辱人賤行。然而管子棄三行之過，據齊國之政，一匡天下，九合諸侯，名高天下，光照鄰國。曹沫爲魯君將，三戰而喪地千里。使曹

①「兵」下，原衍「不失」，據讀畫齋叢書本及史記删。 ②「之」，原脱，據讀畫齋叢書本及史記補。 ③「規」，鮑彪曰：「猶謀也。秦救之而楚、魏退，無謀齊者。」 ④「聊城共」，原作「聊革」，據讀畫齋叢書本及史記改。 ⑤「據」，鮑彪曰：「相持也。」 ⑥「燕國」，原作「燕王」，據史記魯仲連列傳改。 ⑦「百萬」，史記作「十萬」。 ⑧「功」，史記作「兵」。 ⑨「懟」，怨恨。史記作「捐」。 ⑩「陶、衛」，王劭曰：「魏冄封陶，商君姓衛。」 ⑪「遺」，司馬貞曰：「棄也。謂棄子糾而事小白也。」 ⑫「有抑」，壓抑。「有」，通「囿」，拘囿。史記作「幽囚」。

子計不顧後，死而不生，則不免爲敗軍擒將。曹子以一劍之任，劫桓公於壇位之上，顔色不變，辭氣不悖。三戰之所喪，一朝而反之，天下震動，名傳後世。若此二公，非不能行小節，死小耻也，以爲殺身絶世，功名不立，非智也。故去忿恚之心，而成終身之名。故業與三王争流，名與天壤相弊也。公其圖之。」燕將得書，曰：「敬聞命矣。」遂自刎。昔雍門周以琴見齊孟嘗君。孟嘗君曰：「先生鼓琴亦能令人悲乎？」對曰：「臣之所能令悲者，先貴而後賤，古富而今貧，擯壓窮巷，不及四鄰。不若身材高妙，懷質抱真，逢讒離①謗，怨結而不得伸。不若交歡而結愛，無怨而生離，遠赴他國，無相見期。不若幼無父母，壯無妻兒，出以野澤爲都，入用窟穴爲家，困於朝夕，無所假貸。若此人者，但聞鷄鳥之號，秋風鳴條，則傷心矣。臣一爲之援琴而長太息，未有不悽惻而涕泣者也。今足下居則廣厦高堂，連闥洞房，下②羅帷，來清風，倡優在前，諂諛在側，揚激楚，舞鄭妾，流聲以娱耳，綵色以淫目。水嬉則舫龍舟，建羽旗，鼓釣③乎不測之淵也。野游則登乎平原，馳廣囿，强弩下高鳥，勇士格猛獸，置酒設樂，沉醉忘歸。方此之時，視天地曾不若一指，雖有善鼓琴，不能動足下也。」孟嘗君曰：「固然。」雍門周曰：「臣竊爲足下有所常悲。夫角帝而困秦者，君也。連五國而伐楚者，又君也。天下未嘗無事，不縱即衡。縱成則楚

---

①「離」，遭受，遭遇。　②「下」，原脱，據三國志蜀志注引桓譚新論補。　③「鼓釣」，鼓枻垂釣。

王，衡成則秦帝。夫以秦、楚之强而報①弱薛，猶磨蕭斧而伐朝菌也，有識之士莫不爲足下寒心。天道不常盛，寒暑更進退，千秋萬歲之後，宗廟必不血食，高臺既已傾，曲池又已平，墳墓生荆棘，狐狸穴其中，游兒牧豎躕躅其足而歌其上，曰：『夫以孟嘗君之尊貴，亦猶若是乎？』」於是孟嘗君喟然太息，涕淚②垂睫而交下。雍門周引琴而彈之，孟嘗君③遂歔欷而就之，曰：「先生鼓琴，令文若亡國之人也。」

張儀説趙王曰：「弊④邑秦王使臣效愚計⑤於大王。大王收率⑥天下以賓秦，秦兵不敢出函谷關，是大王之威行於山東。弊邑恐懼懾伏，繕甲勵兵，唯大王有意督過⑦之也。今以大王之力，舉巴、蜀，并漢中，包兩周，遷九鼎，守白馬之津。秦雖僻遠，然而心忿含怒之日久矣。今有弊甲雕⑧兵軍於澠池，願渡河據番吾⑨，會戰邯鄲之下，以甲子合戰，以征⑩殷紂之事，故使臣先以聞於左右。凡大王之所信爲縱⑪者，恃蘇秦。蘇秦熒惑諸侯，以是

---

①「報」，原作「赦」，據三國志蜀志引桓譚新論改。　②「淚」，原脱，據三國志蜀志引桓譚新論補。　③「君」，原脱，據讀畫齋叢書本改。　④「弊」，讀畫齋叢書本作「敝」。　⑤「計」，原脱，據史記張儀列傳補。　⑥「率」，原脱，據史記、戰國策補。「賓」，通「擯」，擯棄，排斥。戰國策作「擯」。　⑦「過」，原作「遇」，據讀畫齋叢書本及史記改。「督過」，督察責罰。　⑧「雕」，凋零，凋謝。高誘曰：「雕，不實也。」　⑨「番吾」，原作「蕃吾」，據讀畫齋叢書本及史記改。　⑩「征」，通「正」。史記作「正」。　⑪「縱」，原作「蹤」，據四庫本改。讀畫齋叢書本作「從」，同「縱」。

爲非，以非爲是，欲反覆齊國，而自令①車裂於市。夫天下之不可一混齊亦明矣。今楚與秦爲昆弟之國，而韓、梁稱爲東藩之臣，齊獻魚鹽之地，此斷趙之右臂也。夫斷右臂而與人鬪，失其黨而孤居，求欲無危，豈②可得乎？今秦發三軍，其一軍塞午道，告齊使興師渡清③河，軍於邯鄲之東；一軍軍於成皋，驅韓、梁軍於河外；一軍軍澠池，約四國而攻趙。破趙④必四分其地，是故不敢匿意隱情，先以聞於左右。臣竊爲大王計，莫如與秦王遇於澠池，面相見而口相約，請案兵無攻。願大王之定計。」趙肅侯許之。武安君破趙長平軍，降其卒四十餘萬，皆坑之。進圍邯鄲，而軍糧不屬，乃遣衛先生言於秦昭王曰：「趙國右倍⑤常山之險，而左帶河、漳⑥之阻，有代馬⑦車騎之利。民人氣勇，好習兵戰。常會諸侯而一約爲之縱長。明秦不弱，則六國必滅。秦所以未得志於天下者，趙爲之患也。今賴大王之靈，趙軍破於長平，其信臣鋭卒莫不畢死。邯鄲空虛，百郡震怖，士民咸怨其主。誠以此時遣轉輸，給足軍糧，滅趙必矣。滅趙以威諸侯，天下可定，而王業成矣。」秦王欲許之。應侯妬其功，不欲使成，言於秦王曰：「秦雖破趙軍，士卒死傷亦衆，百姓疲於遠輸，國內空虛，楚、魏乘虛爲變，將無以自守。宜且罷兵。」王從之。後三年，復欲將白起伐

---

①「令」，原作「命」，據讀畫齋叢書本及史記改。
②「豈」，原作「生」，據讀畫齋叢書本及史記改。
③「清」，原脱，據史記、戰國策補。
④「破趙」，原作「趙勝」，據戰國策趙策改。
⑤「倍」，通「背」，背向，背對。
⑥「漳」，原作「障」，據四庫本改。
⑦「代馬」，司馬貞曰：「謂代郡馬邑也。」

趙。起不肯，王乃使應侯責之曰：「楚地方五千里，持戟百萬。君前率數萬之衆入楚，拔鄢、郢，焚其郊廟，楚人震恐，東徙而不敢西向。韓、魏相率興兵甚衆，君所將不能半，而破之伊闕，流血漂鹵。韓、魏已服，至今稱東蕃①。此君之功，天下莫不聞。今趙卒之死於長平者已十七八，是以寡人②願使君將，必欲滅之。君常以寡擊衆，取勝如神，況以强擊弱，以衆擊寡乎？」武安君曰：「是時楚王恃其國大，不恤其政，而群臣相妬以功，諂諛用事，良臣疎斥，百姓離心，城池不修。既無良將，又無守備，故臣得引兵深入。兵多倍城邑③，發梁焚舟，以專人心，掠於郊野，以足軍食。當此之時，秦之士卒以軍中爲家，以將爲父母，不約而親，不謀而信，一心同力，死不旋踵。楚人自戰其地，咸顧其家，各有散心，莫有鬬意，是以能有功也。伊闕之戰，韓顧魏，不欲先用其衆。魏恃韓之鋭，欲推以爲鋒。二軍争便，其力不同，是以臣得設疑兵以待韓陣，專軍并鋭，觸魏之不意。魏軍既敗，韓軍自潰，以是之故能有功。皆計利形勢自然之理，何神之有！今秦軍破趙軍於長平，不遂以時乘其振懼而滅之，畏而釋之，使得耕稼以益蓄積，養孤長幼以益其衆，繕理兵甲以益其强，增浚城池以益其固，主折④節以下其臣，臣推體以下死士⑤，至

①「蕃」，通「藩」。讀畫齋叢書本作「藩」。　②「人」，原作「君」，據戰國策中山策改。　③「倍城邑」，鮑彪曰：「兵深入，城邑在後，故言倍。倍、背同。」　④「折」，原作「析」，據讀畫齋叢書本及戰國策秦策改。　⑤「士」，原作「十」，據讀畫齋叢書本及戰國策改。

平原之屬，皆令妻妾補縫於行伍之間。臣民一心，上下同力，猶句踐困於會稽之時也。以今伐之，趙必固守。挑其軍戰，必不肯出。圍其國都，必不可尅。攻其列城，必不可拔。掠於郊野，必無所得。兵久無功，諸侯生心，外救必至。臣見其害，未覩其利。又病不能行。」應侯慙而退。秦乃使王齕將，伐趙，楚、魏果救之也。

張儀説燕昭王曰：「大王之所親信莫如趙。昔趙襄子嘗以其姊爲代王妻，欲并代，約與代王遇於句注之塞。乃令工人作爲金斗，長其尾，令可以擊人。與代王飲，陰告厨人曰：『即酒酣樂，進熱啜①，反斗以擊之。』於是酒酣樂，取熱啜，厨人進斟②，因反斗擊代王，殺之，肝腦塗地。其姊聞之，因磨笄以自殺。故至今有磨笄之山，天下莫不聞。至漢高祖時，陳豨③以趙相國監趙、代邊兵，舉兵反。上自行至邯鄲，喜曰：「豨不南據漳水④，北守邯鄲，吾知其無能爲也。」及豨敗，上曰：「代居常山北，趙乃從山南有之，遠。」乃立二子爲代王也。夫趙王之狼戾無親，大王之所明見，且以趙爲可親乎？趙興兵攻燕，再圍燕都，而劫大王，大王割十城以謝。今趙王已入朝澠池，效河間以事秦。今大王不事秦，秦下甲雲中、九原，驅趙而攻

①「熱啜」，司馬貞曰：「謂熱而啜之，是羹也。」　②「斟」，司馬貞曰：「謂羹汁，故名汁曰斟。」　③「豨」，原作「稀」，據讀畫齋叢書本及史記韓王信盧綰列傳改。下同。　④「漳水」，原作「潼水」，據讀畫齋叢書本及史記改。

燕，則易水、長城非王有也。今王事秦，秦王必喜，趙不敢妄動，是西有强秦之援，南無齊、趙之患。是故，願大王熟計之。」燕王聽張儀，儀歸報秦。

燕王使太子丹入質於秦，秦欲使張唐相燕，與共伐趙，以廣河間地。張唐謂呂不韋曰：「臣嘗爲昭王伐趙，趙怨臣。今之燕，必經趙，臣不可行。」不韋不快，未有以强之。其舍人甘羅年十二，謂不韋曰：「臣請爲君行之。」遂見張唐，曰：「君之功孰與武安君？」唐曰：「武安君南挫强楚，北滅燕、趙，戰勝攻取，破城隳邑，不可勝數。臣之功不如也。」甘羅曰：「應侯之用於秦，孰與文信侯專？」唐曰：「應侯不如文信侯專。」甘羅曰：「昔應侯欲伐趙，武安君難之，去咸陽十里，賜死於杜郵。今文信侯自請君相燕而不肯行，臣不知君所死處也。」張唐懼曰：「請因孺子行。」行有日矣，甘羅又謂文信侯曰：「借臣車五乘，請爲張唐先報趙。」文信侯遣之。甘羅如趙，說王曰：「王聞燕太子丹入秦乎？」曰：「聞之。」「聞張唐之相燕乎？」曰：「聞之。」甘羅曰：「燕太子丹入秦者，燕不欺秦也。張唐相燕者，秦不欺燕也。燕、秦不相欺，無異故，欲攻趙而廣河間地。王不如賫臣五城以廣河間，臣請歸燕太子，與强趙攻弱燕。」趙王曰：「善。」立割五城與秦。燕太子聞而歸。趙乃攻燕，得二十城，令秦有其十也。

於是楚人李斯、梁人尉繚說於秦王曰：「秦自孝公已來，周室卑微，諸侯相兼，關東爲六國，秦之乘勝侵諸侯，蓋六代矣。今諸侯服秦，譬若郡縣，其君臣俱恐。若或合縱而出不意，此乃智伯、夫差、湣王所以亡也。願王無愛財，賂其豪臣，以亂其謀。秦不過亡三十萬金，則諸侯可盡。」秦王從其計，陰遣謀士賫金玉以游諸侯。

諸侯名士可與財者，厚遺給之；不肯者，利劍刺之。離其君臣之計，乃使良將隨其後，遂并諸侯。天下之士合縱相聚於趙，而欲攻秦。應侯曰：「王勿憂也，請令廢之。秦於天下之士非有怨也，相聚而攻秦者，以欲富貴耳。王見王之狗乎？數千百狗爲群，卧者卧，起者起①，行者行，止者止，無相與鬬者。投之一骨，則輕起相牙②。何者？有争意也。今令載五千金隨唐睢，并載奇樂，居武安，高會相飲，散不能三千金，天下之士相與鬬也。」

秦既吞天下，患周之敗，以爲弱見奪。於是姍③笑三代，盪滅古法，孔融曰：「古者，王畿之制千里，寰内不以封諸侯。」祭公曰：「夫先王之制，邦内④甸服⑤，邦外侯服，侯、衛賓服⑥，夷蠻要服，戎狄荒服。甸服者祭⑦，侯服者祀⑧，賓服者享⑨，要服者貢⑩，荒服者王⑪。日祭、月祀、時享、歲貢、終

---

①「者起」，原脱，據戰國策秦策補。　②「牙」，咬。原作「呀」，據戰國策改。　③「姍」，原脱，據漢書諸侯王表補。顔師古曰：「古訕字也。訕，謗也。」　④「邦内」，韋昭曰：「謂天子畿内千里之地。」　⑤「甸服」，韋昭曰：「甸，王田也。服，服其職業也。自商以前，并畿内爲五服。武王克殷，更制天下爲九服，千里之内謂之王畿，王畿之外曰侯服，侯服之外曰甸服。今謀父諫穆王稱先王之制，猶以王畿爲甸服者，甸古名，世俗所習也。」　⑥「侯、衛賓服」，韋昭曰：「侯，侯圻也。衛，衛圻也。侯圻之外曰甸圻，甸圻之外曰男圻，男圻之外曰采圻，采圻之外曰衛圻。謂之賓服，常以服貢賓見于王。」「侯」，原脱，據讀畫齋叢書本及史記周本紀補。　⑦「祭」，韋昭曰：「供日祭也。」　⑧「祀」，韋昭曰：「供月祀也。」　⑨「享」，韋昭曰：「供時享也。」　⑩「貢」，韋昭曰：「供歲貢也。」　⑪「王」，韋昭曰：「王，王事天子也。」

王①，先王之訓也。有不祭則修意②，有不祀則修言③，有不享則修文④，有不貢則修名⑤，有不王則修德⑥，序成⑦而又不至則修刑。於是有刑不祭，伐不祀，征不享，讓⑧不貢，告⑨不王。於是有刑罰之辟⑩，有攻伐之兵，有征討之備，有威讓之命⑪，有文告之辭。而又不至，則增修其德，無勤⑫人於遠。」此古制也。**削去五等，改爲郡縣，自號爲皇帝，而子弟爲匹夫。内無骨肉本根之輔，外無尺土蕃翼之衛。吴、陳奮其白梃，**白梃，木杖。**劉、項隨而斃之。故曰：「周過其曆⑬，秦不及其數⑭。」國勢然也。**荀悦曰：「古之建國，或小或大者，監前之弊，變而通之也。夏、殷之時，蓋不過百里，故諸侯微而天子强，桀、紂得肆其虐害。紂脯邢侯而醢鬼侯，以文王之盛德不免於牖里。周承其弊，故建大國方五百里，所以崇寵諸侯而自損也。至其末流，諸侯强大，更相侵伐，而周室卑微，禍難用作。

---

①「王」，原脱，據讀畫齋叢書本及國語周語補。　②「修意」，韋昭曰：「意，志意也。謂先修意以自責。」「意」，原作「德」，據史記及國語改。　③「言」，韋昭曰：「號令也。」　④「文」，韋昭曰：「典法也。」　⑤「名」，原作「告」，據讀畫齋叢書本及國語改。韋昭曰：「謂尊卑職貢之名號。」晉語曰：『信于名則上下不干。』」　⑥「修德」，韋昭曰：「修文德以來之。」　⑦「序成」，韋昭曰：「謂上五者次序也已成。」　⑧「讓」，韋昭曰：「譴責也。」　⑨「告」，韋昭曰：「謂以文詞告曉之。地遠者罪輕也」　⑩「辟」，刑法。　⑪「命」，國語作「令」。　⑫「勤」，韋昭曰：「勞也。」

⑬「周過其曆」，應劭曰：「武王克商，卜世三十，卜年七百，今乃三十六世，八百六十七歲，此謂過其曆也。」　⑭「數」，期數。漢書作「期」。應劭曰：「秦欲以一迄萬，今至子而亡，此之爲不及期也。」

秦承其弊，不能正其制以求其中，而遂廢諸侯，改爲郡縣，以壹威權，以專天下。其意主以自爲，非以爲人也。故秦得擅海内之勢，無所拘忌，肆行奢淫，暴虐於天下，然十四年而滅矣。故人主失道則天下遍破其害，百姓一亂則魚爛土崩，莫之匡救。漢興，承周、秦之弊，故雜而用之。然六王七國之難者，誠失之於强大，非諸侯治國之咎。」

漢興之初，海内新定，同姓寡少，懲亡秦孤立之敗，於是割裂彊①土，立爵二等，大者王，小者侯。功臣侯者百有餘邑；尊王子弟大啓九國，國大者跨州兼郡，連城數十，可謂矯枉過正矣。然高祖創業，日不暇給。孝惠饗②國之日淺。高后女主攝位，而海内晏然，無狂狡之憂。卒③折④諸吕之難，成太宗之基者，亦賴之於諸侯也。夫原本⑤以末大，流濫⑥以致溢。小者淫荒越法，大者睽孤⑦横逆，以害身喪國。故文帝采賈生之議，分齊、趙；賈誼曰：「欲天下之理⑧安，莫若衆建諸侯而少其力。力少則易使義，國小則無邪心。令天下之制，若身之使臂，臂之使指。陛下割地定制，令齊、趙、楚各爲若干國，使其子孫各受祖之分地，地盡而止。天子無所利焉。」又上疏曰：「陛下即不定制，如今之勢，不過一傳再傳，諸侯猶且人恣而不制，豪植而大强，漢法不

①「彊」，讀畫齋叢書本作「疆」。　②「饗」，通「享」。　③「卒」，最終。　④「折」，消除。　⑤「原本」，追溯原由。　⑥「流濫」，水大。　⑦「睽孤」，顏師古曰：「乖剌之意。」　⑧「理」，漢書賈誼傳作「治」。

得行矣。陛下所以爲藩扞及皇太子之所恃者，唯淮陽、代二國耳。代北邊匈奴，與强敵爲鄰，能自完則足矣。而淮陽之比①大諸侯，廑②如黑子③之著面，適足以餌大國，不足以有所禁禦。方今之制在陛下，而令子適足以爲餌，豈可謂萬代利哉？臣之愚計，願舉淮南地以益淮陽，而爲梁王立後，割淮陽北邊二三列城與東郡以益梁；不可者，可徙代王而都睢陽。梁起於新郪④以北著之河，淮陽包陳以南捷⑤之江，則大諸侯之有異心者破膽而不敢謀，梁足以扞齊、趙，淮陽足以禁吴、楚，陛下高枕，終無山東之憂，此萬世⑥之利也。臣聞聖王言問其臣，而不自造事，故使人臣得畢其愚忠。唯陛下財⑦幸。」文帝於是從誼計，迺徙淮陽王武爲梁王，界北泰山，西至高陽，德⑧大縣四十餘城。徙城⑨陽王喜爲淮南王，撫其人。後七國反，不得過梁地，賈生之計也。**景帝用晁錯之計，削吴、楚**；晁錯説上曰：「昔高帝初定天下，昆弟少，諸子弱，大封同姓，故孽子⑩悼惠王王齊七十二城，庶弟元王王楚四十城，兄子王吴五十餘城，封三庶孽分天下半。今吴王前有太子之隙，雖稱病不朝，於古法當誅。文帝不忍，因賜机⑪杖，德

---

①「比」，原作「北」，據讀畫齋叢書本及漢書改。　②「廑」，通「僅」，才，只不過。原作「瘽」，據讀畫齋叢書本及漢書改。　③「黑子」，黑痣。　④「新郪」，原作「新蔡」，據漢書改。　⑤「捷」，接也。讀畫齋叢書本及漢書作「揵」。

⑥「萬世」，漢書作「二世」。如淳曰：「可二世安耳。」顔師古曰：「言帝身及太子嗣位之時。」　⑦「財」，顔師古曰：「與『裁』同。」

⑧「德」，通「得」。　⑨「城」，原作「淮」，據四庫本及漢書改。　⑩「孽子」，庶子，非正妻所生之子。

⑪「机」，通「几」。

至厚也。不改過自新，乃益驕恣。公即山鑄錢，煮海爲鹽，誘天下亡人，謀作亂逆。今削之亦反，不削亦反。削之反亟①，禍小；不削反遲，禍大。」於是漢臣庭議削吴，吴乃削矣。武帝施主父之策，推恩之令。主父偃説上曰：「古者諸侯地②不過百里，强弱之形易制。今諸侯或連城數十，地方千里，緩③則驕奢，易爲淫亂，急則阻其强而合縱以逆京師。今以法割削，則逆節萌起，前日晁錯是也。今諸侯子弟或十數，而嫡嗣代立，餘雖骨肉，毋尺④地封，則人⑤孝之道不宣。願陛下令諸侯得推恩分子弟，以地侯之。彼人人喜得所願，上以得⑥施，實分其國，必消⑦自弱矣。」上從其計也。景遭七國之難，抑諸侯，減黜其官。武有淮南、衡山之謀，作左官⑧之律，仕於諸侯王爲左官。設附益之法，封諸侯過限曰附益。諸侯唯得衣食租税，不與政事。至於哀、平之際，皆繼體苗裔，親屬疏遠⑨，生於帷牆之中，不爲士民所尊，割削宗子，有名無實，天下曠然，復襲亡秦之軌矣。故王莽知漢中外殫微，本末俱弱，無所忌憚，生其姦心。因母后之權，假伊、周之稱，專作威福廟堂之上，不

---

①「亟」，顔師古曰：「急也。」　②「地」，原脱，據漢書主父偃傳補。　③「緩」，原作「綬」，據讀畫齋叢書本及漢書改。　④「尺」，原作「天」，據讀畫齋叢書本及漢書改。　⑤「人」，讀畫齋叢書本作「仁」。　⑥「得」，通「德」。

⑦「消」，減削。　⑧「左官」，顔師古曰：「漢時依上古法，朝廷之列以右爲尊，故謂降秩爲左遷，仕諸侯爲左官也。」

⑨「皆繼體苗裔，親屬疏遠」，顔師古曰：「言非始封之君，皆其後裔也，故於天子益疏遠矣。」

降階①序而運天下。詐謀既成，遂據南面之尊。分遣五威之吏馳傳天下，班行符命。漢諸侯王蹶角稽首，奉上璽紱，唯恐居後。豈不哀哉！

及莽敗，天下雲擾。隗囂擁衆天水②，班彪避難從之③。囂問彪曰：「往者周失其馭，戰國并爭，天下分裂，數世乃定。意者，縱横之事復起於今乎？將承運迭興在於一人也？願先生試論之。」對曰：「周之廢興，與漢異矣。昔周爵五等，諸侯從政，根本既微，枝葉强大，故其末流有縱横之事，勢數然也。漢承秦制，改立郡縣，主有專己之威，臣無百年之柄。至於成帝，假借外家，哀、平祚短，國嗣三絶，故王氏擅朝，因竊號位。危自上起，傷不及下，是以即真之後，天下莫不引領而歎。十餘年間，中外騷動，遠近俱發，假號雲合，咸稱劉氏，不謀同辭。方今雄桀帶州跨城者，皆無七國世業之資，而百姓謳吟，思仰漢德，可以知之。」光武中興，纂隆④皇統，而猶遵覆車之遺轍，養喪家之宿疾，僅及數世，姦宄充斥，卒有强臣專朝則天下風靡，一夫縱横則城池自夷，豈不危哉！在周之衰⑤，難興王室也，放命⑥者七臣，干⑦位者三子，嗣王委其九鼎，凶族據其天邑⑧，鉦鼙震於閫宇⑨，

①「階」，原作「偕」，據讀畫齋叢書本及漢書諸侯王表改。　②「天水」，原作「大水」，據讀畫齋叢書本及後漢書班彪傳改。
③「之」，原作「上」，據讀畫齋叢書本及後漢書改。　④「纂隆」，繼承大業。　⑤「衰」，原脱，據晉書陸機傳補。　⑥「放命」，違命，逆命。　⑦「干」，原作「千」，據讀畫齋叢書本及晉書改。　⑧「天邑」，帝都。　⑨「閫宇」，京城之内。

鋒鏑流於絳闕①，然禍止畿甸②，害不覃及③，天下晏然，以治待亂，是以宣王興於共和④，襄、惠振於晉、鄭⑤。豈若二漢，階闥⑥暫擾而四海已沸，孽臣朝入而九服⑦夕亂哉！遠惟王莽篡逆之事，近覽董卓擅權之際，億兆悼心⑧，愚智同痛，豈世乏曩時之臣，士無匡合之志歟？蓋遠績屈於時異，雄心挫於卑勢耳。陸機曰：「或以諸侯世位不必常全，昏主暴君有時比迹，故五等⑨所以多亂也。今之牧守，皆官方庸能⑩，雖或失之，其得固多，故郡縣易以爲治也。夫德之休明，黜陟日用，長率連屬，咸述其職，而淫昏之君無所容過，何則其不治哉！故先代有以之興矣。苟或衰陵⑪，百度⑫自悖，鬻官之吏，以貨⑬准⑭才，則貪殘之萌⑮，皆群后⑯也，安在其不亂哉！故後王

---

①「絳闕」，朱色門闕，指朝廷。　②「畿甸」，京城郊外。　③「覃及」，漫延。　④「宣王興於共和」，史記周本紀：「厲王出奔於彘，召公、周公二相行政，號曰共和。共和十四年，厲王死於彘，宣王即位。」「興」，原作「與」，據讀畫齋叢書本及晉書改。　⑤「襄、惠振於晉、鄭」，左傳：「惠王即位，衞師、燕師伐周，立子頹。虢公、鄭伯同伐王城，殺子頹及五大夫。襄王出適鄭。晉侯辭秦師而下。右師圍温，左師逆王。王入於王城。取子太叔於温，殺之於隰城。」振，振作，奮起。　⑥「階闥」，陛階和宮門。　⑦「九服」，指天下。　⑧「悼心」，傷心，痛心。　⑨「五等」，公、侯、伯、子、男五種爵位，指諸侯。　⑩「官方庸能」，原作「方庸而進」，據晉書改。庸，用。　⑪「衰陵」，衰敗陵夷。　⑫「百度」，百事，各種制度。　⑬「貨」，指金錢財物。　⑭「准」，衡量。　⑮「萌」，開始，產生。　⑯「群后」，指各級官吏。

有以之廢①矣。且要而言之，五等之君爲己思治，郡縣之長爲利圖物。何以徵之？蓋企及進取，仕子之常志；修己安民，良士所希及。夫進取之情鋭，而安民之譽遲。是故侵百姓以利己者，在位所不憚；損實事以養名者，官長所夙夜②也。君無卒歲之圖，臣挾一時之志。五等則不然，知國爲己土，衆皆我民，民安己受其利，國傷家嬰③其病。故上制人欲以垂後，後嗣思其堂構④。爲上無苟且之心，群下思膠固之義。使其并賢⑤居治，則功有厚薄。兩愚⑥處亂，則過有深淺。然則探八代⑦之制，幾可以一理貫。秦、漢之典，殆可以一言弊⑧也。」

**魏太祖武皇帝躬聖明之姿，兼神武之略，龍飛譙、沛，鳳翔兖、豫，觀五代⑨之存亡而不用其長策，覩前車之傾覆而不改其轍迹⑩。子弟王空虚之地⑪，君有不使之人⑫，權均匹夫，勢齊凡庶，内無深根不拔之固，外無磐石宗盟之助，非所以安社稷、爲萬世之業也。且**

①「廢」，衰敗。　②「夙夜」，日夜從事。晉書作「慕」。　③「嬰」，遭受。　④「堂構」，築基蓋房，喻繼承先祖遺志。　⑤「并賢」，同樣的賢人。　⑥「兩愚」，同樣的愚人。　⑦「八代」，李善曰：「謂五帝三王也。」　⑧「弊」，通「蔽」，概括。　⑨「五代」，李善曰：「夏、殷、周、秦、漢也。」　⑩「迹」，原作「邇」，據讀畫齋叢書本及文選六代論改。　⑪「王空虚之地」，劉良曰：「謂有其封名，實無其地也。」　⑫「有不使之人」，劉良曰：「謂不使其理人也。」「有」，原脱，據文選補。

今之州牧郡守，古之方伯諸侯，皆跨有千里之土，兼軍武之任。或①比國數人，或兄弟并據，而宗室子弟曾無一人間廁其間，與相維持，非所以强幹弱枝、備萬一之慮也。時不用其計，後遂淩夷。

此周、秦、漢、魏立國之勢，是以究其始終强弱之勢，明鑒戒焉。荀悦曰：「其後遂皆郡縣治人，而絶諸侯。當時之制，亦未必百王之治也。」

論曰：周有天下八百餘年，後代衰微，而諸侯縱横矣。至末孫王赧降爲庶人，猶能枝葉相持，名爲天下共主。當是時也，楚人問鼎②，晉侯請隧③，雖欲闚周室，而見戹諸姬④，夫豈無奸雄？賴諸侯以維持之也。故語曰：「百足之蟲，至死不僵，扶之者衆。」此之謂乎！及嬴氏⑤擅場⑥，懲周之失，廢五等，立郡縣，君有海内而子弟爲匹夫，功臣效勤而干

①「或」，原作「式」，據讀畫齋叢書本及文選改。②「楚人問鼎」，禹鑄九鼎，三代視爲國寶。楚王問鼎，有取而代周之意。③「晉侯請隧」，杜預曰：「闕地通路曰隧，王之葬禮也。諸侯皆縣柩而下。」晉侯請周王允其死後以天子禮安葬。④「見戹諸姬」，被各姬姓諸侯阻止。「戹」，原作「阸」，據讀畫齋叢書本改。⑤「嬴氏」，指秦國。⑥「擅場」，壓倒全場，即統一天下。

城①無茅土②，孤制天下，獨擅其利，身死之日，海内分崩。陳勝偏袒唱於前，劉季③提劍興於後，虎嘯龍睇，遂亡秦族。夫劉、陳諸傑，布衣也。無吴、楚之勢，立錐之地，然而驅白徒之衆，得與天子争衡④者，百姓思亂，無諸侯勤王之可憚也。故語曰：「夫亂政虐刑，所以資英雄而自速禍也。」此之謂矣。夫伐深根者難爲功，摧枯朽者易爲力。今五等，深根者也；郡縣，枯朽者也。故自秦以下，迄於周、隋，失神器⑤者非侵弱，得天下者非持久，國勢然也。嗚呼！郡縣而理則生布衣之心，五等御代則有縱横之禍，故知法也者皆有弊焉，非謂侯伯無可亂之符，郡縣非致理之具。但經始圖其多福，慮終取其少禍，故貴於五等耳。聖人知其如此，是以兢兢業業，日慎一日，修德以鎮之，擇賢而使之。德修賢擇，黎元樂業，雖有湯、武之聖不能興矣，況於布衣之細而敢偏袒大呼哉！不可不察。

---

①「干城」，指國家的捍衛者。「干」，原作「千」，據讀畫齋叢書本改。②「無茅土」，無封地。③「劉季」，劉邦，漢高祖，字季。④「争衡」，争輕重之勢。⑤「神器」，指帝位、政權。

# 長短經卷第六

霸紀下①

## 三國權第十九

蜀、吳、魏。

論曰：臣聞，昔漢氏不綱，網漏兇狡。袁本初②虎視河朔，劉景升③鵲起④荆州，馬超、韓遂雄據於關西，吕布、陳宫竊命於東夏，遼河、海、岱。王公十數，皆阻兵⑤百萬，鐵騎千群，合縱締交，爲一時之傑也。然曹操挾天子，令諸侯，六七年間，夷滅者十八九。唯吳、蜀蕞爾國也，以地圖案之，纔四州之土，不如中原之大都；人怯於公戰，勇於私鬬，輕走易

---

①「霸紀下」，原脱，據文例補。　②「袁本初」，袁紹字本初。　③「劉景升」，劉表字景升。　④「鵲起」，莊子：「鵲上高城之絶，而巢於高樹之顛，城壞巢折，凌風而起。」謂乘時崛起。　⑤「阻兵」，仗恃軍隊。

北①，不敵諸華之士；角長量大②，比才稱力，不若二袁、劉、吕之盛。此二雄以新造未集之國，資③逆上不侔④之勢，然能撫劒顧眄，與曹氏争衡，躍馬指麾，而利盡南海，何哉？則地利不同，勢使之然耳。故易曰：「王侯設險，以守其國。」古語曰：「一里之厚，而動千里之權者，地利也。」故曹丕臨江見波濤洶涌，歎曰：「此天所以限南北。」孫資⑤稱南鄭爲「天獄」，斜谷道爲「五百里石穴」，稽諸前志⑥，皆畏其深阻矣。雖云「天道順，地利不如人和」，若使中材守之，而延期挺命可也，豈區區艾⑦、濬⑧得奮其長策⑨乎！由是觀之，在此不在彼。於戲！智者之慮必雜於利害，故不盡知用兵之害，則不能知用兵之利，有自來矣。是以採摭其要而爲此權⑩耶！夫囊括五湖，席卷全蜀，庶⑪知害中之利，以明魏家之略焉。

---

①「輕走易北」，容易敗逃。
②「角長量大」，較量長短大小。
③「資」，憑藉。
④「逆上不侔」，叛逆而又力不能及。
⑤「孫資」，原作「劉資」，據三國志劉放傳改。
⑥「前志」，前代典籍。
⑦「艾」，鄧艾。率軍滅蜀。
⑧「濬」，王濬。率軍滅吴。
⑨「長策」，長鞭，喻威勢。
⑩「權」，指本文。
⑪「庶」，庶幾。

## 蜀

天帝布政①房、心，致理②參、伐。參、伐則益州分野③，以東井南股距星④爲界。東井南股距星，連鉞者是也。觜星度在參右足，玉井所銜星是。西距星即參，中央三星，西第一星是。按職方則雍州之境，據禹貢則梁州之域。地方五千里，提封四十郡，實一都會也。常璩國志云：「蜀，其卦直坤⑤，故多斑綵之章。其辰直未⑥，故尚滋味。詩稱文王之化被于江、漢之域，有文王之化焉。秦、豳同詩，秦、蜀同分，故有夏聲⑦云。」故古稱天府之國，沃野千里，其有以矣。

王莽末，公孫述據蜀。述字子陽，扶風茂陵人也。王莽時，爲導江卒正，治臨卭。及更始立，豪傑各起其縣以應漢。南陽人宗成略漢中，商人王岑亦起兵於雒縣，自稱定漢將軍，以應成。述聞之，遣

①「布政」，施政。　②「致理」，致治，使國家安定。　③「分野」，與十二星次相對應的地域。　④「距星」，距度星，用以推算其他星宿度數的當度宿辰。沈括曰：「天事本無度，推曆者無以寓其數，乃以日所行分天爲三百六十五度有奇。既分之，必有物記之，然後可窺而數，於是以當度之星記之，循黄道日之所行一期，當者止二十八宿星而已。今所謂距度星者是也。」二十八宿星，高誘曰：「東方：角、亢、氐、房、心、尾、箕。北方：斗、牛、女、虚、危、室、壁。西方：奎、婁、胃、昴、畢、觜、參。南方：井、鬼、柳、星、張、翼、軫也。」　⑤「其卦直坤」，按後天八卦方位，坤位西南。　⑥「其辰直未」，案十二地支方位，未位在西南。「辰」，十二地支的通稱。　⑦「夏聲」，指中原地區的音樂。

使迎成。成等至成都，虜掠暴横。述意惡之，召縣中豪傑謂曰：「天下同苦新室，思劉氏久矣，故聞漢將軍到，馳迎道路。今百姓無辜，而婦子係獲，室屋燒燔，此寇賊，非義兵也。吾欲保郡自守，以待真主。諸卿欲并力者即留，不欲者便去。」豪傑皆叩頭，願效死。述於是使人詐稱漢使者自東方來，假述輔漢將軍、益州牧。乃選精兵千餘人而擊宗成等，破之。別遣弟恢於綿竹，擊更始所置益州刺史張忠，又破之。由是威震益部者也。益部功曹李熊說述曰：「方今四海波蕩，匹夫横議，將軍割據千里，地什湯、武，若奮發威德，以投天隙①，霸王之業成矣。今山東饑饉，人民相食，兵所屠滅，城邑丘墟。蜀地沃野千里，土壤膏腴，果實所生，無穀而飽。女工之業，覆衣天下。名材竹幹，器械之饒不可勝用。又有魚鹽銅鐵之利，浮水轉漕之便。北據漢中，杜褒、斜之隘；東守巴郡，拒捍關之口。地方數千里，戰士不下百萬，見利則出兵而略地，無利則堅守而力農。東下漢水，以闚秦地；南順江流，以震荆、揚，所謂用天因地，成功之資。今君王之聲聞於天下，而位號未定，志士狐疑，宜即大位，使遠人有所歸依。」述曰：「帝王有命，吾何德以當之？」熊曰：「天命無常，百姓與能。能者當之，王何疑焉？」遂然之也。建武元年四月，遂自立爲

---

①「天隙」，李賢曰：「天時之間隙也。」「投天隙」，乘機。

天子，號成家，色尚白。使將軍侯丹開白水關北守南鄭；將軍任滿從閬中下江州，東據扞關，於是盡有益州之地也。自更始敗後，光武方事山東，未遑西伐，關中豪傑多擁衆歸述。其後，平陵人荆邯見東方將平，兵且西向，説述曰：「兵者，帝王之大器，古今所不能廢也。隗囂遭遇運會，割有雍州，兵强士附，威加山東，不及此時推危乘勝以争大命，而返欲爲西伯之事，偃武息戈，卑辭事漢，喟然自以文王復出也。令①漢帝釋關、隴之憂，專精東伐，四分天下而有其三。使西州豪傑咸居心於山東，發間使②，招攜貳③，則五分而有其四。若舉兵天水，必至沮潰。天水既定，則九分而有其八。陛下以梁州之地，内奉萬乘，外給三軍，百姓愁困，不堪上命，將有王氏④自潰之變。臣之愚計以爲，宜及天人之望未絶，豪傑尚可招誘，急以此時，發國内精兵，令田戎據江陵，臨江南之會，倚巫山之固，築壘堅守。傳檄吴、楚，長沙以南必隨風而靡。令延岑出漢中，定三輔，天水、隴西拱手自服。如此，海内震摇，冀有大利。」述以問群臣。博士吴柱曰：「昔武王伐紂，八百諸侯不期同辭，然猶還師以待天命。

---

①「令」，原作「今」，據後漢書公孫述傳改。　②「間使」，顏師古曰：「謂使人伺間隙而單行。」　③「攜貳」，杜預曰：「離而相疑者。」　④「王氏」，李賢曰：「即王莽也。」

未聞無左右之助，而欲出師於千里之外，以廣封疆者也。」邯曰：「今東帝無尺寸之柄，驅烏合之衆，跨馬陷敵，所向輒平。不亟乘時與之爭功，而坐談武王之説，是效隗囂欲爲西伯也。」范曄曰：「援①旗糾②族③，假制明神④，迹⑤夫創圖首事，有以識其風矣。終於孤立一隅，介於大國⑥，隴坻雖隘，非有百二之勢⑦，區區兩郡⑧，以禦堂堂之鋒⑨，則知其道有足懷⑩者，所以棲有⑪四方之傑。夫功全則譽顯，業謝則釁⑫生，迴⑬成喪⑭而爲其議者，或未聞焉。若囂命會⑮符運⑯，敵非天力⑰，坐論西伯⑱，豈多蚩⑲也！」

**述不聽邯計。光武乃使岑彭、吴漢伐蜀，破荆門，長驅入江關。**岑彭爲蜀刺客所煞。吴漢并將其軍，入犍爲界。諸縣皆城守，漢乃進軍攻廣都，拔之。遣輕騎燒成都市橋，武陽⑳以東諸小城皆降。光武戒漢曰：「成都十萬衆，不可輕也。但堅據廣都，待其來攻，勿與爭鋒。若不敢來攻，轉營迫之，須

---

①「援」，舉。　②「糾」，聚合。　③「族」，原作「挨」，據讀畫齋叢書本及後漢書隗囂傳改。　④「假制明神」，後漢書隗囂傳：「立高廟，稱臣奉祠，所謂神道設教，求助人神者也。」高廟，漢高祖廟。　⑤「迹」，追尋。　⑥「介於大國」，李賢曰：「東逼於漢，南拒於蜀。」　⑦「百二之勢」，李賢曰：「以秦地險固，二萬人當諸侯百萬人。」　⑧「兩郡」，李賢曰：「隴西、天水也。」　⑨「堂堂之鋒」，李賢曰：「言光武親征之也。」　⑩「懷」，愛惜。　⑪「棲有」，居有，擁有。　⑫「釁」，罪過，過失。　⑬「迴」，改易。　⑭「成喪」，李賢曰：「猶成敗也。」　⑮「會」，符合。　⑯「符運」，符命，帝王受天命之符。　⑰「天力」，上天所助之力。李賢曰：「謂光武天所授也。」　⑱「西伯」，周文王。　⑲「蚩」，通「嗤」，嘲笑。　⑳「武陽」，原作「陽武」，據後漢書吴漢傳乙。

其力疲，乃可擊也。」漢乘利將步騎二萬餘人進逼成都，去城十餘里，阻江北爲營，作浮橋，使副將①劉尚將萬餘人屯江南，相去二十餘里。光武聞之，大驚，讓漢曰：「賊若出兵綴②公，而以大衆攻尚，尚破，公即敗矣。幸本無他者，急引兵還廣都。」詔書未到，述果使其將謝豐攻漢，使別將劫劉尚，令不得相救。漢乃閉營三日不出，多樹幡旗，使煙火不絶。夜銜枚③引兵與尚軍合。豐等不覺。明日，乃分兵拒水北，自將攻江南。漢破之，斬謝豐。於是引還廣都，以狀聞。光武報曰：「公還廣都，甚得其宜，述必不敢略尚而擊公也。若先攻尚，公從廣都五十里悉步騎赴④之，適當值其疲困，破之必矣。」自是漢與述戰於廣都、成都⑤之間，八戰八剋，遂軍其郭中。述乃悉散金帛，募敢死士五千人，以配⑥延岑。岑於市橋僞建旗幟，鳴鼓挑戰，而潛遣奇兵出吴漢軍後，襲擊破漢。漢墮水，緣馬尾得出。述乃自將攻漢，三合三勝。自旦及日⑦中，軍士不得食，并疲。漢因命壯士突之，述兵大敗也。**軍至成都，述出戰，兵敗，被刺洞胸死，夷⑧述妻子，焚其宫室。**光武聞之，怒以譴漢曰：「城降三日，吏人服從，一旦放兵縱火，良失斬將弔人之義也。」乃下詔慰之，其忠節志義之士并蒙旌顯。李育以有才幹，擢用之。於是西土咸⑨

①「將」，原脱，據讀畫齋叢書本及後漢書補。　②「綴」，牽制。　③「枚」，原作「牧」，據讀畫齋叢書本改。　④「赴」，原作「赳」，據讀畫齋叢書本及後漢書改。　⑤「成都」，原脱，據後漢書補。　⑥「配」，配合。　⑦「日」，原脱，據後漢書補。　⑧「夷」，誅滅。　⑨「咸」，原作「感」，據後漢書改。

悦，莫不歸心焉。范曄曰：「昔趙他自①王番禺，公孫亦竊帝蜀漢，推其無他②功能，而至於後亡者，將以邊地處遠，非王化之所先乎？不能因隙立功，以會時變，方乃坐飾邊幅③，以高深自安，昔吳起所以慙魏侯④也。及其謝群臣，審廢興之命，與夫泥首、銜玉⑤者異日談⑥也。」

**至靈帝時，政理衰缺，王室多故，雄豪角逐，分裂疆宇，以劉焉爲益州牧。**焉⑦，魯恭王後也。時四方兵寇，焉以爲刺史威輕，乃建議改⑧置牧伯，鎮安方夏⑨，清選重臣，以居其任。以焉爲益州牧。是時，梁州賊馬相聚疲役之人數千，先煞綿竹令，進攻雒縣。州從事賈龍先領兵數百在犍爲，遂糾合吏人攻相，破之，乃選吏迎焉，遂領益州牧也。**焉死，子璋立，**州大吏趙韙等貪璋温仁，立爲刺史。初，南陽、三輔人數萬户流入益州，焉悉收以爲衆，名曰東州兵。璋性柔寬，無威略，東州人侵暴，趙韙因人情不緝，乃結州中大姓⑩。東州人畏見誅滅，乃同心并力，爲璋殊死戰，斬趙韙。時張魯亦以璋懦弱，

---

①「趙他」，原作「隨他」，據讀畫齋叢書本及後漢書改。「自」，原脱，據後漢書補。②「他」下，原衍「自」，據讀畫齋叢書本及後漢書删。③「坐飾邊幅」，李賢曰：「猶有邊緣，以自矜持。」飾，自好。邊幅，邊陲。④「吳起所以慙魏侯」，史記孫子吳起列傳：「魏武侯浮西河而下，中流顧而謂吳起曰：『美哉乎！山河之固。此魏國之寶也。』起對曰：『在德不在險。』」⑤「泥首、銜玉」，李賢曰：「干寶晉記曰：『吳王孫皓將其子瑾等泥首面縛降王濬。』左傳曰：『許男面縛銜璧以見楚子。』璧，玉也。」⑥「異日談」，不可同日而語。⑦「焉」，原作「馬」，據讀畫齋叢書本及後漢書劉焉傳改。⑧「改」，原作「故」，據讀畫齋叢書本及後漢書改。⑨「方夏」，李賢曰：「方，四方。夏，華夏。」
⑩「姓」，原作「性」，據讀畫齋叢書本及後漢書改。

不承順璋，遂自雄於巴、蜀也。**爲劉備所圍，遂降。**備遷璋於公安，歸其財寶。後以病卒。

**初，劉備爲豫州牧也，**備字玄德，涿郡涿縣人也。少言語，善下人，喜怒不形於色。徐州牧陶謙表先主①爲豫州牧，後謙病，使人迎先主。先主曰：「袁公路②近在壽春，此君四世五公，海内所歸，君以州與之。」陳登曰：「袁公路驕豪，非治亂之主。今欲爲使君③合步騎十萬，上可以匡主濟人，成五霸之業，下可以割地守境，書功於竹帛。若使君不見聽，登亦未敢聽使君。」孔融謂先主曰：「袁公路豈憂國忘家者耶？冢中枯骨，何足介意。今日之事，百姓與能。天與不取，悔不可追。」遂領徐州。陳登遣使詣袁紹曰：「天降灾戾，禍臻鄙州，州將殂殞，士人無主。恐姦雄一旦承隙，以貽盟主日昃④之憂，輒共奉平原相劉府君以爲宗主，永使百姓知有依歸。方今寇難縱横，不遑釋甲，謹遣下吏奔告執事。」紹答曰：「劉玄德弘雅有信義，今徐州樂戴之，誠副所望也。」**爲曹公所破，走屯新野。**時劉表薨，諸葛亮説攻琮，荆州可有。先主曰：「荆州臨亡，託我以遺孤，吾不忍也。」荆州人多歸先主。先主日行十餘里，或曰：「宜速行，保江陵。」先主曰：「夫濟大事者以人爲本，今人歸吾，何忍棄去？」習鑿齒曰：「劉主雖顛沛險難，而信義愈明，勢逼事危，而言不失道。追景升⑤之顧，則情感三軍；戀赴義之士，則甘與同

①「先主」，指劉備。②「袁公路」，袁術字公路。③「使君」，對州郡長官的尊稱，指劉備。④「昃」，原作「側」，據東漢文紀改。⑤「景升」，劉表字景升。

敗。視其所以結物情，豈徒投醪①撫寒、含蓼問疾而已！其終濟大業者，不亦宜乎。」聞諸葛亮躬耕南陽，乃三詣亮於草廬之中，屏人言曰：「漢室傾頹，姦臣竊命，主上蒙塵，孤不度德量力，欲信大義②於天下，而智術淺短，遂用猖蹶③，至於今日。然意猶未已，君謂計將安出？」亮答曰：「自董卓已來，豪桀並起，跨州連郡者不可勝數。曹操比於袁紹，名微而衆寡，然遂能剋紹，以弱爲强者，非唯天時，抑亦人謀也。今操已擁百萬之衆，挾天子而令諸侯，傳云：『求諸侯莫如勤王。』此之謂也。此誠不可與爭鋒。孫權據有江東，已歷三代，國險而民附，賢能爲用，此可與爲援，而不可圖也。荆州北據漢、沔④，利盡南海，東連吴會，西通巴、蜀，此用武之國，而其主不能守，此殆天所以資將軍也。益州嶮塞，沃野千里⑤，天府之土，高祖因之以成帝業。劉璋闇弱，張魯在北，民殷國富而不知卹，智能之士思得明后。將軍既帝室之胄，信義著於四海，總覽⑥英雄，思賢如渴，若跨有荆、益，保其嚴岨，西和諸戎，南撫夷越，結好孫權，内修政理，天下有變，則命上將將荆州之軍以向宛、洛，將軍身率益州之

①「投醪」，吕氏春秋順民：「越王苦會稽之耻，下養百姓以來其心，有甘脆，不足分，弗敢食；有酒，流之江，與民同之。」

②「義」下，原衍「行」，據三國志蜀志删。 ③「蹶」，三國志作「獗」。 ④「沔」，原作「江」，據三國志蜀志改。

⑤「千里」，原脱，據三國志蜀志補。 ⑥「覽」，通「攬」，接納。

**衆出於秦川，百姓孰不簞食壺漿以迎將軍者乎！誠如是，則霸業可成，漢室可興矣。」**

**時曹公破荊州，先主奔吴。**先主之奔吴也，論者以孫權必殺之。程昱料曰：「曹公無敵於天下，初舉荊州，威震江表，權雖有謀，不能獨當也。劉備，英雄也。關羽、張飛皆萬人之敵，權必資以禦于我。難解勢分，備資以成，不可得殺也。」權果多與備兵，以禦太祖。時益州刺史劉璋聞曹公征荊州，遣别駕張松詣曹公。曹公時已定荊州，走先主。曹公不存録①松，松勸璋自絶。習鑿齒曰：「昔齊桓一矜其功，而叛者九國；曹操暫②自驕伐，而天下三分，皆勤之於數十年之内，棄之於俯仰之頃，豈不惜乎！是以君子勞謙日昃，慮以下人，功高而居之以讓，勢尊而守之以卑，夫然後能有其富貴，保其功業，傳福百代，何驕矜之有哉！君子是以知曹操之不能遂兼天下也。」**備用亮計，結好孫權，共拒曹公於赤壁，破之。曹公北還，權乃以荊州業備。**周瑜上疏諫曰：「劉備以梟雄之姿，而關羽、張飛熊虎之將，必非久屈爲人用者。愚謂大計宜徙置吴，盛爲築室，多其美女玩好之物，以娱其耳目；分此③三人，各置一方，使如瑜者得挾與攻戰，大事可定也。今猥割土地以資業之，聚此三人，俱在疆埸，恐蛟龍得雲雨，非復池中物也。」權以曹公在北方，當廣攬英雄，故不納也。

---

①「存録」，存恤録用。　②「暫」，原作「漸」，據三國志蜀志注引漢晉春秋改。　③「分此」，原作「比」，據三國志吴志改。

龐統説備曰：「荊州荒殘①，人物單②盡，東有吴孫，北有曹氏，鼎足之計，難以得志。今益州國富人强，户口百萬，郡中兵馬，所出畢具，寶貨無求於外。今可權借，以定大事。」備曰：「今指與吾爲水火者，曹操也。操以急，吾以寬；操以暴，吾以仁；操以譎，吾以忠。每與操反，事乃可成耳。今以小故而失信義於天下者，吾所不取也。」統曰：「權變之時，固非一道所能定也。兼弱吞昧，五伯之事。逆取順守，報之以義，各事定後，封以大國，何負於信？今日不取，終爲人利耳。」備乃使關羽守荊州，欲自取蜀。時孫權遣使報備，欲共取蜀，曰：「米賊張魯君③王巴、漢，爲曹操耳目，規圖益州。劉璋不能自守。若操得蜀，則荊州危矣。今欲先攻取璋，進討張魯，首尾相運，一統吴、楚，雖有十操，無所憂也。」或説備宜報聽許，吴終不能越荊有蜀，蜀地可有也。主簿殷觀曰：「若爲吴先驅，進未能克蜀，退爲吴所乘，則大事去矣。」備從之，距④答權曰：「益州民富國强，土地阻險，劉璋雖弱，足以自守。張魯虚僞，未盡忠於操。若暴師於蜀漢，轉運於萬里，欲使戰剋攻取，舉不失利，此吴起不能定其規，孫武不能善其事。今曹操三分天下有其二，將飲

①「殘」，原作「殪」，據讀畫齋叢書本改。　②「單」，通「殫」，孔穎達曰：「盡也。」三國志蜀志注引九州春秋作「殫」。
③「君」，讀畫齋叢書本作「居」。　④「距」，讀畫齋叢書本作「拒」。

馬滄海，觀兵於吴，而同盟無故自相攻伐，借樞①於操，使敵乘其隙，非計也。」權知備意，乃止也。會劉璋聞曹公向漢中討張魯，内懷恐懼。别駕張松説璋曰：「曹公兵强，無敵於天下。若因張魯之資，以取蜀土，誰能禦之？劉豫州，使君之宗，而曹公之深讎也。若使之討魯，魯必破。魯破，則益州强，曹公雖來，無能爲也。」璋然之，遣法正迎先主。時黄權諫曰：「左將軍有梟名，今以部曲遇之，則不滿其心；以客禮待之，則一國不容二君。若客有太山之安，則主有累卵之危。願且閉境，以待河清。」時劉巴亦諫曰：「備，雄傑人也。入必有爲，不可内也。」既入，巴又曰：「若使備討張魯，是放虎於山林也。」璋並不聽。先主與璋會涪。璋既還成都，先主當爲璋北征漢中。統復②説備曰：「陰選精兵，晝夜兼道，徑襲成都。璋既不武，又素無豫備，大軍卒至，一舉便定，此上計也。楊懷、高沛，璋之名將，各杖强兵，據守關頭。聞數有牋來諫璋，使發遣將軍還荆州。將軍未至，遣與相聞，説荆州有急，欲還救之，並使裝束，外作歸形。此二子既服將軍英名，又喜將軍之去，必乘輕騎來見。將軍因此執之，進取其兵，乃向成都，此中計也。返還白帝，連引荆州，徐還圖之，此下計也。若沉吟不去，將致大困，不可久矣。」先

① 「樞」，契機。 ② 「復」，原作「後」，據讀畫齋叢書本及三國志龐統傳改。

主然其中計。初，張松、法正見備，備以私意接納，盡其慇懃，因問蜀中兵器府庫人馬衆寡，及諸要害。松等具爲言之，又畫地圖處置山川。由是盡知益州虛實。先主北到葭萌，未即討魯，厚樹恩德，以收衆心。明年，曹公征孫權，權呼先主自救。備乃從璋求萬兵及資寶，欲以東行救權。璋但許兵四千，其餘皆半給。備因激怒其衆曰：「吾爲益州征强敵，師徒勤瘁，不遑寧居。今積帑藏之財，而悋於賞功，望士大夫爲出死力戰，其可得乎！」乃召璋白水軍督楊懷，責以無禮，斬之。使黄忠等勒軍向璋。先主逕至關，質諸將士卒妻子①，引兵從忠等進到涪，據其城。璋所遣將皆破敗也。即斬懷等，自葭萌南，還取璋。時鄭度説璋曰：「左將軍襲我，兵不滿萬，士衆未附，野穀是資。計莫若盡驅巴西、梓潼人内涪水以西，其倉廩野穀一皆燒除，高壘深溝，静以待之。彼請戰不許，久無所資，不過百日，必將自走。走而擊之，則必禽②矣。」璋不用度計。先主遂長驅，所過必克，而有巴、蜀。劉備襲蜀，丞相掾趙戩曰：「劉備其不濟乎！拙於用兵，每戰必敗，奔亡不暇，何以圖人？蜀雖小國，險固四塞，獨守之國，難卒并也。」徵士傅幹曰：「劉備寬仁有度，能得人之死力。諸葛亮達理知變，正而有謀，而爲之相。張飛、關羽勇而有義，皆萬人之敵，而爲之將。此三人者，皆人傑也。以劉備之略，三傑佐之，何爲不濟？」先主圍成都數十日，璋出降。蜀中殷盛豐樂，先主置酒大饗士卒，取蜀城

①「質諸將士卒妻子」，留諸將士卒妻子作人質。　②「禽」，通「擒」，俘獲。

中金銀分賜將士，還其穀帛。初攻劉璋，備與士衆約曰：「若事定，府庫百物，孤無豫焉。」及拔成都，士衆皆捨干戈，赴諸藏競取寶物。軍用不足，備甚憂之。劉巴曰：「易耳。但當鑄①直百錢②，平諸物價，令吏爲官市。」備從之。數月之間，府庫充實。先主領益州牧，諸葛亮爲股肱，法正爲謀主，關羽、張飛、馬超爲爪牙，許靖、麋竺、簡雍③爲賓友。董和、黄權、李嚴等本璋之授用也，吴壹、費觀等又璋之婚親也，彭羕者又璋之所排擯也，劉巴者宿昔之所忌恨也，皆處之顯任，盡其器能。有志之士，無不競勸也。

群臣勸先主稱尊號，先主未許。諸葛亮曰：「昔吴漢、耿純等勸世祖即帝位，世祖辭讓，前後數四。耿純進言曰：『天下英雄喁喁，冀有所望，如不從議者，士大夫各歸求主，無爲從公也。』世祖感純言深至，遂然諸之。今曹氏篡漢，天下無主，大王劉氏苗族，紹世而起，即帝位，乃其宜也。士大夫久勤苦者，亦望尺寸之功名，如純言耳。」先主於是即帝位。譙周等勸進云：「臣父群未亡時，言西南數有黄氣，直立數丈，見來④積年時時有景雲祥風，從璇璣⑤下應之，此爲異瑞。又二十二年中，數有氣如旗，從西竟⑥東，中天而行。圖書⑦曰：『必有天子出其方。』

①「鑄」，原脱，據讀畫齋叢書本及太平御覽補。　②「直百錢」，杜佑曰：「蜀鑄直百錢文曰直百。」胡三省曰：「一錢直百也。」　③「簡雍」上，原衍「簡」，據讀畫齋叢書本及三國志蜀志删。　④「見來」，真的，真個。　⑤「璇璣」，指北斗。　⑥「竟」，一直。　⑦「圖書」，猶圖讖，有關帝王受命徵驗的隱語、預言之類。

加是①年太白、熒惑、鎮星常從歲星相追近。漢初興，五星從歲星，其歲星主義，漢位在西，義之上方②，故漢法常以歲星候人主，當有聖主起於此州，以致季興③。時許帝尚存，故群④下不敢漏言。頃者，熒惑復追歲星，見在胃昴。胃昴爲天綱。經曰：『帝星⑤處之，衆邪消亡。』願大王應天順人，速即洪業，以寧海内也。」

**時曹公拔漢中。**初，魏太祖破張魯於漢中，劉曄進計曰：「明公北破袁紹，南征劉表，九州百郡，十并其八，威震天下，勢慴海外。今舉漢中，蜀人望風，破膽失守。推此而前，蜀可傳檄而定。劉備，人傑也，有度而遲，得蜀日淺，蜀人未附，人心震恐，其勢自傾。因其傾而壓之，無不克也。若小緩之，諸葛孔明明於治體，關羽、張飛勇冠三軍，武毅以威之，文德以撫之，據嶮守要，不可犯矣。今時不取，必有後憂。」太祖不從。居七日，蜀降者言蜀中驚擾，雖斬之，猶不禁。太祖又問曄曰：「蜀可伐不？」對曰：「今以⑥小安，不可動也。」**法正説先主曰：「曹操一舉降張魯，定漢中，不因此勢以圖巴、蜀，而留夏侯淵、張郃屯守，身遽北還，此非其智不逮、力不足也，將内有憂逼故耳。**今算淵、郃

---

①「加是」，原作「如迺」，據讀畫齋叢書本及三國志改。　②「上方」，上邦，大國。李鼎祚曰：「義主秋成，西方金也。」
③「季興」，中興。　④「群」，原作「詳」，據讀畫齋叢書本及三國志改。　⑤「星」，原作「皇」，據三國志改。　⑥「以」，通「已」，已經。

才略，不勝國之將率，舉衆往討，則必剋之。剋之日，廣農積穀，觀釁伺隙，上可以傾覆寇敵，尊獎王室，中可以蠶食雍、涼，廣境拓土，下可以固守要害，爲持久之計。此蓋天以與我，時不可失也。」先主善其策，乃率諸將進兵①漢中，正亦從行。先主自陽平②南度③沔水④，緣山稍前，於定軍、興勢⑤作營。淵將兵⑥來争其地。正曰：「可擊矣。」先主命黄忠乘高鼓譟攻之，大破淵軍，淵等授首，遂奄有梁、漢。

時魏使夏侯楙⑦鎮長安，蜀將魏延就諸葛亮請兵從褒中⑧出，循秦嶺而東，當子午而北，以襲長安。亮不許。魏略曰：「夏侯楙爲安西將軍，鎮長安。諸葛亮於南鄭與群下計議。魏延曰：『聞夏侯楙少，主壻⑨也，怯而無謀。今假延精兵五千，負糧五千，直從褒中出，循秦嶺而東，當子午而北，不過十日，可到長安。楙⑩聞延奄至，必乘船逃走。長安唯有御史、京兆太守，横門邸閣⑪與散

---

① 「兵」，原作「近」，據讀畫齋叢書本及三國志改。　② 「陽平」，原作「陽城」，據讀畫齋叢書本及三國志改。　③ 「度」，通「渡」。　④ 「沔水」，原作「汾水」，據讀畫齋叢書本及三國志改。　⑤ 「興勢」，原脱「興」，據讀畫齋叢書本及三國志補。　⑥ 「兵」，原脱，據讀畫齋叢書本及三國志補。　⑦ 「夏侯楙」，原作「夏侯惇」，據讀畫齋叢書本及三國志改。　⑧ 「褒中」，原作「襄中」，據讀畫齋叢書本及三國志改。下同。　⑨ 「主壻」，原作「有智」，據讀畫齋叢書本及三國志改。下同。　⑩ 「楙」，原脱，據三國志補。　⑪ 「衡門邸閣」，指官府糧倉。

人①穀足周②食也。比東方相合聚，尚二十許日，而公從斜谷來，亦足以達。如此，則一舉而咸陽以西可定矣。』亮以爲懸絶③，不如安從阻④道，可以平取隴右，萬全必剋而無虞，故不用延計也。延每隨亮出，輒欲請兵萬人，與亮異道，會於潼關，如韓信故事。亮制而不許。延常謂亮爲怯，歎恨己才用之不盡也。」**其後，吳孫權襲關羽，取荆州。**劉備⑤令關羽鎮守荆州，吳將吕蒙拜漢昌太守，與關羽分土接境，知羽梟雄，有兼并心，且居上流，其勢難久，蒙乃密陳計策曰：「今征虜守南郡，潘璋將游兵萬人，循江上下，應敵所在，蒙爲國家前據襄陽，如此何憂於操，何賴於羽？」將圖之。會羽討樊，留兵將備南郡。蒙上疏曰：「羽討樊而多留備兵，必恐蒙圖其後故也。蒙常有病，乞分衆還建業，以治病爲名，羽聞之，必徹⑥備兵，盡赴襄陽。大軍浮江，晝夜馳上，襲其空虛，則南郡可下而羽可禽也。」遂稱病篤。權乃露檄召蒙還，陰與圖計。羽果信之，稍徹兵赴⑦樊。權⑧遂行，遣蒙在前，伏其精兵於䑺䑽⑨中，使白衣摇櫓，作商賈服，晝夜兼行，至羽所置江邊屯候⑩，盡縛之，是故羽不聞知。蒙入據城，盡得羽及將士家屬，

---

①「散人」，普通百姓。　②「周」，鄭玄曰：「謂給不足也。」「周」，原作「用」，據讀畫齋叢書本及三國志改。　③「絶」，三國志作「危」。　④「阻」，三國志作「坦」。　⑤「劉備」上，原衍「范曄曰」，據讀畫齋叢書本及三國志吴志吕蒙傳删。
⑥「徹」，撤去，撤除。三國志作「撤」。下同。　⑦「赴」，原作「起」，據讀畫齋叢書本及三國志改。　⑧「權」，原脱，據讀畫齋叢書本及三國志補。　⑨「䑺䑽」，原作「搆摝」，據讀畫齋叢書本及三國志改。　⑩「屯候」，斥候，哨兵。

皆撫慰納，約令軍不得干歷①人家，有所求取。羽還，在道路，數②使人與蒙相聞③，蒙輒厚遇其使。羽使人還，咸知家門④無恙，見待過於平時，故羽吏士無鬭心，皆委⑤羽而降，即父子俱獲。初，孫權之討羽也，遣使報魏云：「欲討關羽自效，乞不漏露，令羽有備。」群臣咸言密之是宜。董昭曰：「軍事尚權，期於合宜。宜露其事。羽聞權上，即當還護，其城圍得速解，便獲其利。可使兩賊相持，我乘⑥其弊。若密而不露，使⑦權得志，非計之上也。」乃使射書於圍中及羽屯內，羽猶豫未去。陸遜至，破江陵，羽走至臨沮，爲吴將潘璋所殺也。**先主怒吴，伐之，敗績。還蜀至永安而崩。**初，魏文帝聞備東下，與孫權交戰，樹栅連營七百餘里，謂群臣曰：「備不曉兵機，豈有七百里營可以距敵乎？包原隰阻險而爲軍者，爲敵所禽，此兵忌。孫權上事⑧今至矣。」後七日，權破備於夷陵書至。

**後主禪即位。**下詔曰：「朕聞，善積者昌，禍積者喪，古今常數也。曩者，漢祚中微，網漏凶慝；董卓造難，震蕩京畿；曹操階禍，竊執天衡⑨；子丕孤豎，敢尋亂階，盜據神器，更姓改物，世濟其凶。當

---

①「干歷」，騷擾。　②「數」，原作「權」，據三國志改。　③「聞」，通「問」，詢問。　④「門」，原作「問」，據讀畫齋叢書本及三國志改。　⑤「委」，捨棄。　⑥「我乘」，原脱，據讀畫齋叢書本補。三國志魏志董昭傳作「坐待」。　⑦「使」，原作「交」，據讀畫齋叢書本及三國志補。　⑧「上事」，向朝廷上書言事。　⑨「天衡」，天子的威權。

此之時，天下無主，則①我帝命，殞越于下。昭烈皇帝，光演文、武，存復祖業，誕膺②皇綱，不墜於地。萬國未靖③，早世遐殂。朕以幼沖，繼統鴻業，未習保傅之訓，而嬰祖宗之重。光戴前緒，未有攸濟，朕甚懼焉。諸葛丞相，弘毅忠壯，忘身憂國，今授之以旄鉞之重，付之以專命之權，統領步騎二十萬衆，董督元戎，龔行天罰，除患④寧亂，剋復舊都，在此行也。伐其元帥，弔其殘人。他如詔書律令者也。」**先是，吴主孫權請和**，吴使張温使蜀。權謂温曰：「卿不宜遠出，恐諸葛孔明不知吾所以與曹氏通意，故屈卿行⑤。行人之義，受命不受辭也。」對曰：「臣入無腹心之規，出無專對之用，懼無張老延譽⑥之功，又無子產陳事之效。然諸葛達見計數，必知神慮屈伸之宜，加受朝庭天覆之惠，推亮之心，必無疑貳。」温至蜀，詣闕拜章曰：「昔高宗以諒闇⑦昌殷祚於中興，成王以幼沖隆周德於太平。今陛下以聰明之姿，等契⑧往古，總百揆於良佐，參列精⑨之炳耀，遐邇望風，莫不忻賴。吴國勤任旅力，清澄江滸，願與有道平一宇内，委心協規⑩，有如河水⑪。使下臣温通致情好。陛下敦崇禮義，未便耻忽⑫。臣自入遠⑬境，

---

①「則」，而。　②「誕膺」，承受。　③「靖」，原作「竭」，據讀畫齋叢書本改。　④「患」，原作「舊」，據讀畫齋叢書本及三國志蜀志後主傳改。　⑤「行」，原脱，據三國志吴志張温傳補。　⑥「張老延譽」，國語晉語：「使張老延君譽於四方。」延，陳也。張老，晉大夫張孟。　⑦「諒闇」，居喪。禮記喪服四制：「書曰：『高宗諒闇，三年不言。』善之也。」　⑧「等契」，符合。　⑨「列精」，指日月星辰。　⑩「協規」，共同謀劃。　⑪「有如河水」，意謂河神鑒之。有如，古人誓詞中常用語。　⑫「未便耻忽」，没有馬上羞辱怠慢。原作「不便耻忽」，據讀畫齋叢書本及三國志改。　⑬「遠」，原作「達」，據三國志改。

及即近郊，頻蒙勞來，以榮自懼。」蜀使馬良使吴。良謂亮曰：「今銜國命，協穆二家，幸①爲良介於孫將軍。」亮曰：「君試自爲文。」良即草曰：「寡君遣掾馬良通聘繼好，以紹昆吾②、豕韋③之勳。其士人④吉士，荆楚之令⑤，鮮於造次⑥之華，而有克終之美，願降心存納，以慰將命。」權大⑦待之也。丞相諸葛亮慮權聞先主殂，有異計，乃遣鄧芝修好於權。權果狐疑，不時⑧見芝。芝自表請見，權語芝曰：「孤誠願與蜀和親，然恐蜀主幼弱，國小勢逼，爲魏所乘，不自保全，以此猶豫耳。」芝對曰：「吴、蜀二國四州之土⑨，大王命世之英，諸葛亮一時之傑也。蜀有重險之固，吴有三江之阻，合此二長，共爲脣齒，進可兼并天下，退⑩可鼎足而立，此理勢之自然也。大王今若委質於魏，魏必上望大王之入朝，下求太子之内侍。若其不從，則奉辭伐叛。蜀必順流，見可而進。如此，江南之地，非復大王之有也。」權默然良久，曰：「君言是也。」遂自絶魏，與蜀連和。時司徒華歆、司空王朗等與諸葛亮書陳天命，欲使舉國稱蕃⑪。亮不答書，

① 「幸」，原作「本」，據讀畫齋叢書本及三國志蜀志馬良傳改。　② 「昆吾」，夏伯。　③ 「豕韋」，殷伯。　④ 「其士人」，讀畫齋叢書本及三國志作「其人」，通志作「奇人」。　⑤ 「令」，善，美好。　⑥ 「造次」，指善辯。　⑦ 「大」，三國志馬良傳作「敬」。　⑧ 「不時」，不及時。　⑨ 「土」，原作「士」，據讀畫齋叢書本改。　⑩ 「退」，原作「返」，據三國志蜀志鄧芝傳改。　⑪ 「蕃」，通「藩」。

作正議曰：「昔在項羽，起不由德，雖處華夏，秉帝者之勢，卒就湯鑊，爲後來戒。魏不審鑒，今次之矣。免身爲幸，滅在①子孫。而二三子多逞蘇、張②詭靡之説，奉進驩兜滔天之辭，欲以誣毀唐帝③，諷解禹、稷，所以徒懷文藻，煩勞翰墨，大雅君子所不爲也。又軍志④曰：『萬人必死，横行天下。』昔軒轅氏挈卒數萬，制四帝⑤，定海内，況以數十萬之衆，據正道而臨有罪，可得干擬⑥者哉！」亮死後，魏令鄧艾伐蜀，蜀兵敗。後主用譙周策，降魏。議曰：國君爲社稷死則死，爲社稷亡則亡。譙周勸後主降魏，可乎？孫盛曰：「春秋之義，國君死社稷，卿大夫死位，況稱天子而辱於人乎！周謂⑦『萬乘之君，偷生苟存，亡禮希利，要冀微榮』，惑矣！且以事勢言之，理不可盡。何者？禪雖庸主，實無桀、紂之酷。戰雖屢北，未有土崩之亂，縱不能君臣固守，背城一戰，自可退⑧次東鄙，以思後圖。是時羅憲以重兵據白帝，霍弋⑨以强卒鎮夜郎，蜀土險狹，山水峻隔，絶巘激湍，非步卒所涉。若悉收舟檝，保據江州，徵兵南中，乞師東國，如此，則姜、廖⑩五將自然

①「在」下，原衍「君」，據讀畫齋叢書本删。 ②「蘇、張」，蘇秦、張儀。 ③「唐帝」，指堯。 ④「軍志」，三國志蜀志諸葛亮傳作「誡」。 ⑤「四帝」，三國志作「四方」。 ⑥「干擬」，干犯。「干」，原作「千」，據讀畫齋叢書本及三國志改。 ⑦「謂」，原作「調」，據四庫本及三國志文類改。 ⑧「退」，原作「返」，據讀畫齋叢書本及三國志文類改。 ⑨「霍弋」，原作「霍戈」，據讀畫齋叢書本及三國志文類改。 ⑩「姜、廖」，姜維、廖化。

雲從，吴之二師承命電赴，何投寄之無所，而慮於必亡耶？魏師之來，搴國大舉，欲追則舟檝靡資，欲留則師老多虞，且屈申有會，情勢代起，徐因思舊之人，以攻驕惰之卒，此越王所①以走闔閭，田單所以摧騎劫也。何爲忩忩②遽自囚虜，下③堅壁於敵人，致斫石④之至恨哉！葛生⑤有云：『事不濟即亡耳⑥，安能復爲之下！』壯哉斯言，可以立懦夫之志矣。觀古燕、齊、荆、越之敗，或國覆主滅，或魚懸鳥竄，終能建功立事，康復社稷。豈曰天助？抑人謀也。向使懷苟存之計，納譙周之言，何頽基之能搆，令名之可獲哉？禪既闇主，周實駑臣，方之申包胥、田單、范蠡、大夫種，不亦遠乎！」

**晉時李特復據蜀**，初，特在蜀暴横，晉乃募⑦取特兄弟，許以重賞。未暇宣聞，遂不藏本。特弟⑧驤見書，悉改其購云：「敢斬六郡人頭首李、任、閻、趙等及氏⑨侯王一人詣官，許以重賞。」六郡人見之大駭，遂並反歸特。益州牧羅尚遣隗伯攻李雄⑩於郫城，迭有勝負。冬十月，雄與朴泰金，鞭之流血，令泰⑪佯得罪奔尚，欲爲内應。尚信之，以兵隨泰。雄内外擊之，大破尚軍。雄乘勝追躡，夜至城下，因稱

①「越王」，原作「昭王」，據三國志譙周傳注改。「所」，原脱，據三國志補。　②「忩忩」，同「怱怱」。　③「下」，原作「不」，據讀畫齋叢書本及三國志改。　④「斫石」，三國志蜀志姜維傳：「後主敕令，乃投戈放甲，將士咸怒，拔刀斫石。」　⑤「葛生」，指諸葛亮。　⑥「即亡耳」，讀畫齋叢書本作「即已耳」，三國志文類作「則已耳」，三國志蜀志諸葛亮傳作「此乃天也」。　⑦「募」，原作「慕」，據讀畫齋叢書本及晉書李特傳改。　⑧「弟」，原作「子」，據晉書改。
⑨「氏」，原作「立」，據讀畫齋叢書本及晉書改。　⑩「李雄」，李特第三子。　⑪「泰」，原作「秦」，據讀畫齋叢書本改。

萬歲，誑尚城中云：「已得郫城。」尚信之，開少城門。雄軍得入，尚遂遁走，遂剋成都稱王也。**晉桓溫滅之。至義熙[1]中，譙縱又殺益州刺史毛璩于成都，稱成都王。**初，毛璩使約之[2]赴義軍，軍至枝江，會劉毅敗，約之[3]奔桓振。璩聞約之奔桓振也，自將兵三千，由外水下，譙縱爲之參軍，使將梁州兵五百人從内水發。梁州人不欲東，遂推縱爲主，反攻涪城，剋之。璩聞難作，自洛城[4]步還至成都，爲縱黨所殺也。**宋使朱齡石滅之。**

**此蜀國形也。** 議曰：吴、蜀脣齒之國，蜀滅則吴亡，信乎！陸士衡曰：「夫蜀蓋蕃援[5]之與國，而非吴人之存亡也。何則？其郊境之接，重山積險，陸無長轂[6]之徑，川隘流迅，水有驚波之難。雖有鋭師百萬，啓行不過千夫；舳艫千里，前驅不過百艦。故劉氏之伐，陸公譬之長蛇，其勢然也。」故黄權稱曰：「可以往，難以反，此兵之絶[7]地也。」古云：「夫道狹路嶮，譬[8]如兩鼠鬬於穴，將勇者勝也。」

---

[1]「義熙」上，原衍「宋」，據晉書安帝紀删。 [2]「約之」，原作「任約」，據晉書毛璩傳「柳約之」改。 [3]「之」，原脱，據晉書補。下同。 [4]「洛城」，原作「略陽城」，據晉書譙縱傳改。 [5]「蕃援」，護衛輔助。蕃，通「藩」。 [6]「長轂」，范甯曰：「兵車也。」 [7]「絶」，原作「桂」，據四庫本改。 [8]「譬」，原作「壁」，據讀畫齋叢書本改。

## 吴

丑爲星紀①，吴、越之分，上應斗、牛之宿，下當少陽②之位。今之會稽、九江、丹陽、豫章、廬江、廣陵、六安、臨淮皆吴之分野。今蒼梧、鬱林、合浦、交趾、九真、日南、南海皆越之分野。古人有言曰：「大江之南，五湖之間，其人輕心。揚州保强，保，恃也。三代要服③，不及以正④。」國有道則後服，無道則先叛。故傳曰：「吴爲封豕長蛇，薦食⑤上國。」爲上國之患，非一日之積也。

漢高帝時，淮南王英布反。布都六安，今壽州是也。反書聞，上召諸將問：「布反，爲之奈何？」汝陰侯滕公⑥曰：「臣客故楚令尹薛公有籌策可問。」初，滕公問令尹，令尹曰：「是故⑦當反。」滕公曰：「上裂地而王之，疏⑧爵而賞之，南面而立，萬乘之主，其反何也？」令尹曰：「往年殺彭

---

①「星紀」，十二星次之一，與十二辰之丑相對應，二十八宿中之斗、牛屬之。 ②「少陽」，博物志：「東方少陽，日月所出。」 ③「要服」，王畿外圍由近及遠，分爲侯、甸、綏、要、荒五服。 ④「正」，顔師古曰：「政也。」 ⑤「薦食」，不斷吞食。 ⑥「滕公」，顔師古曰：「夏侯嬰也，本爲滕令，遂號爲滕公。」 ⑦「故」，本來。史記黥布列傳作「固」。 ⑧「疏」，張晏曰：「分也。」

越，前年殺韓信。此三人，同功一體之人也。自疑禍及，故反耳。」上乃召見，問薛公。薛公對曰：「布反，不足怪也。使布出於上計，山東非漢之有也。出於中計，勝敗之數未可知也。出於下計，陛下安枕而卧矣。」上曰：「何謂上①計？」令尹曰：「東取吳，蘇州是也。西取楚，荆州②是也。并齊取魯，齊，青州。魯，兖州。傳檄燕、趙，固守其所，山東非漢之有也。」議曰：合從山東，爲持久之策，上計也。「何謂中計？」「東取吳，西取楚，并韓取魏，據敖倉之粟，塞成皋之口，勝敗之數未可知也。」議曰：長驅入洛，以決一朝之戰，中計也。「何謂下計？」「東取吳，西取下蔡，歸重於越，身歸長沙，陛下安枕而卧，漢無事矣。」議曰：自廣江表，無窺中原之心，下計也。桓譚新論曰：「世有圍碁之戲，或言是兵法之類也。及爲之，上③者遠碁④疏張，置以會圍，因而伐之，成多得道之勝。中者則務相絶遮要，以争便求利，故勝狐疑，須計數而定。下者則守邊隅，趨作罫⑤，以自生於小地。然亦不如察薛公之言上計云『取吳、楚，并齊、魯及燕、趙』者，此廣道地之謂；中計云『取吳、楚，并韓、魏，塞成皋，據敖倉』，此趨遮要争利者也；下計云『取吳、下蔡，據長沙，以臨越』，此守邊隅趨作罫者也。」罫音爲卦反。上曰：「是計將安出？」令尹對曰：「出下計。」上曰：「何

---

①「上」下，原衍「中下」，據史記黥布列傳删。　②「荆州」，張守節曰：「楚王劉交都徐州下邳。」　③「上」，原作「工」，據讀畫齋叢書本及史記改。　④「遠碁」，原作「遂基」，據讀畫齋叢書本及史記改。　⑤「罫」，張銑曰：「線之間方目也。」

爲廢上、中計而出下計？」令尹曰：「布故酈山之徒也，自致萬乘之國，此皆爲身，不顧其後爲萬世慮者，故曰出下計。」上曰：「善。」果如策。乃封薛公千户。

是後，吴王劉濞以子故而反。初發也，其大將田禄伯①曰：「兵屯聚而西，無他奇道，難以就功。臣願得奇兵五萬人，别循江、淮而上，收淮南、長沙，入武關，與大王會。此亦一奇也。」吴王太子諫曰：「王以反爲名，此兵難以藉②人，人亦且反王。」吴王不許。其少將桓將軍復説吴王曰：「吴多步兵，步兵利險阻。漢多車騎，車騎利平地。願大王所過城邑不下，宜棄去，疾西據雒陽武庫，食敖倉之粟，阻山河之險，以令諸侯。雖無入關，天下固已定矣。即③大王徐行，留下城邑，漢車騎至，馳入梁、楚之郊，事敗矣。」王問諸老，諸老曰：「此年少摧鋒④之計耳，安知大慮？」吴王不從桓將軍之計，乃自并將其兵。漢以太尉周亞夫擊吴、楚，亞夫用其父客計，遂敗吴。客計在霸紀上。淮南王劉安怨望其父厲王長死，謀爲叛逆，問伍被曰：「吾舉兵西嚮，諸侯必有應者。

①「田禄伯」，原作「禄田伯」，據史記吴王濞列傳改。
②「藉」，借助。
③「即」，若。
④「摧鋒」，挫敗敵軍鋭氣。

即無，奈何？」被曰：「南收衡山，衡州。以擊廬江，廬州，有潯陽之船，守下雉之城，在江夏，縣名也。結九江之浦，絶豫章之口，洪州是也。强弩臨江而守，以禁南郡①之下。東收江都、揚州也。會稽，越州②也。南通勁越，屈强③江、淮間，猶可一舉得延歲月之壽。」王曰：「善。」未得發，會事泄，誅。

至後漢靈、獻時，閹人擅命，天下提契④，政在家門。何進謀誅閹官，太后不從。進乃召董卓詣京師，以脅迫太后。密令卓上書曰：「中常侍張讓等竊幸乘寵，濁亂海内。昔趙鞅興晉陽之甲，以逐君側之惡。」輒鳴鐘如洛陽，討讓等罪。卓未至，進敗。及卓到，遂廢立，天下亂矣。議曰：家門，大夫也。時長沙太守孫堅殺南陽太守張咨，袁術得據其郡。堅與術合縱，欲襲奪劉表荊州，堅爲流矢所中，死。初，劉表據荊州也，聞江南賊盛，謂蒯越等曰：「吾欲徵兵，恐不集，其策焉出？」對曰：「衆不附者，仁不足也。附而不理者，義不足也。苟仁義之道行，百姓歸之如水之趨下，何患不附？袁術勇而無謀，宗賊⑤貪暴，爲下所患。若示之以利⑥，必以衆來。君誅其無道，撫而用之。人有樂存

---

①「南郡」，原作「東郡」，據史記淮南衡山列傳改。②「越州」，張守節曰：「會稽，蘇州也。」③「屈强」，顔師古曰：「不柔服也。」④「契」，通「挈」。後漢書袁術傳作「挈」。⑤「宗賊」，李賢曰：「宗黨共爲賊。」⑥「利」，原作「封」，據讀畫齋叢書本及後漢書劉表傳改。

之心，必襁負而至。兵强士附，南據江陵，北守襄陽，八郡可傳檄而定。術等雖至，無能爲也。」後果然也。

**孫堅死，子策領其部曲擊揚州刺史劉繇，破之，因據江東。**策聞袁術將欲僭號，與書諫曰：「昔董卓無道，陵虐王室，禍加太后，暴及弘農，天子播越，宫廟焚毁，是以豪傑發憤，沛然俱起。然而河北異謀於黑山①，曹操毒被於東徐，劉表僭亂於荆南，公孫②叛逆於朔北，正禮③阻兵，玄德④争盟，當謂使君與國同規，而舍是弗恤，莞然有自取之志，懼非海内企望之意。昔成湯討桀，猶云有夏多罪；武王伐紂，曰殷有重罰。此二王者，雖有聖德，假時無失道之過，無由逼而取也。今主上非有惡於天下，徒以幼小脅於强臣，異於湯、武之時也。使君五世相承，爲漢宰輔，榮寵之盛，莫與爲比，宜效忠節，以報王室。」術不納，策遂絶之也。**策聞魏太祖與袁紹相持於官渡，將渡江襲許，未濟，爲許貢客所殺。**初，策有是謀也，衆皆懼。魏謀臣郭嘉料之曰：「策，英雄豪傑⑤，能得人死力，然輕而無備，雖有百萬之衆，無異於獨行中原。若刺客伏起，一人之敵耳。以吾觀之，必死於匹夫之手。」果爲許貢客所殺也。

---

①「河北異謀於黑山」，李賢曰：「謂袁紹爲冀州牧，與黑山賊相連。」　②「公孫」，指公孫瓚。　③「正禮」，李賢曰：「劉繇也。」　④「玄德」，李賢曰：「劉備也。」　⑤「策，英雄豪傑」，三國志郭嘉傳作：「策新并江東，所誅皆英雄豪傑。」

策死，弟權領其衆，時吴割據江南，席卷交、廣也。屬曹公，破袁紹，兵威日盛。乃下書責孫權求質，張昭等會議不決。權乃獨將周瑜詣其母前定議。瑜曰：「昔楚國初封於荆山之側，不滿百里之地，繼嗣賢能，廣土開境，立基於郢，遂據荆、揚，至於南海，傳業延祚九百餘年。今將軍承父兄餘資，兼六郡之衆，兵精糧多，將士用命，鑄山爲銅，煮海爲鹽，境内富饒，人不思亂，汎①舟舉帆，朝發夕到，士風勁勇，所向無前，有何逼迫，而欲送質？質子一入②，不得不與曹氏，曹氏命召，不得不往，便見制於人也，豈與南面稱孤同哉？不如勿與，徐觀其變。若曹氏率義以正天下，將軍事之未晚。若圖爲暴亂，兵猶火也，不戢必將自焚。韜勇枕威，以待天命，何送質之有！」權母曰：「公瑜議是也。」遂不送質。策薨，權年少，初統事，太妃憂之，引見張昭、董襲等問曰：「江東可保安不？」襲對曰：「江東地勢有山川之固，而討逆③明府恩德在人，討虜④承基大小用命，張昭秉衆事⑤，襲等爲爪牙，此地利人和之時也，萬無所憂。」衆皆壯其言也。

---

①「汎」，原作「沉」，據四庫本及三國志吴志周瑜傳引江表傳改。　②「入」，原作「人」，據讀畫齋叢書本及三國志改。

③「討逆」，胡三省曰：「策也。」　④「討虜」，胡三省曰：「權也。」　⑤「事」，原脱，據四庫本及三國志吴志董襲傳補。

後曹公入荆州，劉琮舉衆降。初，劉表死，魯肅進説曰：「夫荆楚與我鄰接，水流順北，外帶江、漢，内阻山陵，有金城之固①，沃野萬里，士人殷富，若據而有之，此帝王之資也。肅請得奉命弔表二子，并慰勞軍中用事者，説劉備使撫養表衆，共拒曹操。」肅未到，琮已降也。曹操得其水軍船步卒數十萬，吴將士聞之皆恐。孫權延見群下，問以計策。議者咸曰：「曹公，豺虎也。託名漢相，挾天子以征四方，動以朝廷爲辭。今日距②之，事更不順。且將軍大勢可以距操者，長江也。今操得荆州，奄有其地，劉表治水軍，蒙衝鬬檻③乃以千數，操悉以沿江，兼有步兵，水陸俱下，此爲長江之險已與我共之矣。而勢力衆寡，又不可論。愚謂大計不如迎之。」周瑜曰：「不然。操雖託名漢相，其實漢賊。將軍以神武之雄才，兼杖④父兄之烈，割據江東，地方數千里，精兵足用，英豪樂業，尚當横行天下，爲漢家除殘去穢。況操自送死，而可迎之耶？請爲將軍籌之。今使北土已安，操無内憂，能曠日持久來争疆埸，又能與我校⑤勝負於舟檝，可也。今北土既未安，馬超、韓遂尚在關西，爲操後患。且捨鞍馬，杖舟

---

①「固」，原作「國」，據四庫本及三國志吴志魯肅傳改。　②「距」，讀畫齋叢書本作「拒」。　③「檻」，劉逵曰：「船上下四方施板者曰檻也」。三國志吴志周瑜傳作「艦」。　④「杖」，讀畫齋叢書本作「仗」。下同。　⑤「校」，原作「扶」，據四庫本及三國志改。

檝，與吳、越爭衡，本非中國所長。又今盛寒，馬無藁草，驅中國士衆，遠涉江湖之間，不習水土，必生疾病。此數四者，用兵之患也，而操皆冒行之。將軍擒操，宜在今日。瑜請得精兵三萬人進住夏口，保爲將軍破之。」權曰：「老賊欲廢漢自立久矣，徒忌二袁、呂布、劉表與孤耳。今數雄已滅，唯孤尚存，孤與老賊勢不兩立。君言當擊，甚與孤合，此天以君授孤也。」時權軍柴桑，劉備在樊。曹公南征劉表，會表卒，子琮舉衆降。先主①不知曹公卒至，至宛乃聞之，遂率其衆南行，爲曹公所追破。劉備至夏口，諸葛亮曰：「事急矣，請奉命求救孫將軍。」遂見，説曰：「將軍起兵江東，劉豫州亦收衆漢南，與曹操并爭天下。今操芟夷大難，略已平矣，遂破荆州，威震四海。英雄無所用武，故豫州遁逃至此。將軍量力而處之。若能以②吳、越之衆與中國爭衡，不如早與之絶；若不能當，何不按兵束甲，北面而事之？今將軍外託服從之名，而內懷猶豫之計，事急而不斷，禍至無日矣。」權曰：「苟如君言，劉豫州何不遂事之乎？」亮曰：「田橫，齊之壯士耳，猶守義不辱。況劉豫州，王室之胄，英才蓋世，衆士慕仰，若水之歸海，若事之不濟，此乃天也，安得復爲人之下？」權勃然曰：「吾不能舉全吳之地，十萬之衆，受制於人！吾計決矣。非劉豫州莫可以當曹操者，然豫州新敗之後，能抗此難乎？」亮曰：「豫州軍雖敗於長坂，今戰士還者及關羽所將精甲萬人，劉琦合江夏戰士亦

①「先主」，指劉備。　②「以」，原作「與」，據三國志蜀志諸葛亮傳改。

不下萬人。曹操之衆，遠來疲弊，聞①追豫州，騎一日一夜行三百里，此所謂强弩之末不能穿魯縞者也。故兵法忌之曰：『必蹶上將軍。』且北方人不習水戰，又荆州之人附操者，逼兵勢耳，非心服也。今將軍誠命猛將統兵數萬，與豫州協規同力，破操軍必矣。操軍破，必北還，如此則荆、吴之勢强，鼎足之形成。成敗之機，在於今日。」權大悦，即遣周瑜、魯肅隨亮詣先主，并力拒曹公也。**周瑜等水軍三萬，與劉備并力距曹公，用黄蓋火攻策，遂敗曹公於赤壁。**初一日交戰，曹公軍破退②，引次江北，瑜等在南岸。瑜部將黄蓋曰：「今寇衆我寡，難與持久。然觀操軍，方連船檻③，首尾相接，可燒而走也。」乃取蒙衝④鬬艦數十艘，實以薪草，膏⑤灌其中，裹以帷幕，上建牙旗。先書報曹公，欺以欲降。蓋又豫備⑥走舸，各繫火船後，因引次俱前。曹公軍吏士皆延頸觀望，指言蓋降。去北軍二里餘，同時發火，火烈風猛，船去如箭，飛埃絶焰，燒盡北船，延燒岸上營落，頃之，烟焰漲天，人馬燒溺死者甚衆。瑜率⑦輕鋭，尋係⑧其後，雷鼓大進。曹公留曹仁等守江陵，徑自北歸。瑜又進南郡，與仁相對，仁遂退也。**曹公敗，徑北還。權遂虎視江表。**時劉璋爲益州牧，外有張魯寇侵。瑜乃詣京見權曰：「今曹操新衄，

---

①「聞」，原作「閒」，據讀畫齋叢書本及三國志改。　②「退」，原作「返」，據四庫本及三國志吴志周瑜傳改。　③「檻」，三國志作「艦」。　④「蒙衝」，戰船名。　⑤「膏」，油。　⑥「備」，原作「便」，據四庫本及三國志改。　⑦「率」，原作「卒」，據讀畫齋叢書本改。　⑧「係」，李賢曰：「即繼也。」

方憂腹心，未能與將軍連兵相事①也。乞與奮威②俱進取蜀，得蜀而并張魯，留奮威固守其地，好與馬超結援。瑜與將軍據襄陽，以蹴③操，北方可圖也。」權許之。會瑜卒，不果也。

初，周瑜薦魯肅才宜佐時，權即引肅對飲曰：「今漢室傾危，四方雲擾，孤承父兄遺業，思有桓、文④之功。君既惠顧，何以佐之？」肅對曰：「昔高帝⑤區區欲尊事義帝⑥而不獲者，以項羽爲害也。今之曹操，猶昔項羽，將軍何由得爲桓、文乎？肅竊料之，漢室不可復興，曹操不可卒除。將軍爲計，唯有鼎足江東，以觀天下之釁。規模如此，亦自無嫌。然後建號帝王，以圖天下，此高帝之業也。」及是平一江滸，稱尊號，臨壇顧謂公卿曰：「昔魯子敬嘗道此，可謂明於事勢矣。」議曰：陸士衡稱：「孫權執鞭鞠躬以重陸公⑦之威，悉委武衛以濟周瑜之師，卑宮菲食以豐功臣之賞，披懷虚己以納謀士之筭，屏氣跼蹐以伺子明⑧之疾，分滋損味以育凌統之孤，是以忠臣競盡其能，志士咸得肆力，而帝業固矣。」黄石公曰：「賢人之政，降人以體。聖人之政，降人以心。體降可以圖始，心降可以保終。降體以體，降心以心。」由此觀之，孫權執鞭鞠躬，降體之政，降人以心。

---

①「相事」，相與攻戰。 ②「奮威」，指奮威將軍孫瑜。 ③「蹴」，逼迫。 ④「桓、文」，指齊桓公、晉文公。 ⑤「義帝」，史記項羽本紀：「項羽尊懷王爲義帝。」 ⑥「高帝」，漢高祖劉邦。 ⑦「陸公」，指陸遜。 ⑧「子明」，吕子明。

者也；披懷虚己，心降者也。善終令始，不亦宜乎！

**黄武元年，魏使大司馬曹仁步騎數萬向濡須，濡須督朱桓破之。**初，曹仁欲以兵襲取中州，僞先揚聲欲東攻羨溪。桓分兵赴羨溪①，既發卒而仁奄至，諸將業業②，各有懼心。桓喻之曰：「凡兩軍交戰，勝負在將，不在衆寡。諸君③聞曹仁用兵孰與桓耶？兵法所以稱客倍而主人半者，謂俱在平原，無城池之守，又謂士衆勇怯齊等故耳。今仁既非智勇，加其士卒甚怯，又千里步涉，人馬疲困，桓與諸將共據高城，南臨大江，北背山陵，以逸待勞，爲主制客，此百戰百勝之勢也。」桓因偃旗鼓，外示虚弱，以誘致仁。仁果遣子泰攻濡須城，分遣諸將襲中州。中州者，部曲妻子所在。泰等退，桓遂梟其諸將也。**七年，又使大司馬曹休騎十萬，至皖城迎周魴。魴欺之，無功而返。**吴鄱陽太守周魴譎誘曹休，休迎魴至皖城。知見欺，當引軍還，自負衆盛，邀於一戰。朱桓進計於元帥陸遜曰：「休本以親戚見任，非智勇名將也。今戰必敗，敗必走，走道當由夾石、挂車④，此兩道也⑤皆阨險，若以萬兵柴⑥路，則彼衆必盡，而休可生虜。臣請將所部以斷之，若蒙天威，得以休自效，便可乘勝長驅，進取壽春，割有淮南，以窺許、洛，此萬代一時，不可失也。」權先與陸遜以議，遜以爲不可，故計不施行也。

---

①「溪」，原作「浹」，據讀畫齋叢書本及三國志吴志朱桓傳改。　②「業業」，危懼貌。　③「君」，原作「軍」，據四庫本及三國志改。　④「挂車」，原作「桂車」，據讀畫齋叢書本及三國志改。　⑤「也」，讀畫齋叢書本作「地」，三國志無。　⑥「柴」，阻塞。

**至權薨，皓①即位，窮極淫侈，割剥蒸人②，崇信姦回③，賊虐諫輔④。晉世祖令杜預等伐吴，滅之。**議曰：昔魏武侯浮西河，顧謂吴起曰：「山河之固，此魏國之寶也。」吴起對曰：「昔三苗氏左洞庭而右彭蠡，德義不修，禹滅之。夏桀之君，左河、濟，右太華，伊闕在其南，羊腸在其北，仁政不修，湯放之。由此觀之，在德不在險。」今孫皓席父祖之資，有天阻之固，西距巫硤，東負滄海，長江判其區宇，峻山帶其封域，地方幾萬里，荷戟將百萬，而一朝棄甲，面縛於人，則在德之言爲不刊之典耶？對曰：「何爲其然？」陸機云：「易曰：『湯、武革命，順乎天。』玄⑤曰：『亂不極則理不形。』言帝王之因天時⑥。天時不如地利。易曰：『王侯設險以守其國。』言國之恃險也。又曰：『地利不如人和，在德不在險。』言守險⑦之由人也。吴之興也，參而由⑧焉。孫卿⑨所謂合⑩其參⑪者。及其亡也，恃險而已。」婁敬曰：「周之衰也，分而爲兩，天下莫朝。周不能制，非其德薄也，形勢弱也。」由此觀之，國之興亡亦資險云，非唯在德而已矣。

---

①「皓」，孫皓，孫權孫子。 ②「蒸人」，民衆，百姓。 ③「姦回」，邪惡之人。 ④「諫輔」，勸諫輔佐之臣。
⑤「玄」，揚雄太玄。 ⑥「天時」，原脱，據文選辯亡論補。 ⑦「險」，原脱，據文選補。 ⑧「參而由」，指天時、地利、人和均兼具。
⑨「孫卿」，即荀卿，名況。 ⑩「合」，原作「舍」，據讀畫齋叢書本改。 ⑪「參」，指天時、地利、人和。

至晉永嘉中，中原喪亂，晉元帝復渡江，王江南，宋、齊、梁、陳皆都焉。事在霸紀上也。此吳國形也。

## 魏

古者，天子守在四夷。天子卑弱，守在諸侯。當漢之季，姦臣擅朝，九有①不澄②，四郊多壘，雖復諸侯釋位以間③王政，然皆包藏禍心，各圖非冀。魏太祖略④不世出，靈武⑤冠時，值炎精⑥幽昧之期，逢風塵無妄之世，嗔目張膽，首建義旗。時韓暹、楊奉挾獻帝，自河東還洛陽。靈帝崩，太子辦⑦即位。并州牧董卓入朝，因廢帝爲弘農王，而立獻帝，以董卓爲太師，遷都長安。司徒王允誅卓，卓將郭汜、李傕⑧圍長安城。城陷，殺王允。後李傕與郭汜有隙，傕質天子於其家。傕將楊奉謀殺傕，事泄叛傕。傕衰弱，天子乃得出奔。楊奉欲以天子還洛陽，郭汜追天子於弘農之⑨曹陽。奉等敗，殺公卿略盡。天子渡河，都安邑。以韓暹爲征東將軍，持政，還洛陽。洛陽宮室燒

---

①「九有」，九州。　②「澄」，安定。　③「間」，杜預曰：「間猶與也。去其位，與治王之政事。」　④「略」，謀略。

⑤「靈武」，神武。　⑥「炎精」，火德，指漢朝。　⑦「辦」，讀畫齋叢書本作「辦」，後漢書作「辯」。　⑧「汜」「傕」，原作「汎」「催」，據讀畫齋叢書本改。　⑨「之」，原脱，據讀畫齋叢書本及三國志魏志董卓傳補。

盡，百官披荊棘。太祖迎天子都許，韓暹、奉出奔也。太祖議迎都許。或以爲山東未定，不可。荀彧勸太祖曰：「昔晉文納周襄王而諸侯景從。高祖東伐，爲義帝縞素，天下歸心。自天子播越，將軍首唱義兵，以山東擾亂，未能遠赴①關右。然猶分遣將帥，蒙險通使，雖禦外難，乃心無不在王室，是將軍匡天下之素志也。今車駕旋軫，義士有存本之思，百姓感舊而增哀，誠因此時，奉主上以從人望，大順也；秉至公以服雄傑，大略也；挾弘義以致英俊，大德也。天下雖有逆節，不能爲累，明矣。韓暹、楊奉其敢爲害？若不時定，四方生心，後雖慮之，無及。」太祖至洛陽，奉天子都許。維其弛紊②，紉其贅旒③，俾我漢家不失舊物矣。於是運籌演謀，鞭撻宇内，北破袁紹，南虜劉琮，東舉公孫康，西夷④張魯，議曰：劉表諸傑，雖中間自有吞并，乃揚雄所謂「六國嗤嗤，爲嬴弱姬⑤」者也。并吞雖衆，適所以爲吾奉也。九州百郡，十并其八，志績未究⑥，中世而殞。曹操字孟德，少機警，有權數，而任俠放蕩，不治行業，故世

---

①「赴」，原作「離」，據後漢書荀彧傳改。　②「弛紊」，松弛紊亂。　③「贅旒」，贅，連綴。旒，飄帶。喻被大臣挾持的君主。　④「夷」，討平。　⑤「六國嗤嗤，爲嬴弱姬」，嗤嗤，敦厚貌，一説無知貌。司馬光曰：「言六國相與陵弱周室，適足爲秦開兼并之資，終自失據，爲秦所滅，使秦得專據天下。」「嬴」，原作「羸」，據讀畫齋叢書本及太玄改。

⑥「究」，原作「宄」，據讀畫齋叢書本改。

人未之奇也。唯喬玄異焉，謂曰：「天下將亂，非命世之才不能濟也。能安之者，其在君乎？」太祖①爲東郡太守，治東武陽，軍頓丘。黑山賊于毒等攻東武陽，太祖引兵西入山，攻毒等本屯。諸將皆以爲當還自救。太祖曰：「昔孫臏救趙而攻魏，耿弇欲走西安而攻臨菑，使賊聞我西而還，是武陽自解也。不還，我能敗虜家，虜不能敗武陽，必矣。」乃行。毒聞之，棄武陽還。太祖要擊，大破之。初，遼東太守公孫康恃遠不服，袁尚、袁熙依之。及太祖破烏丸，或說公遂征之，尚兄弟可擒也。公曰：「吾方使康斬送尚、熙首，不煩兵矣。」九月，公引軍自柳城還，康即斬送尚、熙首。諸將問曰：「公還而康斬送尚、熙，何也？」公曰：「彼素畏尚等，吾急之則并力，緩之則自相圖，其勢然也。」太祖攻吕布於下邳，不拔，欲還。荀攸曰：「布勇而無謀，今三戰②皆北，其鋭氣衰。三軍以將爲主，主衰則軍無奮意。陳宫有智而遲。今及布氣未復，宫謀之未定，進急攻之，布可拔也。」乃決沂、泗灌城，城潰，生禽布。袁紹將文醜與太祖戰，荀攸勸太祖以輜重餌賊，賊遂奔之，陣亂，斬文醜。太祖與袁紹相持於官渡，時公糧少，與荀彧書，議欲還許。彧③曰：「紹悉衆聚官渡，欲與公決勝敗。公以至弱當至强，若不能制，必爲所乘，是天下之大機也。且紹，布衣之雄耳，能聚人而不能用。夫以公之神武明哲，而輔以大順，何向而不濟！今軍食④

①「太祖」，指曹操。②「戰」，原作「軍」，據三國志魏志荀攸傳改。③「彧」，原作「或」，據讀畫齋叢書本及三國志改。④「食」，原脱，據三國志補。

雖少，未若楚在滎陽、成皋時也。是時，劉、項莫肯先退①，先退者勢屈。公以十分居一之衆，畫地而守之，扼其喉而不得進已半年矣，情見勢竭，必將有變。此用奇之時，不可失也。」又紹謀臣許攸貪財，紹不能縱，來奔，説太祖襲紹别屯，燔其糧穀，遂破紹。張繡在南陽，與荆州牧劉表合。太祖征之。謀臣進曰：「繡與劉表相恃爲强，然繡以游軍而食於表，表不能供也，急之則并力，緩之則自離。」太祖不從，征。表果遣兵救繡，太祖兵敗。三年春，太祖還許，繡兵來追。太祖軍不得進，與荀彧書曰：「賊來追吾，雖日行數里，吾策②之，至安衆，破之必也。」果設奇伏，攻破之。公還許，荀彧問：「前何以策賊必破？」對曰：「虜遏吾③歸師，與吾死地戰，吾是以知勝。」西平麴光④殺其郡守以叛，諸將欲擊之。張既⑤曰：「唯光等造反，郡人未必悉同。若便以軍臨之，吏人羌、胡必謂官家不别是非，更使皆相持著⑥，此爲虎傅翼也。光等欲以羌、胡爲援，今先使羌、胡鈔擊，重其賞，所虜獲者皆以俾之。外阻⑦其勢，内離其交，必不戰而定。」乃檄告喻，諸爲光等所誤者原之，能斬賊帥⑧送首者加封。於是光部黨斬送光首。此「九州百

①「退」，原作「返」，據三國志改。下同。　②「策」，測度。　③「吾」，原脱，據三國志魏志武帝紀補。　④「麴光」，原作「麴先」，據讀畫齋叢書本及三國志魏志張既傳改。　⑤「張既」，原作「張阮」，據讀畫齋叢書本及三國志改。　⑥「持著」，支持依附。「持」，原作「恃」，據讀畫齋叢書本及三國志改。　⑦「阻」，三國志作「沮」，終止，阻止。　⑧「帥」，原作「師」，據讀畫齋叢書本及三國志改。

郡，十并其八」之大略也。

**夫能扶天下之危者，則據天下之安。能除天下之憂者，則享天下之樂。能救天下之禍者，則得天下之福。**董昭等欲共進曹公九錫①備物，密訪於荀彧。彧不許，操心不平，遂殺之。范曄論曰：「世之言荀君，通塞②或過矣。常以中賢以下，道③無求備，智筭有所研疎④，原始未必要終，斯理之不可全詰者也。夫以衛賜⑤之賢，一説而斃兩國⑥。彼非薄於仁⑦而欲之，蓋有全必有喪⑧也。斯又功之不可兼者矣。方時運之屯邅⑨，非雄才無以濟其弱，功高勢强則皇器⑩自移矣。此又時之不可并也。蓋取其歸正而已，亦殺身以成仁之義也。」**曹氏率義撥亂，代載其功。至文帝時，天人與能⑪矣，遂受漢禪。**劉若勸進曰：「臣聞，符命不虛見，衆心不可違，故孔子曰：『周公其不聖乎？以

---

①「九錫」，天子賜諸侯、大臣的九種器物，是一種最高禮遇。公羊注取禮緯説，九錫：一、車馬以代其步。二、衣服以表其德。三、樂則以化其民。四、朱户以明其别。五、納陛以安其體。六、虎賁以備非常。七、弓矢使得專征。八、鈇鉞使得專伐。九、秬鬯使之祭祀。　②「通塞」，窮達。易：「不出户庭，知通塞也。」　③「道」，原作「遂」，據讀畫齋叢書本及後漢書荀彧傳改。　④「研疎」，精粗。　⑤「衛賜」，李賢曰：「端木賜，字子貢，衛人也。」　⑥「兩國」，李賢曰：「謂齊與吴也。」　⑦「仁」，原作「人」，據讀畫齋叢書本及後漢書改。　⑧「喪」，原作「衰」，據讀畫齋叢書本及後漢書改。「有全必有喪」，即有得必有失。　⑨「屯邅」，難行不進。「屯」，原脱，據後漢書補。　⑩「皇器」，指帝位。　⑪「與能」，推薦有才能的人。「與」，通「舉」。

天下讓。是天地①日月輕去其萬物也。』是以舜享天下，不拜而受命②。今火德③氣盡，炎上④數終，帝遷明德，祚隆大魏。符瑞昭晳，受命既固，光天之下，神人同應。雖有虞之儀鳳⑤，周之躍魚⑥，方之今事，未足爲喻。而陛下違天命以飾小行，逆人心以守私志，上誤⑦皇穹乃眷之旨，中忘聖人達節之數，下孤人臣翹首之望，非所以揚聖道於高衢，垂無窮之懿勳也。臣等聞，事君有獻可替否之道，奉上有逆鱗⑧固争之義。臣等敢以死請。」太史丞許芝又曰：「易傳曰：『聖人受命而王，黄龍以戊己日見。』七月四日戊寅，黄龍見，此帝王受命之符瑞最著明也。又曰：『聖人以德，親比天下，仁恩洽普，麒麟以戊己日見，厥應聖人受命。』臣聞，帝王者，五行之精，易姓⑨之符，代興之會，以七百二十年爲一軌。有德者過於八百，無德者不及四百載。是以周家八百六十七年，夏家四百數十年。漢行夏正，迄今四百二十六

①「地」，原作「下」，據讀畫齋叢書本及三國志魏志引袁宏漢紀改。　②「命」，原脱，據三國志補。　③「火德」，李善曰：「謂漢也。」　④「炎上」，火炎向上，亦指漢。　⑤「儀鳳」，有威儀之鳳。書益稷：「鳳凰來儀。」　⑥「躍魚」，史記周本紀：「武王渡河，中流，白魚躍入王舟中，武王俯取以祭。」　⑦「誤」，讀畫齋叢書本作「忤」。　⑧「逆鱗」，韓非子説難：「夫龍之爲蟲也，柔可狎而騎也，然其喉下有逆鱗徑尺，若人有嬰之者則必殺人。人主亦有逆鱗，説者能無嬰人主之逆鱗則幾矣。」喻冒犯君主。　⑨「易姓」，指改朝换代。

歲，天之曆數將以盡終。斯皆帝王受命易姓之符瑞也。夫得歲①者道始興。昔武王伐殷，歲在鶉火②，有周之分野也。高祖入秦，五星聚於東井③，有漢之分野也。今茲歲在大梁④，有魏之分野也。而天之瑞應，并集來臻。伏惟殿下體堯、舜之盛明，應七百之禪代，天下學士所共見也。謹以上聞。」給事中蘇林等又曰：「天有十二次以爲分野，王公之國，各有所屬。天子受命，諸侯以封。周文王受命，歲在鶉火。至武王伐紂十三年，歲星復在鶉火，故春秋傳曰：『武王伐紂，歲在鶉火，則我有周之分野也。』昔光和七⑤年，歲在大梁，武王⑥始受命爲將討黃巾。建安元年，歲復在大梁，始拜大將軍。十三年復在大梁，始拜丞相。今二十五年，復在大梁，陛下受命，此魏得歲與周文王受命相應。舜以土德承堯之火，今亦以土德承漢之火，於行運，會於堯、舜授受⑦之次，陛下宜改正朔⑧，易服色⑨，正大號⑩，天下幸甚。」

**王室雖靖，而二方未賓，乃問賈詡曰：「吾欲伐不從命，以一天下，吳、蜀何先？」對曰：「攻**

---

①「歲」，歲星，即木星，約十二年運行一周天。古人將周天分爲十二分，稱十二次，木星每年行經一次，即以所在星次紀年，故稱歲星。　②「鶉火」，星次名。南方有井、鬼、柳、星、張、翼、軫七宿，稱朱鳥七宿，柳、星、張稱鶉火。　③「東井」，即井宿。　④「大梁」，星次名，指胃、昴、畢三星。　⑤「七」，原作「十」，據三國志魏志注引獻帝傳改。　⑥「武王」，指曹操。　⑦「授受」，原脱，據三國志注補。　⑧「正朔」，孔穎達曰：「正謂年始，朔謂月初。言王者得政，示從我始，改故用新，隨寅、丑、子所損也。周子，殷丑，夏寅，是改正也。周夜半，殷雞鳴，夏平旦，是易朔也。」　⑨「易服色」，孔穎達曰：「服色，車馬也。易之，謂各隨所尚赤、白、黑也。」　⑩「大號」，國號，帝號。

取者先兵權，建本者尚德化。陛下應期受禪，撫臨率土，若綏之以文德，而俟其變，則平之不難矣。吴、蜀雖蕞爾小國，依阻山水。劉備有雄才，諸葛亮善治國；孫權識虛實，陸遜①見兵勢，據險守要，汎舟江湖，皆難卒平也。用兵之道，先勝後戰，量敵論將，故舉無遺策。臣竊料群臣無權、備對，雖以天威臨之，未見萬全之勢。昔舜舞干戚而有苗服。臣以爲，當今宜先文後武。」文帝不納，後果無功。三苗國，今岳州是也。蜀相諸葛亮出斜谷，屯渭南，司馬宣王距之。詔宣王：「但堅壁距守，以挫其鋒。彼進不得志，退無與戰，久停則糧盡，虜掠無所獲，則必走矣。走而追之，以逸待勞，全勝之道。」亮送婦人衣以怒宣王。宣王將出戰，辛毗杖節不許，乃止。宣王見亮使，唯問寢食及事繁簡，不及戎事。使答曰：「笞罰二十已上皆親覽焉。啖食至數升。」宣王曰：「亮斃矣。」尋果卒也。

至甘露元年，始以鄧艾爲鎮西將軍，距蜀將姜維。維軍敗，退守劍閣。鍾會攻維，不能尅，艾②上言曰：「今賊摧折，宜遂乘之，從陰平由邪徑③經漢德陽亭趣涪，出劍閣西四百里，去成都三百餘里，奇兵衝其腹心。劍閣之守必還赴涪，則會方軌而進，劍閣之軍不還，

①「陸遜」，原作「陸機」，據讀畫齋叢書本及三國志魏志賈詡傳改。②「艾」，原作「乃」，據讀畫齋叢書本及三國志魏志鄧艾傳改。③「徑」，原脱，據讀畫齋叢書本及三國志補。

則應涪之兵寡矣。軍志①有之：『攻其不備，出其不意。』今掩其空虛，破之必矣。」冬十月，艾自陰平行無人之地七百餘里，鑿山通道。山高谷深，艾以氈自裹，推轉而下。將士皆攀木緣崖，魚貫而進，先登至江由。蜀將諸葛瞻②自涪還綿竹，列陣待艾。艾遣子忠等出戰，大破之，斬瞻。進軍到雒縣，劉禪遂降。後主用譙周策，奉璽書於艾曰：「限分③江、漢，遇值④深遠，階緣⑤蜀土，計絶⑥一隅，干運犯冒，漸苒歷載。每惟黄初中，宣温密之詔，申三好之恩，開示門户，大義炳然。而不德闇劣，貪竊遺⑦緒，俛仰累紀，未率大教。天威⑧既震，人鬼歸能⑨之數，威駭王師，神武所次，敢不革面，順以從命。」艾大喜，報書曰：「王綱失道，群英并起，龍戰虎爭，終歸真主⑩，此蓋天命去就之道也。自古聖帝，爰逮⑪漢、魏，受命而王者，莫不在乎中土。河出圖，洛出書，聖人則之，以興洪業。其不由此，未有不顛覆者矣。隗囂憑隴而亡，公孫據蜀而滅，斯寔前代覆車之鑒。聖上明哲，宰相忠賢，將比隆黄、軒，侔功往代。銜命來征，思聞嘉響，果煩來使，告以德音。此非人事，乃天意也。昔

---

①「軍志」，兵書。　②「瞻」，原作「贍」，據讀畫齋叢書本及三國志改。下同。　③「限分」，界分。「分」，原作「以」，據讀畫齋叢書本及三國志蜀志後主傳改。　④「遇值」，遇到，碰上。「遇」，原作「過」，據三國志改。　⑤「階緣」，憑借。　⑥「絶」，竭，盡。　⑦「遺」，原作「遣」，據讀畫齋叢書本及三國志改。　⑧「天威」，原脱，據三國志補。　⑨「能」，顔師古曰：「善也。」　⑩「主」，原作「王」，據讀畫齋叢書本及三國志改。　⑪「逮」，原作「建」，據讀畫齋叢書本及三國志改。

微子歸周，實爲上賓，君子豹變①，義存大易。來辭②謙沖，以禮舋櫬，此皆前哲歸命之典。全國爲上，破國次之，自非通明智達，何以見王者之義乎？」後主至洛陽，策命之爲安樂公，曰：「蓋統天載物，以咸寧爲大；光宅天下，以時雍爲盛。乃者漢氏失統，六合震擾。我太祖承運龍興，弘濟八極，是用應天順人，撫有區夏。於時乃考因群傑虎爭，九服不靖，乘間阻遠，保據庸、蜀，幾將五紀。朕永惟祖考遺志③，思在綏輯四海，爰整六師，曜威梁、益。公恢崇德度，應機豹變，履信思順，以享④左右無疆之休，豈不遠歟！往欽哉，其祗服朕命，克廣德心，以終乃顯列⑤。」初，晉文王欲遣鍾會伐蜀，邵悌⑥曰：「今鍾會十餘萬衆伐蜀，愚謂會單身無重任，不若餘人。」文王曰：「我寧當復不知此耶？若滅蜀後，如卿所慮，當何能辨？凡敗軍之將不可以語勇，亡國之大夫不可以圖存，心膽已破故也。若蜀已破，遺人震恐，不足與圖事。中國將士各自思歸，不肯與同也。若作惡，祇自族⑦耳。」會果與姜維反。魏將士憤發，殺會及維也。

**至晉末，譙縱復竊蜀。宋劉裕使朱齡石伐蜀，聲言從内水取成都，敗衣羸老進水口。**

①「豹變」，謂豹文變得有文彩，喻人地位變得顯貴。②「辭」，原作「譬」，據讀畫齋叢書本及三國志改。③「遺志」，原脱，據三國志補。④「享」，原脱，據三國志補。⑤「顯列」，昭著的功業。「列」，通「烈」。⑥「悌」，原作「第」，據讀畫齋叢書本及三國志改。⑦「族」，滅族。三國志魏志鍾會傳作「族滅」。

譙縱果疑其內水上也，議曰：內水，涪江也。悉軍新城以待之。乃配朱齡石等精銳，逕從外水，議曰：外水，泯江也。若中①，今雒縣水是也。直至成都，不戰而禽縱。事具霸紀上。

此滅蜀形也。

魏嘉平中，孫權死，征南大將軍王昶、征東大將軍胡遵、鎮南將軍毌丘儉等表征吳。朝廷以三征計異，詔訪尚書傅嘏。嘏對曰：「昔夫差勝齊陵晉，威行中國，不能以免姑蘇之禍。齊閔辟土②兼國，開地千里，不足以救顛覆之敗。有始者不必善終，古事之明效也。孫權自破蜀兼荆州之後，志盈欲滿，凶亢已極。相國宣文王③先識取亂侮亡之義，深達宏圖大舉之策。今權已死，託孤於諸葛恪，若矯權苛暴，蠲其虐政，民免酷烈，偷安新惠，外內齊慮，有同舟之懼，雖不能終自保完，猶足以延期挺命於深江之外矣。今議者或欲泛舟徑④濟，橫行江表；或欲倍⑤道并進，攻其城壘；或欲大佃⑥疆埸，觀釁而動。此三者，皆取賊之常計。然施之當機則功成，若苟不應節，必貽後患。自治兵已來，出入三載，非掩襲

---

①「中」，指中水。　②「土」，原作「士」，據四庫本及三國志魏志傅嘏傳引司馬彪戰略改。　③「宣文王」，司馬懿。三國志引文作「宣文侯」。晉書文帝紀：「追加舞陽宣文侯爲晉宣王。」　④「徑」，原作「經」，據讀畫齋叢書本及三國志改。　⑤「倍」，三國志作「四」。　⑥「佃」，耕作，開墾。

之軍也。賊喪元帥，利存退①守，若羅船津要，堅城清野，横行之計，其殆難捷也。賊之爲寇，幾六十年，君臣僞立，吉凶同患，若恪矚其弊，天奪之疾，崩潰之應，不可卒待也。今賊設羅落②，又將③重密，間諜④不行，耳目無聞。夫軍無耳目，校⑤察未詳，而舉大衆以臨巨嶮，此爲晞幸⑥邀功，先戰而後求勝，非全軍之長策也。唯有大佃，最差⑦完牢⑧。兵出民表⑨，寇鈔⑩不犯，坐食積穀，不煩運士，乘釁討襲，無遠勞弊，此軍之急務也。夫屯壘相逼，巧拙得用，策之而知得失之計，角之而知有餘不足，虜之⑪情僞，將焉所逃？夫以小敵大，則役煩力竭；以貧敵富，則斂重財匱。故『敵逸能勞之，飽能饑之』，此之謂也。然後盛衆厲兵以振之，參惠倍賞以招之，多方廣似以疑之。由不虞之道，以間其不戒。比及三年，

①「退」，原作「返」，據讀畫齋叢書本及三國志改。　②「羅落」，警戒聯絡。胡三省曰：「羅，布也。落，與絡同，聯絡也。」　③「將」，讀畫齋叢書本及三國志作「持」。　④「諜」，原作「謀」，據讀畫齋叢書本及三國志改。　⑤「校」，原作「投」，據三國志改。　⑥「晞幸」，僥幸。「晞」，通「希」。　⑦「差」，比較，略微。原作「羌」，據讀畫齋叢書本及三國志改。　⑧「完牢」，穩妥牢靠。　⑨「民表」，民衆的表率。　⑩「寇鈔」，劫掠。　⑪「虜之」，原作「之處」，據三國志改。

左提右挈①，虜必冰散瓦解，安受其弊，可坐筭而得也。昔漢氏歷世常患匈奴，朝臣謀士早朝晏罷，介胄之將則陳征伐，搢紳之徒咸言和親，勇奮之士思展搏噬。故樊噲願以十萬横行匈奴，季布面折其短。李信求以二十萬獨舉楚人，而果辱秦軍。今諸將有陳越江陵崄，獨步虜庭，即亦向時之類也。以陛下聖德，輔相賢智，法明士練，錯計於全勝之地，振長策以御之，虜之崩潰，必然之數。故兵法曰：『屈人之兵而非戰也，拔人之城而非攻也。』若釋廟勝必然之理，而行百一不全之略，誠愚臣之所慮也。故謂大佃而逼之計最長。」時不從嘏言，詔昶等征吴。吴將諸葛恪距之，大敗魏軍於東關②。魏後陵夷，禪晉，太祖③即位。王昶等敗，朝議欲貶④黜諸將。景王⑤曰：「我不聽公休⑥，以至此。此⑦我過，諸將何罪？」時雍州刺史陳泰討胡，又敗。景王又謝朝士曰：「此我過也，非玄伯⑧之責。」於是魏人悦穆，思報之也。

至世祖時，即晉武帝。羊祜上平吴表曰：「先帝順天應時，西平巴、蜀，南和吴、會，海内

---

①「挈」，原作「揳」，據讀畫齋叢書本及三國志改。　②「東關」，原作「關東」，據讀畫齋叢書本及三國志乙。　③「太祖」，司馬昭。　④「貶」，原作「敗」，據三國志魏志齊王芳傳注引漢晉春秋改。　⑤「景王」，司馬師。　⑥「公休」，諸葛誕字公休。　⑦「此」，原脱，據三國志補。　⑧「玄伯」，陳泰字玄伯。

得以休息，兆庶有樂安之心。而吴復背信，使邊事更興。夫期運雖天所授，而功業必由人而成。不一大舉掃滅，則衆役無時得安。亦所以隆先帝之勳，成無爲之化也。故堯有丹水之伐，舜有有苗之征，咸以寧静宇宙，戢兵和衆者也。蜀平之後，天下皆謂吴當并亡，自此來十三年，是謂一周，平定之期，復在今日。議者常言：『吴、楚有道後服，無禮先强。』此乃諸侯之時耳。當今一統，不得與古同論。夫適道之論，皆未應權，是故謀之雖多，而決之欲獨。凡以險阻得存者，謂所①敵者同，力足以自固。苟其輕重不齊，强弱異勢，則智士不能謀，而險阻不可保也。蜀之地非不險也，高山尋雲霓，深谷肆無景，束馬懸車，然後能濟，皆言一夫荷戟，千人莫當。及進兵之日，曾無藩籬之限，斬將搴旗，伏屍數萬，乘勝席卷，徑至成都，漢中諸城皆鳥棲而不敢出。非皆無戰心，誠力不足相抗。至劉禪降服，諸營堡者索然俱散。今江、淮之難，不過劍閣；山川之險，不過岷、漢；孫皓之暴，侈於劉禪；吴、越之困，甚於巴、蜀；而大晉兵衆，多於前世；資儲器械，盛於往時。今不於此平吴而更阻兵相守，征夫苦役，日尋干戈，經歷盛衰，不可長久。宜當時定，以一四海。今若引

①「所」，原脱，據晉書羊祜傳補。

梁、益之兵水陸俱下，荆、楚之衆進臨江陵，平南、豫州直指夏口，徐、揚、青、兖並向秣陵。鼓旆以疑之，多方以誤之。以一隅之吴，當天下之衆，勢分形散，所備皆急。巴、漢奇兵出其空虚，一處傾壞，則上下震蕩。吴緣江爲國，無有内地，東西數千里，以藩籬自持，所敵者大，無有寧息。孫皓恣情任意，與下多忌，名臣重將不復自信，是以孫秀之徒皆畏逼而至。臣疑於朝，士困於野，無有保勢之計，一定之心。平常之日，猶懷去就，兵臨之際，必有應者，終不能齊力致死，已可知也。其俗急速不能持久，弓弩戟楯不如中國，唯有水戰是其所便。一入其地，則長江非復所固，還保城池，則去長入短。而官軍懸進，人有致節之志。吴人戰於其地，有憑城之心。如此，軍不逾時，剋可必矣。」帝深納焉。乃令王濬等滅吴。天下書同文，車同軌矣。時吴王皓有兼上國之心，使陸抗爲荆州牧。晉使羊祜與吴人相持，祜增修德政以懷吴。吴每與戰，必剋日而後合，間謀掩襲并不爲。若臨陣俘獲，軍正將斬之，祜輒曰：「此等死節之臣也。」爲之垂涕，親加殯給。其家迎喪者，必厚爲之祀①而歸之。吴將有來者，輒任其所適。若欲反吴，便爲祖道②。吴將有二兒皆幼，在境上戲，爲祜軍所略。經月，其父謂之已死，發喪。祜

①「祀」，四庫本作「禮」。

②「祖道」，爲出行者祭路神，并設宴送行。

親自免①勞，供養遺歸。父後感其恩德，率衆二千來降。於是陸抗每告其衆曰：「彼②專爲義，此③專爲暴，是不戰而自服也。各保分界，無求細益而已。」稱曰：「羊叔子，雖樂毅、諸葛亮何以過之！」陸抗將死，言於吴王皓曰：「西陵、建平，國之蕃表，處在上流，受敵二境。臣父遜，昔垂没陳言：『西陵，國之西門，如其有虞，當舉國争之。』臣愚以爲，諸侯王幼沖，未掌事④，乞簡閲⑤壹切，以輔疆埸。」晉南征大將軍羊祜來朝，密陳伐吴之計。使王濬治船於蜀，方舟百餘步，皆爲城郭，門施樓鹵⑥，首畫怪獸，以懼江神，容二千餘人，皆馳馬往還。及柹⑦流於吴，建平太守吾彦取其流柹以呈吴王，曰：「晉必有攻吴之計，宜增建平兵。建平不下，終不敢渡江。」吴王皓不從，彦乃輒爲鐵鎖，加之錐刺，以斷於江，阻於我也。濬聞之，乃爲大筏，縛草爲人，伏習流者，下施竹炬，以礙鎖錐，乃興師。果如濬策，弗之患也。太康元年，安東將軍王渾擊横江，破之。龍驤將軍王濬剋建平、丹陽二城。杜預又分遣輕兵八百，乘簟舡潛渡江，上樂鄉岸，屯巴山，多張旗幟⑧，起火山上，出其不意，破公安。時諸將咸謂：「百年之寇，未可全克。且春水方生，難於持久，宜待來冬，更克大舉。」預喻之曰：「昔樂毅藉濟西一戰，以并强齊。今兵威以⑨

---

①「免」，通「勉」。讀畫齋叢書本作「勉」。②「彼」，原作「此」，據四庫本及渚宫舊事改。③「此」，原作「彼」，據四庫本改。渚宫舊事作「我」。④「未掌事」，讀畫齋叢書本作「未掌國事」，三國志吴志陸抗傳作「未統國事」。⑤「簡閲」，考察，察看。⑥「鹵」，通「櫓」，大楯。⑦「柹」，砍削下的木片木皮。⑧「幟」，原作「熾」，據讀畫齋叢書本改。⑨「以」，通「已」。

振，譬如破竹，數節之後，皆迎刃而解耳。」抗表論之，上深然焉。吳遣張悌、沈瑩濟江。瑩謂悌曰：「晉作戰船於蜀久矣，今傾國大動，萬里齊起，并悉益州之衆，浮江而下。我上流諸軍，無有戒備，恐邊江諸城莫盡能禦也。晉之水軍必至於此，宜畜力待來一戰。若破之日，江西自清，上方雖壞，可還取也。今度江①逆戰，勝不可保。若或摧喪，則大事去矣。」張悌不從，遂濟江，盡衆來逼。王師不擾，其衆退②而兵亂。晉軍乘之，大破吳師。吳王皓乃降於濬。戍卒八萬，方舟鼓譟，入於石頭。皓面縛轝櫬，濬焚櫬，禮也。賜皓爵爲歸命侯。

至晉惠庸弱，胡亂中原，天子蒙塵，播遷江表。當時，天下復分裂矣。出入五代三百餘年，隨③文帝受圖，始謀伐陳矣。嘗問高熲④取陳之策。熲曰：「江北地寒，田收差晚。江南土熱，水田早熟，量彼收獲之際，微徵士馬，聲言掩襲，賊必屯兵堅守，足得廢其農時。彼既聚兵，我便解甲。再三如此，賊以爲常。後更集兵，彼必不信。猶豫之頃，我乃濟師登陸而戰，兵氣益倍。又江南土薄，舍多竹茅，所有儲積，皆非地窖。密遣行人，因風縱火。待其修立，復更燒之。不出數年，自可財力俱盡。」上行其策。陳人益弊。後發兵，以

---

①「江」，原脱，據四庫本及三國志吳志孫皓傳補。　②「退」，原作「返」，據讀畫齋叢書本改。　③「隨」，通「隋」。

④「熲」，原作「穎」，據讀畫齋叢書本及隋書高熲傳改。下同。

薛道衡爲淮南道行臺尚書，兼掌文翰。及王師臨江，高熲召道衡夜坐幕下，因問曰：「今師之舉，克定江東以不①？君試言之。」道衡答曰：「凡論大事成敗，先須以至理斷之。禹貢所載九州，本是王者封域。後漢之季，群雄競起，孫權兄弟遂有吴、楚之地。晉武受命，尋即吞并。永嘉②南遷，重此分割。自爾已來，戰争不息，否終斯泰③，天道之恒。郭璞有云：『江東偏王三百年，還與中國合。』今數將滿矣。以運數而言，其必剋，一也。有德者昌，無德者亡，自古興滅，皆由此道。主上躬履恭儉，憂勞庶政。叔寶④峻宇雕牆，酣酒荒色，上下離心，人神同憤。其必剋，二也。爲國之體，在於任寄⑤。彼之公卿，備員而已。拔小人施文慶，委以政事。尚書令江總唯事詩酒，本非經略之才。蕭摩訶、任蠻奴是其大將，一夫之用耳。其必剋，三也。我有道而大，彼無德而小。量其甲士，不過十萬，西自巫峽，東至滄海，分之則勢⑥懸而力弱，聚之則守此而失彼。其必剋，四也。席卷之兆，其在不疑。」熲忻然曰：「君言成敗，理甚分明。吾今豁然矣。本以才學相期，不意籌略乃至此。」

①「以不」，與否。　②「永嘉」，西晉孝懷帝（司馬熾）年號。　③「否終斯泰」，否極泰來。　④「叔寶」，陳後主名。　⑤「任寄」，委任，付托。　⑥「勢」，原作「援」，據隋書薛道衡傳改。

也。」遂進兵，虜叔寶。

此滅吳形也。議曰：昔三國時，蜀遣宗預使吳。預謂權曰：「蜀土①雖云鄰國，東西相賴，吳不可無蜀，蜀不可無吳。」孫盛曰：「夫帝王之保，唯道與義。道義既建，雖小可大，殷、周是也。苟杖詐力，雖强必敗，秦、項是也。況乎偏鄙之城，恃山水之固，而欲連横萬里，永相資賴哉！昔九國建合縱之計，而秦人卒并六合。囂、述②營輔車之謀，而光武終兼隴、蜀。夫以九國之强，隴、漢之大③，莫能相救，坐觀屠覆④，何者？道德之基不周，而離弱之心難一故也。而云『吳不可無蜀，蜀不可無吳』，豈不謟⑤哉！」由此觀之，爲國之本，唯道義而已。君若不修德，舟中之人盡敵國也。有矣夫！

自隋開皇十年庚戌歲滅陳，至今開元四年丙辰歲，凡一百二十六年，天下一統。論曰：傳稱：「都城過百雉，國之害也。」又曰：「大都偶國⑥，亂之本。」古者諸侯地⑦不過百里，山海不以封。毋親夷狄，以疏其屬⑧，良有以也。何者？賈生有言：「臣竊迹前事，夫諸侯大抵强者先反。淮陰王楚最强，則最先反。韓信倚胡，則又反。貫高因趙資，則又反。陳豨⑨兵

①「土」，原作「士」，據讀畫齋叢書本及三國志蜀志宗預傳引吳歷改。 ②「囂、述」，隗囂、公孫述。 ③「大」，原作「此」，據讀畫齋叢書本及三國志改。 ④「屠覆」，覆滅。 ⑤「謟」，誕妄。 ⑥「偶國」，即「耦國」，大城足與國都相抗衡。 ⑦「地」，原脱，據史記吳王濞列傳補。 ⑧「以疏其屬」，原脱，據史記補。 ⑨「豨」，原作「稀」，據讀畫齋叢書本改。

精，則又反。彭越因梁，則又反。黔布①用淮南，則又反。盧綰最弱，最後反。長沙②迺在二萬數千户耳，功少而最完，勢疏而最忠，非獨性異人也，亦形勢然也。曩令樊、酈、絳、灌③據數十城而王，今雖以殘亡可也。令信、越④之倫列爲徹侯而居，雖至今存可也。然則天下之大計亦可知已，欲諸侯之皆忠附，則莫若令如長沙王。欲臣子之勿葅醢，則莫若令如樊、酈等。欲天下之治安，則莫若衆建諸侯而少其力。」以此觀之，令專城⑤者皆隄⑥封千里，有人民焉，非特百里之資也。官以才居，屬非肺腑⑦，非特毋親之疏也。吴據江湖，蜀阻天險，非特山海之利也；跨州連郡，形束壤制，非特偶國之害也。若遭萬世⑧之變，有七子之禍⑨，則不可諱。有國者不可不察。魏明帝問黄權曰：「今三國鼎峙，何方爲正？」對曰：「當以天文正之。往年熒惑守心而文帝崩，吴、蜀二國主無事。」由是觀之，魏正統矣。

①「黔布」，英布，因坐法黥，故稱黥布。「黔」，通「黥」。②「長沙」，指長沙王劉發。③「樊、酈、絳、灌」，樊噲、酈商、周勃（封絳侯）、灌嬰。④「信、越」，韓信、彭越。⑤「專城」，指主宰一城的地方長官。⑥「隄」，讀畫齋叢書本作「提」。⑦「腑」，原作「附」，據讀畫齋叢書本改。⑧「萬世」，很多世代。⑨「七子之禍」，後漢書左雄傳：「褒艷用權，七子黨進，賢愚錯緒，深谷爲陵。」李賢曰：「褒艷，謂褒姒也。七子，皆褒姒之親黨，謂皇甫爲卿士，仲允爲膳夫，家伯爲宰，番爲司徒，蹶爲趣馬，聚子爲内史，楀爲師氏也。幽王淫於色，七子皆用。」

# 長短經卷第七

權議

懼誡　時宜

## 懼誡第二十

易曰：「湯、武革命，順乎天而應乎人。」書曰：「撫我則后①，虐我則讎②。」尸子曰：「昔周公反政，孔子非之，曰：『周公其不聖乎？以天下讓，不爲兆人③也。』」議曰：昔堯稱：「吾以天下授舜，則天下得其利，而丹朱④病。授丹朱，則天下病，而丹朱得其利。吾終不以天下之病而利

①「后」，君主。　②「讎」，仇敵。　③「兆人」，廣大人民。　④「丹朱」，堯子。

一人。」遂禪于舜。今周公不以天下爲務，而自取其讓名，非爲聖達節者也，故孔子非之。董生①曰：「雖有繼體②守文③之君，不害聖人之受命。」古語曰：「窮鼠嚙狸，匹夫奔④萬乘⑤。」故黄石公曰：「君不可以無德，無德則臣叛。」孫卿⑥曰：「能除患則爲福，不能則爲賊。」孫卿子曰：「昔者，天子初即位，上卿進曰：『能除患則爲福，不能則爲賊。』授天子一策⑦。中卿進曰：『先事慮事謂之接，接則事優成⑧。先患慮患謂之豫，豫則禍不生。事至而後慮者謂之後，後則事不舉。患至而後慮者謂之困⑨，困則禍不禦⑩。』授天子二策。下卿進曰：『慶者在堂，弔者在閭，禍與福鄰，莫知其門。豫哉，豫哉！』授天子三策。」此誡之至也。何以明之？

昔文王在酆，召太公⑪曰：「商王罪殺不辜，汝尚助余憂人，今我何如⑫？」太公曰：「王其修身、下賢、惠人，以觀天道。天道無殃，不可以先唱⑬。人道無灾，不可以先謀。必

---

①「董生」，董仲舒。　②「繼體」，嫡子繼承王位。　③「守文」，遵循先王法度。　④「奔」，驅逐。　⑤「萬乘」，指帝王。　⑥「孫卿」，荀卿，名況，時人相尊而號爲「卿」，因避諱而稱孫卿。　⑦「策」，書寫用的竹、木片，編在一起的叫策。楊倞曰：「謂書於策，讀之而授天子。」　⑧「優成」，結果理想。　⑨「困」，原作「因」，據荀子大略篇改。下同。　⑩「禦」，止息，禁止。　⑪「太公」，姜太公吕尚，字子牙，號太公望。　⑫「何如」，怎麼辦。　⑬「先唱」，率先倡導。

見天殃，又見人災，乃可以謀。與民同利，同利相救，同情相成，同惡相助，同好相趨。無甲兵而勝，無衡機①而攻，無渠壍而守。利人者天下啓之，害人者天下閉之。天下非一人之天下也。取天下若逐野獸，得之而天下皆有分肉。若同舟而濟，皆同其利。舟敗，皆同其害。然則皆有啓之，無有閉之者矣。無取于民者，取民者也。無取於國者，取國者也。無取於天下者，取天下者也。議曰：沛公②之起也，虎嘯豐谷，飲馬秦川，財寶無所收，婦女無所取，降城則以侯其將，得賂則以分其士，而己無私焉。所私者，私於天下也。故老子曰：「夫唯不私，故能成其私。」是知無取人，乃大取也。取民者民利之，取國者國利之，取天下者天下利之。故道在不可見，事在不可聞，勝在不可知。微哉，微哉！鷙鳥將擊，卑身翕翼。猛獸將搏，俛耳俯伏。聖人將動，必有愚色。唯文唯德，誰爲之式③？弗觀弗視，安知其極？今彼殷、商，衆口相惑。吾觀其野，草茅勝穀。吾觀其群，衆曲勝直。吾觀其吏，暴虐殘賊，敗法亂刑而上不覺。此亡國之則也。」文王曰：「善。」賈子④曰：「殷湯放桀，武王殺⑤紂，此天下之所同聞也。爲人臣而放其君，爲人下而殺其上，天下之至逆也，而所以長有天下者，以其爲天下開利除害，以義

①「衡機」，即衡璣，觀測天象的儀器。　②「沛公」，劉邦。　③「式」，準則，法度。　④「賈子」，賈誼。　⑤「殺」，新書作「伐」。

繼之也。故聲名稱于天下，而傳于後也。」太公曰：「天下者，非一人之天下，天下①之天下也。與天下同利者得天下，擅天下之利者失天下。天有時，地有利，能與人共之者，仁也。仁之所在者，天下歸之。免人之死、解人之難、救人之患、濟人之急者，德也。德之所在，天下歸之。與人同憂同樂同好同惡者，義也。義之所在，天下歸之。凡人惡死而樂生，好德而歸利，能生利者，道也。道之所在，天下歸之也。」

楚恭王②薨，子靈王即位，群公子因群喪職③之族，殺靈王而立子干。立未定，弟棄疾又殺子干而自立。棄疾，平王也。五人皆恭王子也。初，子干之入也，韓宣子問于叔向曰：「子干其濟④乎？」對曰：「難。」宣子曰：「同惡⑤相求，如市賈⑥焉，何難？」對曰：「無與同好⑦，誰與同惡⑧？取國有五難：有寵而無人，一也。寵須賢人而固也。有人而無主，二也。雖有賢人，當須內主爲應也。有主而無謀，三也。謀，策謀也。有謀而無民，四也。民，衆也。有民而無德，五也。四者既備，當以德成。子干在晉十三年矣，晉、楚之從⑨不聞達者⑩，可謂無

---

①「天下」下，讀畫齋叢書本有「人」字。　②「楚恭王」，史記作「楚共王」。　③「喪職」，失去職位。　④「濟」，成功。　⑤「同惡」，憎惡相同。　⑥「市賈」，市井商販。服虔曰：「謂國人共惡靈王者，如市賈之人求利也。」　⑦「同好」，愛好相同。「無與同好」，連愛好相同的人都沒有。　⑧「誰與同惡」，哪來憎惡相同的人呢？　⑨「從」，指隨從的人。　⑩「達者」，顯貴的人。

人。族盡親叛，可謂無主。無親族在楚。無釁①而動，可謂無謀。召子干時，楚未有大釁也。爲羈終世，可謂無人。終身羈客在晉，是謂無民。亡無愛徵，可謂無德。楚人無愛念之者。王虐而不忌，靈王暴虐，無所畏忌，將自亡也。楚君子干②，涉五難以殺舊君，誰能濟之？有楚國者，其棄疾乎？君陳、蔡，城外屬焉③。城，方城也。時穿封戌既死，棄疾并領陳事也。苛④慝不作，盜賊伏隱，私欲不違⑤，民無怨心。先神命之，國人信之。芊姓有亂，必季⑥實立，楚之常也。獲神，一也。當璧⑦拜也。有民，二也。人信之也。命德，三也。無苛慝也。寵貴，四也。貴妃子也。居常，五也。棄疾，季也。有五利以去五難，誰能害之？子干之官，則右尹也。數其貴寵，則庶子也。以神所命，則又遠之。其貴亡矣，其寵棄矣，父既没矣。民無懷焉，非令德也。國無與焉，無内主也。將何以立？」宣子曰：「齊桓、晉文不亦是乎？」皆庶賤也。對曰：「齊桓，衛姬之子也，有寵于僖⑧，有鮑叔牙、賓須無、隰朋以爲輔佐，有莒、衛以爲外主，齊桓奔，莒、衛有舅氏之助。有國、高以爲内主，國氏、高氏，齊上卿也。從善如流，下善

①「釁」，仇隙，争端。　②「楚君子干」，楚以子干爲君。　③「城外屬焉」，指方城山以外皆歸屬於他。　④「苛」，原作「荷」，據讀畫齋叢書本及左傳改。下同。　⑤「不違」，指不違禮。　⑥「季」，排行最小的。左傳：「楚國之舉，恒在少者。」　⑦「璧」，原作「壁」，據讀畫齋叢書本改。「當璧拜」，見下文。　⑧「僖」，齊僖公。

齊肅，齊嚴肅敬。不藏賄，清也。不從欲，儉也。施舍不倦，求善不厭，以是有國，不亦宜乎？我先君文公①，狐季姬之子也。有寵于獻公。好學不貳，生十七年，有士五人。狐偃、趙衰、顛頡、魏武子、司空季子五士從出者也。有先大夫子餘、子犯以爲腹心，子餘，趙衰。子犯，狐偃。有魏犨、賈他以爲股肱，有齊、宋、秦、楚以爲外主，齊妻以女，宋贈以馬，楚王饗之，秦伯納之。有欒、郤、狐、先以爲内主。謂欒枝、郤縠、狐突、先軫也。亡十九年，守志彌篤。惠、懷棄民②，民③從而與之。獻無異親，民無異望。獻公之子九人，惟文公在。天方相④晉，將何以代之？此二君者，異于子干。恭有寵子，國有奥主。謂棄疾也。子干無施於民，無援於外，去晉晉不送，歸楚楚不逆⑤，何以冀國⑥？」子干果不終，卒立棄疾，如叔向言。初，楚恭王無冢嫡⑦，有寵子五人，無適⑧立焉。乃大有事于群望⑨，而祈曰：「請神擇于五人者，使主社稷。」乃遍以璧⑩見於群望曰：「當璧而拜者，神所立也。」乃密埋璧于太室⑪之庭，使五人齊⑫，而長幼入拜。康王跨之，靈王

---

①「文公」，晉文公重耳。　②「惠、懷棄民」，杜預曰：「惠公、懷公不恤民也。」　③「民」，原脱，據左傳補。　④「相」，佑助。　⑤「逆」，迎接。　⑥「冀國」，希望享有國家。　⑦「冢嫡」，嫡長子。　⑧「適」，同「嫡」。　⑨「望」，祭名，遥祭山川、日月、星辰。　⑩「璧」，原作「壁」，據讀畫齋叢書本及左傳改。下同。　⑪「太室」，祖廟。　⑫「齊」，同「齋」。

肘加焉，子干、子晳①皆遠之，平王弱，抱而入，再拜皆壓紐②。平王即棄疾也。

魯昭公薨於乾侯，趙簡子問於史墨曰：「季氏③出其君，而民服焉，諸侯與之。君死於外，而莫之或罪，何也？」對曰：「物生有兩、有三、有五、有陪貳④，故天有三辰⑤，謂有三也。地有五行，謂有五也。體有左右，謂有兩也。各有妃耦。謂陪貳也。王有公，諸侯有卿，皆其貳也。天生季氏，以貳魯侯，爲日久矣。民之服焉，不亦宜乎？魯君世縱⑥其失⑦，季氏世修其勤，民忘君矣。雖死於外，其誰矜之？社稷無常奉，奉之無常人，言唯德也。君臣無常位，自古以然。故詩曰：『高岸爲谷，深谷爲陵。』三后之姓，於今爲庶，主所知也。三后，虞、夏、商也。在易卦，雷乘乾曰大壯䷡，乾下震上，大壯。震在乾⑧上，故曰雷乘乾也。天之道也。乾爲天子，震爲諸侯，而在乾上，君臣易位，猶人臣强壯，若天上有雷也。政在季氏，於此君也四公⑨矣。民不知君，何以得國？是以爲君愼器與名，器，車服也。名，爵號也。不可以假⑩人。」議曰：劉向稱：「人君莫不欲安，然而常危矣；莫不欲存，然而常亡，失御臣之術也。夫人臣操權柄，持國

---

①「晳」，原作「哲」，據左傳改。　②「壓紐」，正好壓在璧上。　③「季氏」，季孫氏。　④「貳」，輔佐。　⑤「三辰」，日、月、星。　⑥「縱」，放縱。　⑦「失」，通「佚」，放蕩，淫佚。　⑧「乾」，原脱，據左傳杜預注補。　⑨「四公」，杜預曰：「宣、成、襄、昭。」　⑩「假」，借。

政，未有不爲害者也。昔晉有六卿①，齊有田、崔，衛有孫、甯，魯有季、孟，常掌國事，世執朝柄，終復田氏取齊，六卿分晉，崔杼弑其君光，孫林父、甯殖出其君衎②，弑其君剽，季氏八佾③舞於庭，三家者以雍徹④，并專國政，卒逐昭公，皆陰勝而陽微⑤，下失臣道之所致也。」范雎説秦昭王曰：「夫三代所以亡國者，常縱酒⑥，馳騁弋獵，不聽政事。其所授者，妬賢嫉能，取⑦下蔽上，以成其私，不爲主計，而主不覺悟，故失其國。今有秩⑧已上，至諸史⑨及王左右，無非相國之人者。見王獨立于朝，臣竊爲王恐，恐萬世之後，有秦國者，非王子孫也。」由是觀之，書稱「臣之有作威作福，害于而⑩家，凶于而國」，孔子曰：「禄之去公室，政逮於大夫，亡之兆也。」信哉！是言也。

**孔子在衛，聞齊田常將欲爲亂，**專齊國，有無君之心。**而憚鮑、晏，**鮑氏、晏氏，齊之世卿大夫。**因移其兵以伐魯。**初，田常相齊，選國中女長七尺者三百人以爲後宮，賓客舍人出入不禁。田常後有七十餘男，因此以盜齊國也。**孔子會諸弟子曰：「魯，父母之國，不忍觀其受敵，將欲屈**

---

①「六卿」，指范、中行、知、趙、韓、魏。　②「衎」，原作「衍」，據四庫本改。　③「八佾」，佾，舞列，縱横各八人，共六十四人。　④「以雍徹」，奏雍而徹饌。雍，天子祭宗廟畢所奏樂名。　⑤「微」，原作「行」，據四庫本及漢書劉向傳改。　⑥「酒」，原作「溢」，據史記范雎列傳改。　⑦「取」，史記作「御」。　⑧「有秩」，原作「右袟」，據史記改。風俗通云：「有秩則田間大夫，言其官裁有秩爾。」　⑨「史」，史記作「大吏」。　⑩「而」，顔師古曰：「汝也。」

節于田常以救魯。二三子誰使？」子貢請使，夫子許之，遂如齊説田常曰：「今子欲取功于魯實難，若移兵于吳則可也。夫魯，難伐之國。其城薄以卑，地狹以泄；其君愚而不仁，大臣僞而無用；其士民又惡甲兵之事，此不可與戰。夫吳，城高以厚，地廣以深，甲堅以新，士選①以飽，重器精兵，盡在其中，又使明②大夫守之，此易伐也。」田常忿然作色曰：「子之所難，人之所易；子之所易，人之所難，而以教常，何也？」子貢曰：「夫憂在内者攻强，憂在外者攻弱。今君憂在内矣。吾聞子三封而三不成，是則大臣不聽也。今君破魯以廣齊，戰勝以驕主，破國以尊臣，晏等帥師，若破國則益尊。而子之功不與焉，則交③日疏於主，是君上驕主心，下恣群臣，求以成大事，難矣。夫上驕則恣，臣驕則爭，是君上與主有郤，下與大臣交爭也，如此，則子之位危矣，故曰不如伐吳。伐吳而不勝，民人外死，大臣内空，是君上無强臣之敵，下無民人之過，孤主制齊者，唯君也。」田常曰：「善。然兵業已加魯矣，不可更，如何？」子貢曰：「子緩師，吾請救於吳，令救魯而伐齊，子以兵迎之。」田常

①「選」，整齊。　②「明」，賢明。　③「交」，交往。

許諾。子貢遂南説吴王曰：「王者不絶世，霸者無强敵，千鈞之重，加銖①而移。今以萬乘之齊而私千乘之魯，與吴争强，其爲患之甚。且夫救魯，顯名也；伐齊，大利也，以撫泗上諸侯，誅暴齊以服晉，利莫大焉。名存亡魯，實困强齊，智者不疑也。」吴王曰：「善。然吾實困越。越王今苦身養士，有報吴之心，子待我先伐越，然後乃可。」子貢曰：「越之勁不過魯，吴之强不過齊，而王置齊而伐越，則齊已平魯矣。王方以存亡繼絶爲名，而畏强齊，伐小越，非勇也。勇者不避難，仁者不窮約，智者不失時，義者不絶世以立其義。今存越，示天下以仁。救魯伐齊，威加晉國，諸侯相率而朝吴，霸業成矣。且王必惡越，臣請東見越君，令出兵以從，此則實空越，而名②從諸侯以伐也。」吴王悦，乃使子貢之越。越王郊迎，自爲子貢御，曰：「此蠻夷之國也，大夫何足儼然辱臨之？」子貢曰：「今者吾説吴王以救魯伐齊，其志欲之，而畏越，曰：『待我③伐越乃可。』如此則破越必矣。且無報人之志而令人疑之，拙也。有報人之意使人知之，殆也。事未發而先聞，危也。三者，舉事之大患也。吴王爲人猛暴，群臣弗堪；國家疲於數戰，士卒不忍；百姓怨上，大臣内變。子胥以諫死，太宰嚭用事，順君之過，以安其私。此王報吴之時也。誠能發卒佐之，以激④其志，而重寶以悦其心，卑辭以尊其禮，則伐齊必矣。此聖人之所謂屈節以期達者

---

①「銖」，一兩的二十四分之一。史記仲尼弟子列傳作「銖兩」。②「名」，原作「召」，據讀畫齋叢書本及史記改。

③「我」，讀畫齋叢書本作「吾」。④「激」，史記作「徼」，王肅曰：「激射其志。」

也。彼戰不勝，王之福也。若勝，必以兵臨晉。臣還北，請見晉君，令①共攻之，其弱吴必也。其鋭兵盡於齊，重甲困於晉，而王乘其弊，滅吴必矣。」越王許諾，乃使大夫種以三千人助吴。吴遂伐齊于艾陵②，果以兵臨晉，遇于黄池。越王襲吴之國，遂滅吴。孔子曰：「夫其亂齊存魯，吾之始願也。若乃强晉以弊吴，使吴亡而越霸，賜之説也。美言傷信，慎言哉！」

秦始皇帝游會稽，至沙丘，疾甚。始皇令趙高爲書賜公子扶蘇，未授使者，始皇崩。時始皇有二十餘子。長子扶蘇，使監兵上郡，蒙恬爲將。少子胡亥，愛，請從，上許之。餘子莫從。丞相李斯以爲，上在外崩，無真太子，故秘之。群臣莫知也。趙高因留所賜扶蘇璽書，而謂公子胡亥曰：「上崩，無詔封王諸子，而獨賜長子書。長子至，即位爲皇帝，而子無尺寸之地，爲之奈何？」胡亥曰：「固然也。吾聞明君知臣，明父知子。父既捐命，不封諸子，何可言也？」趙高曰：「不然。方今天下之權，存亡在子與高及丞相耳，願子圖之。且夫臣人與見臣於人，制人與見制於人，豈可同日而道哉！」胡亥曰：「廢兄而立弟，是不義也。不奉父詔而畏死，是不孝也。能薄而材譾③，强因人之功，是不能也。三者逆德，天下不服。」高曰：「臣

①「令」，原脱，據史記補。

②「艾陵」，原作「邵陵」，據史記改。

③「譾」，淺薄。

聞湯、武殺其主，天下稱義焉，不爲不忠。衛君殺其父，而衛國載其德①，孔子著②之，不爲不孝。議曰：亂臣賊子，自古有之，生而楚言，可爲痛哭者，胡亥是也。夫大行不細謹，大③德不辭讓，鄉曲各有宜，而百官不同功。故顧小而忘大，後必有害；狐疑猶豫，後必有悔。斷而敢行，鬼神避之，後有成功，願子遂之也。」胡亥喟然歎曰：「今大行④未發，豈宜以此事干丞相哉？」高曰：「時乎時乎，間不及謀！羸⑤糧躍馬，唯恐後時。」胡亥既然⑥高之言，高乃謂丞相斯曰：「上崩，賜長子書，與喪俱會咸陽而立爲嗣。書未行，今上崩，未有知者，事將何如⑦？」斯曰：「安得亡國之言耶？」高曰：「君自料，才能孰與蒙恬？功高孰與蒙恬？謀遠不失孰與蒙恬？無怨於天下孰與蒙恬？長子舊而信之孰與蒙恬？」斯曰：「此五者，皆不及蒙恬，而君責之何深也？」高曰：「高故內宮之廝役也，幸得以刀筆之吏進入秦宮，管事二十餘年，未嘗見秦免罷丞相功臣有封及二世者也，卒皆以誅亡。皇帝二十餘子，皆君之所知。長子剛毅而武勇，信人⑧而奮士⑨，即位必用蒙恬爲丞相，君侯終不懷通

---

①「載其德」，記載其德政。②「著」，稱道。③「大」，原脱，據讀畫齋叢書本補。史記作「盛」。④「大行」，天子新崩。⑤「羸」，擔負。史記李斯列傳作「嬴」。⑥「然」，同意。⑦「如」，原作「以」，據四庫本及史記改。⑧「信人」，誠實之人。⑨「奮士」，奮發之士。原作「舊事」，據史記改。

侯之印歸於鄉里，明矣。高受詔教①習胡亥學法，仁慈篤厚，輕財重士，秦之諸子皆莫及也，可以爲嗣。君計而定之。」斯曰：「斯，上蔡閭巷布衣也。上幸擢爲丞相者，固將以存亡安危屬臣也，豈可負②哉？夫忠臣不避死而庶幾，孝子不勤勞而見危。君其勿復言。」高曰：「蓋聞聖人遷徙無常，龍變③而從時，見末而知本，觀指④而覩歸，物固有之，安得常法哉！方今天下之權懸命于胡亥，高能得志焉。且夫從外制中謂之惑，從下制上謂之賊。故秋霜降者草華落，水風搖者萬物作，此必然之效也。君侯何見之晚也？」斯曰：「吾聞晉易太子，三世不安。齊桓兄弟争位，身死爲戮。紂殘賊親戚，不聽諫者，國爲丘墟。三者逆天，宗廟不血食。斯其由人⑤哉，安足與謀。」高曰：「上下合同，可以長久。中外若一，事無表裏。君聽臣之計，則長有封侯，世世稱孤，必有松、喬⑥之壽，孔、墨之智。今釋此而不從，禍及子孫，足爲寒心。善者因敗爲福，君何處焉？」斯乃仰天而歎，垂涕太息曰：「既已不能死，安託命哉？」乃聽高立胡亥，改賜璽書，殺扶蘇、蒙恬。

初，李斯從荀卿學帝王之

---

①「教」，原脱，據四庫本及史記補。　②「負」，原作「道」，據四庫本及史記改。　③「龍變」，神奇變化。史記作「就變」。　④「指」，旨意。　⑤「由人」，司馬貞曰：「言我今日猶是人，人道守順，豈能爲逆謀。」「由」，通「猶」。

⑥「松、喬」，傳説中的仙人赤松子與王子喬。

術，欲西入秦，辭於荀卿曰：「斯聞，得時無怠。今萬乘争時，游者主事。今秦王欲吞天下，稱帝而治，此布衣馳騖之時，而談游者之秋①也。故斯將西説秦王。」至秦，爲呂不韋舍人。不韋賢之，任以爲郎。説秦王陰遣謀士賫金玉以游説諸侯，諸侯名士皆厚給遺之；不肯者，利劍刺之。離其君臣之計，遂吞天下，皆斯之謀也。

秦二世末，陳涉起蘄，兵至陳。張耳、陳餘説涉曰：「大王興梁、楚，務在入關，未及收河北也。臣嘗游趙，知其豪傑，願請奇兵略趙地。」於是陳王許之，與卒三千，從白馬渡河。今滑州白馬縣界也。至諸郡縣，説其豪傑曰：「秦爲亂政虐刑，殘滅天下。北爲長城之役，南有五嶺之戍，外内騷動，百姓罷斃，頭會②箕斂③，以供軍費，財匱力盡，重以苛法，使天下父子不相聊生。今陳王奮臂爲天下唱始，莫不響應。家自爲怒，各報其怨。縣殺其令丞，郡殺其守尉。今已張大楚，王陳，使吴廣、周文將卒百萬西擊秦。於此時而不成封侯之業者，非人豪也。夫因天下之力而攻無道之君，報父兄之怨而成割地之業，此一時也。」豪傑皆然④其言。乃行收兵下趙十餘城。議曰：班固云：「昔詩、書述虞、夏之際，舜、禹受禪，積德累

①「秋」，時機。②「頭會」，按人數徵税。③「箕斂」，以箕斂之。謂苛斂民財。④「然」字原重，據讀畫齋叢書本删。

仁數十年，然後在位。殷、周之王，乃由卨、稷①歷十餘世，然後放殺。秦起襄公，稍蠶食六國，至于始皇，乃并天下。秦既稱帝，患周之敗，以爲諸侯力争，以弱見奪②，於是削去五等③，隳城銷刃，拑語燒書，内鉏雄俊，外攘胡、越，用一威權，以爲萬世安。然十餘年間，强敵横發乎不虞，謫戍强於五伯，閭閻逼於戎狄，響應瘖於謗議，奮臂威於甲兵。向秦之禁，適所以資豪傑，自速其斃也。」由是觀之，夫豪傑之資，在於虐政矣。

韓信既平齊，爲齊王。項王恐，使盱台人武涉往説齊王，使三分天下。信不聽。武涉已去，蒯通知天下權在韓信，欲爲奇策而感動之，以相人説韓信曰：「僕常④受相人之術。」韓信曰：「先生相人何如？」對曰：「貴賤在於骨法，憂喜在於容色，成敗在於決斷，以此參之，萬不失一。」信曰：「先生相寡人如何？」對曰：「願請閑。」信曰：「左右遠。」蒯通曰：「相君之面，不過封侯，又危不安。相君之背，貴乃不可言。」背畔則大貴也。韓信曰：「何謂也？」蒯通曰：「天下初發難，俊雄豪傑建號一呼，天下之士雲合霧集，魚鱗雜遝，煙至風起。當此之時，憂在亡秦而已。今楚、漢分争，使天下無罪之人肝膽塗地，父子暴骸，骨肉

①「卨稷」，原作「稷卨」，據漢書異姓諸侯王表乙。　②「奪」，原作「權」，據漢書改。　③「五等」，指公、侯、伯、子、男五種爵位。　④「常」，通「嘗」，曾經。

流離於中野，不可勝數。楚人起於彭城，轉鬬逐北，至于滎陽，乘利席卷，威振天下，然兵困于京、索之間，迫西山而不能進者三年於此矣。漢王將數十萬之衆，距鞏、洛，阻山河之險，一日數戰，無尺寸之功，折北①不救，敗滎陽，傷成臯，遂走宛、葉之間。此所謂智勇俱困者也。夫鋭氣挫於險塞，而糧食竭於内藏，百姓罷極，怨望容容②無所依倚。以臣料之，其勢非天下賢聖固不能息天下之禍。當今兩主之命懸于足下，足下爲漢則漢勝，與楚則楚勝。臣願披腹心，輸肝膽，效愚計，恐足下不用也。誠能聽臣之計，莫若兩利而俱存之，三分天下，鼎足而居，其勢莫敢先動。夫以足下之賢聖，有甲兵之衆，據强齊，從燕、趙，出空虚之地而制其後，因民之欲，西嚮爲百姓請命，則天下風起而響應矣，孰敢不聽！割大弱强，以立諸侯。諸侯已立，天下服聽而歸德於齊。按齊③國之故，有膠、泗之地，懷諸侯以德，深拱揖讓，則天下之君王相率而朝于齊矣。蓋聞，天與不取，反受其咎；時至不行，反受其殃。願足下熟慮之。」韓信曰：「漢王遇我厚，載我以其車，衣我以其衣，食我以其

①「折北」，張晏曰：「折，衄敗也。北，奔也。」②「容容」，原脱一「容」字，據讀畫齋叢書本及史記淮陰侯列傳補。
③「按齊」，原脱，據漢書蒯通傳補。

食。吾聞之，乘人車者載人之患，衣人衣者懷人之憂，食人之食者死人之事，吾豈可以嚮利背義乎？」蒯生曰：「足下自以爲善漢王，欲建萬世之業。臣竊以爲誤矣。始常山王、成安君爲布衣時，相與爲刎頸之交，後争張黶①、陳澤之事，二人相怨。常山王奉項嬰頭鼠竄歸於漢王，漢王借兵東下，殺成安君泜水之南，頭足異處，卒爲天下笑。此二人相與，天下至歡，然而卒相擒者，何也？患生於多欲，人心難測也。今足下欲行忠信以交於漢王，必不能固於二君之相與也，而事多大於張黶、陳澤，故臣以爲足下必漢王之不危己，亦誤矣。大夫種、范蠡存亡越，霸句踐，立功成名而身死亡。諺曰：『野獸盡而獵狗烹，敵國破而謀臣亡。』夫以交友言之，則不如張耳之與成安君也；忠臣言之，則不過大夫種之於句踐也，此二人者，足以觀矣。願足下深慮之。且臣聞，勇略震主者身危，而功蓋天下者不賞。臣請言大王功略：涉西河，虜魏王，擒夏説，引兵下井陘，誅成安君，徇趙脅燕，定齊，南摧楚人之兵二十萬，東殺龍且，西嚮以報。此所謂功無二於天下，而略不世出者也。今足下載振②主之威，挾不賞之功，以歸楚，楚人不信；歸漢，漢人震恐。足下欲持是安歸乎？夫

①「張黶」，原作「張壓」，據讀畫齋叢書本改。下同。

②「振」，通「震」。

勢在人臣之位，而有震主之威，名高天下，竊爲足下危之。」韓信謝曰：「先生且休矣，吾將念之。」後數日，蒯通復説曰：「夫聽者事之候，計者事之機也。聽過計失而能久安者，鮮矣。聽不失一二者，不可亂以言。計不失本末者，不可紛以辭。夫隨厮養之役者失萬乘之權，守擔石之禄者一擔，一斛之餘也。闕卿相之位。故智者，決之斷也；疑者，事之害①也。審毫氂之小計，遺天下之大數，智成②知之，決不敢行者，百事之禍也。故猛虎之猶與③，不如蜂蠆之致螫；騏驥之蹢躅④，不如駑馬之安步；孟賁之狐疑，不如庸夫之必至也。雖有舜、禹之智，沉吟而不言，不如瘖聾之指麾也。夫功者，難成而易敗；時者，難得而易失也。時不再來，願足下詳察之。」韓信猶與，不忍背漢，又自以爲功多，漢王終不奪我齊，遂謝蒯生。蒯生曰：「夫迫于苛細者不可與圖大事，拘于臣虜者固無君王之意。」説不聽，因去，佯狂爲巫。

議曰：昔齊崔杼弑莊公，晏子不死君難，曰：「君人者豈以陵人，社稷是主。臣君者豈爲其口實，社稷是養。故君爲社稷死則死之，爲社稷亡則亡之。若爲己死而爲己亡，非其親暱，誰敢任之？」孟子謂齊宣王曰：「君之視臣如手足，則臣之視君如腹心⑤；君之視臣如土⑥芥，則臣

---

①「害」，原作「候」，據史記改。 ②「成」，通「誠」。讀畫齋叢書本及史記作「誠」。 ③「猶與」，猶豫。 ④「蹢躅」，徘徊不進貌。 ⑤「腹心」，原作「國人」，據四庫本及孟子改。 ⑥「土」，讀畫齋叢書本作「草」。

之視君如寇讎。」雖云「君，天也，天不可逃」，然臣緣君恩以爲等差，自古然矣。韓信以漢王遇厚不背其德，誠足憐耳。

吳王濞以子故不朝，孝文帝時，吳太子入朝侍皇太子飲博，爭道不恭，皇太子引博局投吳太子殺之。及削地書至，於是乃使中大夫應高誂①田鳥反。膠西王。無文書，口報曰：「吳王不肖，有宿夕之憂，不敢自外，使喻其歡心②。」王曰：「何以教之？」高曰：「今者，主上興於姦雄，飾于邪臣，好小善，聽讒賊，擅變更律令，侵奪諸侯之地，徵求滋多，誅罰良善，日以益甚。語有之曰：『舐糠及米。』吳與膠西，知名諸侯也，一時見察，恐不得安肆矣。吳王身有內病，不能朝請二十餘年，常患見疑，無以自白。今脅肩累足，猶懼不見釋。竊聞大王以爵事有適③，直革反。所聞諸侯削地，罪不至此，此恐不得削地而已。」王曰：「然，有之。子將奈何？」高曰：「同惡相助，同好相留，同情相成，同欲相趨，同利相死。今吳王自以爲與大王同憂，願因時修④理，棄軀以除患害於天下，抑亦可乎？」王矍然駭曰：「寡人何敢如是？今主雖急，固有死耳，安得弗⑤戴？」高曰：「御史大夫晁錯熒惑天子，侵奪諸侯，蔽

①「誂」，原作「桃」，據讀畫齋叢書本及史記吳王濞列傳改。　②「不敢自外，使喻其歡心」，漢書吳王濞傳作：「不敢自外，使臣諭其愚心。」　③「適」，通「謫」，譴責。　④「修」，循，遵循。史記吳王濞列傳作「循」。　⑤「弗」，讀畫齋叢書本作「勿」。

忠塞賢，朝廷疾怨，諸侯皆有背叛之意，人事極矣。彗星夕出，蝗蟲數起，此萬世一時，而愁勞聖人之所起也。故吴王内欲以晁錯爲討①，外隨大王後車，傍佯②天下，所鄉音向。者降，所指者下，天下莫敢不服。大王誠幸而許之一言，則吴王帥③楚王略函谷關，守滎陽敖倉之粟，距漢兵，治次舍，須④大王。大王有幸而臨之，則天下可并，兩主分割，不亦可乎？」王曰：「善。」七國皆反，兵敗伏誅。太史公曰：「漢興，孝文施大德，天下懷安。至孝景，不復憂異姓，而晁錯刻削諸侯，遂使七國俱起，合從西向，諸侯大盛，而錯爲之不以漸也。及主父偃言之⑤，而諸侯以弱，卒以安⑥。安危之機，豈不以謀哉！」

淮南王安怨望⑦厲王死，厲王長，淮南王安父也。長謀反，檻車遷蜀，至雍死。上憐之，封其三子，以安爲淮南王也。欲謀叛逆，未有因也。及削地之後，其爲謀益甚，與左吴等日夜按輿地圖部署兵所從入。召伍被與謀，被曰：「上寬赦大王，王復安得亡國之言乎？臣聞子胥諫吴王，吴王不用。子胥曰：『臣今見麋鹿游于姑蘇之臺。』臣今亦見宫中生荆棘，霧露霑衣

---

①「討」，原殘作「訃」，據讀畫齋叢書本及史記改。　②「傍佯」，徘徊。　③「帥」，原作「師」，據讀畫齋叢書本改。
④「須」，等待。　⑤「主父偃言之」，司馬貞曰：「主父偃上言，令天子下推恩之令，令諸侯各得分邑其子弟，於是遂弱，卒以安也。」　⑥「安」，原脱，據讀畫齋叢書本及史記孝景本紀補。　⑦「怨望」，怨恨。

也。臣聞，聽者聽於無聲，明者見於未形，故聖人萬舉萬全。昔文王一動而功顯于世，列爲三代，此所謂因天心以化者也，故海内不期而隨，此千歲之可見者。夫百年之秦，近世之吴、楚，亦足以喻國家之存亡矣。臣不敢避子胥之誅，願大王無爲吴王之聽。昔秦絶聖人之道，殺術士，燔詩書，棄禮儀，尚詐力，任刑罰，轉負海之粟致之西河。當是之時，男子疾耕不足於糟糠，女子紡績不足以蓋形。遣蒙恬築長城，東西數千里，暴露兵師常數十萬，死者不可勝數，殭屍千里，流血頃畝。百姓力竭，故欲爲亂者十家而五。又使徐福入海求異物及延年益壽之藥，還爲僞辭曰：『臣見海中大神，曰以令名振男女振，童男女也。與百工之事，即得之矣。』秦皇大悦，遣振男女三千人，資之種種百工而行。徐福得平原廣澤，止王不來。於是百姓悲痛相思，欲爲亂者十家而六。又使尉他逾五嶺攻百越。尉他知中國勞極，止王不來。使人上書求女無夫家者三萬人，以爲士卒衣補。秦皇可其萬五千人。於是百姓離心瓦解，欲爲亂者十家而七。客謂高皇帝①曰：『時可矣。』高皇帝曰：『待之。聖人當起東南間。』不一年，陳勝、吴廣發矣。高皇始於豐、沛，一唱，天下不期而響

①「高皇帝」，劉邦。

應者不可勝數也。此所謂蹈瑕候間，因秦之亡而動者也。百姓願之，若旱之望雨，故起於行陣之中，而立爲天子，功高三王，德傳無窮。今大王見高皇得天下之易也，獨不觀近世之吴、楚乎？夫吴王賜爲劉氏祭酒，受几杖而不朝，王四郡之衆，地方數千里，内鑄銅以爲錢，東煮海以爲鹽，上取江陵木爲船，國富人衆，舉兵而西，破於大梁，敗於狐父，奔走而東，至於丹徒，越人擒之，身死絶祀，爲天下笑。夫以吴、楚之衆，不能成功者，何也？誠逆天道而不知時也。方今大王之兵衆不能十分吴、楚之一，天下安寧又萬倍于秦時，願大王從臣之計。大王不從臣之計，今見大王事必不成而語先泄也。臣聞微子①過故國而悲，於是作麥秀②之歌，是痛紂之不用王子比干也。故孟子曰：『紂貴爲天子，死曾不若匹夫。』是紂先自絶於天下久矣，非死之日而天下去之也。今臣亦竊悲大王棄千乘之君，必且賜絶命之書，爲群臣先死于東宫也。」王時所居。於是王氣怨結而不揚，涕滿眶而横流，即起歷階而去。後復問伍被曰：「漢廷，治？亂？」被曰：「竊覩朝廷之政，君臣之義，父子之親，夫婦之别，長幼之序，皆得其理。上之舉措遵古之道，風俗綱紀未有所缺。南越賓

①「微子」，漢書伍被傳、前漢紀作「箕子」。

②「麥秀」，原作「麦秀」，據讀畫齋叢書本及史記改。

服，羌、僰入獻，東甌入降，廣長楊①，塞名。開朔方，匈奴折翅傷翼，失援不振。雖不及古太平之時，然猶爲治也。王欲舉事，臣見其將有禍而無福也。」王怒。被謝死罪。王曰：「陳勝、吳廣無立錐之地，千人之衆起於大澤，奮臂大呼而天下響應，西至於戲許宜②反。而兵百萬。今吾國雖小，然而勝兵③者可得十餘萬，非直適戍之衆，鐖鑿棘矜也。大鐮謂之鐖，五哀反。或是鉞。矜音其巾反。公何以言有禍無福？」被曰：「秦無道，殘賊天下，興萬乘之駕，作阿房音旁。之宮，收太半之賦，發閭左之戍。父不寧子，兄不便弟，政苛刑峻，天下敖④然若燋，民皆引領而望，傾耳而聽，悲號仰天，扣心而怨上，故陳勝一呼，天下響應。當今陛下臨制天下，一齊海内，汎愛蒸庶，布德施惠。口雖未言，聲疾雷霆；令雖未出，化馳如神；心有所懷，威動萬里；下之應上，猶影響也。而大將軍材能不特章邯、楊熊也。大王以陳勝、吳廣諭之，被以爲過。」王曰：「苟如公言，不可徼倖耶？」被曰：「被有愚計。」王曰：「奈何？」被曰：「今朔方之郡，田地廣，水草美，民徙者

① 「廣長楊」，史記作「廣長榆」，如淳曰：「廣謂拓大之也。長榆，塞名，王恢所謂樹榆爲塞。」 ② 「宜」，讀畫齋叢書本作「直」。
③ 「勝兵」，精兵。 ④ 「敖」，通「熬」，煎熬。

不足以實其地。可僞爲丞相、御史請書，徙郡國豪傑任俠①及有耐②罪以上，輕罪不至於髡，完其耐鬢，故曰耐。又曰：「律，爲司寇，爲鬼薪、白粲。耐猶任也。」赦令除③，家産五十萬已上者，皆徙其家屬朔方之郡，益發甲卒，急其會日。又僞爲左右都司空、上林中都官詔獄④，逮諸侯太子、幸臣。宗正有左右都司空，上林有水司空，皆主囚徒官也。如此，則民怨，諸侯懼，即使辨武人名。隨而説之，儻可徼倖十得一乎。」王曰：「此可也。」欲如伍被計，使人僞得罪而西⑤，事大將軍、丞相。一日⑥發兵，發淮南兵。使人即刺殺大將軍青，而説丞相已下，如發蒙⑦耳。又欲令衣求盗衣⑧，持羽檄從東⑨方來，呼曰：「南越兵入。」欲因以發兵。未得發，會事泄，誅。武帝時，趙人徐樂上書言世務曰：「臣聞，天下之患，在於土崩，不在瓦解，古今一也。何謂土崩？秦之末世是也。陳涉無千乘之尊，無疆土之地，身非王公大人、名族之後，無⑩鄉曲之譽，非有孔、曾⑪、墨子之賢，陶朱、猗頓之富

---

①「俠」，原作「使」，據四庫本及史記淮南衡山列傳改。 ②「耐」，同「耏」、「耐」。讀畫齋叢書本、四庫本及史記均作「耐」。

③「除」下，史記有「其罪」二字。 ④「詔獄」，關押欽犯的牢獄。 ⑤「僞得罪而西」，蘇林曰：「詐作罪人而西也。」

⑥「一日」，崔浩曰：「猶一朝，卒然無定時也。」 ⑦「發蒙」，輕而易舉。韋昭曰：「如蒙巾，發之甚易。」 ⑧「求盗衣」，漢書音義曰：「卒衣也。」 ⑨「東」，漢書淮南王傳、前漢紀作「南」。 ⑩「無」，原脱，據史記主父偃列傳補。

⑪「曾」，曾參。原作「魯」，據漢書徐樂傳改。

也，然起窮巷，奮棘矝①，偏袒大呼，而天下風從。此其故何也？由其民困而主不恤，下怨而上不知，俗亂而政不修。此三者，陳涉所以爲資也，是謂之土崩。故曰：『天下之患，在于土崩。』何謂瓦解？曰：『吳、楚、齊、趙之兵是也。七國謀爲大逆，號皆稱萬乘之君，帶甲數十萬，威足以嚴其境内，財足以勸其士民，然不能西攘尺寸之地，而身爲擒於中原者，此其故何也？非權輕於匹夫而兵弱於陳涉也，當是之時，先帝之德澤未衰，而安土樂俗之民衆，故諸侯無境外之助，此之謂瓦解。』由是觀之，天下誠有土崩之勢，雖有布衣窮處之士，或首惡而危海内，陳涉是也。况三晉之君或存乎！天下雖未有大治也，誠能無土崩之勢，雖有强國勁兵，不得旋踵而身已擒矣，吳、楚、齊、趙是也。况群臣百姓能爲亂乎哉？此二體者，安危明要也，賢主之所宜留意而深察也。間者，關東五穀數不登，推數循治而觀之，則人且有不安其處者矣。不安故易動，易動者，土崩之鄰也，願修之廟堂②之上，銷未形之患也。」

後漢靈帝以皇甫嵩爲將軍，討破黄巾，威震天下，而朝政日亂，海内虚困，故信都令閻忠來説嵩曰：「難得而易失者時也，時至不旋踵者機③也，故聖人順時以動，智者因機以發。今將軍遭難得之運，蹈易駭④之機，而踐運不撫⑤，臨機不發，將何以保大名乎？」嵩曰：「何謂

---

①「棘矝」，顔師古曰：「棘，戟也。矝者，戟之把也。時秦銷兵器，故但有戟之把耳。」②「廟堂」，指朝廷。③「機」，時機，機會。④「駭」，震驚。⑤「撫」，把握。

也？」忠曰：「天道無親，百姓與能。今將軍受鉞於暮春，收功於末冬。兵動如神，謀不再計，摧强易於折枯，消堅甚於湯雪①，旬月之間，神兵電掃，封户②刻石，南向以報德，威名震本朝，風聲馳海外，雖湯、武之舉，未有高將軍者也。今身建不賞之功，體兼高人之德，而北面庸主，何以求安乎？」嵩曰：「夙夜在公，心不忘忠，何故不安？」忠曰：「不然。議曰：記③有之，親母爲其子治④扢禿⑤出血，見者以爲愛子之至。使在於繼母，則過者以爲悷也。事之情一矣，所以從觀者異耳。當今政理衰缺，王室多故，將軍處繼母之位，挾震主之威，雖懷至忠，恐人心自變，竊爲將軍危之。且吾聞之，勢得容姦⑥，伯夷可疑；苟曰無猜，盗跖可信。今權兵百萬，勢得爲非。握容姦之權，居可疑之地，雖竭忠信，其能諭乎？此⑦田單解裘所以見忌也。願將軍慮之。」閻生合將此類以破其志，便引韓信喻之，實不解心⑧、不忘忠之意。談説之機，漏于此矣。**昔韓信不忍一飡之遇⑨，而棄三分之**

①「湯雪」，用熱水澆雪。②「户」，後漢書皇甫嵩列傳作「尸」。③「記」，指淮南鴻烈。④「治」，原脱，據淮南鴻烈解補。⑤「扢禿」，突起的頭瘡。⑥「容姦」，謂包容姦人。⑦「此」，原作「比」，據讀畫齋叢書本改。⑧「心」，四庫本作「公」。⑨「一飡之遇」，喻小恩惠。李賢曰：「項羽使武涉説韓信，信曰：『漢王解衣衣我，推食食我，背之不祥。』」「遇」，原作「過」，據後漢書改。

業①，利劍以②揣其喉，方發悔毒之歎者，機失而謀乖也。今主上勢弱於劉、項，將軍權重於淮陰，指揮足以振風雲，叱吒可以興雷電，赫然奮發，因危抵頹，崇恩以綏③先附，振武以臨後服，徵冀方之士，動七州之衆，羽檄先馳於前，大軍響振於後，蹈流漳、河，飲馬孟津，誅閹官之罪，除群怨之積，雖童兒可使奮拳以致力，女子可使褰裳以用命，況厲熊羆之卒，因迅風之勢哉！功業已就，天下已順，然後請呼上帝，示以天命，混齊六合，南面稱制④，移寶器於將興，推亡漢於已墜，實神機之至會、風發之良時也。夫既朽之木不彫，衰世之朝難佐。若欲輔難佐之朝，彫朽敗之木，是猶逆坂走丸，迎流縱櫂，豈云易哉！且今宦豎群居，同惡如市，上命不行，權歸近習，昏主之下，難以久居，不賞之功，讒人側目，如不早圖，後悔無及。」嵩懼曰：「非常之謀不施於有常之勢，創圖大功，豈庸才所致？黄巾細孽，敵非秦、項，新結易散，難以濟業。且民未忘主，天不祐逆。若虚造不冀之功，以速朝夕之禍，孰與委忠本朝，守其臣節？雖云多讒，不過放廢，猶有令名，死且不朽。反常之論，所

①「棄三分之業」，指三分天下之大業。李賢曰：「蒯通説信，令信背漢，參分天下，鼎足而立。信曰：『漢王遇我厚，豈可背之哉。』後信謀反，爲吕后所執，歎曰：『吾不用蒯通計，爲女子所詐，豈非天哉。』」②「以」，通「已」，已經。③「綏」，安撫。原作「緌」，據讀畫齋叢書本及後漢書改。④「稱制」，代行皇帝職權。

**不敢聞。」**議曰：夫明闇不相爲用，能否不相爲使，智士不爲勇將謀，勇夫不爲怯將死，自古然矣。故傳曰：「忠爲令德①，非其人猶不可，況不令乎？」軍勢曰：「使義士不以財，故義者不爲不仁者死，智者不爲闇主謀。」所以伊摯去夏不爲傷德，飛廉死紂不可謂賢。今時昏道喪，九域焚如，而委忠危朝，宴安昏寵，忠不足以救世，死不足以成義，且爲智者固若此乎？閻忠又合以此意說也。**忠知說不用，因亡去。**董卓擅朝政，徵皇甫嵩。梁衍說令討卓。又陶謙等共推朱儁爲太師，不使受李傕徵②。二人皆不從。范曄評曰：「皇甫嵩、朱儁并以上將之略，受脤③倉卒之時。值弱主蒙塵，獷賊放命，斯誠葉公投袂之機④，翟義⑤鞠旅⑥之日，故梁衍獻規，山東連盟，而捨格天下之大業，蹈匹婦之小諒，卒狼狽⑦虎口，爲智士笑。豈天之長斯亂也？何智勇之不終甚乎？」議曰：楚白公勝殺子西，劫惠王。葉公聞白公爲亂，率國人攻白公，白公敗亡也。

**王莽時，寇盜群發。莽遣將軍廉丹伐山東，丹辟馮衍爲掾與俱。至定陶，莽追詔丹**

①「令德」，美德。　②「徵」，原作「追」，據讀畫齋叢書本及後漢書朱儁傳改。　③「受脤」，受命統軍。　④「葉公投袂之機」，李賢曰：「新序曰：『楚白公勝既殺令尹，司馬欲立王子閭爲王。王子閭不肯，劫之以刃。王子閭曰：「吾聞，辭天下者非輕其利，以明其德也；不爲諸侯者非惡其位，以潔其行也。今子告我以利，威我以兵，吾不爲也。」白公强之，不可，遂殺之。葉公子高率楚衆以誅白公，而反惠王於國。』投袂，奮袂也。言其怒也。」　⑤「翟義」，李賢曰：「翟方進之子，舉兵將誅王莽。」　⑥「鞠旅」，鄭玄曰：「將戰之日，陳列其師旅，誓告之也。」　⑦「狼狽」，艱難窘迫。

曰：「將軍受國重任，不能捐身中野，無以報恩塞責。」丹惶恐，夜召衍以書示之。衍因説丹曰：「衍聞之，順而成者道之所大也，逆而功者權之所貴也。是故期於有成不問所由，論於大體不守小節。昔逢丑父伏軾而使其君取飲，稱于諸侯。鄭祭仲立突而出忽，終得復位，美於春秋。蓋以死易生，以存易亡，君子之道也。詭於衆意，寧國存身，賢者之慮也。故易曰：『窮則變，變則通，通則久。是以自天祐之，吉，無不利。』若夫知其不可而必爲之，破軍殘衆，無補於主，身死之日，負義於世，智者不爲，勇者不行。且衍聞之，得時無怠。張良以五代相韓①，椎秦始皇於博浪之中②，勇冠乎賁、育③，名高於太山。將軍之先，爲漢信臣。新室④之興，英儁不附。今海内潰亂，民懷漢德，甚於詩人之思召公也，愛其甘棠⑤，而況子孫乎！民所歌舞，天必從之。方今爲將軍計，莫若屯據大郡，鎮撫吏士，砥礪其節，

---

①「五代相韓」，李賢曰：「謂良父及祖相韓之五王也。」 ②「椎秦始皇于博浪之中」，李賢曰：「秦滅韓，良家僮三百人，乃悉以家財求刺客刺秦王。得力士，爲鐵椎重百二十斤，擊秦皇於博浪中。」「椎」，原作「推」，據讀畫齋叢書本及後漢書馮衍傳改。 ③「賁、育」，戰國時勇士孟賁和夏育。 ④「新室」，指王莽王朝。王莽國號曰新。 ⑤「愛其甘棠」，史記燕召公世家：「召公巡行鄉邑，有棠樹，決獄政事其下，自侯伯至庶人各得其所，無失職者。召公卒，而民人思召公之政，懷棠樹不敢伐，歌詠之，作甘棠之詩。」

百里之内，牛酒日賜，納雄傑之士，詢忠智之謀，要將來之心，待縱横之變，興社稷之利，除萬人之害，則福禄流於無窮，功烈著於不滅。何爲軍覆於中原，身膏於草野，功敗名喪，恥及先祖哉？聖人轉禍而爲福，智士因敗而爲功，願將軍深計，而無與俗同。」丹不能從。進及睢陽，復説丹曰：「蓋聞明者見於未形，智者慮於未萌，況其昭晰者乎！凡患生於所忽，禍發於細微，敗不可悔，時不可失。公孫鞅曰：『有高人之行必負非於世，有獨見之慮必見贅于民，故信庸庸之論，破金石之策，襲當世之操，失高明之德。』夫決者智之君也，疑者事之役也。時不再來，公勿再計。」丹不聽。進及無鹽，與赤眉戰，死。時汝南郅惲仰觀玄象而謂友人曰：「今鎮、歲、熒惑并在漢分翼、軫之域，去而復來，漢必再受命。如有順天發策者，必成大功。」以此説丹，丹并不用其言也。衍乃亡命河東。議曰：昔蒯通説韓信，閻忠説皇甫嵩，馮衍説廉丹，此三人皆不從，甘就危亡，何也？對曰：「范曄曰：『夫事苦則矜全①之情薄，生厚故安存之慮深。登高不懼者，胥靡之人②也；坐不垂堂③者，千金之子也。』由此觀之，夫人情樂則思安，苦則圖變，必然之勢也。今三子或南面稱孤，或位極將相，但圖自安之術，無慮非常之功。不知勢疑則釁生，力侔則亂

---

①「矜全」，憐惜而保全。　②「胥靡之人」，服勞役的奴隷或刑徒。　③「坐不垂堂」，不坐在堂屋檐下，怕檐瓦墜落傷人。喻不處危險境地。

起。勢已疑矣，弗能辭勢以去嫌。力已侔矣，弗能損力以招福。遲迴猶豫，至於危亡。其禍在于矜全，反貽其敗者也。語曰：『心死則生，幸生則死。』數公可謂幸生也。」來歙説隗囂遣子入侍①，囂將王元以爲，天下成敗未可知，不願專心内事，遂説囂曰：「昔更始西都，四方響應，天下喁喁，謂之太平。一旦壞敗，大王幾無所措。今南有子陽，北有文伯，江湖海岱，王公十數，而欲牽儒生之説，棄萬乘之基，羇旅危國，以求萬全，此循覆車之軌，計之不可者也。今天水完富，士馬最强，北取西河、上郡，東收三輔之地，案秦舊迹，表裏山河。元請以一丸泥爲大王東封函谷關，此萬代一時也。若計不及此，宜畜糗糧，養士馬，據隘自守，曠日持久，以待四方之變，圖王不成，其弊猶足以霸。要之，魚不可脱於泉，神龍失勢即還與蚯蚓同。」囂然元計，雖已遣子入質，猶負於險阸，欲專制方面，遂背漢。賈復曰：「圖堯、舜之事而不能至者，湯、武是也。圖湯、武之事而不能至者，桓、文是也。圖桓、文之事而不能至者，六國是也。定六國之規而欲安守之而不能至者，亡六國是也。」

魏太祖與吕布戰於濮陽，不利。袁紹使人説太祖連和，使太祖遣②家居鄴。太祖將許

①「侍」，原作「待」，據讀畫齋叢書本及後漢書隗囂傳改。

②「遣」，原脱，據四庫本及三國志魏志程昱傳補。

之。程昱見曰：「竊聞將軍欲遣家居鄴，與袁紹連和，誠有之乎？」太祖曰：「然。」昱曰：「意者，將軍殆臨事而懼。不然，何慮之不深也？夫袁紹據燕、趙之地，有并天下之心，而智不能濟也。將軍自度，能爲之下乎？將軍以龍虎之威，可爲韓、彭①之事耶？昱愚，不②識大旨，以爲將軍之志不如田横。田横，齊一壯士耳，猶羞爲高祖③之臣。今將軍欲遣家往鄴，將北面而事袁紹。夫以將軍之聰明神武，而反不羞爲袁紹之下，竊爲將軍耻之。今兖州雖殘，尚④有三城，能戰之士不下萬人，若與文若⑤、昱等收而用之，霸王之業成也。願將軍更慮之。」太祖乃止。議曰：陳壽稱：「先主弘毅寛厚，知人待士蓋有高祖之風，英雄之器也。機權幹略不逮魏武，然折而不撓，終不爲下者，抑揆彼之量必不容己，非唯競利，且以避害。」語曰：「一棲不兩雄，一泉無二蛟⑥。」由此觀之，若位同權均，必不容己，有自來矣。曹公欲遣家居鄴，與袁紹連和，惑之甚也。

袁紹爲盟主，有驕色。陳留太守張邈正義責之。紹令曹操殺邈，操不聽，邈心不自安。及操東擊陶謙，令其將陳宮屯東郡，宮因説邈曰：「今天下分崩，雄傑并起，君擁十萬

---

①「韓、彭」，韓信、彭越。　②「不」下，原衍「不」，據讀畫齋叢書本删。　③「高祖」，漢高祖劉邦。　④「尚」，原脱，據四庫本及三國志補。　⑤「文若」，荀彧字文若。　⑥「一棲不兩雄，一泉無二蛟」，太平御覽作「一淵不兩蛟，一棲不兩雄」。

之衆，當四戰之地，撫劍顧眄，亦足以爲人豪，而反受制于人，不亦鄙乎！今州軍東征，其處空虛，吕布壯士，善戰無前。若迎之，共據兖州，觀天下之形勢，俟時事之變通，此亦縱横之一時也。」邈從之，而反曹公。議曰：曹公與邈甚相善，然邈包藏禍心者，迫于事也。故每覽古今所由改趨，因緣侵辱，或起瑕釁，若韓信傷心於失楚①，彭寵積望於無異②，盧綰嫌畏於已郄③，英布憂迫於情漏④，此事之緣也。由此觀之，夫叛臣逆子未必皆不忠也，或心忿意危，或威名振主，因成大業，自古然之矣。

①「韓信傷心於失楚」，李善曰：「漢書曰：『高祖徙信爲楚王，後以爲淮陰侯。信知漢畏其能，稱疾不朝，由此日怨。』」

②「彭寵積望於無異」，李善曰：「後漢書曰：『光武至薊，彭寵上謁，自負功德。光武接之不能滿，以此懷不平。光武知之，以問幽州牧朱浮。浮對曰：「陛下昔倚爲北道主人，寵謂至當延閣握手交歡并坐。今既不然，所以失望也。」』」

③「盧綰嫌畏於已郄」，李善曰：「漢書曰：『上立盧綰爲燕王。初，上如邯鄲擊陳豨，燕王盧綰亦擊其東北。豨使王黄求救於匈奴，綰亦使其臣張勝於匈奴。勝至胡，燕王臧荼子衍亡在胡，見勝曰：「公何不令燕且緩豨而與胡和，事寬得長王燕。」勝以爲然。迺令匈奴兵擊燕。綰疑勝與胡反，上書請族勝。還報，具道所以爲者。綰寤，迺詐論他人以脱勝家屬，使得爲匈奴間，而陰使范齊之豨所，欲令連兵，無決。漢既斬豨，其裨將降，言燕王綰使范齊通謀豨所。上使使召綰。綰稱病。於是上曰：「綰果反矣。」乃使樊噲伐燕。』」

④「英布憂迫於情漏」，李善曰：「漢書曰：『黥布爲淮南王。漢誅梁王彭越，盛其醢以偏賜諸侯。至淮南王，王大恐，陰令人部聚兵，伺旁郡警急。賁赫爲布中大夫，上變，言布謀反有端，可先未發誅也。淮南王疑其上言國陰事，漢使又來，頗有所驗，遂族赫家，發兵反。』」

鍾會、鄧艾既破蜀，蜀主降。會搆艾，艾檻車徵。會陰懷異圖，厚待蜀將姜維等。維見而知其心，謂可搆成擾亂，徐圖克復也。乃詭説之曰：「聞君自淮南以來，算無遺策，晉道克昌，皆君爲之。今復定蜀，威德震世，民高其功，而主畏其謀，欲以此安歸乎？夫韓信不背漢於擾攘，而見疑於既平。大夫種不從范蠡於五湖，卒伏劍而妄死。豈闇主愚臣哉？利害使之然也。今君大功既立，大德已著，何不法陶朱汎舟絶迹，全功保身，登峨眉之嶺，而從赤松游乎？」會曰：「君言遠，我不能行。且爲今①之道，或未盡于此也。」維曰：「其他則君智力之所能，無煩於老夫矣。」由是情好歡甚。會自稱益州牧以叛，欲授維兵五萬人，使爲前驅。魏將士憤發，殺會及維。張華外鎮，當徵爲尚書令，馮紞疾之，侍②帝，從容論魏、晉故事，因曰：「臣嘗謂鍾會之反，頗由太祖。」帝勃然曰：「何言耶？」紞曰：「臣以爲，夫善御者必識六轡盈縮之勢，善治者必審官方控帶之宜，是故漢高八王以寵過夷滅，光武諸將以抑損克終。非上有仁暴之異，下有愚智之殊，蓋抑揚與奪使之然。於鍾會才見有限，而太祖獎誘太過，嘉其謀猷，盛其名位，授以重勢，故會自謂算無遺策，功在不賞，輈張③利害，遂搆凶逆耳。向令④太祖録其小能，節以大禮，抑之以權勢，納之以軌度，則逆心無由而生，亂事無階而成也。」世祖曰：「然。」紞稽首曰：「陛下既然愚

---

①「今」，原作「全」，據讀畫齋叢書本及三國志文類改。　②「侍」，伺候。原作「待」，據讀畫齋叢書本及晉書張華傳改。

③「輈張」，强横，囂張。　④「令」，原脱，據晉書補。

臣之言，思堅冰之道，無令如會之徒復致覆敗。」世祖曰：「當今豈有如會者乎？」紞曰：「陛下謀謨之臣，總戎馬之任者，皆在陛下聖思耳。」世祖默然。俄而徵華免官也。

晉懷帝時，遼東太守龐本私憾東夷校尉李臻，鮮卑索連、木津等爲臻興義，實因而爲亂，遂攻陷諸將。大單于慕容廆之長子翰言于廆曰：「臣聞，求諸侯莫如勤王，自古有爲之君靡不杖此以成事業者也。今連、津跋扈，王師覆敗，蒼生屠鱠①，豈甚此乎？豎子外以龐本爲名，内實幸而爲寇。遼東傾没，垂已二周②，中原兵亂，州師屢敗，勤王杖義，今其時也。單于宜明九伐③之威，救倒懸之命，數連、津之罪，合義兵以誅之。上則興復遼邦，下則并吞二部，忠義彰於本朝，私利歸於我國，此則吾鴻漸④之始也，終可以得志於諸侯。」廆善之，遂誡嚴討連、津，斬之，立遼東郡。議曰：古人稱：「始禍者死。」謂首亂先唱，被姦雄不逞之輩，外托義兵以除逆節，内包凶悖因兹而起，皆勤王助順，用時取權，廆之謂矣。

後秦秦王苻生殺害忠良，秦人度於一時如過百日。權翼乃説東海王堅曰：「今主上昏虐，天下離心，有德者昌，無德受殃，天之道也。一旦有風塵之變，非君王而誰？神器業重，不可令

①「鱠」，同「膾」，切得很細的魚或肉。　②「垂已」，原作「乘便」，據晉書慕容廆傳改。「周」，指一年。　③「九伐」，泛指征伐。　④「鴻漸」，由低到高。

他人取之。願君王行湯、武之事，以從民心。」堅然之，引爲謀主，遂廢生，立堅爲秦王。議曰：傳云：「聖達節，次守節，下失節。」仲虺稱：「惟天生人，有欲無主乃亂，唯天生聰明時乂。有夏昏德，人墜塗炭，惟王弗邇聲色，弗殖貨利。推亡固存，邦乃其昌。殖有禮，覆昏暴。欽崇天道，永保天命。」許芝曰：「春秋傳云：『周公何以不之魯？蓋以爲雖有繼體守文之君，不害聖人受命而王。』」京房作易傳曰：「王者主之，惡者去之，弱者奪之。易姓改代，天命無常。人謀鬼謀，百姓與能。」由此觀之，苻堅自立而廢生，此聖人達節，以天下爲度者也。

宋孔熙先者，廣州刺史默之子也。有姦才，善占星氣，言江州分野出天子，上當見弒於骨肉。及大將軍彭城王義康幽于安城郡，熙先謂爲其人①也，遂説王詹事范曄曰：「先君昔去廣州，朝謗紛紜，藉大將軍②深相救解，得免艱危。曩受遺命，以死報德。今主上昏僻，殆天所棄。大將軍英斷聰敏，人神相屬，失職南垂③，天下憤怨。今人情騷動，星文舛錯，時至則不可拒，此之謂乎？若順天人之心，收慕義之士，内連寵戚，外結英豪，潛圖構於表裏，疾雷奮於肘腋，然後誅除異我④，崇⑤奉聖明，因人之望，以號令天下，誰敢不從！

---

①「其人」，指義康。宋書范曄傳：「初，熙先父默之爲廣州刺史，以贓貨得罪下廷尉，大將軍彭城王義康保持之，故得免。熙先密懷報效。」

②「大將軍」，指義康。　③「失職南垂」，謂遷豫章。　④「我」，原作「義」，據資治通鑑改。

⑤「崇」，原作「嵩」，據讀畫齋叢書本及資治通鑑改。

小人請[①]以七尺之軀，三寸之舌，立功立事而歸諸君子，丈人謂爲何如？」曄甚愕然。熙先重曰：「昔毛玠[②]竭節，不容于魏武；張温畢議，見逐於孫權。彼二人者，國之信臣，時之俊乂，豈疵瑕暴露，言行玷缺，然後至於禍[③]哉？皆以廉直勁正困於邪枉，高行妙節不得久容。丈人之於本朝，不深於二主；人間雅譽，有過於兩臣。讒夫側目，爲日久矣，比肩競逐[④]，庸可遂乎？近者殷鐵一言而劉班碎首，彭城斥逐，徐童見疑。彼豈父母之讎，萬代之怨？尋戈拔棘，自幼而然，所爭不過榮名勢利先後之間[⑤]耳。及其末也，唯恐陷之不深，發之不早，戮及百口，猶曰不厭。是豈書籍遠事？可爲寒心悼慄者也。今建大勳，奉賢哲，圖難於易，以安易危，比之泰山而去累卵，何苦不就？且崇樹聖明，至德也。身享卿相，大業也。授命幽居，鴻名也。比迹伊、周[⑥]，美號也。若夫至德、大業、鴻名、美號，三王五霸所以覆軍殺將而爭之也，一朝包括，不亦可乎？又有過[⑦]於此者，愚則未敢道。」曄

①「請」，原作「誰」，據資治通鑑改。讀畫齋叢書本作「維」。②「玠」，原作「琢」，據資治通鑑改。③「禍」下，資治通鑑有「辱」。④「比肩競逐」，胡三省曰：「言與時貴比肩，競逐榮利。」⑤「間」，原作「聞」，據讀畫齋叢書本及資治通鑑改。⑥「伊、周」，指伊尹、周公旦。⑦「過」，原作「邇」，據資治通鑑改。

曰：「何謂？」熙先曰：「丈人弈葉①清華②，而不得連姻帝室，國家作禽獸相處，丈人曾未耻之。」曄門無内行③，故熙先以此爲激。曄默然。自是情好遂密，陰謀搆矣。熙先專爲謀主，事露，皆伏誅。裴子野曰：「夫有逸群之才，必思沖天之舉④；據蓋俗之量，則憤⑤常均⑥之下。其能導之以道，將之以識⑦，作而不失於義，行而無犯於禮，殆難爲乎？若曄等忸⑧志而貪權，矜才以徇逆，天方無釁，以欲干時，及罪暴⑨刑行，父子相哭，累葉風素⑩，一朝而殞。所謂智能翻爲亡身之具，心逆而險，此之謂乎？」

周大將軍郭榮奉使詣隋高祖，高祖，楊堅，時爲⑪定州。高祖謂榮曰：「吾雅尚山水，不好纓紱，過藉⑫時來，遂叨名位。願以侯歸第，以保餘年，何如？」榮對曰：「今主上無道，人懷危懼，天命不常，能者代有。明公德高西伯，望極國華⑬，方據六合，以慰黎庶，反效童兒

---

①「弈葉」，累世，代代。胡三省曰：「曄曾祖汪、祖寧、父泰皆有名行。」　②「清華」，謂門第或職位清高顯貴。　③「内行」，私居時之品行。　④「舉」，原脱，據四庫本補。　⑤「憤」，原作「闠」，據資治通鑑改。　⑥「常均」，胡三省曰：「猶言平常也。」　⑦「識」，資治通鑑作「禮」。　⑧「忸」，胡三省曰：「驕也，玩也，狎也。」　⑨「暴」，顯露。　⑩「風素」，風采素養。　⑪「爲」，治理。據隋書，楊堅曾「除定州總管」。　⑫「過藉」，借助。　⑬「國華」，國家的傑出人材。

女子投坑落穽之言耶？」高祖大驚曰：「無妄言，族矣！」及高祖作相，笑謂滎曰：「前言果中。」後竟代周室。議曰：昔武王至殷，將戰，紂之卒甚盛，武王懼曰：「夫天下以紂爲大，以周爲細；以紂爲衆，以周爲寡；以周爲弱，以紂爲强；以周爲危，以紂爲安；以周爲諸侯，以紂爲天子。以此五短擊彼五長，其可以濟功成事乎？」太公曰：「王無恐且懼，所謂大者，盡得天下之人；所謂衆者，盡得天下之衆；所謂强者，盡用天下之力；所謂安者，能得天下之欲；所謂天子者，天下相愛如父如子，此之謂天子。今日之爲天下除殘去賊也，周雖細，曾殘賊一人不當乎？」武王大喜，曰：「何謂殘賊？」太公曰：「收天下珠玉美女金銀綵帛，藏之不休，此謂殘也。收暴虐之吏，殺無罪之人，非以法度，此謂賊也。由此言之，苟爲殘賊之行，雖大，亡也。故知王者之勢，不在衆寡，有自來矣。」

隋高祖崩，葬于太陵。初疾也，璽書徵漢王諒。諒時鎮并州。諒聞高祖崩，流言楊素簒位，大懼，以爲詐也，發兵自守，陰謀爲亂，南襲蒲州，取之。諒初反也，王頍①說諒曰：「王之將吏家屬盡在關西，若用此等，即宜長驅深入，直據京師，所謂疾雷不及掩耳。若但欲割據，舊齊之地宜任東人。」諒不從其言，故敗也。司兵參軍裴文安說諒曰：「兵以拙速，不聞巧遲。今梓宮尚在仁壽，比其徵兵東進，動移旬朔。若驍勇萬騎卷甲宵行，直指長安，不盈十日，不逞之徒擢授

①「頍」，原作「頠」，據隋書文四子傳改。

高位，付以心膂，共守京城，則以東①府縣非彼之有。然後大王鼓行而西，聲勢一接，天下可指麾而定也。」諒不從，乃親率大軍屯于并、介之間。上聞之，大懼，召賀若弼議之。弼曰：「漢王，先帝之子，陛下之弟，居連率之重，總方岳之任，聲名震響，爲天下所服，其舉事畢矣。然而進取之策有三：長驅入關，直據京師，西拒六軍，東收山東，上策也。如是，則天下未可量。頓大軍於蒲州，使五千騎閉潼關，復齊舊境，據而都之，中策也。如是，以力爭。議曰：齊舊境，謂北齊時境土也，非今青州之齊也。若親居太原，徒遣其將來，下策也。如是，成擒耳。」上曰：「公試爲朕籌之，計將何出？」弼曰：「蕭摩訶，亡國之將，不可與圖大事。裴文安，少年雖賢，不被任用。餘皆群小，顧戀妻孥，苟求自安，不能遠涉，必遣軍來攻蒲州，親居太原，爲之窟穴。臣以爲，必出下策。」果如弼所籌。乃以楊素爲將，破之。議曰：初，漢王陰謀爲亂，聲言討素，司馬皇甫誕諫曰：「大隋據有天下二十餘載，兆庶乂安，難以摇動，一矣。萬姓厭亂，人思安樂，雖舜、禹更生，其望未從，二矣。太子聰明神武，名應圖讖②，素曾不得捧轂③，庸敢生心，三矣。方今諸侯王列守州郡，表裏相制，勢不可舉，四矣。以茲四固，鎮臨天下，得興禍

---

①「以東」，四庫本作「山東」。②「圖讖」，方士或儒生編造的帝王受天命徵驗的文字。③「捧轂」，懷恩報效。

亂，未之前聞也。」漢王不從，故敗。由此觀之，天下無思亂之心，土崩之釁，雖有吴、楚之衆，猶不能成，而況於么麽①乎？故先王貊②其德音，勤恤人隱者，蓋爲是也。

隋煬帝親御六軍伐高麗，禮部尚書楚國公楊玄感據黎陽反，李密説玄感曰：「天子遠征遼左，地去幽州，懸隔千里，南有巨海之限，北有胡戎之患，中間一道，理極艱危。今公權兵，出其不意，長驅入薊③，直扼其喉。前有高麗，退無歸路，不過旬月，賫糧必盡。舉麾一召，其衆自降，不戰而剋，計之上也。一本云：「令車駕在遼，未聞斯舉。分萬餘人電發捍臨渝關，絶其歸路。不經一月，倉廪必竭。東拒大敵，西迫我師，進無所依，退無所據，百萬之衆，可使爲魚。此不戰而屈人，上策也。」關中四塞，天府之國，有衛文昇，不足爲意。今若率衆西入長安，天子雖還，失其襟帶，據險臨之，故當必剋，萬全之策，計之中也。一本云：「自上君臨，天下胥怨。明公上將之子，恩被黎元，長驅入關，中策也。」若隨近逐便，先向東都，頓兵堅城之下，勝負都未可知，此計之下也。」一本云：「樊子蓋不達大體，姦謀雄斷，據全周之地，恃甲兵之强，召之則不來，攻之則不陷。頓兵牢城之下，外無同力之師，攻洛陽，下策也。」玄感利洛陽寶貨，曰：「公之下

---

①「么麽」，小人。　②「貊」，清静。朱熹曰：「謂其貊然清静也。」原作「伯」，據讀書齋叢書本及詩經改。　③「薊」，原作「蒯」，據隋書李密傳改。

策，我之上計也。」遂圍之。玄感失利，宵潰，王師追斬之。議曰：玄感之反也，太白入南斗。諺曰：「太白入南斗，天子下殿走。」由是天下持兩端。故三略曰：「放言過之。」裴子野曰：「夫左道怪民，幻挾罔誕，足以動衆，而未足以濟功。」今以諺觀之，左道可以動衆者，信矣。故王者禁焉。李密乃亡歸翟讓。議曰：太公稱：「利天下者取天下，安天下者有天下，愛天下者久天下，仁天下者化天下。」呂氏春秋曰：「庖人調和而不敢食，故可以爲庖人矣。若使庖人調和而食之，則不可爲庖矣。霸王之君亦然，誅暴而不私，以封天下之賢者，故可以爲霸王。若使霸王之君誅暴而私之，則亦不可以爲霸王矣。」由是觀之，夫與之爲取，政之寶也。今玄感利洛陽寶貨，安得霸王之事哉！

隋煬帝初猜忌，唐高祖①知之，常懷危懼。唐公爲太原留守，煬帝自遼東還，徵唐公詣行在所，時遇患②不瘳，未得時謁。唐公外甥王氏充選後宮，煬帝問曰：「汝舅來何遲？」甥以實對。帝曰：「可得死否？」高祖知之，每懷危懼也。爲太原留守，以討擊不利，恐爲煬帝所譴，甚憂之。時太宗③從在軍中，知隋將亡，潛圖義舉，以安天下，乃進白曰：「大人何憂之甚也？當今主上無道，百姓愁怨，城門之外，皆以④爲賊。獨守小節，必旦暮死亡。若起義兵，實當人欲。

①「唐高祖」，李淵。②「患」，疾病。③「太宗」，李世民。④「以」，通「已」。

且晉陽用武之地，足食足兵，大人居之，此乃天授，正可因機轉禍，以就功業。既天與不取，憂之何益？」高祖大驚，深拒之。太宗趨而出。明日，復進説曰：「此爲萬全之策，以救族滅之事。今王綱弛紊，盜賊遍天下。大人受命討捕，其可盡乎？賊既不盡，自當獲罪。且又世傳李氏姓膺圖籙①。李金才②位望隆貴，一朝族滅。大人既能平賊，即又功當不賞，以此求活，其可得乎？」高祖意少解，曰：「我一夜思量，汝言大有道理。今日破家滅身亦由汝，化家爲國亦由汝。」於是定計。乃命太宗與晉陽令劉文静及門下客長孫順德、劉弘基等募兵。旬日之間，衆且一萬。斬留守副王威、高君雅，以其詭請高祖祈雨於晉祠，將爲不利故也。用裴寂計，准伊尹放太甲、霍光廢昌邑故事，尊煬帝爲太上皇，立代王侑以安隋室。傳檄諸郡，以彰義舉。秋七月，以精甲三萬西圖關中，高祖杖白旗，誓衆於太原之野，引師即路，遂亡隋族，造我區夏。晉陽令劉文静嘗竊觀太宗，謂裴寂曰：「非常人也。大度類於漢高，神武同於魏帝，年雖少，乃天縱也。」後文静爲李密親戚被禁，太宗陰有異志，入禁所看之。文静大喜，亦覺太宗有非常之意，因歎曰：「天下大亂，非有湯、武、高、光③之才，不能定也。」太宗知其意，

①「圖籙」，圖讖符命。　②「李金才」，原作「李全才」，據讀畫齋叢書本及隋書煬帝紀改。　③「湯、武、高、光」，商湯、周武、漢高祖、漢光武。

報曰：「卿安知無，但恐常人不能別耳。」文静起抃①曰：「久知郎君乃潛龍也。今時事如此，正是騰躍之秋，素稟膺籙②之資，仍懷撥亂之道，此乃生人有息肩之望，文静知攀附之所。」太宗喜曰：「計將安出？」文静對曰：「今李密長圍洛邑，主上流播淮南③，大賊連州郡、小盜阻山澤者以千萬數，但須真主驅駕取之。誠能應天順人，舉旗大呼，則四海不足定也。今并州百姓避盜賊者皆入此城，文静爲令數年，知其豪傑，一朝嘯集，立地可數萬人，尊公所領之兵復且數萬，一言出口，誰敢不從？乘虚入關，號令天下，不盈半歲，帝業可成。」太宗笑曰：「卿言善合人意。」於是部署賓客，陰圖起義。高祖乃命文静許爲煬帝敕，發太原、雁門、馬邑數郡人二十已④上五十已下悉爲兵，以歲暮集涿郡。由是人情大擾，思亂者益衆。又令文静與裴寂詐作符敕，出宮監庫物，以供留守資用。因募兵集衆而起，改旗幟⑤，以彰義舉。又令文静連突厥，突厥始畢曰：「唐公舉義，欲何爲也？」文静曰：「文皇帝⑥廢冢嫡，傳位後主，因致斯禍亂。唐公，國之懿戚，不忍坐觀成敗，欲廢不當立者。願與可汗兵馬同入京師，人衆土地入唐公，財帛金寶入突厥。」始畢大悅，即遣兵隨文静而至，兵威益盛矣。

---

①「抃」，鼓掌。　②「膺籙」，帝王承受符命。　③「南」，原作「而」，據讀畫齋叢書本及舊唐書劉文静傳改。　④「已」，同「以」。下同。　⑤「幟」，原作「熾」，據讀畫齋叢書本及舊唐書改。　⑥「文皇帝」，隋文帝。

由此觀之，是知天下者非一人之天下也，天下①之天下也。所以王者必通三統②，明天命所受③者博，非獨一姓也。昔孔子論詩，至于「殷士膚敏④，灌⑤將于京⑥」，喟然歎曰：「富貴無常。不如是，王公其何以誡慎？民萌其何以勸勉？」易曰：「安不忘危，存不忘亡，是以身安而國家可保也。」故知懼而思誡，乃有國之福者矣。

## 時宜第二十一

夫事有趨同而勢異者，非事詭也，時之變耳。何以明其然耶？

昔秦末，陳涉起蘄兵至陳，陳豪傑説涉曰：「將軍披堅執鋭，帥士卒以誅暴秦，復立楚社稷，功德宜爲王。」陳涉問陳餘、張耳兩人，兩人對曰：「將軍瞋目張膽，出萬死不顧一生之計，爲天下除殘賊。今始至陳而王之，示天下以私。願將軍無王，急引兵而西，遣人立

---

①「下」下，四庫本有「人」。②「三統」，夏正建寅爲人統，商正建丑爲地統，周正建子爲天統。亦謂三正。③「受」，付與。漢書劉向傳作「授」。④「膚敏」，優美敏捷。⑤「灌」，以酒敬賓客。⑥「京」，謂京師。

六國後，自爲樹黨。如此，野無交兵，誅暴秦，據咸陽以令諸侯，則帝業成矣。今獨王陳，恐天下解也。」

及楚、漢時，酈食其爲漢謀撓楚權曰：「昔湯伐桀，封其後於杞。武王伐紂，封其後於宋。今秦失德棄義，侵伐諸侯社稷，滅亡六國之後，使無立錐之地。陛下誠能復立六國後，此其君臣百姓必皆戴陛下德，莫不向風慕義，願爲臣妾。德義以行，陛下南面稱霸，楚必斂衽而朝。」漢王曰：「善。」張良曰：「誠用客之謀，陛下事去矣。」漢王曰：「何哉？」良因發八難，其略曰：「昔者，湯伐桀，封其後於杞者，度能制桀之死命也。今陛下能制項藉之死命乎？其不可一也。武王入殷，表商容之閭，釋箕子之囚，封比干之墓。今陛下能封聖人之墓，褒賢者之閭乎？其不可二也。發巨橋之粟，散鹿臺之財，以賑貧民。今陛下能散府庫以賜貧窮乎？其不可三也。殷事已畢，偃革爲軒①，倒載干戈，示天下不復用武。今陛下能偃武修文不復用兵乎？其不可四也。放馬華山之陽，示無所爲。今陛下能放馬不復用乎？其不可五也。休牛桃林之野，示天下不復輸積。今陛下能乎？其不

①「偃革爲軒」，如淳曰：「革者，革車也。軒者，赤黼乘軒也。偃武備而治禮樂也。」

可六也。且夫天下游士離親戚、棄墳墓、去故舊從陛下者，日夜望咫尺之地。今復六國，立韓、魏、燕、趙、齊、楚之後，餘無復立者，天下游士各歸事其主，從親戚，反故舊，陛下與誰取天下乎？其不可七也。且楚唯無强，六國立①者復撓而從之，惟當使楚無强，强則六國從之也。陛下安得而臣之哉？其不可八也。誠用客之謀，則大事去矣。」時王方食，吐哺，罵酈生曰：「豎儒幾敗我事！」趣令銷印。此異形者也。荀悦曰：「夫立策決勝之術，其要有三：一曰形，二曰勢，三曰情。形者，言其大體得失之數也。勢者，言其臨時之勢、進退之機也。情者，言其心志可否之實也。故策同事等而功殊者何②？三術不同也。初，張耳説陳涉以復六國後，自爲樹黨，酈生亦用此説漢王。所以説者事同而得失異者何哉？當陳涉之起也，天下皆欲亡秦，而楚、漢之分未有所定。今天下未必欲亡項也，且項羽力能率從六國，如秦之勢則不能矣。故立六國，於陳涉所謂多己之黨而益秦③弊也，且陳涉未能專天下之土也，所謂取非其有，以德於人，行虛惠而獲實福也。立六國，於漢王所謂割己之有而以資敵，設虛名而受實禍④。此事同而異形者也。」

七國時，秦王謂陳軫曰：「韓、魏相攻，朞年不解，或曰救之便，或曰勿救便。寡人不能

①「立」，原作「去」，據史記留侯世家改。　②「而功殊者何」，原作「者」，據前漢紀補。　③「秦」，原作「泰」，據讀畫齋叢書本及前漢紀改。　④「禍」，原作「福」，據讀畫齋叢書本及前漢紀改。

決，請爲寡人決之。」軫曰：「昔卞莊子方刺虎，管豎子止之曰：『兩虎方食牛，牛甘必争，争必鬬，鬬則大者傷，小者死。從傷而刺之，一舉必有兩虎之名。』今韓、魏相攻，朞年不解，必是大國傷，小國亡，從傷而伐之，一舉必有兩實。此卞莊刺虎之類也。」惠王曰：「善。」果如其言。

初，諸侯之叛秦也，秦將章邯圍趙王於鉅鹿，楚懷王使項羽、宋義等北救趙。至安陽，今相州安陽縣也。留不進。羽謂義曰：「今秦軍圍鉅鹿，疾引兵渡河，楚擊其外，趙應其内，破秦軍必矣。」宋義曰：「不然。夫搏牛之䖟，不可以破蝨。䖟喻秦也。蝨喻章邯也。喻今將兵方欲滅秦，不可盡力與章邯即戰也。今秦攻趙，戰勝則兵罷，我承其弊；不勝則我引兵鼓行而西，必舉秦矣，故不如鬬秦、趙。夫擊輕鋭我不如公，坐運籌策公不如我。」羽曰：「將軍戮力而攻秦，久留不行。今歲饑民貧，士卒半菽，士卒食蔬菜以菽雜之半。軍無見糧，乃飲酒高會，不引兵渡河因趙食，與并力擊秦，乃曰承其弊。夫以秦之强，攻新造之趙，其勢必舉趙。趙舉而秦强，何弊之承？且國兵新破，王不安席，掃境内而屬將軍，國家安危，在此一舉。今不恤士卒而徇私，非社稷臣也。」即夜入義帳中斬義，悉兵渡河，沉舟破釜，示士卒必死無還心，大破秦軍。此異勢者也。荀悦曰：「宋義待秦、趙之弊，與卞莊刺虎事同而勢異。

何也？施之戰國之時，鄰國相攻，無臨時之急則可也。戰國之立，其來久矣，一戰之勝敗未必以亡也。其勢非能急於亡敵國也，進則乘利，退則自保，故畜力待時，承弊然也。今楚、趙新起，其力與秦勢不并立，安危之機，呼吸成變，進則定功，退則受禍，此事同而勢異者也。

韓信伐趙，軍井陘。選輕騎二千人，人持一赤幟，從間道升山而望趙軍，誡曰：「趙見我走，必空壁逐我。若①疾入趙壁，拔趙幟，立漢赤幟。」信乃使萬人先行，出，陪②水陣。平旦，信建大將之旗，鼓行出井陘口。趙開壁擊之，大戰良久。於是信棄旗鼓，走水上軍。水上軍開入之，復疾戰。趙空壁③争漢旗鼓，逐韓信。韓信等已入水上軍，軍皆殊死戰，不可敗。信所出奇兵二千騎，共候趙空壁逐利，則馳入趙壁，皆拔趙旗，立漢赤幟二千。趙軍已不能得信等，欲還歸，壁皆漢赤幟，而大驚，以爲皆已得趙王將矣，遂亂遁走。趙將雖斬之，不能禁也。於是漢兵乘擊，大破之，虜趙軍。諸將效首虜，皆賀信，因問曰：「兵法，右背山陵，前左水澤。今者反背水陣，然竟以勝，此何術也？」信曰：「兵法不曰：『陷之死地而後生，置之亡地而後存。』且信非得素撫循士大夫也，此所謂『驅市人而戰之』，其勢非

---

①「若」，顔師古曰：「汝也。」 ②「陪」，通「倍」。讀畫齋叢書本及史記淮陰侯列傳作「背」。 ③「壁」，原作「璧」，據讀畫齋叢書本及史記改。下同。

置之死地，使人人自爲戰。今與之生地皆走，寧尚可得而用之？」又高祖劫五諸侯兵，入彭城。項羽聞之，乃引兵去齊，與漢大戰睢①水上，大破漢軍，多殺士卒，睢水爲之不流。此異情者也。荀悅曰：「伐趙之役，韓信軍泜水，而趙不能敗，何也？彭城之難，漢王戰于睢水之上，士卒赴入睢水，而楚兵大勝，何也？趙兵出國近攻②，見可而進，知難而退，深懷内顧之心，不爲必死之計。韓信孤軍立於水上，有必死之計，無生慮也。此信之所以勝也。漢王制敵入國，飲酒高會，士衆逸豫，戰心不同。楚以强大之威而喪其國都，項羽自外而入，士卒皆有憤激之氣，救敗赴亡，以決一旦之命，此漢所以敗也。且韓信選精兵以守，而趙以内顧之士攻之；項羽選精兵以攻漢，而漢王以懈怠之卒應之，此事同而情異者也。故曰權不可預設，變不可先圖，與時遷移，應物變化，計策之機也。」

漢王在漢中，韓信説曰：「今士卒皆山東人，跂而望歸，及其鋒東向，可以争天下。」

後漢光武北至薊③，聞邯鄲兵到，世祖欲南歸，召官屬計議。耿弇曰：「今兵從南來，不可南行。漁陽太守彭寵，公之邑人；上郡太守，即弇父也。發此兩郡，控弦萬騎，邯鄲不足慮也。」世祖官屬不從，遂南馳，官屬各分散。議曰：歸師一也，或敗或成，何也？對曰：「孫

①「睢」，顔師古曰：「音雖。」讀畫齋叢書本作「睢」。史記、漢書兩用。②「近攻」，前漢紀作「迎戰」。③「薊」，原作「蒯」，據四庫本及後漢書耿弇傳改。

子云：『歸師勿遏。』項王使三王之秦，遏漢王歸路，故鋒不可當。又孫子稱：『諸侯自戰其地，爲散地。』光武兵從南來，南行入散地，所以無鬬志而分散也。故歸師一也，而一成一敗也。」

後漢李傕等追困天子於曹陽，沮①授説袁紹曰：「將軍累葉台輔，世濟忠義。今朝廷播越，宗廟殘毀，觀諸州郡，雖外托義兵，内實相圖，未有憂在社稷䘏人之意。且今州城粗定，兵强士附，西迎大駕，即宫鄴都，挾天子而令諸侯，稸士馬以討不庭，誰能禦之？若不早定，必有先之者。夫權不失機，功不厭速，願其圖之。」紹不從。魏武果迎漢帝，紹遂敗。

梁武帝蕭衍初起義，杜思沖勸帝迎南康王都襄陽，正尊號。帝不從。張弘策曰：「今以南康置人手中，彼挾天子以令諸侯，節下②前去，爲人所使，此豈③歲寒④之計耶？」帝曰：「若前途大事不捷，故自⑤蘭艾同焚。若功業剋建，誰敢不從？豈是碌碌受人處分，於沔⑥南立新野郡，以集新附哉？」不從，遂進兵，剋建鄴而有江左。議曰：挾天子而令諸侯，其事一也，有以之成，有以之敗，何也？對曰：「天下者，非一人之天下也。肆行凶暴，繼體不足以自

---

①「沮」，原作「俎」，據讀畫齋叢書本及後漢書袁紹傳改。

②「節下」，對將領的敬稱。

③「豈」，原作「使」，據讀畫齋叢書本及梁書武帝紀改。

④「歲寒」，喻事情的終極。

⑤「自」，原作「㨔」，據讀畫齋叢書本及梁書改。

⑥「沔」，原作「江」，據梁書改。

存，人望所歸，匹夫可以成洪業。夫天命底止，唯樂推①，有自來矣。當火德②不競，群豪虎争，漢祚雖衰，人望未改，故魏武奉天子以從人欲，杖大順以令宇内，使天下之士委忠霸圖。傳曰：『求諸侯莫如勤王。』斯之謂矣。齊時則不然，溥天思亂，海水群飛，當百姓與能之秋，屬三靈改卜③之日，若挾舊主，不亦違乎？故傳譏萇弘欲與天之所壞④，而美蔡墨雷乘乾⑤之説。是以其事一也，有以之成，有以之敗也。」

**此情與形、勢之異者也。隨時變通，不可執一矣。**諸葛亮曰：「范蠡以去貴爲高，虞卿以捨相爲功，太伯以三讓爲仁，燕噲以辭國爲禍，堯、舜以禪位爲聖，孝哀以授董⑥爲愚，武王以取殷爲義，王莽以奪漢爲篡，桓公以管仲爲霸，秦皇以趙高喪國。此皆趣同而事異也。明者以興治，暗者以辱亂也。」

---

①「樂推」，樂意擁戴。　②「火德」，謂漢也。　③「三靈改卜」，指改朝换代。三靈，如淳曰：「日、月、星垂象之應也。」　④「萇弘欲與天之所壞」，左傳：「萇弘違天。天之所壞，不可支也。」杜預曰：「天既厭周德，萇弘欲遷都以延其祚，故曰違天。」「萇」，原作「長」，據讀畫齋叢書本改。「壞」，原作「懷」，據左傳改。　⑤「雷乘乾」，左傳：「史墨曰：『社稷無常奉，君臣無常位，自古以然。故詩曰：「高岸爲谷，深谷爲陵。」三后之姓於今爲庶，主所知也。在易卦，雷承乾曰大壯䷡，天之道也。』」杜預曰：「乾下震上，大壯。震在乾上，故曰雷乘乾。」　⑥「董」，指董賢。漢哀帝時，「權與人主侔矣」。

# 長短經卷第八

雜説

釣情　詭信　忠疑　用無用　恩生怨　詭順　難必
運命　大私　敗功　昏智　卑政　善亡　詭俗　息辯
量過　勢運　傲禮　定名

## 釣情第二十二

孔子曰：「未見顔色①而言謂之瞽。」又曰：「未信則以爲謗己。」孫卿曰：「語而當，智

① 「顔色」，表情，神色。

也。默而當，知也。」尸子曰：「聽言耳目不懼，視聽不深，則善言不往焉。」是知將語者必先鈞於人情，自古然矣。故韓子曰：「夫説之難也，在知所説之心，可以吾説當之。説之以厚利，則見下節而遇卑賤①，必棄遠矣。所説實爲厚利，則陰用其言而顯棄其身，此不可不知也。説之以名高，則見無心而遠事情②，必不收矣。所説實爲名高，則陽收其身而實疏之，此不可不知。事以密成，語以泄敗。未必其身泄之也，而説及其所匿之事③，如是者身危。周澤④未渥也而語極知，説行而有功則德亡，説不行而有敗則見疑，如是者身危。貴人有過端，而説者明言善議以推其惡者身危。貴人得計而欲自以爲功，説者與知焉則身危。强之以其所不爲，止之以其所不能已者身危。」又曰：「與之論大人則以爲間己⑤，與之論細人則以爲粥權⑥，論其所愛則以爲借資⑦，論其所憎則

---

①「見下節而遇卑賤」，何犿曰：「所説之人意在名高，今以厚利説之，彼則爲己志節凡下，而以卑賤相遇；亦既賤之，必棄遺而疏遠矣。」　②「見無心而遠事情」，何犿曰：「所説之人意在厚利，今以名高説之，此則爲己無相時之心而闊遠事情矣，如此則必見棄而不收矣。」　③「説及其所匿之事」，何犿曰：「説者泛語，言及所匿，似若説者先知其事。既懷此疑，其身必危矣。」　④「周澤」，恩寵。　⑤「間己」，離間自己。　⑥「與之論細人則以爲粥權」，司馬貞曰：「謂薦彼細微之人，言堪大用，則疑其挾詐而賣我之權也。」粥，同「鬻」，賣。　⑦「借資」，何犿曰：「謂爲藉君之所愛以爲己資。」

以爲嘗①己，順事陳意則曰怯懦而不盡，慮事廣肆②則曰草野而倨侮。此不可不知也。彼自知③其計則無以其失窮之，自勇其斷則無以其敵怒之④。」凡說須曠日彌久，而周澤既渥，深計而不疑，交爭而不罪，乃明計利害以致其功，直指是非以飾⑤其身。以此相持，此說之成也。荀悅曰：「夫臣下之所以難言者何也？言出乎身則咎悔及之矣。故曰：舉過揭非則有干忤之咎，勸勵教誨則有俠⑥上之譏。言而當則恥其勝己也，言而不當則賤其愚也。先己而同則惡其奪己明也，後己而同則以爲順從也。違下從上則以爲諂諛也，違上從下則以爲雷同也。與衆共言則以爲順負⑦也，違衆獨言則以爲專美也。言而淺露則簡而薄之，深妙弘遠則不知而非之。特見獨智則衆惡其蓋之⑧也，雖是而不見稱；與衆同智則以爲附隨也，雖得之不以爲功。謙讓不爭則以爲易窮，言而不盡則以爲懷隱，進說竭情則以爲不知量。言而不效則受其怨責，言而事效則以爲固當。利於上不利於下，或便於左則不便於右，或合於前而忤於後，此下情所以常不通。仲尼發憤稱『予欲無言』者，蓋爲語之難也。」

---

①「嘗」，何犿曰：「試也。」　②「慮事廣肆」，何犿曰：「肆，陳也。所說之事，廣有陳說，不爲忌諱。」　③「知」，智慧，高明。　④「無以其敵怒之」，「敵」，通「謫」。何犿曰：「彼或自以斷爲勇，則無得以其先所罪謫而動怒之也。」　⑤「飾」，表彰，榮寵。　⑥「俠」，挾持。前漢紀作「刺」。　⑦「順負」，依順。　⑧「之」，前漢紀作「己」。

何以明其難耶？

昔宋有富人，天雨墻壞。其子曰：「不築且有盜。」其鄰人亦云。暮而果大亡。其家智其子而疑鄰人之父。

鄭武公欲伐胡，乃以其子妻之。因問群臣：「吾欲用兵，誰可伐者？」關其思曰：「胡可。」乃戮關其思，曰：「胡，兄弟之國也。子言伐之，何也？」胡君聞之，以鄭爲親己而不備鄭，鄭人襲胡，取之。

此二説者，其智皆當矣。然而甚①者爲戮，薄者見疑，非智之難也，處智則難。

衛人迎新婦，婦上車，問：「驂馬，誰馬也？」御曰：「籍②之。」新婦謂僕曰：「柎③驂，無苦服④。」車至門，拔⑤。教送母⑥：「滅竈⑦，將失火。」入室見臼，曰：「徙牖下，妨往來者。」主人大笑之。此三言，皆要言也，然而不免爲笑者，早晚之時失矣。此説之難也。

---

①「甚」，韓非子説難作「厚」。　②「籍」，通「藉」。　③「柎」，通「拊」，撫也。　④「苦」，戰國策作「笞」。「服」，高誘曰：「兩旁曰驂，轅中曰服。」鮑彪曰：「皆言愛也，『拊』尤愛之。」　⑤「拔」，出，扶出。戰國策作「扶」，高誘曰：「謂下車。」鮑彪曰：「人扶婦下。」　⑥「送母」，鮑彪曰：「母送婦者，將還，故戒之。」「送」，原作「逆」，據戰國策改。　⑦「竈」，原作「櫓」，據戰國策改。

説者知其難也，故語必有鈎，以取人情。何以明之？

昔齊王后死，欲置后而未定，使群臣議。薛公田嬰欲中王之意，因獻十珥①而美其一。旦日，因問美珥所在，因勸立以爲王后。齊王大悦，遂重薛公。此情可以物鈎也。

申不害始合於韓王，然未知王之所欲也，恐言而未必中於王也。王問申子曰：「吾誰與而可？」對曰：「此安危之要，國家之大事也。臣請深惟而苦思之。」乃微謂趙卓、韓晁曰：「子皆國之辯士也，夫爲人臣者，言何必用，盡忠而已矣。」二人各進議於王以事。申子微視王之所説②以言於王，王大説之。此情可以言鈎也。

吴伐越，越棲於會稽，勾踐喟然歎曰：「吾終此乎？」大夫種曰：「湯繫夏臺，文王囚羑里，重耳奔翟，齊小白奔莒，其卒③霸王。由是觀之，何遽不爲福乎？」勾踐及得免，務報吴。大夫種曰：「臣觀吴王政驕矣，請嘗之。」乃貸粟以卜其事。子胥諫勿與，王遂與之。子胥曰：「王不聽諫，後三年吴其墟矣。」太宰嚭④聞之，讒曰：「伍員貌忠而實忍人。」吴遂殺子胥。此情可以事鈎也。

①「珥」，珠玉做的耳飾。②「説」，喜悦，高興。③「卒」，原脱，據讀畫齋叢書本及史記越王勾踐世家補。

④「嚭」，原作「噽」，據讀畫齋叢書本改。

客以淳于髡見梁惠王，惠王屏左右，再見之，終無言。惠王怪之，讓客。客謂淳于髡。髡曰：「吾前見王，王志在馳逐。後復見王，王志在音聲。是以默然。」客具以報王。王大駭曰：「淳于先生誠聖人也。前有獻善馬，寡人未及試，會生來。後有獻謳者，未及試，又會生至。寡人雖屏人，然私心在彼。」此情可以志鈞也。

智伯從韓、魏之君伐趙。韓、魏用趙臣張孟談之計，陰謀叛智伯。張孟談因朝智伯，遇智果於轅門之外。智果入見智伯曰：「二主殆將有變。臣遇張孟談，察其志矜而行高，見二君色動而變，必背君矣。」智伯不從。智果出，遂更其姓爲輔氏。張孟談入見趙襄子曰：「臣遇智果於轅門之外，其視有疑臣之心。入見智伯而更其族①，今暮不擊，必後②之矣。」襄子曰：「諾。」因與韓、魏殺守隄之吏，決水灌智伯軍。此情可以視鈞也。

殷浩仕晉，有盛名。時人觀其出處，以卜江左興亡。此情可以賢鈞也。呂氏春秋曰：「夫國之將亡，有道者先去。」

---

①「族」，姓氏。　②「後」，晚。

**黔經①曰：「喜色猶然②以出，怒色麃然③以侮，欲色嫗然④以愉，懼色憚然⑤以下，憂色懼然⑥以靜。」此情可以色鈞也。**易曰：「將叛者其辭慙，中心疑者其辭枝，吉人之辭寡，躁人之辭多，誣善之人其辭游，失其守者其辭屈。」周禮五聽：「一曰辭聽，辭不直則煩。二曰色聽，色不直則赧。三曰氣聽，氣不直則喘。四曰耳聽，耳不直則惑。五曰目聽，目不直則眊⑦然。」

**由是觀之，夫人情必見於物。**昔晉王好色，驪姬乘色以壅之。吳王好廣地，太宰陳伐以壅之。桓公好味，易牙蒸子以壅之。沉冥無端，甚可畏也。故知人主之好惡不可見於外，所好惡見於外，則臣妾乘其所好惡以行壅制焉。故曰：「人君無見其意，將爲下餌。」此之謂也。**能知此者，可以納説於人主矣。**

## 詭信第二十三

議曰：代有詭詐反爲忠信者也，抑亦通變適時，所謂「見機而作，不俟終日」者。

**孔子曰：「君子貞而不諒。」又曰：「信近於義，言可覆也。」由是言之，唯義所在，不必信也。**

---

①「黔經」，即「鈐經」。「黔」，通「鈐」。以下引文見逸周書，文字小有出入。②「猶然」，微笑自得貌。原作「酒然」，據逸周書改。③「麃然」，勇武貌。④「嫗然」，熱貌。⑤「憚然」，害怕貌。⑥「懼然」，驚視貌。⑦「眊」，原作「毦」，據讀畫齋叢書本及周禮改。

議曰：微哉，微哉！天下之事也，不有所廢則無以興。若忠於斯，必不誠於彼，自然之理矣。由是觀之，則吾之所謂忠，則彼之所謂詐。然則忠之與詐，將何而取定哉？抑吾聞之，夫臣主有大義，上下有定分，此百代不易之道也。故欲行忠，觀臣主之義定；欲行信，顧上下之分明。苟分、義不愆於躬，雖譎而不正可也。

何以明之？

葉公問孔子曰：「吾黨①有直躬②者，其父攘③羊，而子證之。」孔子曰：「吾黨有直躬者異於是。父爲子隱，子爲父隱，直在其中矣。」

楚子圍宋，宋求救於晉。晉侯使解揚如宋，使無降楚，曰：「晉師悉起，將至矣。」鄭人囚而獻諸楚。楚子厚賂之，使反其言。許之。登諸樓車，使呼宋人而告之，遂致其君命。楚子將殺之，使與之言曰：「爾既許不穀，而反之，何故？非我無信，汝則棄之。速即爾刑。」對曰：「臣聞之，君能制命爲義，臣能承命爲信，信載義而行之爲利，謀不失利，以衛社稷，民之主也。義無二信，信無二命。君之賂臣，不知命也。受命以出，有死無霣④，又何賂乎？臣之許君，以成命⑤也。死而成命，臣之禄⑥也。寡君有信臣，下臣獲考，考，成也。

---

①「黨」，古基層組織，五家爲鄰，五十家爲里，五百家爲黨。　②「直躬」，以直道立身。　③「攘」，盜竊。　④「霣」，喪失。　⑤「成命」，完成使命。　⑥「禄」，福。

死又何求？」楚子舍之以歸。韓子曰：「楚有直躬者，其父竊羊而訐①之吏。令尹曰：『必殺之。』以爲直於君而曲於父。執其子而罪之。以是觀之，夫君之直臣，父之暴子也。魯人從君戰，三戰三北。仲尼問其故，對曰：『吾有老父，死莫之養也。』仲尼以爲孝，舉而用之。以是觀之，夫父之孝子，君之北②人也。故令尹誅而楚姦不上③聞，仲尼賞之，魯人易降北，上下之利若是其異也。而人主兼舉匹夫之行，而求致社稷之福，必不幾矣。」

顔率欲見公仲，公仲不見。顔率謂公仲之謁者④曰：「公仲必以率爲僞也，故不見率。公仲好内，率曰好士；公仲嗇於財，率曰散施；公仲無行，率曰好義。自今以來，率且正言之而已矣。」公仲之謁者以告公仲，公仲遽起而見之。議曰：語⑤稱：「惡訐以爲直者。」易曰：「君子以遏惡揚善。」若使顔率忠正，則公仲之惡露，故顔率詐僞，則公仲之福。

齊伐燕得十城。燕王使蘇秦説齊，齊歸燕十城。蘇秦還，燕人或毁之曰：「蘇秦左右賣國，反覆臣也，將作亂。」燕王意踈之，捨而不用。蘇秦恐被罪，入見⑥王曰：「臣，東周之鄙人也，無尺寸之功，而王親拜之於廟，禮之於庭。今臣爲王却齊之兵，而功得十城，宜以

---

①「訐」，揭發。②「北」，敗逃。③「上」，原作「止」，據韓非子五蠹改。④「謁者」，典賓客之官。⑤「語」，論語。⑥「入見」，原作「見入」，據讀畫齋叢書本乙。

益親。今來而王不官臣者，人必有以不信傷臣於王者。且臣之不信，王之福也。燕王亦嘗謂蘇代曰：「寡人甚不喜訑①者言也。」代對曰：「周地賤媒，爲其兩譽也。之男家曰女美，之女家曰男富。然周之俗，不自爲娶妻。且夫處女無媒，老且不嫁。舍媒而自衒，弊而不售。順而無毁，則售而不弊者，唯媒耳。且事非權不立，非勢不成。夫使人坐受成事者，唯訑耳。」訑音土和反。使臣信如尾生，廉如伯夷，孝如曾參，三者天下之高行，而以事王，可乎？」燕王曰：「可也。」蘇秦曰：「有此臣亦不事王矣。孝如曾參，義不離其親宿昔②於外，王又安能③使之步行千里而事弱燕之危王哉？廉如伯夷，義不爲孤竹君之嗣，不肯爲武王之臣，不受封侯而餓死於首陽之下。有廉如此者，王又安能使之步行千里而進取於齊哉？信如尾生，與女子期於梁柱之下，女子不來，水至不去，抱梁柱而死。有信如此，何肯揚燕、秦之威，却齊之强兵哉？韓子曰：「夫許由、續牙④、卞隨、務光、伯夷、叔齊，此數人者，皆見利不喜，臨難不恐。夫見利不喜，雖厚賞無以勸之。臨難不恐，雖嚴形⑤無以威之。此謂不令之人，先古聖王皆不能臣。當今之代，將安用之？」且夫信行者，所以自爲也，非所以爲人⑥也，皆自覆⑦之術，非進取之道也。且三王代

①「訑」，欺詐。　②「宿昔」，旦夕。　③「能」，讀畫齋叢書本作「得」。　④「續牙」，原作「積牙」，據韓非子改。
⑤「形」，通「刑」。　⑥「人」，原脱，據讀畫齋叢書本及戰國策補。　⑦「自覆」，鮑彪曰：「覆猶芘護也。自護其名。」

興，五霸迭盛，皆不自覆。君以自覆爲可乎？則齊不益[①]於營丘，足下不窺於邊城之外。昔鄭子産獻入陳之捷于晉，晉人問曰：「何故侵小？」對曰：「先王之命，惟罪所在，各致其辟。且昔天子之地一圻[②]，列國一同[③]，自[④]是以衰。今大國多數圻矣，若無侵小，何以至大焉？」晉人不能詰也。且臣之有老母於東周，離老母而事足下，去自覆之術，而行進取之道，臣之趨固不與足下合者。足下皆自覆之君也，僕者進取之臣也。臣所謂以忠信得罪於君也。」燕王曰：「夫忠信又何罪之有也？」對曰：「足下不知也。臣鄰家有遠爲吏者，其妻私人。其夫且歸，其私者憂之。其妻曰：『公勿憂也，吾以[⑤]爲藥酒待之矣。』後二日，夫至，妻使妾奉卮酒進之。妾知其藥酒也，進之則殺主父，言之則逐主母，乃佯僵[⑥]棄酒。主父大怒而笞之。妾之棄酒，上以活主父，下以存主母，忠至如此，然不免於笞。此以忠信得罪也。臣之事，適不幸而類妾之棄酒也。且臣之事足下，亢義[⑦]益國，今乃得罪，臣恐天下後事足下者，莫敢自必也。且臣之説齊，曾不欺之也。後之説齊者，莫如臣之言，雖堯、舜之智，不敢取之。」燕王

①「不益」，原脱，據讀畫齋叢書本及戰國策補。 ②「一圻」，杜預曰：「方千里。」 ③「一同」，杜預曰：「方百里。」

④「自」，原脱，據左傳補。 ⑤「以」，通「已」。 ⑥「佯僵」，假裝倒下。 ⑦「亢義」，鮑彪曰：「亢，高極也。言高其義。」「亢」，原作「冗」，據讀畫齋叢書本及戰國策改。

曰：「善。」復厚遇之。

由此觀之，故知譎即信也，詭即忠也。夫詭譎之行，乃忠信之本焉。

## 忠疑第二十四

夫毀譽是非不可定矣。以漢高之略，而①陳平之謀，毀之則疎，譽之則親。以文帝之明，而魏尚之忠，繩之以法則爲罪，施之以德則爲功。知世之聽者多有所尤，多有所②尤即③聽必悖矣。尤，過。

何以知其然耶？

吕氏春秋云：「人有亡鈇者，意④其鄰之子，視其行步、顔色、言語、動作、態度無爲而不竊鈇者也。竊⑤掘其谷而得其鈇。谷，坑也。他日復見其鄰之子，動作、態度無似竊鈇者

①「而」，如。　②「所」，原脱，據四庫本及吕氏春秋去尤補。　③「即」，則。原作「節」，據讀畫齋叢書本改。

④「意」，懷疑。　⑤「竊」，私下。

也。其鄰子非變也，己則變之。變之者無他，有所尤矣。」

郕之故爲甲裳①以帛，以帛綴甲。公息忌謂郕之君曰：「不若以組。」郕君曰：「善。」下令令官爲甲必以組。公息忌因令其家皆爲組。人有傷之者曰：「公息忌之所以欲用組者，其家爲甲裳多爲組也。」傷，敗也。郕君不悅，於是乎止，無以組。郕君有所尤也。郕之故爲甲以組而便也，公息忌雖多爲組，何傷？以組不便，公息忌雖無以爲組，亦何益？爲組與不爲組，不足以累公息忌之説也。累，辱也。凡聽言不可不察。

樓緩曰：「公父文伯仕於魯，病而死，女子爲自殺於房中者二人。其母聞之，弗哭。其相室②曰：『焉有子死而弗哭乎？』其母曰：『孔子，賢人也，逐於魯，而是③人弗隨之。今死，婦人爲自殺，若是者，必其於長者薄，而於婦人厚。』故從母言之是爲賢母，從妻言之是不免於妬妻也。故其言一也，言者異則人心變矣。」

樂羊爲魏將而攻中山，其子在中山。中山之君烹其子而遺之羹。樂羊盡啜之。文侯曰：「樂羊以我故，食其子之肉。」堵師贊曰：「其子且食之，其誰不食？」樂羊罷中山，文侯

①「裳」，通「常」。　②「相室」，管家。　③「是」，此，這。

賞其功而疑其心。

淮南子曰：「親母爲其子治①扢禿②，出血至耳，見者以爲愛子之至也。使在於繼母，則過者以爲悷也。事之情一也，所從觀者異耳。」從城上視牛如羊，視羊如豚，所居高也。窺面於盤水則圓，於杯則陼③。陼音隨，訓虧也。面形不變其故，有所圓、有所陼者，所自窺之異也。今吾雖欲正身而待物，庸詎知世之所自窺我者乎？是知天下是非無所定也，世各是其所是，非其所非。今吾欲擇是而居之，擇非而去之，不知世之所是非者孰是孰非哉！議曰：夫忘家殉國則以爲「不懷其親，安能愛君」，衛公子開方、吴起、樂羊三人是也。若私其親則曰「將受命之日則忘其家，臨軍約束則忘其親，援桴鼓則忘其身」，穰且④殺莊賈是也。故傳⑤曰：「欲加之罪，能無辭乎！」審是非者，則事情得也。

故有忠而見疑者，不可不察。

---

①「治」，原脱，據淮南鴻烈解齊俗訓補。 ②「扢禿」，突起的頭瘡。 ③「杯」，原作「抔」，據淮南鴻烈解改。「陼」，淮南鴻烈解作「隋」，群書治要作「橢」，太平御覽作「修」。下同。 ④「穰且」，原作「攘且」，據讀畫齋叢書本改。 ⑤「傳」，原作「傅」，據讀畫齋叢書本改。

# 用無用第二十五

古人有言曰：「得鳥者羅①之一目，然張一目之羅終不能得鳥矣。鳥所以能遠飛者，六翮之力也，然無衆毛之助則飛不能遠矣。」以是②推之，無用之爲用也大矣。

故惠子謂莊子曰：「子言無用矣。」莊子曰：「知無用而始可與言用矣。夫天地非不廣且大也，人之所用容足③耳。然則削足④而墊⑤之至黄泉，人尚有用乎？」惠子曰：「無用。」莊子曰：「然則無用之爲用也亦明矣。」

昔陳平智有餘而見疑，周勃質朴，忠而見信。夫仁義不足相懷⑥，則智者以有餘見疑，而朴者以不足取信矣。

漢徵處士樊英、楊厚，朝廷若待神明，至竟無他異。李固、朱穆以爲，處士純盜虚名，

---

①「羅」，捕鳥的網。②「是」，原脱，據讀畫齋叢書本補。③「容足」，容納兩足。④「削足」，謂削除足外之地。莊子外物作「厠足」，謂足旁邊之地。⑤「墊」，挖掘也。⑥「懷」，李賢曰：「懷，依也。言若仁義之心足相依信，則情無疑阻。若彼此之誠未協仁義，不足信依，則智者翻以有餘見疑，朴者以愚直取信。」

無益於用，然而後進希之以成器，世主禮之以得衆。孔子稱：「舉逸人，天下之人歸心焉。」燕昭尊郭隗以致劇、樂①，齊桓禮九九之術②以招英儁之類也。原其無用，亦所以爲用也。而惑者忽不踐之地，賒③無用之功，至乃誚謻遠術④，賤斥國華，不亦過乎！

## 恩生怨第二十六

傳稱：「諺曰：『非所怨勿怨。』寡人怨矣。」是知凡怨者不怨於所疏，必怨於親密。何以明之？

高子曰：「小弁，小人之詩也。」⑤孟子曰：「何以言之？」高子曰：「怨乎。」孟子曰：

①「劇、樂」，劇辛、樂毅。②「九九之術」，算術乘法名。韓詩外傳：「齊桓公設庭燎爲便人欲造見者，朞年而士不至。於是東野有以九九見者。九九，薄能耳，桓公禮之，朞月，四方之士相導而至矣。」③「賒」，遠離。④「遠術」，李賢曰：「遠術謂禮樂，國華謂懷道隱逸之士。」⑤「高子」，趙岐曰：「高子，齊人也。小弁，小雅之篇，伯奇之詩也。怨者，怨親之過，故謂之小人。」

「固[①]哉，夫高叟之爲詩也！有越人於此，關弓[②]而射我，我則談笑而道之，無他，疏之也。兄弟關弓而射我，我則泣涕而道之，無他，戚之也。然則小弁之怨，親親也。親親，仁也。」小弁，刺幽王也。太子之傅作焉。

晉使韓簡子視秦師，云：「師少於我，鬬[③]士倍我。」公曰：「何故？」對曰：「出因其資[④]，入用其寵[⑤]，饑食其粟[⑥]。三施而不報，所以來也。」觀秦怒而來，則知至恩必有至怨矣。

杜鄴說王音[⑦]曰：「鄴聞，人情恩深者其養謹，愛至者其求詳[⑧]。夫戚而不見異，親而不見殊，戚，近也。殊，謂異於疏者也。孰能無怨？此棠棣[⑨]、角弓之所作也。」

由此觀之，故知怨也者親之也，恩也者怨之所生也，不可不察。

---

①「固」，趙岐曰：「陋也。」 ②「關弓」，拉滿弓。「關」，通「彎」。 ③「鬬」，原作「我」，據讀畫齋叢書本及左傳改。 ④「出因其資」，杜預曰：「謂奔梁求秦。」史記晉世家：「夷吾將奔翟。冀芮曰：『不可，重耳已在矣。不如走梁，梁近於秦，秦彊，吾君百歲後可以求入焉。』」 ⑤「入用其寵」，杜預曰：「爲秦所納。」史記：「厚賂秦，約曰：『即得入，請以晉西河之地與秦。』秦穆公乃發兵送夷吾於晉。」 ⑥「饑食其粟」，史記：「晉饑，乞糴於秦。卒與粟。」 ⑦「音」，原作「晉」，據讀畫齋叢書本及漢書杜鄴傳改。 ⑧「詳」，顏師古曰：「悉也。」原作「謹」，據漢書改。 ⑨「棠棣」，原作「常棣」，據讀畫齋叢書本及漢書改。顏師古曰：「棠棣、角弓，皆小雅篇名也。棠棣美燕兄弟，角弓刺不親九族也。」

# 詭順第二十七

趙子①曰："夫雲雷②世屯③，瞻烏④未定。當此時也，在君爲君，委質事⑤人，各爲其主用職耳。故高祖賞季布之罪⑥，晉文嘉寺人之過⑦，雖前窘，莫之怨也，可謂通於大體矣。"

昔晉文公初出亡，獻公使寺人披攻之蒲城，披斬其袪。及反國，郤、呂⑧畏偪，將焚公宫而殺之。寺人披請見，公使讓之曰："蒲城之役，君命一宿，汝即至。其後，余從狄君以田渭濱，汝爲惠公來求殺余。命汝三宿，汝中宿至。雖有君命，何其速也！"對曰："臣謂君之入也，其知之矣。若猶未也，又將及難。君命無二，古之制也。除君之惡，唯力是視。蒲人、狄人，余何有焉？今君即位，其無蒲、狄乎？齊桓公置射鈎而使管仲相，君若易

①"趙子"，趙蕤。②"雲雷"，指治國理政的能人。③"屯"，盈，滿。④"瞻烏"，語出詩小雅正月："瞻烏爰止，于誰之屋。"鄭玄曰："視烏集於富人之室，以言今民亦當求明君而歸之。"⑤"事"，原作"治"，據四庫本改。⑥"高祖賞季布之罪"，李賢曰："季布，項羽將，數窘漢王。漢王即位，赦布以爲郎中。"⑦"晉文嘉寺人之過"，見下文。⑧"郤、吕"，郤芮、吕省。

之，何辱命焉？行者甚衆，豈唯刑臣①！」國君而讎匹夫，懼者甚衆也。公見之，以難告，得免呂、郤之難。韓子曰：「齊、晉絶嗣，不亦宜乎？桓公能用管仲之功而忘射鉤之怨，文公②能聽寺人之言而棄斬袪之罪，桓公、文公能容二子也。後世之君明不能及二公，後世之臣賢不如二子，以不忠之臣以事不明之君，君不知則有子罕、田常之劫；知之則因以管仲、寺人自解。君必不誅而自以爲有桓、文之德，是臣其讎，而明③不能燭，多假④之資，自以爲賢而不惑，則雖無後嗣，不亦可乎！」

陳軫與張儀俱事秦惠王，惠王皆重之。二人争寵。儀惡軫於王曰：「軫重幣⑤輕使秦、楚之間，將爲國⑥交也。今楚不善於秦而善於軫，軫爲楚厚，爲秦薄也。軫欲去秦而之楚，王何不聽之？」王乃召軫而問之。軫曰：「臣願之楚。臣出，必故之楚，且明臣爲楚與不也。昔楚有兩妻者，王聞之乎？」王曰：「弗聞。」軫曰：「楚有兩妻者，人挑其長者，長者詈之；挑其少者，少者復挑之。居無幾何，有兩妻者死。客謂⑦挑者曰：『爲汝娶少者乎？長者乎？』挑者曰：『娶長者。』客曰：『長者詈汝，少者復挑汝，汝何故娶長者？』挑者曰：

①「刑臣」，杜預曰：「被奄人，故稱刑臣。」　②「公」，原作「君」，據四庫本及韓非子改。下同。　③「明」，原作「時」，據韓非子難三改。　④「假」，原作「暇」，據韓非子改。　⑤「幣」，原作「弊」，據讀畫齋叢書本及史記張儀列傳改。　⑥「國」，原脱，據讀畫齋叢書本及史記補。　⑦「謂」，讀畫齋叢書本作「爲」。

『居人之所則欲其挑我，爲我之妻則欲其罵人。』今楚王，明主；昭陽，賢相。使軫爲臣，常以國情輸楚，楚王將不留臣，昭陽將不與臣從事矣，臣何故之楚？臣出，必故之楚，足以明臣爲楚與不也。」軫出。儀入，問王曰：「軫果欲之楚不？」王曰：「然。」儀曰：「軫不爲楚，楚王何爲欲之？」王復以儀言謂軫。軫曰：「然。」王曰：「儀之言果信矣。」軫曰：「非獨儀知之，行道之人盡知之矣。子胥忠於君而天下皆争以爲臣，曾參、孝己愛於親而天下皆願以爲子。故賣僕妾不出閭巷售者良僕妾也，出婦嫁於鄉曲者必善婦也。今軫若不忠於君，楚亦何以爲臣乎？忠且見棄，軫不之楚，將何歸乎？」王以其言爲然，遂厚待之。惠王終相張儀，軫遂奔楚。張儀初惡陳軫於魏王曰：「軫猶善楚，爲求地甚力。」左爽謂陳軫曰：「儀善於魏王，魏王甚信之。公雖百説，猶不聽也。公不如以儀之言爲質而得復楚。」軫曰：「善。」因使人以張儀之言聞於楚王。楚王喜，欲復之。軫乃奔楚也。

韓信初爲齊王時，蒯通説使三分天下。信不聽。後知漢畏惡其能，乃與陳豨謀反。事泄，吕太后以計擒之。方斬，曰：「吾悔不聽蒯通之計，乃爲兒女子所詐，豈非天哉！」高祖自將伐陳豨於鉅鹿，信稱病不從，欲於中起。信舍人得罪於信，信因欲殺之。舍人弟上變，告信欲反狀於吕后。吕后欲召，恐其黨不就，乃與蕭相國謀，詐令人從上所來，言豨已得死，列侯群臣皆賀。相國許信曰：「雖病，强入賀。」信入，吕后使武士縛信，斬之也。高帝歸，乃詔齊捕通。通至，上曰：「若教淮陰侯反耶？」曰：「然。臣固教之，豎子不用臣之策，故今自夷於此。如彼豎子用臣之計，陛下安得而夷之乎？」上怒曰：「烹之。」通曰：「嗟乎，寃哉，烹也！」上曰：「若教韓信反，何寃？」對曰：「秦之綱弛①而維絶，山東大擾，異姓并起，英儁烏聚。秦失其鹿，天下共逐之，於是高材疾走者先得焉。跖之狗吠堯，堯非不仁，狗固吠非其主。當是時，臣獨知韓信，非知陛下也。且天下鋭精持鋒欲爲陛下所求者甚衆，顧②力不能耳，又可盡烹耶？」高帝曰：「置之。」乃釋通之罪也。貂勃③常惡田單曰：「安平君，小人也。」安平君聞之，故爲酒而召貂勃，曰：「單何以得罪於先生，故常見譽於朝？」貂勃曰：「跖之狗吠堯，非貴跖而賤堯也，狗固吠非其人也。且今使公孫子賢而徐子不肖，然而使公孫子與徐子鬭，徐子之狗固④攫公孫子之腓而噬之。若乃得去不肖者而爲賢者狗，豈特⑤攫其腓而噬之哉？」安平君⑥曰：「敬聞命矣。」任之於王。後田單得免九子之讒，貂勃之力也。

①「弛」，原作「紀」，據讀畫齋叢書本改。　②「顧」，原作「故」，據史記淮陰侯列傳改。　③「貂勃」，原作「豹勃」，據戰國策齊策改。下同。　④「固」，原作「因」，據四庫本改。　⑤「特」，原作「恃」，據讀畫齋叢書本及戰國策齊策改。

⑥「安平君」，原作「平君」，據讀畫齋叢書本及戰國策改。

初，吳王濞與七國謀反，及發，濟北王欲自殺，齊人公孫獲俱碧反①。謂濟北王曰：「臣請試爲大王明説梁王，通意天子。説而不用，死未晚也。」公孫獲遂見梁王曰：「夫濟北之地②，東接强齊，南牽吳、越，北脅③燕、趙。此四分五裂之國，權不足以自守，勁不足以扞寇，又非有奇佐之士以待難也，雖墜墜，失也。言於吳，非其正計也。昔鄭祭仲許宋人立公子突以活其君，非義也。春秋記之，爲其以生易死，以存易亡也。嚮使濟北見情實，示不從之端，則吳必先屠④濟北，招燕、趙而總⑤之。如此，則山東之從結而無隙矣。今吳、楚之王練諸侯之兵，驅白徒之衆，西與天子争衡，濟北獨底節⑥堅守不下，使吳失與而無助，跬行獨進，瓦解土崩，破敗而不救者，未必非濟北之力也。夫以區區之濟北而與諸侯争强，是以羔犢之弱而捍虎狼之敵也。守職不撓，可謂誠一矣⑦。功義如此，尚見疑於上，脅肩低首，累足撫襟，使有自悔不前之心，悔不與吳西也。非社稷之利也。臣恐藩臣守職者疑

---

①「俱碧反」，顔師古曰：「獲音俱略反。」　②「地」，原作「北」，據四庫本及前漢紀改。　③「脅」，原作「貿」，據讀畫齋叢書本及前漢紀改。下同。　④「屠」，原作「歷齊畢」，據前漢紀改。漢書、資治通鑑亦作「歷齊畢濟北」，張晏曰：「歷，過。畢盡收濟北之地。」胡三省曰：「歷，過也。畢，了也。」　⑤「總」，統領。　⑥「底節」，砥礪節操。「底」，通「砥」。　⑦「謂」，原脱，據讀畫齋叢書本及前漢紀補。「矣」，原作「吳」，據讀畫齋叢書本及前漢紀改。

之。臣竊料之，能歷西山，徑長樂，抵未央，攘袂而正議者，獨大王耳。上有全亡之功，下有安百姓之名，德淪①於骨髓，恩加於無窮，願大王留意詳惟之。」孝王大說，使人馳以聞。濟北王得不坐，徙封於菑川。

陳琳典②袁紹文章，袁氏敗，琳歸太祖③。太祖謂曰：「卿昔爲本初④移書⑤，但可罪狀孤而已，惡⑥止其身，何乃上及父祖⑦耶？」琳謝曰：「楚、漢未分，蒯通進策於韓信。乾時之戰，管仲肆力於子糾。唯欲效計其主，取福一時。故跖之客可以刺由⑧，桀之狗可使吠堯也。今明公必能進賢於忿後，棄愚於愛前，四方革面，英豪宅心矣。唯明公裁之。」太祖曰：「善。」厚待之。

由此觀之，是知晉侯殺里克，漢祖戮丁公，石勒誅棗嵩，劉備薄許靖⑨，良有以也。故范曄曰：「夫人守義於故主，斯可以事新主；耻以其衆受寵，斯可以受大寵。若乃言之者

---

①「淪」，進入，滲入。 ②「典」，掌管，主持。 ③「太祖」，指曹操。 ④「本初」，袁紹字本初。 ⑤「移書」，發送公文、布告。 ⑥「惡」，三國志魏志作「惡惡」。 ⑦「父祖」，原作「祖父」，據三國志乙。 ⑧「由」，許由。 ⑨「靖」，原作「静」，據讀畫齋叢書本改。

雖誠，而聞之者未譬①，豈苟進之悦易以情納，持正之忤難以理求②。誠能釋利以循道，居方③以從義，君子之概也。」

## 難必第二十八

夫忠爲事君之首，龍逢斬，比干誅。孝稱德行之先，孝己憂而曾參泣。遇好文之主，賈誼被謫于長沙。當用武之時，李廣無封侯之爵。又云：「意合，異類生愛。意不合，至親交兵。」

夫人主莫不欲其臣之忠，而忠未必信，故伍員流於江，萇弘死於蜀，其血三年而化爲碧。凡人親莫不欲其子之孝，而孝未必愛，故孝己憂而曾參悲。此難必者也。何以言之？語曰：羿闕弧④則越人之行自若，弱子闕弧則慈母入室閉户。故可必則越人不疑羿，不可必則慈母逃弱子也。

魏文侯問狐卷子曰：「父子兄弟君臣之賢足恃乎？」對曰：「不足恃也。何者？父賢

---

①「譬」，李賢曰：「猶曉也。」　②「難以理求」，李賢曰：「言諂曲則易入，剛直則難進也。」　③「方」，李賢曰：「直也。」　④「闕弧」，張弓。

不過堯而丹朱放，子賢不過舜而瞽瞍頑①，兄賢不過舜而象敖②，弟賢不過周公而管叔③誅，臣賢不過湯、武而桀、紂伐。望人者不至，恃人者不久。君欲理，亦從身始，人何可恃乎？」

漢時，梁孝王藏匿羊勝、公孫詭。韓安國泣説梁孝王曰：「大王自度於皇帝，皇帝，景帝也，是梁孝王兄。孰與太上皇之與高皇帝及皇帝之與臨江王親？」臨江王，景帝太子也。孝王曰：「弗如也。」安國曰：「夫太上、臨江親父子間，然而高帝曰：『提三尺劍取天下者，朕也。』故太上終不得制事，居櫟陽；臨江王，適長太子也，以言過廢王臨江，景帝④嘗屬諸姬，太子母栗姬言不遜，由是廢太子，栗姬憂死也。用宮垣事卒自殺中尉府。何者？治天下終不以私害公。語曰：『雖有親父，安知其不爲虎？雖有親兄，安知其不爲狼？』今大王列在諸侯，説⑤一邪臣浮説，犯上禁，撓明法，天子以太后故不忍致法於王。太后日夜泣涕，幸大王自改，而大王終不覺悟。又如太后宮⑥車即晏駕，大王尚誰攀乎？」語未卒，孝王出羊勝等。景帝弟梁孝王用羊勝、公孫詭之計，求爲漢太子，恐大臣不聽，乃陰使人刺漢用事謀臣袁盎。帝

---

①「頑」，原作「拘」，據韓詩外傳改。　②「敖」，讀畫齋叢書本作「傲」。　③「叔」，原作「蔡」，據韓詩外傳改。
④「帝」，原脱，據史記韓長孺列傳集解補。　⑤「説」，喜好。　⑥「宮」，原脱，據史記補。

聞詭、勝計，遣使十輩，舉國大索，捕詭、勝不得。內史韓安國聞詭、勝匿孝王所，入見王，説之。王出詭、勝，詭、勝自殺也。

由是觀之，安在①其可必哉！

語曰：「以權利合者，權利盡而交踈。」又曰：「以色事人者，色衰則愛絶。」此言財色不可必也。墨子曰：「雖有慈父，不愛無益之子。」黄石公曰：「主不可以無德，無德則臣叛。」此言臣子不可必也。詩云：「自求伊祐。」有旨哉，有旨哉！

## 運命第二十九

易曰：「精氣爲物，游魂爲變②。」夫人之受③生，貌異音殊，苦樂、愚智、尊卑、壽夭無非三世業理使之然。

夫天道性命，聖人所稀言也。雖有其旨，難得而詳。然挍④之古今，錯綜其紀⑤，乘乎

①「在」，原作「存」，據讀畫齋叢書本改。　②「精氣爲物，游魂爲變」，朱熹曰：「天地陰陽之氣交合便成人、物，到得魂氣歸於天，體魄降於地，是爲鬼，便是變了。説魂則魄可見。」　③「受」，原作「愛」，據讀畫齋叢書本改。　④「挍」，考察。　⑤「錯綜其紀」，綜合分析其端緒。

三勢①，亦可以仿佛其略②。

何以言之？

荀悦云：「凡三光議曰：三光，日月星也。精氣變異，此皆陰陽之精也。其本在地而上發於天，政失於此則變見於彼。不其然乎？文王問太公曰：「人主動作舉事，有禍殃之應、鬼神之福無？」太公曰：「有之。人主好重賦斂，大宮室，則人多病温，霜露殺五穀。人主好畋獵，不避時禁，則歲多大風，禾穀不實。人主好破壞名山，壅塞大川，決通名水，則歲多大水傷人，五穀不滋。人主好武事，兵革不息，則日月薄蝕，太白失行。」文王曰：「誠哉！」今稱洪範咎徵則有堯、湯水旱之災，稱消災復異則有周宣雲漢③『寧莫我聽』。易稱積善餘慶則有顏、冉④短折之凶。善惡之報，類變萬端，不可齊一，故視聽者惑焉。太史公曰：「書稱天道無親，常與善人。七十子之徒，仲尼最獨薦顔回爲好學，然回也屢空，糟糠不饜而早夭。天之報施善人，何如哉？盗跖日殺不辜，肝人之肉⑤，暴戾恣睢，聚黨數千人，横行天下，竟以壽終。是遵何德哉？余甚惑焉！」常試言之：孔子

---

①「三勢」，見下文。　②「略」，大概。　③「雲漢」，詩經篇名，序稱：「美宣王也。宣王内有撥亂之志，遇灾而懼，側身修行，欲銷去之，故作是詩也。」　④「顔、冉」，顔回、冉耕。　⑤「肝人之肉」，莊子盗跖：「盗跖乃方休卒徒太山之陽，膾人肝而餔之。」

**曰：『死生有命。』又曰：『不得其死。』又曰：『幸而免者。』夫『死生有命』，其正理也。『不得其死』者，未可以死而死也。『幸而免者』，可以死而不死也。此皆性命三勢之理也。**昔虢太子死，扁鵲治而生之。扁鵲曰：「我非能生死人者，我能治可生者耳。」然不遇扁鵲亦不生矣。若夫膏肓之病，雖醫和弗能治矣。故曰：死生有命，其正理也。不得其死者，未可以死而死也。幸而免者，可以死而不死也。此荀悦論性命三勢之理。揚子法言云：「或問：『壽可益乎？』曰：『德①。』或問：『回、牛②之行，德矣，曷壽之不益也？』曰：『德故爾③。如回之殘，牛之賊，焉得爾？』曰：『殘賊或壽。』曰：『彼妄也，君子不妄也④。』」**推此以及教化則亦如之。人有不教化而自成者，有待教化而後成者，有雖加教化而終不成者。故上智與下愚不移，至於中人則可上可下。**議曰：傳云：「能者養之以福，不能者敗之以取禍。」此可上可下者。**推此以及天道則亦如之。灾祥之應，無所疑焉，故堯、湯水旱，天數也。**議曰：夫陰靜陽動，天迴地游，太一筭⑤周成百六之厄⑥，太

---

①「德」，司馬光曰：「惟修德可以益壽。」　②「牛」，冉耕字伯牛。　③「德故爾」，宋咸曰：「庸以長生爲壽，聖以不朽爲壽。顔、冉有德，故不朽爾。」　④「彼妄也，君子不妄也」，李軌曰：「論語曰：『人之生也直，罔之生也幸而免。』揚子之説亦猶此義。」　⑤「太一筭」，古占術之一，一曰太乙數。　⑥「百六之厄」，漢書音義曰：「四千五百歲爲一元，一元之中有九厄，陽厄五，陰厄四，陽爲旱，陰爲水。初入元百六歲有陽厄，故曰百六之會。」

歲①數極爲一元之灾，必然之符，不可移也。故傳曰：「美惡周必復。」又曰：「天灾流行，國家代有。」言必定也，故曰天數。漢時，公孫弘則不然，以爲堯遭洪水，使禹治之，未聞禹之有水也。若湯之旱，則桀餘烈。桀、紂行惡，受天之罰；禹、湯積德，以王天下。因此觀之，天無私親，順之和起，逆之害生。此天文地理人事之紀。觀公孫弘所言，以爲德感水旱，非天數也。一家之談，非爲正論。**洪範咎徵，人事也。**議曰：傳云：「禍福無門，唯人所召。」謂五事②以應休咎③，故曰人事。**魯僖霪④雨，可救之應也。周宣旱甚，難變之勢也。**議曰：孔子云：「祭如在。」言祭法在精誠也。語曰：「應天以實不以文。」言上天不以僞動也。易曰：「善不積不足以成名。」古語曰：「土性勝水，掬壤不可以塞河。金性勝木，寸刃不可以殘林。」傳曰：「小信⑤未孚，神弗福也。」此言善少不足以感物也。今雩祭⑥是同而感應異者，或爲仁甚少而求福甚多，或徒設空文，精誠不至，故不同也。**顔、冉之凶，性命之本也。**議曰：秦伯問於士鞅曰：「晉大夫其誰先亡？」對曰：「其欒氏乎？」秦伯曰：「以其汏乎？」對曰：「然。欒黶

---

①「太歲」，古代認爲歲星（木星）十二年一周天，遂將周天分爲十二分，名十二次，用以紀年。但歲星自西向東運行不便紀年，故假設一個自東向西運行的歲星，這就是太歲。太歲每行經一次爲一年。如太歲在寅叫攝提格，在卯叫單閼。

②「五事」，書洪範：「一曰貌，二曰言，三曰視，四曰聽，五曰思。」　③「休咎」，吉凶，善惡。　④「霪」，原作「霔」，據讀畫齋叢書本改。　⑤「信」，原作「惠」，據左傳改。　⑥「雩祭」，春秋繁露：「大旱雩祭而求雨。」論衡：「龍與雲相招，虎與風相致，故董仲舒雩祭之法，設土龍以爲感也。」

汏虐已甚，猶可以免。其在盈①乎？」秦伯曰：「何故？」對曰：「武子②之德在人，如周人之思邵公焉，愛其甘棠，況③其子乎。欒黶死，盈之善未能及人，武子所施没④矣，而黶之怨實彰，將於是乎在。」後廿一年⑤，晉滅欒氏。由是觀之，黶雖汏虐，以其父武子之德，身受其福。盈雖賢智，以其父黶之汏虐，遂遇於禍。然則禍之與福，不在我之賢虐矣。范曄曰：「陳平多陰謀，而知其後必廢。邴吉有陰德，夏侯勝識其當封及其子孫。終陳掌失⑥侯，而邴昌⑦紹國。雖⑧有不類，未可致詰，其大致歸於有德矣。袁安、竇氏之間乃情⑨帝室，引義雅⑩正，可謂王臣之烈。及其理楚獄，未嘗鞫人於贓罪，其仁心足覃⑪乎後昆，子孫之盛，不亦宜乎！」由是觀之，夫陳平、邴吉及袁安之後，衰與盛乃在先人之德，又不在我之得失矣。虞南曰：「夫釋教有布施、持戒、忍辱、精進、禪定、智惠⑫，與夫仁、義、禮、智、信亦何殊哉？蓋以所脩爲因，其果爲報。人脩此六行，皆多不全，有一闕焉，果亦隨滅。是以鬷明醜於貌而惠於心，趙壹高於才而下於位，羅裒富而無義，原憲貧而有道。其不同也如斯懸絶，興喪得失咸必由之。由是言之，

①「盈」，欒盈，黶之子。②「武子」，欒書，黶之父也。③「況」，原作「沉」，據讀畫齋叢書本及左傳改。④「没」，原作「設」，據讀畫齋叢書本及左傳改。⑤「廿一年」，指襄公廿一年。「廿」，原作「卅」，據左傳改。⑥「陳掌」，陳平曾孫。「失」，原作「乂」，據讀畫齋叢書本改。⑦「邴昌」，邴吉孫。⑧「雖」，原作「鄒」，據讀畫齋叢書本及後漢書袁安傳改。⑨「情」，原作「精」，據讀畫齋叢書本及後漢書改。李賢曰：「乃情猶竭情也。」⑩「雅」，原作「推」，據讀畫齋叢書本及後漢書改。⑪「足覃」，原作「所覃」，據讀畫齋叢書本及後漢書改。「覃」，延也。⑫「惠」，通「慧」。

夫行己不周則諸福不備，故吉凶禍福不得齊也。故世人有操行不軌而富壽者矣，有積仁潔行而凶夭者矣。今下士庸夫見比干之剖心，以爲忠貞不足爲也；聞偃王之亡國，以爲仁義不足法也，不亦過乎！」易曰：『有天道焉，有地道焉，有人道焉。』言其異也。『兼三才而兩之。』言其同也。故天人之道有同有異，據其所以異而責其所以同，斯則惑矣。守其所以同而求其所以異，則取弊矣。遲速深淺變化錯乎其中，是故參差難得而均也。天地人物之理莫不同之，故君子盡心焉，盡力焉，以邀命也。議曰：孫卿云：「天行有常，不爲堯存，不爲桀亡。應之以理則吉，應之以亂則凶。强本而節用則天不能貧，養備而動時則天不能病，循道而不惑則天不能禍，背道而妄行則天不能吉。故明於天人之分則可謂至人矣。若星墜木鳴，天地之變，怪之可也，畏之非也。唯人妖乃可畏矣。何者？政險失人，田荒稼惡，糴貴人饑，道有死人，夫是之謂人妖也。政令不明，舉措不時，本事不理，夫是之謂人妖也。禮義不脩，外内無別，男女淫亂，父子相疑，上下乖離，寇難日至，夫是之謂人妖也。三者錯亂，無安國矣。其説甚爾①，其灾甚慘。傳曰：『萬物之怪，書不説。』無用之辯，不急之察，棄而不治也。」墨翟曰：「古之聖王舉孝子而勸之事親，尊賢良而勸之爲善，發憲令以教誨，明賞罰以沮勸②。若此，則亂者可使理，而危者可使安矣。若以爲不然，昔者桀之所亂，湯理之；紂之所亂，武王理

①「爾」，讀畫齋叢書本作「邇」。

②「沮勸」，阻止惡行，勉勵善事。

之。此世不渝而人不改，上變正而人易教，則安危治亂在①上之發政也，豈可謂有命哉！」昔梁惠王問尉繚曰：「吾聞黃帝有刑德，可以百戰百勝。其有之乎？」尉繚曰：「不然。黃帝所謂刑德者，以刑伐之，以德守之，非世之所謂刑德也。世之所謂刑德者，天官時日陰陽向背者也。黃帝者，人事而已矣。何以言之？今有城於此，從其東西攻之不能取，從其南北攻之不能取。此四者，豈不得順時乘利者哉？然不能取者，何也？城高池深，兵戰備具，謀而守之也。由是觀之，天官時日不若人事也。天官之陣曰：『背水陣者爲絶軍②，向阪陣者爲廢軍。』武王之伐紂也，背漳水，向山之阪，以萬二千擊紂之億有八萬，斷紂頭，懸之白旗。紂豈不得天官之陣哉？然而不勝者，何也？人事不得也。黃帝曰：『先稽己智者謂之天子。』以是觀之，人事而已矣。」按：孫卿、墨翟、尉繚之説，言吉凶禍福在於人矣。周公誡成王曰：「昔殷王中宗，治人祗懼，弗敢荒寧，享國七十年③。其在高宗，嘉靖殷邦，至于小大，無時或怨，享國五十九年。其在祖甲，爰知小人之衣食④，能保惠于庶人，弗侮鰥寡，享國卅⑤有三年。自時厥後，立王則逸，惟耽樂之從，亦罔或克⑥壽，或十年，或七八年，或三四年。嗚呼！嗣王其鑒于茲。」史記陳世家曰：「陳，舜後也，周武王封之陳。太史公云：舜之德至矣！禪於夏，而後世血食者歷三代。及

---

①「在」，原作「存」，據讀畫齋叢書本及墨子非命中改。　②「絶軍」，尉繚子作「絶地」。　③「七十年」，尚書作「七十有五年」。　④「衣食」，尚書作「依」。　⑤「卅」，原作「世」，據讀畫齋叢書本改。　⑥「克」，能夠。

楚滅陳，而田氏得政於齊，卒爲建國，百世不絕。」又南越傳①云：「越雖蠻夷，其先豈嘗有大功德於人哉？何其久也！歷數代嘗②爲君王，勾踐一稱伯，蓋禹之餘③烈也。」又曰：「鄭桓公友者，周厲王之少子也，幽王以爲司徒。問於太史伯曰：『王室多故，予安逃死乎？吾欲南之江上，何如？』對曰：『昔祝融爲高辛火正，其功大矣，而其於周未有興者，楚其後也。周衰，楚必興，興非鄭之利也。』公曰：『周衰，何國興？』對曰：『齊、秦、晉、楚乎？夫齊，姜姓，伯夷之後也。伯夷佐堯典禮。秦，嬴姓，伯翳之後也。伯翳佐舜，懷柔百物。及楚之先，皆常有功於天下。而武王封叔虞於唐④，其地阻險，以此有德。若周衰，並必興矣。」按：周公、馬遷、太史伯之談，言興亡長短必依德矣。此略言其本，而不語其詳。嘗試論之，曰：「命也者，天之授也。德也者，命之本也。皇靈雖陰騭下人，定於冥兆，然興亡長短以德爲準。若德循⑤於曩，則命定於今。然則今之定命，皆曩之德也，明矣。夫命之在德則吉凶禍福不由天也，命定於今則賢聖鬼神不能移也，故君子盡心焉，盡力焉，以邀命也。」此運命之至也。**易曰：『窮理盡性以至於命。』此之謂矣。**」議曰：夫吉凶由人，興亡在德，稽於前載，其在德必矣。今論者以堯、舜無嗣，以爲在命，此謬矣。何者？夫佐命功臣必有興者，若使傳子，則功臣之德廢。何以言之？昔鄭桓

①「南越傳」，史記作「東越列傳」。　②「嘗」，通「常」。史記作「常」。　③「餘」，原脱，據史記補。　④「武王封叔虞於唐」，史記鄭世家作「周武王克紂後，成王封叔虞于唐」。　⑤「循」，通「修」。讀畫齋叢書本作「脩」。

公問太史伯曰：「周衰，何國興？」對曰：「昔祝融爲高辛火正，其功大矣，而其於周未①有興者，楚其後也。周衰，楚必興。齊，姜姓，伯夷之②後。伯夷佐堯典禮。秦，嬴姓，伯翳之後。伯翳佐舜，懷柔百物。若周衰，並必興矣。」是以班固典引云：「陶唐捨胤而禪有虞③，有虞亦命夏后④。稷、契熙載⑤，越成湯、武⑥，股肱既周⑦，天乃歸功元首⑧，將授漢劉。」由此言之，安在其無嗣哉？又曰：「楚師屠漢卒，睢水鯁其流。秦人坑趙士，沸聲若雷震。雖游、夏之英才，伊、顔之殆庶，焉能抗之哉？此其弊也。」對曰：「宋景公之時，熒惑在心，公懼，問子韋。子韋曰：『心者，宋分野也，禍當在君。雖然，可移於人。』」據此言，則君有禍，人當受之。若當君厄會之時，則生人塗炭，雖伊、顔、游、夏何所抗哉！故莊子曰：「當堯、舜，天下無窮人，非智得也；當桀、紂，天下無通⑨人，非智失也，時勢適然。」此之謂矣。又曰：「彼戎

---

①「未」，原作「末」，據讀畫齋叢書本及史記改。　②「之」，原作「亡」，據讀畫齋叢書本及史記改。　③「陶唐捨胤而禪有虞」，李賢曰：「謂堯舍其胤子丹朱而禪於舜。」　④「有虞亦命夏后」，李賢曰：「舜亦舍其子商君而禪於禹。」　⑤「稷、契熙載」，李賢曰：「書曰：『熙帝之載。』孔安國注云：『熙，廣也。載，事也。言稷、契并能廣立功事於堯、舜之朝。』」　⑥「越成湯、武」，李賢曰：「越，於也。於是成其子孫湯、武之業，并得爲天子也。湯，契之後。武王，稷之後。」　⑦「股肱既周」，李賢曰：「股肱謂稷、契也。既周謂其子孫并周遍得爲天子。」　⑧「元首」，李賢曰：「堯也。言天更歸功于堯，又將授漢以帝位。」　⑨「無通」，郭象曰：「無爲勞心於窮通之間。」「通」，原作「道」，據讀畫齋叢書本及莊子改。

狄者，人面獸心，晏安鴆毒，以誅殺爲道德，蒸報①爲仁義。自金行②不競，天地版蕩③，遂覆瀍、洛，傾五都。嗚呼！福善禍淫，徒虛言耳。」據此論，以戎狄內侵，便謂由命，此所謂不量於德者也。何則？昔秦穆公問戎人由余曰：「中國以詩書禮樂法度爲政，然尚時亂。今戎夷無此，何以爲理乎？」由余笑曰：「乃中國所以亂也。夫自上聖黃帝作爲禮樂法度，身以先之，僅可小理。及其後世，日以驕淫，沮法度之盛④，以責督於下，下罷極則以仁義怨望於上，上下交爭怨而相篡殺，至於滅宗，皆⑤此類也。夫戎夷則不然，上含淳德以遇於下，下懷忠信以事其上，一國之政猶一身之治，不知所以治，此真聖人之治。」夫戎夷之德有如是者。今晉之興也，「宗子無維城⑥之助，而閼伯、實沈之隙歲搆⑦；師尹⑧無具瞻⑨之貴，而顛墜戮辱之禍日有。宣、景⑩遭多難之時，務伐兵⑪雄，誅庶桀以便事」。其傾覆屠鱠⑫非止於誅殺也。「風俗淫僻，廉耻並失，先時而昏⑬，任情而動，皆不耻淫逸之過，不拘妬忌之惡，有逆于舅姑，有

---

①「蒸報」，李善曰：「漢書曰：『匈奴其俗父死妻其後母，兄弟死皆取其妻妻之。』爾雅曰：『上淫曰蒸，下淫曰報。』」　②「金行」，李善曰：「謂晉也。」　③「版蕩」，指動亂不安。詩經大雅有板、蕩兩篇，皆刺周厲王暴虐無道，致天下不寧。「版」，同「板」。　④「沮法度之盛」，讀畫齋叢書本及史記秦本紀作「阻法度之威」。　⑤「皆」下，史記有「以」。　⑥「維城」，張銑曰：「維，連也。言宗子連城封之以助京室也。」　⑦「閼伯、實沈之隙歲搆」，李善曰：「昔高辛氏有二子，伯曰閼伯，季曰實沈，居曠野不相能，日尋干戈，以相爭討。」　⑧「師尹」，大臣。　⑨「具瞻」，爲衆人所瞻望。　⑩「宣、景」，晉宣帝司馬懿、晉景帝司馬師。　⑪「兵」，讀畫齋叢書本作「英」。　⑫「屠鱠」，宰割。　⑬「昏」，結婚。後多作「婚」。

反易剛柔，有殺戮妾媵，有黷亂上下」。其淫亂凶逆非止于蒸報也。由是觀之，晉家之德，安勝于匈奴哉？今見戎狄亂華，便以爲在命不在德，是何言之過歟！

## 大私第三十

管子曰：「知與之爲取，政之寶也。」周書曰：「將欲取之，必故與之。」

何以徵其然耶？

黄石公曰：「得而勿有，立而勿取①，爲者則己，有者則士②，焉知利之所在？人多務功，鮮有讓者，唯天子不與下爭功名耳，故曰『有者則士，焉知利之所在』乎？彼爲諸侯，己爲天子。

天子不收功於萬物，故能成其高。王不競名於衆庶，故能成其大也。使城自保，令士自取③，盡與敵城之財，令自取之，所謂使貪使愚者也。王者之道也。」

①「得而勿有，立而勿取」，三略直解：「得人財則當散，勿以爲己有。敵已立君而主社稷，勿用攻而取。」②「有者則士」，三略直解：「有成功者在衆士。」③「令士自取」，三略直解作「令士自處」，解云：「令天下之士自處置。」

尸子曰：「堯養無告①，禹愛辜人，此先王之所以安危而懷遠也。聖人於大私之中也爲無私。湯曰：『朕身有罪，無及萬方。萬方有罪，朕身受之。』湯不私其身而私萬方。文王曰：『苟有仁人，何必周親②。』文王不私其親而私萬國。先王非無私也，所私者與人不同。」此知大私者也。由是言之，「夫唯不私，故能成其私」。不利而利之，乃利之大者矣。

## 敗功第三十一

文子曰：「有功離仁義者即見疑，有罪不失仁心者必見信。故仁義者，天下之尊爵③也。」

何以言之？

昔者，楚恭王④有疾，召其大夫曰：「不穀不德，少主社稷，失先君之緒，覆楚國之師⑤，

① 「無告」，孔穎達曰：「鰥寡孤獨無所告者。」② 「周親」，至親。③ 「尊爵」，尊貴的爵位。④ 「楚恭王」，原作「楚王王」，據讀畫齋叢書本及國語改。⑤ 「覆楚國之師」，韋昭曰：「覆，敗也。謂鄢陵之戰爲晉師所敗。」

不穀之罪也。若以宗廟之靈，得保首領①以没，請爲『靈』若『厲』②。」大夫許諾③。及其卒也，子囊④曰：「不然。夫事君者從其善，不從其過。赫赫楚國而君臨之，撫征南海，訓及諸夏⑤，其寵大矣。有是寵也，而知其過，可不謂『恭』乎？」大夫從之。此因過以爲功者也。

魏將王昶、陳泰兵敗，大將軍以爲己過。魏人感將軍引過皆悦，思報之。習鑿齒論曰：「司馬大將軍引二敗以爲己過，過銷而業昌，可謂智矣。夫民⑥忘其敗而下思其報，雖欲勿康，其可得乎？若乃諱敗推過，歸咎萬物，上下離心，賢愚釋體，是楚再敗而晉再剋，謬之甚矣。夫人君苟統斯理，行雖失而名揚，兵雖挫而戰勝，百敗猶可，況再敗乎！」此因敗以爲功也。

故知智者之舉事也，因禍爲福，轉敗爲功，自古然矣。議曰：白起爲秦坑趙降卒四十餘萬，使諸侯曲秦而合縱。夫坑趙降卒非勝也，乃敗秦之機。商君詐魏，虜公子卬，使秦信不行于天下，乃自敗之兆，非霸業也。樂毅杖義以下齊城，敗於即墨，非敗也，乃是吞天下之勢。劉備憐歸義之人，日行十

---

①「保首領」，韋昭曰：「免刑誅也。」　②「爲『靈』若『厲』」，指謚爲「靈」或「厲」。韋昭曰：「亂而不損曰靈，殺戮不辜曰厲。」　③「諾」，原作「諸」，據國語改。　④「子囊」，恭王弟。　⑤「訓及諸夏」，韋昭曰：「謂主盟會，頒號令也。」

⑥「民」，原脱，據三國志魏志引漢晉春秋補。

數里，敗於長坂，雖奔亡不暇，乃霸王之始。故知非霸者不能用敗。齊人以紫敗素①，而其價十倍。此言雖小，可以喻大也。

# 昏智第三十二

夫神者，智之淵也，神清則智明。智者，心之符②也，智公即心平。此出文子。今士有神清智明而闇於成敗者，非愚也，以聲色、勢利、怒愛昏其智矣。

何以言之？

昔孔子攝魯相，齊景公聞而懼曰：「孔子爲政，魯必霸，霸則吾地近焉，我之爲先并矣。」犁且曰：「去仲尼猶吹毛耳。君何不延之以重禄，遺哀公以女樂？哀公親樂之必怠於政，仲尼必諫，諫不聽，必輕絶魯。」於是選齊國中女子好者八十人，皆衣文繡之衣，

---

①「以紫敗素」，張守節曰：「齊君好紫，故齊俗尚之，取惡素帛染爲紫，其價十倍。」　②「符」，文子守清作「府」。

而舞康樂，遺魯君。魯君受齊女樂，怠於事，三日不聽政。孔子曰：「彼婦人之口，可以出走①。」遂適衛。此昏於聲色者也。戎王使由余觀秦。秦繆②公以由余賢聖，問内史廖曰：「孤聞鄰國有聖人，敵國之憂也。今由余賢③，寡人之害，將奈何？」内史廖曰：「戎王處僻匿，未嘗聞中國之聲。君試遺其女樂以奪其志，爲由余請以踈其間，留而莫遣以失其期。戎王怪之，必疑由余。且戎王好樂，必怠于政。」繆公曰：「善。」以女樂二八遺戎王，戎王受而悦之，終年不遷④。由余諫，不聽。繆公使人間要由余，由余遂降秦。梁王觴諸侯於范臺⑤。魯君曰：「昔者帝女⑥儀狄作酒而美，進之禹。禹飲而甘，遂疏儀狄，絶旨酒，曰：『後世必有以酒亡其國者也。』齊桓公夜半不嗛⑦，易牙乃煎熬燔炙，和調五味而進之。桓公食而飽，曰：『後世必有以味亡其國者也。』晉文公得南之威，三日不聽朝，遂推南之威而遠之，曰：『後世必有以色亡其國者也。』楚王登强臺而望崩山，左江而右湖，其樂忘死，遂弗登，曰：『後世必有以高臺陂池亡其國者也。』今主君之樽，儀狄之酒也；主君之味，易牙之調也；左白台而

---

①「彼婦人之口，可以出走」，王肅曰：「言婦人之口請謁足以憂，使人死敗，故可以出走也。」　②「繆」，通「穆」。　③「賢」，原脱，據史記秦本紀補。　④「終年不遷」，指留由余而莫遣。「遷」，史記秦本紀作「還」，曰：「繆公與由余曲席而坐，傳器而食。以女樂二八遺戎王，戎王受而説之，終年不還。於是秦乃歸由余。」　⑤「范臺」，原作「苑臺」，據戰國策改。　⑥「女」下，戰國策有「令」。　⑦「嗛」，高誘曰：「快也。」

右間須，南威之美也；前夾林而後蘭臺，强臺①之樂也。人有一於此，足以亡國，今主君兼此四者，可無誡歟？」梁王稱善相屬。由此言之，昏智者非一塗矣。

太史公曰：「平原君，翩翩濁代之佳公子也，然不②覩大體。語曰：『利令智昏。』平原君貪馮亭邪説③，使趙陷長平四十餘萬，邯鄲幾亡。」此昏于利者也。人物志曰：「夫仁出於慈，有慈而不仁者。仁者有恤，有仁而不恤者。厲者有剛，有厲而不剛者。若夫見可憐則流涕，將分與則悋嗇，是有慈而不仁者。覩危急則惻④隱，將赴救則畏患，是有仁而不恤者。處虚義則色厲，顧利欲則內茬⑤，是有厲而不剛者。然則慈而不仁則悋奪之也，仁而不恤則懼奪之也，厲而不剛則欲奪之也。」

後漢班固傳評曰：「昔班固傷司馬遷云⑥：『遷博物洽聞，不能以智免極刑。』然固身亦自陷大戮。班固附竇氏勢，竇氏敗，固坐之，死洛陽獄中也。可謂智及之而不能守，古人所以致

---

①「臺」，原脱，據讀畫齋叢書本及戰國策補。　②「不」，原脱，據讀畫齋叢書本補。史記作「未」。　③「平原君貪馮亭邪説」，史記秦本紀：「秦伐韓之野王，野王降秦，上黨道絶。其守馮亭與民謀曰：『鄭（新鄭，韓之國都。）道已絶，韓必不可得爲民。秦兵日進，韓不能應，不如以上黨歸趙。趙若受我，秦怒，必攻趙。趙被兵，必親韓。韓、趙爲一，則可以當秦。』平原君曰：『無故得一郡，受之便。』趙受之，因封馮亭爲華陽君。秦攻韓，取上黨，上黨民走趙。趙軍長平，以按據上黨民。」　④「惻」，原脱，據人物志補。　⑤「茬」，原作「恁」，據四庫本改。　⑥「云」，原作「之」，據讀畫齋叢書本改。

論於目睫①耶？」此昏於勢者。議曰：夫班固傷遷，公論也。自陷大戮，挾私也。夫心有私則智不能守矣。

尸子曰：「夫吳、越之國以臣妾爲殉，中國聞而非之。及怒，則以親戚殉一言。夫智在公則愛吳、越之臣妾，在私則忘其親戚，非智損也，怒弇之也。此昏於怒者也。好亦然矣。語曰：『莫知其子之惡。』非智損也，愛弇之也。此昏於愛者也。是故論貴賤、辯是非者，必且自公心言之，自公心聽之，而後可知也。」故范曄曰：「夫利不在身，以之謀事則智。慮不私己，以之斷義則厲。誠能迴觀物之智，而爲反身之察，則能恕而自鑒。」議曰：孔子曰：「吾未見剛者。」或對曰：「申棖。」子曰：「棖也欲，焉得剛？」由此言之，心苟有私，則失其本性矣。尸子曰：「鴻鵠在上，彀弩以待之。若發若否②，問二五③。曰不知也，非二五難計，欲鴻之心亂也。」是知情注於利，則本心亂矣。

---

①「致論於目睫」，史記越王勾踐世家：「齊使者曰：『幸也，越之不亡也！吾不貴其用智之如目，見豪毛而不見其睫也。今王知晉之失計，而不自知越之過，是目論也。』」「睫」，原作「瞼」，據讀畫齋叢書本及史記改。　②「若發若否」，藝文類聚引作「若發善否」。　③「二五」，指易卦二、五爻。如乾九二：「見龍在田，利見大人。」九五：「飛龍在天，利見大人。」王弼曰：「利見大人，唯二五焉。」

## 卑政第三十二

劉廙①云：「日月至光至大而有所不徧者，以其高於萬物之上也。燈燭至微至小而世不可乏者，以其明之下能照日月之所②蔽。」由是觀之，政之貴卑也久矣，是以先王設官分職而共治也。

淮南子曰：「濟溺人以金玉，不如尋常之纆③。」韓子曰：「百日不食，以待粱肉④，餓者不肯⑤。」故曰：療飢不期於鼎食，拯溺無待於規行⑥也。此言政貴卑以濟事者也。

何以言之？

韓非曰：「所謂知⑦者，微妙之言，上知之所難知⑧也。今爲衆人法，而以爲上知之所難知⑨，則人無從識之矣。故糟糠不厭者不待粱肉而飽，短褐不完者不須文繡而好。以是言之，夫治世之事，急者不得則緩者非務也。今所治之政，人間之事，夫婦之所明知者不用，而慕上知之所難論，則其於人過遠矣。是知微妙之言，非人務也。」又曰：「世之所謂列⑩

①「廙」，原作「厲」，據群書治要引劉廙別傳改。　②「所」，原作「四」，據群書治要引劉廙別傳改。　③「纆」，繩索。

④「粱肉」，原作「梁肉」，讀畫齋叢書本同，據意改。下同。　⑤「肯」，韓非子作「活」。　⑥「規行」，循規蹈矩地走。

⑦「知」，智。　⑧「知」，原脱，據韓非子五蠹補。　⑨「知」，原作「也」，據韓非子五蠹改。　⑩「列」，韓非子忠孝作「烈」。

士者，離衆獨行，取異於人，爲恬惔①之學，而理恍惚之言。臣以爲，恬惔，無用之教也；恍惚，無法之言也。夫人生必事君養親，事君養親不可以恬惔之人，必以言論忠信。言論忠信不可以恍惚之言，然則恍惚之言，恬惔之學，天下之惑術也。」又曰：「察士而後能知之，不可以爲智全也。夫人未盡察也，唯賢者而後能行之，不可以爲法也。」故尹文子曰：「凡有理而無益於治者，君子不言。有能而無益於事者，君子不爲。故君子所言者不出於名法權術，所爲者不出於農稼軍陣，周務②而已。故曰：小人所言者極於儒、墨是非之辯，所爲者極於堅僞偏抗之行，求名而已，故明主誅之也。今世之人，行欲獨賢，事欲獨能，辯欲出群，勇欲絶衆。夫獨行之賢不足以成化，獨能之事不足以周務，出群之辯不可爲户説，絶衆之勇不可與正③陣。凡此四者，亂之所由生也。故曰：爲善者使人不能得從，爲巧者使人不能得爲，此獨善、獨巧者也，未盡巧善之理。故所貴聖人之理，不貴其獨治，貴其能與衆共治也。所貴工倕之巧者，不貴其獨巧，貴其能與衆共巧也。」文子曰：「夫先知遠見，人材之盛也，而治世不以責④於人。博聞强志，口⑤辯辭給，人智之溢也，而明主不以求於下。傲世賤物，不污於俗，士之抗行也，而治世不以爲人化。故高不可及者，不以爲人量；行不可逮者，不以爲國

---

①「惔」，通「憺」，恬静，淡泊。 ②「周務」，濟事，成事。原作「同務」，據尹文子大道改。 ③「正」，通「征」，征伐。尹文子作「征」。　④「責」，原作「貴」，據文子下德改。 ⑤「口」，原作「曰」，據讀畫齋叢書本及文子改。

俗。故國治可與愚守，而軍旅可與怯同。不待古之英俊而人自足者，因其所有而并用之也。」議曰：據文子此言，以爲聖人不可用先知遠見、博聞强志、傲世賤物三事化天下百姓，使皆行此道，用爲風俗。今但任其風土，化以農稼、軍陣，曲成於物，而俯同於俗耳。非貴於獨能、獨勇者也。**故聖人任道以通①其險，**淮南子曰：「體道者逸而不窮，任數者勞而無功。離朱之明，察鍼末②百步之外，而不能見泉中之魚。師曠之聰，合八風③之調，而不能聽十里之外。故任一人之能，不足以理三畝之宅；循道理之數，因天地之自然，則六合不足均也。」此任道以通其嶮也。**立法以理其差，**文子曰：「農士商工，鄉別州異。農與農言藏，士與士言行，工與工言巧，商與商言數。是以士無遺行，工無苦④事，農無廢功，商無折貨，各安其性。」此立法以理其差也。**使賢愚不相棄，能鄙不相遺，此至理之術。**

**故叔孫通欲起禮，漢高帝曰：「得無難乎？」對曰：「夫禮者，因時世人情而爲之節文者也。」張釋之言便宜事，文帝曰：「卑之，無甚高論，令今可施行。」**

**由是言之，夫理者，不因時俗之務而貴奇異，是餓者百日以待粱肉、假人金玉以救溺**

---

①「通」，尹文子作「夷」。 ②「末」，原作「未」，據淮南鴻烈解原道訓改。 ③「八風」，指八音，孔安國曰：「八音：金、石、絲、竹、匏、土、革、木。」鄭玄曰：「金，鐘鎛也。石，磬也。土，塤也。革，鼓鼗也。絲，琴瑟也。木，柷敔也。匏，笙也。竹，管簫也。」左傳：「五聲和，八風平。」 ④「苦」，粗劣。

子之說矣。議曰：昔楚之公①輸、宋之墨翟能使木鳶自飛，無益于用。漢之張衡能使參輪自轉，魏之馬鈞能使木人吹簫，苟無益於用而爲之，則費功損力，其害多矣。莊子曰：「朱泙漫②學屠龍於支離益，殫千金，伎成，無所用其巧。」文子③曰：「夫治國在仁義禮樂、名法刑賞，過此而往，雖彌綸天地，纏④絡萬品，治道之外，非群生所飡挹，聖人措而不言也。」由是觀之，事在於適時，無貴於遠功，有自來矣。

## 善亡第三十四

議曰：世有行善而反亡者。

何以徵其然耶？

易曰：「積善之家，必有餘慶。」又曰：「善不積不足以成名。」

孟子云：「仁之勝不仁也，猶水之勝火也。今爲仁者，猶以一⑤杯水救一車薪之火，火不息則謂水不勝火，此又與⑥於不仁之甚者也。又五穀，種之美者，苟爲不熟，不如稊稗。夫仁亦在熟之而已矣。」熟，成也。

---

①「公」，原作「心」，據讀畫齋叢書本改。②「朱泙漫」，原作「朱汗漫」，據莊子列禦寇改。③「文子」，當作「尹文子」，引文見尹文子大道下。④「纏」，尹文子作「籠」。⑤「一」，原作「不」，據讀畫齋叢書本及孟子改。⑥「與」，同。

尸子曰：「食所以爲肥也。一飯而問人曰：『奚若？』則皆笑之。夫治天下，大事也。譬今人皆以一飯而問人『奚若』者也。」議曰：此善少不足以成名也。惡亦如之。何以明其然耶？書曰：「商罪貫盈，天命誅之。余①弗順天，厥罪惟均。」由是觀之，夫罪未盈，假令中有罪惡未滅也，今人見惡即未滅，以爲惡不足②懼，是以亡滅者繼踵於世。故曰「惡不積不足以滅身」，此聖人之誡。由是觀之，故知善也者，在積而已。今人見徐偃亡國，謂仁義不足杖也。見承桑失統，謂文德不足恃也。承桑氏之君，修③德廢武，以滅其國也。是猶杯水救火、一飯問肥之説，惑亦甚矣。

## 詭俗第三十五

夫事有順之而爲失義，有愛之而爲害，有惡於己而爲美，有利於身而損於國者。

---

①「余」，原作「今」，據讀畫齋叢書本改。尚書作「予」。　②「足」下，原衍「足」，據讀畫齋叢書本删。　③「修」，原作「循」，據讀畫齋叢書本及吴子改。

何以言之？

劉梁曰：「昔楚靈王驕淫，暴虐無度。芋尹申亥從王之欲，以殯於乾溪，殉之以二女。此順之而失義者也。議曰：夫君正臣從謂之順。今君失義而臣下從之，非所謂順也。鄢陵之役，晉、楚對戰。穀陽獻酒，子反以斃①。此愛之而害者也。漢文帝幸慎夫人，其在禁中嘗與后同席。及幸上林，郎署長布席，慎夫人席與后同席。袁盎引卻②慎夫人坐。上大怒。袁盎前說曰：「臣聞尊卑有序，上下乃和。今陛下既已立后，慎夫人乃妾耳，妾主豈可同坐哉？且陛下幸之，即厚賜之。陛下所③以爲慎夫人，適所以禍之。陛下獨不見人豕④乎？」上乃悦。由是言之，夫愛之爲害，有自來矣。臧武仲曰：『孟孫之⑤惡我，藥石也。季孫之愛我，美疢⑥也。疹毒滋厚，藥石猶生我。』此惡之而爲美者也。」孫卿曰：「非我而當者，吾師也。是我而當者，吾友也。諂⑦諛我者，吾賊也。」商

①「穀陽獻酒，子反以斃」，淮南鴻烈解云：「楚恭王與晉人戰於鄢陵，戰酣，恭王傷而休。司馬子反渴而求飲，豎陽穀奉酒而進之。子反之爲人也，嗜酒而甘之，不能絶於口，遂醉而卧。恭王欲復戰，使人召司馬子反，辭以心痛。王駕而往視之，入幄中而聞酒臭。恭王大怒，斬司馬子反以爲僇。」②「卻」，推後。原脱，據讀畫齋叢書本及史記袁盎鼂錯列傳補。③「所」，原脱，據讀畫齋叢書本及史記補。④「人豕」，即「人彘」，史記呂太后本紀：「高祖爲漢王，得定陶戚姬。戚姬幸。高祖崩，太后遂斷戚夫人手足，去眼煇耳，飲瘖藥，使居厠中，曰人彘。」⑤「之」，原脱，據後漢書劉梁傳補。⑥「美疢」，左傳作「疾疢」。⑦「諂」，荀子作「諂」。

君曰：「貌言華也，至言實也，苦言藥也，甘言疾也。」

韓子曰：「爲故人行私謂之不棄，以公財分施謂之仁人，輕禄重身謂之君子，枉法曲親謂之有行，棄官寵交謂之有俠，離俗遁世謂之高慤，交争逆令謂之剛材，行惠取衆謂之得人。不棄者，吏有姦也。仁人者，公財損也。君子者，人難使也。有行者，法制毁也。有俠者，官職曠也。高慤者，人不事也。剛材者，令不行也。得人者，君上孤也。此八者，匹夫之私譽，而人主之大敗也。」人主不察社稷之利害，而用匹夫之私譽，家國無危亂，不可得也。由是觀之，夫俗之好惡，與事相詭，唯明者能察之。韓子曰：「君臣之利異，故人臣莫忠，故臣利立而主利滅。」此之謂異利者也。

# 息辯第三十六

議曰：夫人行皆著於迹，以本行而徵其迹，則善惡無所隱矣。夫辯者焉能逃其詐乎！

中論曰：「水之寒也，火之熱也，金石之堅剛也，彼數物未嘗有言而人莫不知其然者，信著乎其體。」故曰：使吾所行之信如彼數物，誰其疑之？今不信吾之所行，而怨人之不信己，惑亦甚矣！故知行有本，事有迹，審觀其體，則無所竄情。

何謂行本？

孔子曰：「立身有義矣而孝爲本，喪紀有禮矣而哀爲本，戰陣有列矣而勇爲本。」太公曰：「人不盡力，非吾人也。吏不平潔愛人，非吾吏也。宰相不能富國强兵，調和陰陽，安萬乘之主，簡練群臣，定其名實，明其賞①罰，非吾宰相。」此行本者也。

何爲事迹？

昔齊威王召即墨大夫而語之曰：「自子之居即墨也，毁日至。然吾使人視即墨，田野闢，人民給，官無留事，東方以寧。是子不事吾左右以求譽也。」封之萬家。召阿大夫而語之曰：「自夫子之守阿也，譽日聞。然吾使人視阿，田野不闢，人貧苦。趙攻甄，子不能救。衛取薛陵，子不能知。是子常以幣事吾左右以求譽也。」是日烹阿大夫及左右常譽之者。齊國大理。

漢元帝時，石顯專權。京房宴見，問上曰：「幽、厲之君何以危？所任者何人也？」上曰：「君不明而所任巧佞。」房曰：「知其巧佞而用之也，將以爲賢？」上曰：「賢之。」房曰：

①「賞」，原作「令」，據六韜文韜上賢改。

「然則今何以知其不賢也？」上曰：「以其時亂而君危知之。」房曰：「齊桓公、秦二世亦嘗聞此君而非笑之，然則任豎刁、趙高，政治日亂，盜賊滿山。何不以幽、厲卜之而覺悟乎？」上曰：「唯有道者能以往知來耳。」房曰：「陛下視今爲治也？亂也？」上曰：「亦極亂耳。」房曰：「今所任用者誰歟？」上曰：「然幸其愈於彼，又以爲不在此人也。」房曰：「夫前世二君亦皆然耳。臣恐後之視今，如今之視前也。」此事迹者也。

由是言之，夫立身從政皆有本矣，理亂能否皆有迹矣。若操其本行，以事迹繩之，譬如水之寒，火之熱，則善惡無所逃矣。

## 量過第三十七

議曰：楊惲書云：「明明求仁義，常恐不能化人者，士大夫之行也。遑遑求財利，常恐乏匱①者，庶人之行也。今奈何以士大夫之行而責僕哉！」此量過者也。

孔子曰：「人之過也，各於其黨，觀過斯知人矣。」黨，黨類也。小人不能爲君子之行，非小

① 「乏匱」，原作「遺乏」，據漢書董仲舒傳改。

人之過，當恕①而勿責之也。何以言之？太史公云：「昔管仲相齊，九合諸侯，一匡天下。然孔子小之曰：『管仲之器小哉！』豈不以周道衰，桓公既賢，而不勉之至王，乃稱霸哉？」議曰：夔、龍、稷、契，王者佐也。狐偃、咎犯，霸者佐也。孔子稱：「微管仲，吾其被髮左衽矣。」是奇管仲有王佐之材矣。夫有王佐之材，而爲霸者之政，非小器而何？由是觀之，孔子以管仲爲夔、龍、稷、契之黨而觀過也。

虞卿說魏王曰：虞卿說楚②春申君伐燕，以定身封。然楚之伐燕，路由於魏，恐魏不聽，虞卿乃爲春申君說魏君假道也。「夫楚亦强大矣，天下無敵，乃且攻燕。」魏王曰：「向也子云天下無敵，今也子云乃且攻燕者，何也？」對曰：「今謂馬多力則有之矣，若曰勝千鈞則不然者，何也？夫千鈞非馬之任也。今謂楚强大則有矣，若夫越趙、魏而開兵於燕，則豈楚之任哉！」

由是觀之，夫管仲九合諸侯，一匡天下，而孔子小之；楚人不能伐燕，虞卿反以爲强大，天下無敵，非詭議也，各從其黨言之耳，不可不察。

---

①「恕」，原作「怒」，據讀畫齋叢書本及論語改。②「楚」，讀畫齋叢書本無。

# 勢運第三十八

百六之運①，推遷改移，不爲堯存，不爲桀亡。君子小人，無賢不肖，至人無可奈②何，知其不由智力也。

夫天下有君子焉，有小人焉，有禮讓焉。此數事者，未必其性也，未必其行也，皆勢運之耳。

何以言之？

文子曰：「夫人有餘則讓，不足則争。讓則禮義生，争則暴亂起。物多則欲省③，求贍則争④止。」議曰：管子云：「衣食足，知榮辱。」此有餘則讓者也。漢書曰：「韓信爲布衣時，貧無行，不得推擇爲吏。及在漢中，蕭何言於高祖曰：『韓信者，國士無雙。』」此不足則争者也。故傅子曰：「夫授夷、叔⑤以事而薄其禄，父母餓於前，妻子餧於後，能守志不移者鮮矣。」

淮南子曰：「游者不能拯溺，手足有所争急也。灼者不能救火，身體有所痛也。林中

① 「百六之運」，厄運。見運命「百六之厄」注。　② 「奈」，原作「那」，據讀畫齋叢書本改。　③ 「物多則欲省」，文子上禮作「多欲則事不省」。　④ 「争」下，文子有「不」。　⑤ 「夷、叔」，伯夷、叔齊。

不賣薪、湖上不鬻魚者，有所餘也。故世治則小人守正，而利不能誘也；世亂則君子爲姦，而刑不能禁也。」愼子曰：「桀、紂之有天下也，四海之内皆亂，關龍逢、王子比干不與焉。而謂之皆亂，其亂者衆也。堯、舜之有天下也，四海之内皆治，而丹朱、商均不與焉，而謂之皆治，其治者衆也①。」故莊子曰：「當堯、舜而天下無窮人，非智得也；當桀、紂而天下無通人，非智失也，時勢適②然。」

新語曰：「近河之地濕、近山之木長者，以類相及也。四瀆東流則百川無西行者，小象大而少從多也。」

是知世之君子未必君子，議曰：匡衡云：「循禮恭讓則人不争，好仁樂施則下不暴，尚義高節則人興行，寬柔惠和則衆相愛。此四者，明王之所以不嚴而成化也。」由是言之，夫世之君子，乃由上之所化矣。世之小人未必小人，議曰：尚書云：「殷罔弗小大③好草竊姦宄，卿士師師非度④罔獲⑤。」此言殷之季世，卿士君子並爲非法，無得其中，皆從上化耳。故知世之小人未必小人。世之禮讓未必

---

①以上引文，太平御覽引尸子作：「堯、舜有天下，四海之内皆治，而丹朱、商均不與焉，而謂皆治者妄也。」　②「適」，原作「逼」，據讀畫齋叢書本及莊子秋水改。　③「大」，原作「人」，據讀畫齋叢書本及尚書微子改。「罔弗小大」，不論大小。　④「非度」，違反法度。　⑤「罔獲」，孔安國曰：「無得中者。」

禮讓。議曰：左傳云：「范宣子好讓，其下皆讓，欒黶爲汰，弗敢違也。晉國以平，數世賴之，刑善也。夫周之興也，其詩曰：『儀刑①文王，萬邦作孚②。』言形③善也。及其衰也，其詩曰：『大夫不均，我從事獨賢。』言不讓也。」由此言之，夫欒黶之讓，勢運之耳。故知世之禮讓未必禮讓也。夫勢運者不可不察。議曰：政論云：「雖有素富骨清者，不能百一，不可爲天下通變。」故知君子小人本無定質，蓋隨勢運者多矣。

## 傲禮第三十九

左傳曰：「無傲禮。」曲禮曰：「無不敬。」然古人以傲爲禮，其故何也？欲彰於人德者耳。

何以言之？

昔侯嬴爲大梁夷門監。魏公子聞之，乃置酒大會賓客。坐定，公子從車騎，虛左，自

①「儀刑」，效法。朱熹曰：「儀，象。刑，法。」 ②「作孚」，信服，服從。 ③「形」，通「刑」。

迎夷門侯生。侯生引公子過市，及至家，以爲上客。侯生謂公子曰：「今日嬴之爲公子亦足矣。嬴乃夷門抱關者也，而公子親枉車騎，稠人廣衆之中不宜有所過，今公子故過之。然嬴欲就公子之名，故久立公子車騎市中，以觀公子，公子愈恭。市人皆以嬴爲小人，而以公子爲長者，能下士也。」初，公子迎侯生，侯生曰：「臣有客在市屠中，願枉車騎①過之。」侯生下見其客朱亥，與之語。微察公子，公子色愈和。市人皆觀，從騎竊罵侯生。侯生視公子色終不變，乃謝客就車也。

張釋之居廷中，三公九卿盡會立。王生老人，曰：「吾襪解。」顧謂張廷尉：「爲我結襪。」人或謂王生曰：「獨奈何廷辱張廷尉？」王生曰：「吾老且賤，自度終無益於張廷尉。張廷尉，方今天下名臣，吾故聊辱廷尉②，使跪結襪，欲以重之。」諸公聞之，賢王生而重張廷尉。汲黯常與大將軍抗禮，或譏黯曰：「自天子常欲群臣下大將軍，君不可以不拜。」黯曰：「夫以大將軍有揖客，反不重耶？」大將軍聞之，愈賢黯也。

由是觀之，以傲爲禮，可以重人矣。議曰：老子云：「國家昏亂有忠臣，六親不和有孝慈。」此

---

① 「騎」，讀畫齋叢書本作「駕」。

② 「聊辱廷尉」，原作「聊廷」，據讀畫齋叢書本及史記張釋之馮唐列傳改。

言忠臣、孝子因不和、昬亂乃見其節。向使侯生不傲，則市人不知公子能下士也。使王生不倨，則三公不知廷尉能折節也。故曰：不善人者，善人之資。信矣夫！

# 定名第四十

夫理得於心，非言不暢。物定於彼，非名不辯。言不暢志，則無以相接。名不辯物，則識鑒不顯。原其所以，本其所由，非物有自然之名、理有必定之稱也，欲辯其實則殊其名，欲宣其志則立其稱，故稱之曰道德仁義禮智信。

夫道者，人之所蹈也。居知所爲，行知所之，事知所乘，動知所止，謂之道。又曰：「道者，謂人之所蹈，使萬物不失其所由也。」德者，人之所得也。使人各得其所欲，謂之德。仁者，愛也。致利除害，兼愛無私，謂之仁。又曰：「仁者，人之所親，有慈悲惻隱之心，遂其生成。」義者，宜也。明是非，立可否，謂之義。又曰：「義者，人之所宜，賞善罰惡，以建功立事也。」禮者，履也。進退有度，尊卑有分，謂之禮。又曰：「禮者，人之所履，夙興夜寐以成人君之序也。」又曰：「立善防惡謂之禮也。」智者，人之所知也。以定乎得失是非之情，謂之智。信者，人之所承也。發號施令，以一人心，謂之信。見本而知末，執一而應萬，謂之術。又曰：「擅殺生之柄，通壅塞之塗，權輕重之數，論得失之道，使遠近情僞必見於上，謂之術。」

説苑曰：「從命利君謂之順。又曰：「君正臣從謂之順也。」從命病君謂之諛。又曰：「應言而不言謂之隱，應諫而不諫謂之諛。」又曰：「君僻臣從謂之逆也。」逆命利君謂之忠。又曰：「分人以財謂之惠，教人以善謂之忠。」孫卿曰：「以德覆君而化之，大忠也。以德調君而補之，次忠也。以是諫非而怒之，下忠也。」逆命病君謂之亂。又曰：「賞無功謂之亂。」君有過失，將危國家，有能盡言於君，用則留，不用則去，謂之諫。用則可，不用則死，謂之諍。能率群下以諫於君，解國之大患，除國之大害，謂之輔。抗君之命，反君之事，安國之危，除主之辱，謂之弼。」故諫諍輔弼者，可謂社稷之臣，明君之所貴也。

莊子曰：「莫之顧而進謂之佞。俙意導言謂之諂①。不擇是非而言謂之諛②。好言人惡謂之讒。稱譽詐僞以敗惡人謂之匿。不擇善否、兩容顔適③、偷拔其所欲謂之險。」

古語曰：「以可濟否謂之和。好惡不殊謂之同。以賢代賢謂之奪。以不肖代賢謂之

---

①「諂」，讀畫齋叢書本作「謟」。莊子漁父作「諂」。　②「諛」，原作「總」，據讀畫齋叢書本及莊子改。　③「顔適」，讀畫齋叢書本及莊子作「頰適」。陸德明釋文曰：「善惡皆容，顔貌調適也。頰或作顔。」

伐。緩令急誅謂之暴。取善自與謂之盜。罪不知懲謂之虐。敬不中禮謂之野。禁而不止謂之逆。又曰：「勇①不中禮謂之逆。」又曰：「令而不行謂之障。」禁非立是謂之法。知善不行謂之狂。知惡不改謂之惑。」

太公曰：「收天下珠玉美女金銀綵帛謂之殘。收暴虐之吏，殺無罪之人，非以法度，謂之賊。」莊子曰：「析交離親謂②之賊。」孫卿曰：「不恤君之榮辱，不恤國之臧否，偷合苟容，以持③祿養交，國之賊也。」

賢人不至謂之蔽。忠臣不至謂之塞。色取人而實違之謂之虛。不以誠待其臣而望其臣以誠事己謂之愚。分於道謂之性。分，謂始得爲人。形於一謂之命。受陰陽剛柔之性，故曰形於一也。

凡人函五常之性，而剛柔緩急音聲不同，繫水土之氣，謂之風。好惡取舍動靜無常，隨君上之情欲，謂之俗。

或曰：「樂與音同乎？」對曰：「昔魏文侯問子夏曰：『吾端冕而聽古樂，唯恐臥。聽

---

①「勇」，原作「恭」，據禮記仲尼燕居改。
②「謂」，原脫，據四庫本及莊子補。
③「持」，原作「待」，據讀畫齋叢書本及荀子臣道改。

鄭、衛之音則不知倦。敢問古樂之如彼，新樂之如此，何也？』子夏曰：『今君之所問者樂也，所好者音也。夫樂者，與音相近而不同。』文侯曰：『敢問何如？』子夏曰：『夫古樂者，天地順而四時當，民有①德而五穀昌，疾疫不作而無妖祥，此之謂大當。然後聖人爲父子君臣以爲之紀綱，紀綱既正，天下大定。天下大定，然後正六律，和五聲，弦歌詩頌，此之謂德音。德音之謂樂。詩云：「莫其德音，其德克明。克明克類，克長克君。王此大邦，克順克比。比于文王，其德靡悔。既受帝祉，施于孫子。」此之謂也。今君之所好者，溺音乎？鄭音好濫，淫志也；宋音燕安，溺志也；衛音趨數，煩志也；齊音傲僻，驕志也。四者皆淫於色而害於德，是以祭祀弗用。』」此音、樂之異也。董生②曰：「古者未作樂之時，乃用先王之樂宜於時者，而以深入教化於人，然後功成作樂，樂其德也。故國風淫俗，在於管弦。」樂書曰：「知聲而不知音者，禽獸是也。知音而不知樂者，衆庶是也。唯君子爲能知樂。是故審聲以知音，審音以知樂，審樂以知正③，而理道備矣。」此又音、聲之異也。

或曰：「音與樂既聞命矣，敢問儀與禮同乎？」對曰：「昔趙簡子問揖讓周旋之禮於子

---

①「有」，原作「者」，據讀畫齋叢書本及禮記樂記改。　②「董生」，董仲舒。　③「正」，通「政」。

太叔①，太叔曰：『是儀也，非禮也。吉也聞諸先大夫子産曰：「夫禮，天之經也，經者，道之常也。地之義也，義者，利之宜也。民之行也。」行者，人所履也。天地之經，民實則之②。則天之明，日③月星辰，天之明也。因地之性，高下剛柔，地之性也。生其六氣，謂陰、陽、風、雨、晦、明也。用其五行。金、木、水、火、土也。氣爲五味，酸、鹹、辛、甘、苦也。發爲五色，青、黄、赤、白、黑。發，見於是非分别也。章爲五聲。宫、商、角、徵、羽也。淫則昏亂，民失其性，滋味聲色，過則傷性。是故爲禮以奉之。制禮以奉其性也。人有好惡喜怒哀樂，生于六氣，此六者，皆禀陰、陽、風、雨、晦、明之氣也。是故審則宜類，以制六志。爲禮以制好、惡、喜、怒、哀、樂六志，使不過節也。哀有哭泣，樂有歌舞，喜有施舍，怒有戰鬭。哀樂不失，乃能協于天地之性，是以長久。協，和也。故人能曲直以從禮者，謂之成人。』」

或曰：「然則何謂爲儀？」對曰：「養國子，教之六儀。祭祀之容，穆穆皇皇。賓客之容，儼恪矜莊。朝廷之容，濟濟蹌蹌。喪紀之容，纍纍顛顛。纍音力追反。顛音田，憂思之貌。

① 「子太叔」，游吉。
② 「則之」，原脱，據讀畫齋叢書本及左傳補。
③ 「日」，原脱，據讀畫齋叢書本及左傳注補。

軍旅之①容，暨暨詻詻。詻音額，教令之貌也。車馬之容，騑騑翼翼。」此禮儀之異也。

夫定名之弊，在於鈎鈲②析③辭④。鈲音普覓反。苟無其弊，則定名之妙也。

論曰：班固九流，其九曰雜家，兼儒墨，合名法。傅子九品，其九曰雜才，以長諷議。由是觀之，雜説之益，有自來矣。故著此篇，蓋立理叙事，以示將來君子矣。

---

①「之」，原作「衣」，據讀畫齋叢書本及周禮改。　②「鈲」，顔師古曰：「破也。」　③「析」，原作「折」，據漢書藝文志及白孔六帖改。　④「辭」，漢書藝文志作「亂」。

# 長短經卷第九

兵權

出軍　練士　結營　道德　禁令　教戰　天時　地形

水火　五間　將體　料敵　勢略　攻心　伐交　格刑①

蛇勢　先勝　圍師　變通　利害　奇正　掩發　還師

趙子②曰：「詩云：『允文允武。』書稱：『乃武乃文。』孔子曰：『君子有文事，必有武備。』傳曰：『天生五才，民并用之，廢一不可，誰能去兵！』黄帝與蚩尤戰，顓頊與共工争，堯伐驩兜，舜伐有苗，啓伐有扈，湯伐有夏，文王伐崇，武王伐紂。漢高有京、索之戰，光武興昆陽之師，魏動官渡之軍，晉舉平吴之役。故吕氏春秋曰：『聖王有仁義之兵，而無偃

①「格刑」，讀畫齋叢書本作「格形」。正文題名作「格形」，讀畫齋叢書本作「格形」。

②「趙子」，趙蕤自稱。原作「孫子」，據讀畫齋叢書本改。

兵。』淮南子曰：『以廢不義而授有德者也。』是知取威定霸，何莫由斯！自古兵書，殆將千計，若不知合變，雖多，亦奚以爲？故曰：『少則得，多則惑。』所以舉體要而作兵權云。」

## 出軍第一

夫兵者，凶器也；戰者，危事也。兵戰之場，立尸之所，帝王不得已而用之矣。凡天有白雲如匹布經丑、未①者，天下多兵。赤者尤甚。或有雲如匹布竟天②，或有雲如胡人行列陣，皆天下多兵。或壬子③日四望無雲，獨見赤雲如旌旗，天下兵起。若遍四方者，天下盡兵。或四望無雲，獨見黑雲極天，亦天下兵起。三日内有雨，灾解。或有赤雲赫然者，所見之地兵大起。凡有白雲如仙人衣，千萬連結，部隊相逐，罷而復興，當有千里兵來④。或有如人持刀楯，此暴兵氣也。或有白氣廣六丈，東西竟天者，亦兵起也。青者，有大喪也。故曰：「救亂誅暴，謂之義兵。兵義者王。敵加於己，不得已而用之，謂之應兵。應兵者勝。争恨小故，不勝憤怒者，謂之忿兵。兵忿者敗。利

①「丑、未」，指東北偏北和西南偏南方位。　②「竟天」，直至天邊，滿天。　③「壬子」，古人以天干和地支次遞相配用以紀日，壬子爲六十甲子之一。　④「來」，原脱，據晉書天文志補。

人土地寶貨者，謂之貪兵。兵貪者破。恃國之大，矜人之衆，欲見威於敵者①，謂之驕兵。兵驕者滅。」夫禁暴救亂曰義兵，可以禮服。恃衆以伐曰强兵，可以謙服。因怒興師曰剛兵，可以辭服。棄禮貪利曰暴兵，可以詐服。國危人疲、舉事動衆曰逆兵，可以權服。是知聖人之用兵也，非好樂之，將以誅暴討亂。夫以義而誅不義，若決江河而溉螢火，臨不測之淵而欲墮之，其克之必也。所以必優游恬泊者何？重傷人物。故曰：「遠人不服，則修文德以來之。」不以德來，然後命將出師矣。

夫將者，國之輔也，人之司命②也。故曰：「將不知兵，以其主與敵也。君不擇將，以其國與敵也。」將既知兵，主既擇將，天子居③正殿而召之，曰：「社稷安危，一在將軍。今某國不臣，願煩將軍應之。」乃使太史卜齋擇日④，授以斧鉞。君入太廟，西面而立。將軍北面而立。君親操鉞，持其首，授其柄，曰：「從是以上至天者，將軍制之。」乃復操柄，授與刃，曰：「從是以下至淵者，將軍制之。」將既受命，拜而報曰：「臣聞，國不可從外理，軍不

① 「者」，原脱，據漢書魏相傳補。 ② 「司命」，掌管生命之神。 ③ 「居」，六韜龍韜立將作「避」。 ④ 「擇日」，六韜作「三日」。

可從中御。二心不可以事君，疑志不可以應敵。臣既受命，專斧鉞之威，臣不敢還諸①。」乃辭而行，鑿凶門②而出。故司馬法曰：「進退唯時，無曰寡人。」孫子曰：「將在軍，君命有所不受。」古語曰：「閫③以内，寡人制之。閫以外，將軍制之。」漢書曰：「唯聞將軍之命，不聞天子之詔。」故知合軍聚衆，任於閫外，受推轂④之寄，當秉旄⑤之重，無天於上，無地於下，無敵於前，無君於後，乃可成大業矣。故曰：「將能而君不御者勝。」此之謂也。

## 練士第二

夫王者帥師，必簡練英雄，知士高下，因能授職，各取所長，爲其股肱羽翼，以成威神，然後萬事畢矣。

---

①「還諸」，指生還。　②「鑿凶門」，鑿一扇向北的門，由此出發，以示必死的決心。　③「閫」，指郭門。韋昭曰：「此郭門之閫也。」　④「推轂」，推車前進。帝王任命將帥時的隆重禮遇。　⑤「秉旄」，握持旌旗，喻掌管兵權。

**腹心一人。**主贊謀①應卒②、揆天③消變、總攬計謀、保國全命者也。**謀士五人。**主圖④安危、豫慮未然、論才能、明賞罰、授官位、決嫌疑、定可否者也。**天文三人。**主占星曆、候風氣、理時日、考符驗、效灾異、知天心去就者也。**地形三人。**主軍行止、形勢利害、遠近險易、水涸山阻、不失地理者也。**兵法九人。**主講論異同、行事成敗、簡練兵器、凡軍陣所用刺舉非法者也。**通糧四人。**主廣飲食、密畜積、通糧道、致五穀、令三軍不困乏食者也。**奮威四人。**主擇材士、論兵馬，風流電擊，不失所由奇狀也。**鼓旗三人。**主佐鼓旗、符節、號令，倏忽往來，出入若神。**股肱四人。**主出旌杆、任重持難、修溝壍、治壁壘、四轉守禦者也。**通材三人。**主拾遺補過、集會術數、周流並會、應偶賓客、議論談語、消患解結⑤。**權士三人。**主奇譎殊異，非人所識，行無窮之變也。**耳目七人。**主往來聽言語、覽視四方之事。軍中之情僞，日列於前也。**爪牙五人。**主揚威武、激厲三軍、冒難攻鋭⑥，令三軍勇猛也。**羽翼四人。**主飛名譽、震遠近、動移四境、以弱敵心者。**游士八人。**主相徵祥、候開闔，視敵人爲謀者也。**術士⑦二人。**主爲譎詐、依託鬼神、以惑敵心。**法筭二人。**主計會三軍、領理萬物也。

---

①「贊謀」，原作「淵泉」，據讀畫齋叢書本及六韜龍韜王翼改。　②「應卒」，應急。　③「揆天」，觀測天象。　④「圖」，原作「國」，據六韜改。　⑤「消患解結」，原作「消息結解」，據讀畫齋叢書本及六韜改。　⑥「冒難攻鋭」，原作「昌難鋭攻」，據讀畫齋叢書本及六韜改。　⑦「術士」，原作「偉士」，據讀畫齋叢書本及六韜改。

方士二人。主爲藥以全傷病也。軍中有大勇、敢死、樂傷者聚爲一卒①。名曰冒刃②之士。有勃氣、壯勇、暴强者聚爲一卒。名曰陷陣之士。有學於奇正③、長劍、琱弧④、接武⑤、齊列者聚爲一卒。名曰鋭騎之士。有破格舒鈎、强梁多力、能潰破金鼓、絶滅旌旗者聚爲一卒。名曰勇力之士。有能逾高超遠、輕足善走者聚爲一卒。名曰冠兵之士。有故王臣失勢欲復見其功者聚爲一卒。名曰死鬬之士。有死將⑥之人昆弟爲其將報讎者聚爲一卒。名曰死憤⑦之士。有貧窮忿怒將快其志者聚爲一卒。名曰必死之士。有故贅壻人虜欲昭迹⑧揚名者聚爲一卒。名曰厲頓⑨之士。有辯言巧辭善毁譽者聚爲一卒。名曰間諜飛言弱敵之士。有故胥靡免罪之人欲逃其耻者聚爲一卒。名曰幸用之士。有材伎過人能負重行數百里者聚爲一卒。名曰待令之士。夫卒强將弱曰弛，吏强卒弱曰陷，兵無選鋒曰北，必然之數矣。故曰：「兵衆孰强？士卒孰練？知之者勝，不知之者不勝。」不可忽也。

①「卒」，軍隊編制，百人或二百人一卒。　②「刃」，原作「將」，據讀畫齋叢書本及六韜改。　③「奇正」，對陣交鋒曰正，設伏突襲曰奇。　④「琱弧」，雕弓。　⑤「接武」，步履相接。　⑥「將」，原作「罪」，據六韜犬韜練士改。　⑦「憤」，原作「責」，據讀畫齋叢書本及六韜改。　⑧「昭迹」，六韜作「揄迹」。　⑨「厲頓」，「厲」，「勵」古字，勉勵。「頓」，通「鈍」，笨拙，遲鈍。六韜作「勵鈍」。

# 結營第三

**太公曰：「出軍征戰，安營置陣，以六爲法。**六者，謂六百步，亦可六十步，量人地之宜，置表十二辰①也。**將軍自居九天之上，**青龍②亦爲九天，若行止頓宿居玉帳③下。凡月建④前三辰爲玉帳，假令正月，巳地是也。**竟一旬復徙⑤。開牙門⑥，常背建⑦向破⑧。**不向太歲、太陰。**不飲死**

①「十二辰」，即子、丑至於戌、亥十二支。此代表由北起十二方位。②「青龍」，東方七宿的總稱。下文青龍、逢星、明堂、太陰、天門、地户、天獄、天庭、天牢、天藏皆星名。③「玉帳」，主將所居之帳幕。玉，形容其堅。④「月建」，古代以北斗七星斗柄的運轉作爲定季節的標準，將十二地支與十二個月份相配，用以紀月，以通常冬至所在的十一月（夏曆）配子，稱建子之月，十二月建丑，正月建寅，依此類推。⑤「一旬復徙」，十天重新換位。見後小字注文。抱朴子稱「六甲爲青龍」、「六乙爲逢星」、「六丙爲明堂」等即指此。「六甲」指六十甲子中的六個甲日。古代用天干與地支按順序相配，滿六十爲一周，以計算日期，其中有甲子、甲戌、甲申、甲午、甲辰、甲寅，故稱六甲。⑥「牙門」，主將帳前竪牙旗以爲軍門。⑦「背建」，背朝斗建方位。塞下曲：「下營看斗建。」⑧「向破」，曆家以建、除、滿、平、定、執、破、危、成、收、開、閉爲建除十二神，凡十二日周而復始，觀所指以定吉凶。「破」爲其中之一。如當建爲太歲，則所向破爲歲破。

水，不居死地，不居地柱，不居地獄。無休天竈，無當龍首。」死水者，不流水也。死地者，丘墓之間。地柱者，下中之高地。獄者，高中之下。天竈者，谷口也。龍首者，山端也。故曰：凡結營安陣，將軍居青龍，軍鼓居逢星，士卒居明堂，伏兵於太陰，軍門居天門，小將居地户，斬斷居天獄，治罪居天庭，軍糧居天牢，軍器居天藏。此謂法天結營，物莫能害者也。假令甲子旬中，子爲青龍，丑爲逢星，寅爲明堂，卯爲太陰，辰爲天門，巳爲地户，午爲天獄，未爲天庭，申爲天牢，酉爲天藏。甲戌旬中，戌爲青龍，亥爲逢星，子爲明堂，丑爲太陰，寅爲天門，卯爲地户，辰爲天獄，巳爲天庭，午爲天牢，未爲天藏。甲申旬中，申爲青龍，酉爲逢星，戌爲明堂，亥爲太陰，子爲天門，丑爲地户，寅爲天獄，卯爲天庭，辰爲天牢，巳爲天藏。甲午旬中，午爲青龍，未爲逢星，申爲明堂，酉爲太陰，戌爲天門，亥爲地户，子爲天獄，丑爲天庭，寅爲天牢，卯爲天藏。甲辰旬中，辰爲青龍，巳爲逢星，午爲明堂，未爲太陰，申爲天門，酉爲地户，戌爲天獄，亥爲天庭，子爲天牢，丑爲天藏。甲寅旬中，寅爲青龍，卯爲逢星，辰爲明堂，巳爲太陰，午爲天門，未爲地户，申爲天獄，酉爲天庭，戌爲天牢，亥爲天藏。

## 道德第四

夫兵不可出者三：不和於國，不可以出軍。不和於軍，不可以出陣。不和於陣，不可以出戰。

故孫子曰：「一曰道。道者，令人與上同意者也。故可與之死，可與之生，而人不畏危。」危，疑也。言主上素有仁施於下，則士能致前赴敵。故與處存亡之難，不畏傾危之敗。若晉陽之圍①，沉竈生蛙②，而民無叛疑也。

黄石公曰：「軍井未達，將不言渴；軍幕未辦，將不言倦；冬不服裘，夏不操扇，是謂禮將。與之安，與之危，故其衆可合而不可離，可用而不可疲。接之以禮，勵之以辭，厲士以見危授命之辭也。則士死之。」

是以含蓼③問疾，越王霸於諸侯；吮疽④恤士，吴起凌於敵國；陽門慟哭⑤，勝三晉之

---

①「晉陽之圍」，高誘曰：「智伯求地於趙襄子，不與。智伯率韓、魏以圍之，三月不剋。趙氏之臣張孟談潛與韓、魏通謀，反智伯而殺之。」②「沉竈生蛙」，因晉師圍而灌之，故竈沉而蛙生。③「含蓼」，含辛茹苦。史記曰：「越王坐卧即仰膽，飲食亦嘗膽。身自耕作，夫人自織，食不加肉，衣不重彩，折節下賢人，厚遇賓客，振貧弔死，與百姓同其勞。」④「吮疽」，史記曰：「卒有病疽者，起爲吮之。」⑤「陽門慟哭」，孔子家語：「晉將伐宋，使人覘之。宋陽門之介夫死，司城子罕哭之哀。覘者反言於晉侯曰：『陽門之介夫死，而子罕哭之哀，民咸悦，宋殆未可伐也。』」

兵；單醪①投河，感一軍之士。勇者爲之鬬，智者爲之憂②，視死若歸，計不旋踵者，以其恩養素畜，策謀和同也。故曰：「畜恩不倦，以一取萬。」語曰：「積恩不已，天下可使。」

此道德之略也。

## 禁令第五

孫子曰：「卒未專親③而罰之則不服，不服則難用。卒已專親而罰不行則不可用矣。故曰：視卒如嬰兒，故可與之赴深溪。視卒如愛子，故可與之俱死。厚而不能使，愛而不能令，亂而不能理，譬若驕子，不可用也。」

經曰：「兵以賞爲表，以罰爲裏。」又曰：「令之以文，文，惠也。齊之以武，武，法。是謂必取。」故武侯④之軍禁有七：孫子曰：「施無法之賞⑤，懸無政之令。」司馬法曰：「見敵作誓，

①「單醪」，猶言樽酒。高誘曰：「古之良將，人遺之單醪，輸之於川，與士卒從下流飲之，示不自獨享其味也。」「單」，通「簞」。　②「憂」，六韜龍韜立將作「謀」。　③「專親」，孫子作「親附」。下同。　④「武侯」，諸葛亮死後謚爲忠武侯，後世稱「武侯」。　⑤「施無法之賞」，原作「無法之」，據孫子九地及太平御覽補。

瞻①功作賞。」此蓋圍急之時，不可挌以常制。其敵國理戎，周旋中野，機要綱目不得不預令矣。「一曰輕，二曰慢，三曰盜，四曰欺，五曰背，六曰亂，七曰誤。此治軍之禁也。若期會不到，聞鼓不行，乘寬自留，迴避務止，初近而後遠，喚名而不應，軍甲不具，兵器不備，此謂輕軍。有此者斬之。受令不傳，傳之不審，以惑吏士；金鼓不聞，旌旗不覩，此謂慢軍。有此者斬之。食不廩糧，軍不部兵，賦賜不均，阿私所親，取非其物，借貸不還，奪人頭首，以獲功名，此謂盜軍。有此者斬之。若變易姓名，衣服不鮮，金鼓不具，兵刃不磨，器仗不堅，矢不著羽，弓弩無弦，主者吏士，法令不從，此謂欺軍。有此者斬之。聞鼓不行，叩金不止，按旗不伏，舉旗不起，指麾不隨，避前在後，縱發亂行，折兵弩之勢，却退不鬬，或左或右，扶傷轝死，因託歸還，此謂背軍。有此者斬之。出軍行將，士卒争先，紛紛擾擾，軍騎相連，咽塞道路，後不得前，呼喚喧譁，無所聽聞，失行亂次，兵刃中傷，長將不理，上下縱橫，此謂亂軍。有此者斬之。屯營所止，問其鄉里，親近相隨，共食相保，呼召不得；越入他位，干誤次第，不可呵止；度營出入，不由門户，不自啓白；奸邪所起，知者不告，罪同一等；合人飲食②，阿

---

①「瞻」，原作「贍」，據讀畫齋叢書本及太平御覽改。

②「食」，太平御覽作「酒」。

私所受；大言驚語，疑惑吏士，此謂誤軍。」有此者斬之。

斬斷之後，萬事乃理。所以鄉人盜笠，吕蒙先涕而後斬；馬逸犯麥①，曹公②割髮而自刑。故太公曰：「刑上極，賞下通。」孫子曰：「法令孰行？賞罰孰明？吾以此知勝。」此之謂也。

# 教戰第六

孔子曰：「不教人戰，是謂棄之。」故知卒不服習起居，不精前擊後解③，與金鼓之指④相失，百不當一，此棄之者也。故領三軍教之戰者，必有金鼓約令，所以整齊士卒也。教令操兵、起居、旌旗指麾之變。故教使一人學戰，教成合之十人；十人學戰，教成合之百人，漸至三軍之衆。大戰之法，爲其校⑤陣，各有其道，左校青龍⑥，右校白虎，前校朱雀，後

①「麥」，原作「麦」，據讀畫齋叢書本改。②「曹公」，曹操。③「解」，招架，抵抗。④「指」，原作「捐」，據讀畫齋叢書本改。漢書鼂錯傳作「音」。宋祁云：「『金鼓則『音』爲是。」⑤「校」，古代軍隊的一種建制。亦指軍營，營壘。胡三省曰：「猶部隊也。」⑥「左校青龍」，以下共五校，論星象：青龍、白虎、朱雀、玄武、軒轅。論顏色：青、白、赤、黑、黄。論位置：左、右、前、後、中。論五行：木、金、火、水、土。論方位：東、西、南、北、中。

校玄武，中校軒轅。大將之所處，左鋒右戟，前楯後弩，中央鼓旗，興動俱起。聞鼓則進，聞金則止，隨其指麾，五陣乃理。夫五陣之法，鼓旗爲主，一鼓舉青旗則爲曲陣，二鼓舉赤旗則爲鋭陣，三鼓舉黄旗則爲員①陣，四鼓舉白旗則爲方陣，五鼓舉黑旗則爲直陣。曲陣者，木也。鋭陣者，火也。員陣者，土也。方陣者，金也。直陣者，水也。此五行之陣，展轉相生，以爲勝負。凡結五陣之法，五五相保。五人爲一長，五長爲一師，五師爲一帥，五帥爲一校，五校爲一火，五火爲一橦，五橦爲一軍，則事備矣。夫兵之便，務知節度。短者持旌旗，勇者持金鼓，弱者給糧牧，智者爲謀主。鄉里相比，五五相保。一鼓正立，二鼓起食，三鼓嚴辦，四鼓就行。間聞聽令，然後舉旗出兵，隨幡所至。

故曰：「治衆如治寡，分數是也。部曲爲分，什伍②爲數。鬬衆如鬬少，形名是也。」旌旗曰形。金鼓曰名。言不相聞故爲鼓鐸，視不相見故爲旌旗。夫金鼓旌旗所以一人耳目也。夜戰多火鼓，晝戰多旌旗，所以變人耳目。是知鼓鞞金鐸所以威耳，旌旗麾幟③所以威目，禁令刑罰所以威心。耳威於聲，不可不清。目威於色，不可不明。心威於罰，不可不嚴。三者不立，雖勝必敗。故曰：將之所麾，莫不從移。將之所指，莫不前死。紛紛紜紜，鬬亂而不可亂；渾渾④沌沌，形圓而不可敗，此用衆之法也。卒服習矣，器用利矣，將軍乃秉旄麾衆

---

①「員」，通「圓」。　②「伍」，讀畫齋叢書本作「五」。　③「幟」，原作「章」，據吴子論將改。　④「渾渾」，讀畫齋叢書本作「混混」。

而誓之。有虞氏誡於國，夏后氏誓於軍，殷誓於軍門之外，周將交刃而誓之。所誓不同，吾從周。誓之曰：「嗚呼！溥天之下，莫非王土。率土之濱①，莫非王臣。今某國威侮五行，怠棄三正②。俾我有衆，龔行天討。用命者賞不逾時，逗撓者誅不還列。死生富貴，在此一舉。嗟爾庶士，各免③乃心也。」於是氣勵青雲，雖赴蹈湯火可也。

此教戰之法也。

## 天時第七

孫子曰：「一曰天時④。天時者，陰陽、寒暑、時制⑤也。」司馬法曰：「冬夏不興師，所以兼愛吾人。」太公曰：「天文三人，主占風氣⑥，知天心去就。」故經曰：「能知三生⑦，臨刀

---

①「濱」，原作「賓」，據讀畫齋叢書本改。　②「三正」，張守節曰：「按：三正，三統也。周以建子爲天統，殷以建丑爲地統，夏以建寅爲人統也。」「怠棄三正」，孔安國曰：「怠惰棄廢天、地、人之正道。」　③「免」，通「勉」。　④「天時」，孫子無「時」。　⑤「時制」，指時令，季節。原作「時節制」，據孫子刪「節」。俞樾曰：「『時制』當讀爲『時節』。『節』與『制』一聲之轉。」韋昭曰：「節，制也。」　⑥「風氣」，氣候。　⑦「三生」，指前生，今生，來生。

勿驚，從孤擊虛①，一女當五丈夫。」故行軍必背太陰②，向太陽，察五緯③之光芒，觀二曜④之薄蝕。必當以太白爲主⑤，辰星爲候⑥。合宿⑦有必鬭之期，格⑧出明不戰之勢。避以日耗⑨，

①「從孤擊虛」，裴駰曰：「甲乙謂之日，子丑謂之辰。六甲（見前）孤虛法：甲子旬中無戌亥，戌亥即爲孤，辰巳即爲虛。甲戌旬中無申酉，申酉爲孤，寅卯即爲虛。甲申旬中無午未，午未爲孤，子丑即爲虛。甲午旬中無辰巳，辰巳爲孤，戌亥即爲虛。甲辰旬中無寅卯，寅卯爲孤，申酉即爲虛。甲寅旬中無子丑，子丑爲孤，午未即爲虛。」趙岐曰：「天時謂時日、支干、五行、旺相、孤虛之屬也。」孟子注疏曰：「孤虛者，蓋孤虛之法：以一畫爲孤，無畫爲虛，二畫爲實。以六十甲子日定東西南北四方，然後占其孤、虛、實而向背之，即知吉凶矣。」　②「太陰」，指月。　③「五緯」，賈公彥曰：「即五星：東方歲星，南方熒惑，西方太白，北方辰星，中央鎮星。」夏炘曰：「五緯之名，木曰歲星，火曰熒惑，土曰填星，金曰太白，水曰辰星。」　④「二曜」，指日月。　⑤「太白爲主」，史記天官書：「辰星不出，太白爲客；其出，太白爲主。」　⑥「候」，即「客」。晉書戴洋傳：「辰星若出，太白爲主，辰星爲客。」　⑦「宿」，日月五星在空中運行所處的位置。「合宿」，指太白、辰星同出一方。史記天官書：「其（辰星）與太白俱出東方，皆赤而角，外國大敗，中國勝；其與太白俱出西方，皆赤而角，外國利。」　⑧「格」，史記天官書：「辰星出而與太白不相從，野雖有軍，不戰。出東方，太白出西方；若出西方，太白出東方，爲格，野雖有兵，不戰。」司馬貞曰：「辰，水也。太白，金也。水生於金，母子不相從，故主有軍不戰。今母子各出一方，故爲格。格謂不和同，故野雖有兵，不戰然也。」　⑨「日耗」，即四耗日，亦稱四耗。總聖曆曰：「四耗者，謂四時休干臨分、至之辰也。其日忌出師。」曆例曰：「春壬子，夏乙卯，秋戊午，冬辛酉。」曹震圭曰：「物之將分者必散也，至者盡也。是陰陽數盡而將分也，又得休干臨之，故曰耗。」春壬子，幹枝皆水。夏乙卯，幹枝皆木。秋戊午，幹土而枝火。冬辛酉，幹枝皆金。洞源經曰：「春木旺則水耗，夏火旺則木耗，秋金旺則火土耗，冬水旺則金耗，故曰四耗。」

背以月刑①。以王②擊困，以生擊死。是知用天之道，順天行誅，非一日也。若細雨沐軍，臨機必有捷；迴風相觸，道還而無功。雲類群羊，必走③之道；氣如驚鹿，必敗之勢。黑雲出壘，赤氣臨軍，六窮④起風，三刑⑤生霧，此皆見師之出而不見其入也。若煙非煙，此慶雲也。若星非星，此歸邪也。若霧非霧，是泣軍也。若雷非雷，此天鼓也。慶雲開有德，歸邪有降人。泣軍多殺將，天鼓多敗軍。是知風雲之占，歲月之候，其來久矣。

故古者初立將，始出門，首建牙⑥之時，必觀風氣之氣。諸謀立武事，征伐四方，興兵動衆，忌大風雷雨，陰不見日。辰、午、酉、亥，自刑之日。夫牙旗者，將軍之精。凡竪牙旗，必以制日。制日

---

①「月刑」，廣聖曆曰：「月建所刑之辰，其日忌出軍攻戰。」曆例曰：「月刑者，正月巳，二月子，三月辰，四月申，五月午，六月丑，七月寅，八月酉，九月未，十月亥，十一月卯，十二月戌。」　②「王」，通「旺」，旺盛，興旺。　③「走」，逃跑。

④「六窮」，虎鈐經曰：「六窮日不可出軍：初四，十九，二十八。」　⑤「三刑」，曹震圭曰：「月刑者，月建之三刑也，是前後三辰相剋制也，因名曰三刑。」選擇家書曰：「寅刑巳，巳刑申，申刑寅，爲無恩之刑。未刑丑，丑刑戌，戌刑未，爲恃勢之刑。子刑卯，卯刑子，爲無禮之刑。辰、午、酉、亥爲自刑。」曹震圭曰：「假如無恩刑者，謂巳火也，賴寅木而生，反以長生之庚金制寅木也。申金也，賴巳火而生，反以長生之壬水制巳火也。寅木也，賴申中生長之水土而生，反以所生火剋申金也。以子反害其母，爲無恩，故曰刑也。」　⑥「建牙」，古代謂出師前樹立軍旗。

者，謂上剋下也。初立牙門，禡①之曰：「兩儀有正，四海有王。竇命在天，世德彌光。蕞爾凶狡，敢謀亂常。天子命我，秉鉞專征。爰整其旅，討兹不庭。夫天道助順，神祇害傾。使凶醜時殲，方隅聿清。兵不血刃，凱歸上京。神器增輝，永觀厥成。實正直之賴，凡乃神之靈。急急如律令。」凡氣初出，如甑上氣，勃勃上昇。氣積爲霧，霧爲陰，陰氣結爲虹蜺暈珥之屬。凡氣不積不結，散漫一方，不能爲灾。必和雜殺氣，森森然疾起，乃可論占。常以平旦、下晡日出没時候之，期内有風雨，灾不成也。**若風不旁勃，旌旗暈暈，順風而揚舉，或向敵終日，軍行有功，勝候也。**凡敵②軍上氣如山堤上林木，不可與戰。在吾軍，大勝。或如火光，亦大勝。或敵上白氣粉拂如樓，緣以赤氣者，兵勁，不可擊。在吾軍，必大勝。或敵上氣黄白厚潤而重者，勿與戰。或有雲廣如三匹帛③，前鋭④後大，軍行好。遥望軍上，雲如鬬鷄，赤白相隨在氣中，得天助，不可擊。兩軍相當，上有氣如蛇舉頭向敵者，戰必勝。凡軍營上有五色氣，上與天連，此應天之軍，不可擊。有赤黄氣干天，亦不可攻。或有雲如日月，而赤氣繞之，如日暈狀有光者，所見之地大勝，不可攻。敵上氣如虎⑤狀，其軍不可攻。此皆勝氣也。**若逆風來應，氣旁勃，牙扛⑥折，陰不見日，旌幡激揚，敗候也。**若雲氣從敵所來，終日不止，軍不可出，出

---

①「禡」，鄭玄曰：「師祭也，爲兵禱。」　②「敵」，原脱，據通典補。　③「帛」，原作「皂」，據讀畫齋叢書本改。
④「鋭」，原脱，據晉書天文志補。　⑤「虎」，原作「暈」，據通典改。　⑥「牙扛」，旗杆。「扛」，同「杠」。

則不利。若風氣俱來，此爲敗候，在急擊也。凡敵上氣色如馬肝，如死灰，或類偃蓋，皆敗徵也。或黑氣如壞山墮軍上者，軍必敗。或軍上氣昏發，連夜照人，則軍士①散亂。或軍上氣卑②而一絶一敗，再絶再敗。在東發白氣者，灾深。或軍上氣五色雜亂，東西南北不定者，其軍欲敗。或軍上有赤氣，炎炎降天，將死衆亂。或軍上有黑氣如牛馬形，從氣霧中下，漸入軍，名曰天狗下食血，敗軍也。或有雲氣蓋道，濛蔽晝冥者，飯不暇食③，炊不暇熟，急去。此皆敗候也。若下輕其將，妖怪并作，衆口相惑，當修德審令，繕礪鋒甲，勤誠誓士，以避天怒。然後復擇吉日，祭牙旗，具太牢之饌，震鼓鐸之音，誠心啓請，以備天問。觀其祥應，以占吉凶。若人馬喜躍，旌旗皆前指高陵，金鐸之聲揚以清，鞞鼓之音宛以鳴，此得神明之助持，以安於衆心，乃可用矣。

雖云任賢使能則不占而事利，令明法審則不筮而計成，封功賞勞則不禱而福從，共苦同甘則犯逆而功就，然而臨機制用，有五助焉：一曰助謀，二曰助勢，三曰助怯，四曰助疑，五曰助地。此五者，助勝之術。故曰：「知地知天，勝乃可全。」不可不審察也。

---

①「士」，原作「事」，據通典改。　②「卑」，原作「半」，據虎鈐經改。　③「飯不暇食」，原作「釋」，據開元占經補、改。

# 地形第八

孫子曰：「三曰地利。地利者，遠近險易廣狹死生也。故不知山林險阻沮澤之形者，不能行軍；不用鄉導，不能得地利。」

故用兵有散地，有輕地，有争地，有交地，有衢地，有重地，有汜①地，有圍地，有死地。

九地之名。

諸侯自戰其地爲散地。戰其境内之地，士卒意不專，有自潰之心也，故經曰：「散地，吾將一其志也。」入人之地而不深者爲輕地。入人之地未深，士卒意尚未專而輕走也，故經曰：「輕地，吾將使之屬也。」我得則利、彼得亦利者爲争地。可以少勝衆，弱勝强，謂山水阸口有險固之利，兩敵所争，故經曰：「争地，吾將趣其後也。」我可以往、彼可以來爲交地。道上相交錯，平地有數道，往來交通，無可絶也，故經曰：「交地，吾將固其結②。」諸侯之地三屬，我與敵相對而旁③有他國也。先至

①「汜」，孫子作「圮」。　②「吾將固其結」，孫子作「吾將謹其守」。「結」，交結。　③「旁」，原作「奇」，據讀畫齋叢書本改。

**而得天下之衆者爲衢地。**先至其地，可交結諸侯之衆爲助也，故經曰：「衢地，吾將謹其守①也。」**入人難反之地深、倍城邑多者爲重地。**遠去己城郭，深入敵地，專心意②，故謂之重地，故經曰：「重地，吾將繼其食也。」**行山林險阻沮澤、凡難行之道者爲氾地。**氾，浸洳之地，故經曰：「氾地，我將進其途也。」**所由入者隘、所從歸者迂、彼寡可以擊吾衆者爲圍地。**所欲從入阨險，欲歸道遠也，持久則糧乏，故敵可以少擊吾衆者爲圍地，故經曰：「圍地，吾將塞其闕也。」**疾戰則存、不疾則亡者爲死地。**前有高山，後有大水，進則不得，退復有礙，又糧乏絶，故爲死地。在死地者，當及士卒尚飽，强志殊死，故可以俱死，故經曰：「死地，吾將示之以不活也。」**是故散地則③無戰，**士卒顧家，不可以戰。**輕地則無止，**入敵地淺，士意尚未堅，不可以遇敵，自當堅其心也。**争地則無攻，**三道攻，當先主利地也。先得其地者，不可攻也。**交地則無絶，**相及屬也。交地者，俱可進退，不以兵絶之。**衢地則合交，**佐諸侯也④。當結交於諸侯。**重地則掠，**蓄糧食也。入深，士卒堅固，則可掠取財物。**氾地則行，**可不止也。**圍地則謀，**發奇⑤謀也。則當權謀奇譎⑥，可以免難。**死地則戰。**殊死戰也。未

①「吾將謹其守」，孫子作「吾將固其結」。　②「專心意」，通典杜佑注作「心專意一」。　③「則」，原脱，據孫子九地補。　④「佐諸侯也」，通典杜佑注作「交結諸侯」。　⑤「發奇」，原作「擊其」，據通典杜佑注改。　⑥「奇譎」，通典杜佑注作「詐詭」。

戰先勵之曰：「無慮愚戇，用軍不明，乃墮①圍阨之地，益士大夫之憂也，皆將之罪也。今日之事，在此一舉。若不用力，身當膏野草，爲蟲獸食，妻子無所求索。剋則身榮，賞禄在焉，可不免②哉！」

**又有六地：有通，有挂，有支，有隘，有險，有遠。**六地名也。

**我可以往，彼可以來，曰通。**謂俱在平陸③，往來通利也。**居通地，先處其高陽，利糧道，以戰則利。**寧致④人，無至⑤於人。己先處高地，分爲屯守於歸來之路，不⑥使敵絶己糧道也。**可以往，難以反，曰挂。**挂，相挂牽也。**挂形曰：敵無備，出而勝之。敵有備，出而不勝，難以反，不利。**敵無備而出攻之，勝，可也。有備，不得勝之，則難還反也。**我出而不利，彼出而不利，曰支。**支，久也。俱不便，久相持也。**支形曰：敵雖利我，我無出。引而去也，令敵半出而擊之，利。**利我也，佯背我去，無出逐。待其引而擊之，可敗也。**隘形曰：我先居之，必盈之而待敵。**盈，滿也。以兵陣滿阨形名，使敵不得進退。**若敵先居之，盈而勿從也，不盈而從之。**隘形者，兩山⑦之間通谷

---

①「墮」，原作「隨」，據讀畫齋叢書本改。　②「免」，通「勉」。　③「陸」，原作「陵」，據通典杜佑注改。　④「致」下，原衍「於」，據四庫本删。　⑤「至」，通「致」。　⑥「不」，原脱，據四庫本補。　⑦「山」，原作「中」，據通典杜佑注改。

也。敵怒，勢不饒我也。先①居之，必前齊阨口陣而守之，以出②奇也。敵即先居此地，齊口陣，勿從也。即半隘陣者，從而與敵共此利也。險形曰：我先居之，必居高陽以待敵。居高陽之地以待敵人，敵人從其下陰來，擊之勝也。若敵先居，則引而去之，勿從也。地險③先據④，不可致⑤於人也。夫遠形均勢⑥，難以挑戰，戰⑦而不利。挑，迎⑧敵也。遠形，去國遠也。地均等，無獨便利，先挑之，戰不利。凡此六者，地之道也，皆將之至任，不可不察。

故曰：深草蓊穢者，所以遁逃也。深谷阻險者，所以止禦車騎也。隘塞山林者，所以少擊衆也。衆少可以夜擊敵也。沛澤杳冥者，所以匿其形也。

丈五之溝，漸車之水，漸，浸也，音子廉反。山林、石徑⑨、涇川⑩、丘阜，涇川，常流之川。草木所在，此步兵之地，車騎二不當一。丘陵⑪漫衍相屬，漫衍猶聯延也。屬，續也，音之欲反。

---

①「先」，原脱，據通典杜佑注補。　②「出」，原脱，據通典杜佑注補。　③「地險」，通典杜佑注作「雖險」。　④「據」，原脱，據通典杜佑注補。　⑤「致」，原作「至」，據通典杜佑注改。　⑥「均」，原作「鈞」，據通典改。下同。「均勢」，孫子作「勢均」。　⑦「戰」，原脱，據孫子地形及通典補。　⑧「迎」，原作「近」，據通典杜佑注改。　⑨「石徑」，通典、漢書鼂錯傳作「積石」。　⑩「涇川」，通典、漢書作「經川」，顏師古曰：「常流之水也。」　⑪「丘陵」上，通典、漢書有「土山」。

平原廣野，此車騎之地，步兵十不當一。平原相遠，遠，離也。仰高臨下，此弓弩之地，短兵十不當一。兩陣相近，平地淺草，可前可後，此長戟之地，劍楯三不當一。藋葦竹蕭，蕭，蒿也。草木蒙籠，枝葉茂接，此矛鋋之地，長戟二不當一。曲道相伏，險阨相薄，此劍楯之地，弓弩三不當一。故曰：地形者，兵之助。

又曰：用兵之道，地利爲寶。趙奢趨山，秦師所以覆敗；韓信背水，漢兵由其克勝。此用地利之略也。

## 水火第九

經曰：「以水佐攻者强，以火佐攻者明。」是知水火者，兵之助也。

故火攻有五：一曰火人。敵傍近草，因風燒之。二曰火積。燒其積蓄。三曰火輜。燒其輜重。四曰火庫。當使間人之敵營，燒其兵庫。五曰火隧。隧，墮也。以火墮敵人營中也。火頭之法：以鐵盈火著箭頭，强弩射敵之營中，燒絕糧道也。

行火必有因，因奸人也。煙火①素具。發火有時，起火有日。時者，天之燥也。日者，月②在箕、壁、翼③、軫也。凡此四宿者，風起之日。蕭世誠云：「春丙丁，夏戊己，秋壬癸，冬甲乙。此日有疾風猛雨也。吾④勘⑤太一⑥，中有飛鳥十精⑦知⑧風雨期，五子元運式⑨各候其時，可用

①「火」下，孫子火攻有「必」。②「月」，原作「宿」，據孫子改。③「翼」，原作「參」，據孫子、通典改。④「吾」，原作「居」，據通典改。⑤「勘」，觀測。⑥「太一」，武經總要曰：「天帝之神也，其星在天乙之南，總十六神，知風雨水旱。貴於先知，逆爲之備，用軍行師，主客勝負，蓋天人之際相參焉。」⑦「飛鳥十精」，武經總要曰：「十精太乙伺候雲雨灾變，行軍不可不知。一曰天皇，二曰帝符，三曰天時，四曰太尊，五曰飛鳥，六曰五行，七曰八風，八曰五風，九曰三風，十曰太乙數。天皇太乙者，在紫微垣勾陳曰中星。天皇若與太乙合，則日暈大風。帝符太乙者，天節之所使也。帝符若與太乙合，則日暈大風。天時太乙者，雞星之使也。天時與太乙合於王相之地，有風雲起，或則陰雨。太尊，黄生之長，若與太乙合王相之地，有大陰雨寒。飛鳥太乙者，七星之使，朱雀之體也。飛鳥若與太乙合，有大風。五行太乙者，五星之使也。五行與太乙合在王相之地，暴風大寒，雲氣昏暗，或則有雨。八風太乙者，畢星之使也。八風與太乙合在王相之地，雲氣小雨。五風太乙者，箕星之使也。五風與太乙合在王相之地，日月有變，連陰不見天，暴風疾雨并作。三風者，心星之使也。三風與太乙合在王相之地，日月無光，寒雲四起。太乙數者，五子元七十二局之數也。數與太乙合，日暈大風。」⑧「知」，原作「如」，據通典改。⑨「五子元運式」，即五子元七十二局之數。「五子」，干支相配六十爲一周，其中有五個子，即甲子、丙子、戊子、庚子、壬子，故稱「五子」。其實十二支分别都是五個。武經總要占候「太乙定主客勝負陽局立成」和「太乙定主客勝負陰局立成」各凡七十二局，即按十二地支五子、五丑、五寅、五卯等順序排列六周而成。如第一局甲子、丙子、戊子、庚子、壬子。第二局乙丑、丁丑、己丑、辛丑、癸丑。第三局丙寅、戊寅、庚寅、壬寅、甲寅。第四局丁卯、己卯、辛卯、癸卯、乙卯，至第七十二局乙亥、丁亥、己亥、辛亥、癸亥。此即「五子元運式」。

火，故曰「以火佐攻者明」。何以言之？昔楊璇[1]與桂陽[2]賊相會，璇以皮作大排囊，以石灰內囊中，置車上，作火燧繫馬尾，因從上風鼓排囊吹灰，群賊眯目，因燒馬尾，奔突賊陣，衆賊奔潰。此用火之勢也。殷浩北伐，長史江逌取數百鷄，以長繩連之，脚皆繫火，一時驅放。群鷄飛散羌營，營皆燃。因擊之，姚襄退走。此用火之勢。李陵在大澤草中，虜從上風縱火，陵從下風縱火，以此火解火勢也。吾聞敵燒門，恐火滅門開，當更積薪助火，使火勢不滅，亦解火之法也。

太公曰：「强弩長兵，所以踰水戰。」孫子曰：「水可以絶。」謂灌城也。又曰：「絶水必遠水。引敵使渡也。客絶水而來，勿[3]迎之於水內，令敵半渡而擊之，利。欲戰，無附於水而迎客也。」謂處水上之軍。故曰「以水佐攻者强」。

何以言之？

昔韓信定臨淄，走齊王田廣。楚使龍且來救齊。齊王廣、龍且并軍，與信合戰，人或説龍且曰：「漢兵遠鬬窮[4]戰，其鋒不可當。齊、楚自居其地戰，兵易敗散，不如深壁，令齊王使其信臣招所亡城，城聞其王在，楚來救，必反漢。漢兵二千里客居，齊城皆反之，其勢無所得食，可無戰而降也。」

---

①「楊璇」，原作「揚珽」，據後漢書楊璇傳改。下同。　②「陽」，原作「楊」，據讀畫齋叢書本及後漢書改。　③「勿」，原脱，據孫子行軍及通典補。　④「窮」，原作「寇」，據讀畫齋叢書本及史記淮陰侯列傳改。

龍且曰：「吾平生知韓信爲人易與耳。且夫不戰而降之，吾何功？」遂戰敗。吾聞：「古之所謂善戰者，勝於易勝者也①。故善戰②者之勝也，無知名，無勇攻③，故其戰勝不忒④。不忒者，其所錯勝，勝已敗者也。」龍且不用客之計，欲求赫赫之功，昧矣！夾濰音唯。水陣。韓信乃夜令人爲萬餘囊盛沙，壅水上流，引軍半渡，擊龍且，佯不勝，還走。龍且果喜曰：「固知信怯也。」遂追信渡水。信使決壅囊，水大至，龍且軍太半不得渡。即急擊之，殺龍且。龍且水軍東⑤散走。此反半渡之勢。吾聞兵法：「絶水必遠水，令敵半渡而擊之，利。」韓信半渡，軍佯入害地，令龍且擊之，然後決壅水。此所謂「雜於利而務可伸，雜於害而患可解」也，皆反兵而用兵法。微哉，微哉！

盧綰佐彭越攻下梁地十餘城，項羽聞之，謂其大司馬曹咎曰：「謹守城皋。即漢挑戰，慎勿與戰。」漢果挑楚軍，楚軍不出。使人辱之。孫子曰：「廉潔可辱也。」大司馬怒，渡汜水，音凡。卒半渡，漢擊，大破之。此欲戰無附於水勢也。

故知水火之變可以制勝，其來久矣。秦人毒涇上流，晉軍多死。荊王⑥燒楚積聚，項

①「勝於易勝者也」，原作「勝易勝者」，據孫子軍行及太平御覽補。②「戰」，原脱，據孫子補。③「攻」，讀畫齋叢書本及孫子作「功」。④「忒」，差錯。原作「武」，據孫子改。下同。⑤「軍東」，原作「東軍」，據讀畫齋叢書本乙。⑥「荊王」，劉賈。

氏以擒。曹公決泗於下邳，吕布就戮。黄蓋火攻於赤壁，魏祖奔衂。此將之至任，蓋軍中尤急者矣，不可不察。

## 五間第十

周禮曰：「巡國搏①諜者，反間也。」吕望云：「間諜②飛言，聚爲一卒③。」是知用間之道非一日也。凡有白氣群行，徘徊結陣來者，爲他國人來，欲圖人，不可應，視其所往，隨而擊之，可得也。或有黑氣臨我軍上，如車輪行，敵人深入，謀亂我國臣。或有黑氣游行，中含五色，臨我軍上，敵必謀合諸侯而罰④我國，諸侯反謀軍，軍自敗。或有黑氣如幢，出於營中，上黑下黄，敵欲來求戰，無誠實，言信⑤相反，九日内必覺，備之，吉。或日月陰沉無光，不雨，或十日晝夜不見日月，名曰蒙，臣謀主，故曰「久陰不雨，臣謀主」也。

---

①「搏」，原作「傳」，據周禮環人改。周禮環人：「巡邦國，搏諜賊。」賈公彦曰：「謂巡諸侯邦國之内，有諜賊，搏捉取之。」

②「諜」，原作「搆」，據意林改。意林太公六韜：「辯言巧辭、善毀善譽者，名曰間諜飛言之士。」　③「卒」，一種軍隊編制，以一百人或二百人爲卒。

④「罰」，讀畫齋叢書本作「伐」。　⑤「言信」，講信用，説到做到。

**故間有五間：有鄉**①**間，有内間，有反間，有生間，有死間。五間俱起，莫知其道。鄉間者，因其鄉人而用之者也。**言敵鄉邑之人，知敵表裏虛實，可使伺候聽察，通辭致言。故曰：因之用，賞禄爲先也。**内間者，因其官人而用之者也。**因其在官失職者，若刑誅之子孫與受罰之家也。因其有隙，就而用之。**反間者，因敵間而用之者也。**曹公②曰：「敵使間來視我，我知之，因厚賂重許，反使爲我間，故曰反間。」蕭世誠曰：「言敵使人來候我，我佯不知而示以虛事，前却③期會，使歸相語，故曰反間也。」**生間者，反報者也。**擇己有賢才智謀，能自開通於敵之親貴，察其動静，知其事計，彼④所爲，已知其實，還報，故曰生間也。**死間者，爲誑事於外，令吾間知之，而傳於敵國**⑤**者也。**作詐誑之事於外，佯漏泄之，使吾間知之。吾間至敵中，爲敵所得，必以誑事輸敵，敵從而備之。吾所行不然也，間則死矣。又一云：「敵間來在營，間以我誑事而持歸⑥，然皆非吾所圖也。」二間皆不能知幽隱，故曰死間。蕭世誠云：「所獲敵人及己叛亡⑦軍士有重罪繫者，故爲免，相勑勿泄，佯不秘

---

①「鄉」，原作「因」，據孫子用間改。下同。　②「曹公」，曹操。　③「前却」，進退。　④「彼」，原脱，據通典杜佑注及太平御覽補。　⑤「傳於敵國」，原作「待於敵間」，據孫子改。　⑥「以」，原脱，據太平御覽補。通典杜佑注作「我誑事以持歸」。　⑦「叛亡」，原脱，據通典杜佑注補。

蜜①，令拘者②竊聞之，因緩③之使亡，亡必歸敵，以所聞告之，敵必信焉。往必死④，故曰死間者也。」

昔漢西域都護班超初爲將兵長史，悉發諸國步騎二萬五千擊莎車。莎車求救龜茲，龜茲王遣左將軍發温宿、姑墨、尉頭合五萬人助之。超召部曲及于闐、疎勒王議曰：「兵少不敵，計莫如各解散去。于闐從此東，長史亦從此西歸，夜半聞鼓聲便發。」衆皆以爲然。乃陰緩擒得生口。生口歸，以超言告龜茲。龜茲聞之喜，使左將軍將⑤萬騎於西界遮超，温宿王將八千騎於東界遮于闐王。人定後，超密令諸司馬勒兵勵士。至鷄鳴，馳赴莎車軍營，掩覆之⑥，胡皆驚走，斬首五千級。莎車遂降。又耿弇討張步，步聞之，乃使其大將費邑軍歷下，又分兵屯祝阿，別於太山、鐘城列營數十，以待弇。昔劉備東下，與孫權交戰。魏文帝聞備樹栅連營七百餘里，謂群臣曰：「備不曉兵權，豈有七百里營可以拒敵者乎？包原隰險阻而爲軍者，爲敵所擒。此兵忌也。」後七日，權破備書到。今張步列營數十，緩急不能相救，又一軍潰則衆心難固。此黥布所以走荆王⑦也。步非計也，敗其宜也。弇渡河，先擊祝阿，拔之。故開圍一角，

①「蜜」，讀畫齋叢書本作「密」。　②「拘者」，通典及太平御覽作「敵間」。　③「緩」，通典及太平御覽作「縱」。　④「死」，原作「不間」，據通典及太平御覽改。　⑤「使左將軍將」，後漢書班超傳作「自以」。　⑥「之」，原作「元」，據讀畫齋叢書本及通典改。　⑦「荆王」，劉賈。

令其衆得奔鐘城。鐘城人聞祝阿已潰，大懼，遂空壁亡去。孫子曰：「三軍可奪氣，將軍可奪心。」耿弇開祝阿之圍，令其衆奔鐘城以震怖之，亦奪氣、奪心計也，妙矣夫。費邑分遣其弟敢守巨里。弇進兵，先脅①巨里，多伐樹木，揚言以填塞坑塹。數日，有降者言：「邑聞弇欲攻巨里，謀來救之。」弇乃嚴令軍中趣治攻具，後三日當悉力②攻巨里。陰緩生口，令得亡歸。歸者以弇期告邑，邑至日果自將來救之。弇喜，謂諸將曰：「吾所修攻具者，欲誘致邑耳。今來，適吾所求也。」即分三千人守巨里，自引精兵止崗坂，乘高合戰，大破之，臨陣斬邑。或問孫子曰：「敵衆而整，將來，待之若何？」曰：「先奪其所愛則聽矣。」又曰：「善戰者致人而不致於人。」弇揚言攻巨里也，亦奪其所愛，令自致之計也。此用鄉間之勢也。

晉時，益州牧羅尚遣隗伯攻李雄於郫城，迭有勝負。雄乃募武都人朴泰，鞭之見血，使譎羅尚，欲爲內應，以火爲期。尚信之，悉出精兵，遣隗伯等率兵③從泰。李雄先使李驤於道設伏，泰以長梯倚城而舉火。伯軍見火起，皆爭緣梯。泰又以繩汲上尚軍百餘人，皆斬之。雄因放兵，內外擊之，大破尚軍。此用內間之勢也。

---

①「脅」，原作「脋」，據讀畫齋叢書本及後漢書改。②「力」，原脱，據後漢書耿弇傳補。③「兵」，原作「領」，據通典及太平御覽改。

鄭武公欲伐胡，先以其子妻胡，因問群臣曰：「吾欲用兵，誰可伐者？」大夫關期思曰：「胡可伐。」武公怒而戮之，曰：「胡，兄弟之國，子言伐之，何也？」胡君聞之，以鄭爲親己而不備鄭。鄭襲胡，取之。漢使酈生説齊王田横，横罷兵，與酈生縱酒。漢將韓信因齊無備，襲齊，破之。田横烹酈生。酈生偶成韓信死間。唐李靖伐匈奴，以唐儉先和親，而已以兵乘其不備，破之。此靖以唐儉爲死間者也。此用死間之勢也。

陳平以金縱反間於楚軍，間范增，楚王疑之。此用反間者也。事具霸紀。故知三軍之親莫親於間，賞莫厚於間，事莫密於間。非聖智莫能用間，非密微莫能得間之實。此三軍之要，唯賢將之所留意也。

## 將體第十一

萬機論曰：「雖有百萬之師，臨時吞敵在將也。」吴子曰：「凡人之論將，恒觀之於勇。勇之於將，乃萬分之一耳。」故六韜曰：「將不仁則三軍不親，將不勇則三軍不爲動。」

太公①曰：「將者，勇、智、仁、信、必也。勇則不可犯，智則不可亂，仁則愛人，信則不欺人，必則無二心②。」此所謂五才者也。

三軍之衆，百萬之師，張設輕重，在於一人，謂之氣機。道峽路險，名山大塞，十人所守，千人不過，是謂地機。善行間諜，分散其衆，使君臣相怨，是謂事機。車堅舟利，士馬閑習，是謂力機。此所謂四機者也。

夫將可樂而不可憂，謀可深而不可疑。將憂則内疑，將有憂色，則③内外相疑，故曰不相信也。謀疑則敵國奮。多疑則計亂，亂則令敵國奮威。以此征伐，則可致亂。故將能清能静，廉財曰清。不擾曰静。老子曰「重爲輕根，静爲躁君」也。能平，能整，能受諫，能聽訟，能納人，受賢於群英之中，若越納范蠡、齊納甯戚之類也。能採善言，能知國俗，能圖山川，能裁阸難，險、難、阸皆悉明之。能制軍權。危者安之，懼者歡之，叛者還之，將有不合去者，慰誘還之，若蕭何追韓信。寃者原之，訴者察之，卑者貴之，士卒苦卑賤者，貴之。昔吴起下與士卒同衣食是也。强者

---

①「太公」，原作「孫子」，據六韜論將及太平御覽改。

②以上引文見六韜論將及太平御覽。

③「則」，原作「即」，據讀畫齋叢書本改。

抑之，敵者殘之，卑中有賤而敵貴者，亂上下之禮，殘殺之。貪者豐之，懸賞以豐其心，所以使貪。欲者使之，臨敵將戰，有欲立功名、有欲利敵人者，皆許而使之。所謂使勇、使貪。畏者隱之，士卒有所畏懼者，隱蔽於後，勿使爲軍鋒。軍敗由鋒怯。謀者近之，讒者覆之，有讒間①者，覆亡②之。毁者復之，官職有毁廢者則修而復之。反者廢之，横者挫之，服者活之，首服罪者活之。降者説③之。説，舍。獲城者割之，賞功臣也。獲地者裂之，賜功榮者。獲國者守之，得其國，必封賢以守之。昔吴伐越，得而不守，所以終敗也。獲阨塞之，獲難屯之，獲財散之。敵動伺之，敵强下之，敵陣强則下之，勿與戰。若齊師伐魯，鼓之。曹劌不動。三鼓破齊下之。敵凌待④之，敵之威勢凌我而來，宜持重以待之，勿與戰。楚凌漢，求戰一决。漢祖知弱，不許之，是也。敵暴安之，敵人爲暴虐之行，則安之勸之，所以怒我衆也。昔燕伐齊，田單不下。燕師掘齊人冢墓，田單安、勸之。敵勃⑤義之，敵爲勃亂之事，則隨有義以待之。彼勃我義，故剋之。敵睦攜之，順舉挫之，舉順以挫逆也。因勢破之，放言過之，放過惡言以誣詐敵人，以怒己衆也。四網羅之，此爲將之道也。

① 「間」，原作「鬪」，據太平御覽改。 ② 「亡」，原作「信」，據四庫本改。太平御覽無「亡」字。 ③ 「説」，通「脱」，黄石公三略作「脱」。 ④ 「凌」，黄石公三略作「陵」。「待」，原作「假」，據黄石公三略改。 ⑤ 「勃」，通「悖」，乖戾，亂。

故將拒諫則英雄散，策不從則謀士叛，善惡同則功臣倦，賞罰不明，善惡無異，則有功之臣皆懈倦也。將專己則下歸咎，專己自任，不與下謀，衆皆歸罪於將而責之。將自臧則下少功，臧，善也。將自伐動①，忘下自用者，故曰少功也。將受讒則下有離心，將貪財則奸不禁，上貪則下盜也。將内顧則士卒淫。内顧，思妻妾也。將有一則衆不服，有二則軍無式②，式，法也。有三則軍乖背③，有四則禍及國。

軍誌④曰：「將謀欲密，士衆欲一，將、衆如一體也。攻敵欲疾。將謀密則奸心閉，士衆一則群心結，結，如一也。攻敵疾則詐不及⑤。設軍有此三者，則計不奪。將謀泄則軍無勢，以外闚内則禍不制，窺，見也。謀泄則外見己情之虛實，其禍不可制也。財入營則衆奸會。凡爲軍，使外人以財貨入營内，則奸謀奄集其中心。將有此三者，軍必敗。將無慮則謀士去，將無防慮，不能從謀，故去之。將無勇則吏士恐，將怯則下無所恃，故恐也。將遷怒則軍士懼。慮

①「動」，原作「動」，據讀畫齋叢書本改。　②「式」，原作「試」，據黄石公三略改。注文同。　③「乖背」，黄石公三略作「奔北」。　④「軍誌」，黄石公三略作「軍讖」。　⑤「詐」，黄石公三略作「備」，三略直解曰：「攻敵疾速，則防備之具不及施設。」

也，謀也，將之所重。勇也，怒也，將之所用意。」

故曰：「必死，可殺也。必生，可虜也。忿速，可侮也。廉潔，可辱也。愛人，可煩也。此五者，將軍之過，用兵之灾。」

故凡戰之要，先占其將而察其才，因刑①用權，則不勞而功興也。其將愚而信人，可謀而詐②。貪而忽名，可貨而賂。輕變無謀③，可勞而困。上富而驕，下貧而桀④，可離而間。將怠士懈，可潛而襲。智而心緩者，可迫也。勇而輕死者，可暴也。急而心速者，可誘也。貪而喜利者，可襲也，可遺也。仁而不忍於人者，可勞也。智而心緩者，可驚也。信而喜信於人者，可誑也。廉潔而不愛人者，可侮也。剛毅而自用者，可事也。懦心喜用於人者，可使人欺也。

此皆用兵之要、爲將之略也。

①「刑」，通「形」。　②「謀而詐」，吴子論將作「詐而誘」。　③「無謀」，原脱，據吴子補。　④「桀」，凶悍，横暴。原作「磔」，據讀畫齋叢書本改。吴子作「怨」。

# 料敵第十二

夫兩國治戎，交和①而舍②，不以冥冥決事，必先探於敵情。故孫子曰：「勝兵先勝而後戰。」又曰：「策之而知得失之計，候之而知動静之理，因形而作勝於衆。」用兵之要也。

若欲先知敵將，當令賤而勇者，將輕鋭以嘗③之。觀敵之來，一起一坐，其政以理；其追北④，佯爲不及；其見利，佯爲不知，如此者，將必有智，勿與輕戰。凡敵上氣黄白潤澤者，將有威德。或軍上氣發，漸漸如雲，變作山形，將有深謀。或敵上氣外黑中赤在前者，將精悍，皆不可擊。凡氣上與天連，軍中將賢良。凡有氣如龍如虎在殺中，或如火煙之形，或如火光之狀，或如山林，或如塵埃頭尖⑤而卑，或氣紫黑如門上樓，或如白粉沸，皆猛將之氣也。若其衆讙旗亂，其卒自止自行，其兵或縱或横，其追北恐不及，見利恐不得，如此者，將必無謀，雖衆可獲。凡敵上氣青

---

① 「交和」，鮑彪曰：「孫子：『兩軍相對曰交和。』楚記注：『軍門曰和。』」　② 「舍」，原作「合」，據孫子軍爭及武經總要料敵改。　③ 「嘗」，原作「當」，據吴子改。　④ 「北」，敗。　⑤ 「尖」，原作「大」，據通典及開元占經改。

而疎散者，將怯弱。前大後小，將怯①不明也。

故曰：敵近而静者，恃其險也。敵遠而挑戰②者，欲人之進也。衆樹動者，來也。衆草多障者，疑也。稠草中多障蔽者，必逃去。恐吾追及，多作障蔽，使吾疑其間有伏兵也。鳥起者，伏也。凡軍上氣渾渾圓長，赤氣在其中，或有氣如赤杵在黑雲中，皆③有伏兵。或兩軍相當，有赤氣在軍前後左右者，有伏兵，隨氣所在防之。或有雲絞絞綿綿，此以車騎爲伏兵。或有雲如布席之狀，此以步卒爲伏兵。或有雲如山岳在外，爲伏兵。不可不審察也。獸④駭者，覆也。塵卑而廣者，徒來也。散而條達⑤者，薪來⑥也。少而往來者，營軍也。少，塵少也。辭卑而益備者，進也。敵增備也。辭强而進驅者，退也。無約而請和者，謀也。半進半退者，誘也。杖而立者，饑也。汲而先飲者，渴也。見利不進者，勞也。鳥集者，虚也。夜呼者，恐也。軍擾者，將不重也。旗動者，亂也。吏怒者，倦也。粟馬食肉，軍無懸涶，音唾。一箪之食也。不及⑦其舍

---

①「怯」，原作「性」，據通典及開元占經改。　②「戰」，原作「人」，據孫子行軍改。　③「皆」下，原衍「亦」，據通典刪。　④「獸」，原作「禽」，據孫子及通典改。　⑤「達」，原作「遠」，據孫子及通典改。　⑥「薪來」，孫子作「樵採」，通典作「薪採來」。　⑦「及」，至，到達。

者，窮寇也①。諄諄翕翕②，徐言入入③者，失其衆也。此將失其衆之意也。數賞者，窘④也。數罰者，困也。數顧者，失其群也。來委謝者，欲休息也。兵怒而相迎⑤，久而不合，又不相去，必謹察之。

敵來新到，行陣未定，可擊也。陣雖定，人馬未食，可擊也。涉長道後行未息，可擊也。行坂涉險，半隱半出，可擊也。涉水半渡，可擊也。險道狹路，可擊也。旌旗亂動，可擊也。陣數動移，可擊也。人馬數顧，可擊也。凡見此者，擊之而勿疑。然兵者，詭道也，能而示之不能，用而示之不用。故匈奴示弱，漢祖⑥有平城之圍；石勒藏鋒，王浚有幽州之陷，即其效也。可不慎哉！

---

①「窮寇也」，杜佑曰：「穀馬食肉，不復積蓄，無懸簞之食，欲死戰，窮寇也。簞即缶之類也。」孫子作：「殺馬食肉者，軍無糧也。懸缻不返其舍者，窮寇也。」　②「諄諄翕翕」，李荃曰：「竊語貌。」原作「淳淳翕翕」，據孫子、通典改。　③「徐言入入」，杜佑曰：「諄諄，語貌，又不足貌。翕翕者，不真也。其上失卒之心，少氣之意。徐言入入者，與之言安徐之貌也。此將失其衆也。」孫子作「徐與人言」。　④「窘」，原作「害」，據通典、孫子改。　⑤「迎」，原作「近」，據通典、孫子改。　⑥「漢祖」，漢高祖劉邦。

## 勢略第十三

孫子曰：「勇怯，勢也。强弱，形也。」又曰：「水之弱至於漂石者，勢也。」

何以明之？

昔曹公征張魯，定漢中，劉曄説曰：「明公以步卒五千，將誅董卓，北破袁紹，南征劉表，九州百郡，十并其八，威震天下，勢慴海外。今舉漢中，蜀人望風破膽失守。推此而前，蜀可傳檄而定也。劉備，人傑也，有智而遲，得蜀日淺，蜀人未附①。今破漢中，蜀人震恐，其勢自傾。以公之神明，因其傾而壓之，烏甲切②。無不剋也。若小緩之，諸葛亮明於理而爲相，關羽、張飛勇冠三軍而爲將，蜀人既定，據險守要，則不可犯也。今不取，必爲後憂。」曹公不從。居七日，蜀降者説：「蜀中一日數十驚，備斬之而不能禁也。」曹公延問曄

---

①「附」，原作「恃」，據三國志魏志劉曄傳改。

②「切」，讀畫齋叢書本作「反」。

曰：「今尚可擊否？」曄曰：「今已小定，未可擊也。」又太祖征呂布，至下邳。布敗，固守城。攻不拔，太祖欲還。荀攸曰：「呂布勇而無謀。今三戰①皆北，其鋭氣衰。三軍以將爲主，主衰則軍無奮意。夫陳宫有智而遲。今及布氣之未復，宫之謀未定，進急攻之，布可拔也。」乃引沂、泗灌城，城潰，生擒布。

以此觀之，當是時，雖諸葛之智，陳宫之謀，呂布之勇，關、張之勁，無所用矣。此謂「勇怯，勢也；强弱，形也」。故兵有三勢，夫兵有三勢②：一曰氣勢，二曰地勢，三曰因勢。若將勇輕敵，士卒樂戰，三軍之衆，志勵青雲，氣等飄風，聲如雷霆，此所謂氣勢也。若關山狹路，大阜深澗，龍蛇蟠③磴，羊腸狗門，一夫守險，千人不過，此所謂地勢也。若因敵怠慢，勞役飢渴，風波驚擾，將吏縱橫，前營未舍，後軍夾④涉，所謂⑤因勢者也。**善戰者恒求之於勢。勢之來也，食其緩頰⑥，下齊**

①「戰」，原作「軍」，據三國志魏志荀攸傳及通典改。　②「勢」，原作「氣」，據讀畫齋叢書本及通典改。　③「蟠」，原作「磻」，據讀畫齋叢書本改。　④「夾」，讀畫齋叢書本作「來」。　⑤「所謂」，原作「謂所」，據讀畫齋叢書本及通典乙。　⑥「食其緩頰」，「食其」，酈食其。「緩頰」，張晏曰：「徐言引譬喻也。」史記酈生列傳曰：「沛公使酈生説齊王：『先下漢王，齊國社稷可得而保也。不下漢王，危亡可立而待也。』田廣以爲然，乃聽酈生。」

七十餘城；謝石渡淝①，摧秦百萬之衆②。勢之去也，項羽有拔山之力，空泣虞姬③；田橫有負海之强，終然刎頸④。故曰：戰勝之威，人百其倍；敗兵之卒，没世不復。永挫折也。言人氣傷，雖有百萬之衆，無益於用也。故水之弱至於漂石。此勢略之要也。

## 攻心第十四

孫子曰：「攻心爲上，攻城爲下。」

①「淝」，原作「汜」，據讀畫齋叢書本改。晉書作「肥」。②「摧秦百萬之衆」，晉書謝玄傳：苻堅自率兵次於項城，衆號百萬。詔以玄爲前鋒，與叔父征虜將軍石等距之，衆凡八萬。堅列陣肥水，玄軍不得渡。玄使謂苻融曰：「君遠涉吾境，而臨水爲陣，是不欲速戰。諸軍稍卻，令將士得周旋，僕與諸君緩轡而觀之，不亦樂乎。」堅曰：「但卻軍，令得過，而我以鐵騎數十萬向水，逼而殺之。」融亦以爲然，遂麾使卻陣，衆因亂不能止。於是玄等以精鋭八千涉渡肥水。堅中流矢，臨陣斬融。堅衆奔潰，自相蹈藉投水死者不可勝計，肥水爲之不流。③「空泣虞姬」，史記項羽本紀：項王軍壁垓下，兵少食盡，漢軍及諸侯兵圍之數重。夜聞漢軍四面皆楚歌。項王則夜起，飲帳中。有美人名虞，常幸從；駿馬名騅，常騎之。於是項王乃悲歌忼慨，自爲詩曰：「力拔山兮氣蓋世，時不利兮騅不逝。騅不逝兮可奈何，虞兮虞兮奈若何。」歌數闋，美人和之，項王泣數行下，左右皆泣，莫能仰視。④「終然刎頸」，史記田橫列傳：田橫謂其客曰：「橫始與漢王俱南面稱孤，今漢王爲天子，而橫迺爲亡虜而北面事之，其耻固已甚矣。且陛下所以欲見我者，不過欲一見吾面貌耳。今陛下在洛陽，今斬吾頭，馳三十里間，形容尚未能敗，猶可觀也。」遂自剄。

何以明之？

戰國時，有説齊王曰：「凡伐國之道，攻心爲上，攻城爲下；心勝爲上，兵勝爲下。是故聖人之伐國攻敵也，務在先服其心。何謂攻其心？絶其所恃，是謂攻其心也。今秦之所恃爲心者，燕、趙也，當收燕、趙之權。今説燕、趙之君，勿虚言空辭，必將以實利以迴其心，所謂攻其心者也。」

沛公西入武關，欲以二萬人擊秦嶢音堯。關下軍。張良曰：「秦兵尚强，未可輕也。臣聞其將屠子賈豎，易動以利，願沛公且留壁，使人先行，爲五萬人具食，益張旗幟諸山之上爲疑兵，令酈食其持重寶啗秦將。」貪而忽名，可貨以賂。秦將果欲連和俱西襲咸陽。沛公欲聽之。良曰：「此獨其將欲叛，士卒恐不從，不從必危。不如因其懈擊之。」沛公乃引兵擊秦軍，大破之。諸葛亮擒孟獲，七縱七擒之，南方終亮之世不敢背叛。又四面楚歌①而項羽走，劉琨吹葭胡人散②，攻心之計非一途也。

---

①「四面楚歌」，見前篇「空泣虞姬」注。　②「劉琨吹葭胡人散」，通典：「晉大將司空劉琨守太原，群胡攻圍久未下，琨計窘，吹笳，聲悲寥亮。群胡夜聞之，愁思，遂潰散。」「葭」，通「笳」，古管樂器。

此攻心者也。

## 伐交第十五

孫子曰：「善用兵者，使交不得合。」

何以明之？

昔楚莫敖將明①貳、軫。貳、軫，二國名也。鄖人軍於蒲騷，將以隨、絞、州、蓼伐楚師。莫敖患之。鬭廉曰：「鄖人軍於其郊，必不誡，且日虞四邑之至。虞，度也。四邑，隨、絞、州、蓼也。君次於郊郢，以禦四邑。我以鋭師霄②加於鄖，鄖有虞③心而恃其城，莫有鬭志。若敗鄖師，四邑必離。」莫敖從之，遂敗鄖師於蒲騷。

漢宣帝時，先零與罕、幵羌解仇，合黨爲寇。帝命趙充國先誅罕、幵。充國守便宜④不

①「明」，通「盟」，讀畫齋叢書本及左傳作「盟」。　②「霄」，通「宵」。　③「虞」，原作「虛」，據四庫本及左傳改。

④「便宜」，指便宜行事之權。

從，上書曰：「先零羌虜欲爲背叛，故與罕、幵解仇，然其私心不能忘[1]，恐漢兵至而罕、幵背之也。臣愚以爲，其計當[2]欲赴罕、幵之急，以堅其約。先擊罕羌，先零必助之。今虜馬肥糧方饒，擊之恐不能傷害，適使先零得施德於罕羌也，堅其約，合其黨。虜交堅黨合，誅之用力數倍，臣恐國家憂累由此[3]十數年，不一二歲而已。先誅先零，則罕、幵之屬不煩兵服矣。」帝從之，果如策。

魏太祖初伐關中賊，每一部到，太祖輒喜。賊破之後，諸將問其故。太祖曰：「關中道遠，若各依險阻，征之，不一二年不可定也。今皆來集，衆雖多，莫相歸[4]服，軍無適主，一舉可滅，爲攻差[5]易，吾是以喜。」語曰：「連鷄不俱棲，可離而解。」曹公得之矣。

此伐交者也。

---

① 「忘」，讀畫齋叢書本及漢書趙充國傳作「亡」。　② 「當」，讀畫齋叢書本作「常」。　③ 「此」，原脱，據讀畫齋叢書本補。　④ 「歸」，原脱，據三國志魏志武帝紀補。　⑤ 「差」，原作「羌」，據讀畫齋叢書本及三國志改。

# 捁形第十六

孫子曰：「安能動之？」又曰：「攻其所必趨。」

何以明之？

昔楚子圍宋，宋公使如晉告急。晉狐偃曰：「楚始得曹，而新婚於衛，若伐曹、衛，楚必救之，則齊、宋免矣。」前年楚戍穀以逼齊。果如其計。

魏伐趙，趙急，請救於齊。齊威王以田忌爲將，以孫臏爲師，居輜車中爲計謀。田忌欲引兵之趙。孫子曰：「夫解雜亂紛糾者不控捲①，救鬬者不搏撠②。批亢擣虚③，形格勢

①「控捲」，司馬貞曰：「解雜亂紛糾者當善以手解之，不可控捲而擊之。捲即拳也。」　②「搏撠」，司馬貞曰：「救鬬者當善撝解之，無以手助相搏撠，則其怒益熾矣。」「撠」，原作「戟」，據讀畫齋叢書本及史記孫子列傳改。顔師古曰：「撠，謂拘持之也。」　③「批亢擣虚」，攻擊要害及空虚之處。司馬貞曰：「批者，相排批也，言敵人相亢拒也。擣者，擊也，衝也。虚者，空也。按謂前人相亢必須批之，彼兵若虚則衝擣之。」

禁①，則自爲解耳。今梁②、趙相攻，輕兵鋭卒必竭於外，老弱疲於內。君不若引兵疾走大梁，據其街路，衝其方虛，彼必釋趙而自救。是我一舉解趙之圍，而弊於魏也。」田忌從之，魏果去邯鄲。

又曹操爲東郡太守，東郡，今魏州是。治東武陽，軍頓丘。黑山賊黑山，今衛州界也。于毒等攻東武陽，太祖欲引兵西入山攻毒本屯，諸將皆以爲當還自救。曹操曰：「昔孫臏救趙而攻魏，耿弇欲走西安攻臨菑。使賊聞我西而還，則武陽自解。不還，我能敗虜家，虜不能拔武陽，必矣！」乃行。毒聞之，果棄武陽還。曹操要擊，大破之。

初，關羽圍樊③、襄陽，曹操以漢帝在許，近賊，欲徙都。司馬宣王及蔣濟說曹操曰：「劉備、孫權，外親內疎，關羽得志，權必不願也。可遣人勸權④躡其後，許割江南以封權，則楚圍自解。」曹操從之，羽遂見擒。

此言攻其所愛則動矣。是以善戰者無知名，無勇功，不爭白刃之前，不備已失之後，

---

①「形挌勢禁」，司馬貞曰：「事形相格而其勢自禁止，則彼自爲解兵也。」「挌」，史記作「格」。

②「梁」，即魏也。魏惠王時遷都大梁，因稱梁。

③「樊」，原作「焚」，據讀畫齋叢書本及三國志魏志蔣濟傳改。

④「權」，原脫，據三國志補。

此之謂矣。

## 蛇勢第十七

語曰：「投兵散地，則六親不能相保。同舟而濟，胡、越何患乎異心？」孫子曰：「善用兵者，譬如率然①。」

何以明之？

漢宣帝時，先零爲寇，帝命趙充國征之。引兵至先零所在，虜久屯聚，解②弛，望見大軍，棄車重，欲渡湟水，道阨狹，充國徐行驅之。或曰：「逐利行遲。」充國曰：「此窮寇，不可迫也。緩之則走不顧，急之則還致死。」諸將校皆曰：「善。」虜果赴水，溺死者數百。於是破之。

袁尚既敗，遂奔遼東，衆有數千。初，遼東太守公孫康恃遠不服，曹公③既破烏丸，或

① 「率然」，古代傳説中的一種蛇。見後文。　② 「解」，通「懈」。　③ 「曹公」，曹操。

說公遂征之，尚兄弟可擒也。公曰：「吾方使康斬送尚、熙首，不煩兵矣。」公引兵還，康果斬送尚、熙，傳其首。諸將或問曰：「公還，而康斬尚、熙，何也？」公曰：「彼素畏尚、熙。吾①急之則并力，緩之則自相圖，其勢然也。」

曹公征張繡，荀攸曰：「繡與劉表相恃爲强，然繡以游軍仰食於表，表不能供也，其勢必離。不如緩軍以待之，可誘而致也。若急之，則必相救。」曹操不從，進至穰，與繡戰，表果救之，軍不利矣。

故孫子曰：「善用兵者，譬如率然。率然者，常山之蛇，擊其頭則尾至，擊其尾則首至，擊其中則首尾俱至。」或曰：「敢問可使如率然乎？」孫子曰：「可矣。夫吴人與越人相惡，當其同舟而濟，則救如左右手。是故方馬埋輪②，不足恃也。齊勇若一，政之道也。」此之謂矣。

①「吾」，原作「其」，據三國志魏志武帝紀改。

②「方馬埋輪」，曹操曰：「方（馬），縛馬也。埋輪，示不動也。此言專難不如權巧。」「方」，原作「放」，據孫子改。

# 先勝第十八

孫子曰：「善用兵者，先爲不可勝，以待敵之可勝。」

何以明之？

涼州①賊王國圍陳倉，乃拜皇甫嵩、董卓，各率二萬人拒之。卓欲速進赴陳倉，嵩不聽。卓曰：「智者不後時，勇者不留決。速戰則城全，不救則城滅。全滅之勢，在於此也。」嵩曰：「不然。百戰百勝，不如不戰而屈人之兵。是以先爲不可勝，以待敵之可勝。不可勝在此，可勝在彼。范蠡曰：「時不至不可强生，事不究不可强成。」此之謂也。彼守不足，我攻有餘。有餘者動於九天之上，不足者陷於九地之下。今陳倉雖小，城守固備，非九地之陷也。王國雖强，而攻我之所不救，非九天之勢也。夫勢非九天，攻者受害；陷非九地，守者不拔。國今已陷受害之地，而陳倉保不拔之城，我可不煩兵動衆，而取全勝之功，將何救

---

①「涼州」，原作「梁州」，據後漢書靈帝紀改。

焉！」遂不聽。王國圍陳倉，自冬迄春八十餘日，城堅守固，竟不能拔。賊衆疲弊，果自解去。嵩進兵擊之，卓曰：「不可。兵法，窮寇勿迫，歸衆勿追。今我追國，是迫歸衆，追窮寇也。困獸猶鬭，蜂蠆有毒，況大衆乎！」嵩曰：「不然。吾前不擊，避其鋭也。實而備之，强而避之。鋭卒勿攻，兵之機也。今而擊之，待其衰也。所擊疲師，非歸師①也。國衆且走，莫有鬭志。以整擊亂，非窮寇也。」遂獨進兵擊之，使卓爲後拒。連戰大破，國走而死。卓大慙恨。孫子曰：「怒而撓之。」言待其衰也。又曰：「卑而驕之。」言敵怒而進兵，則當外示屈弱，以高其志。待其歸，隨而擊之。又曰：「引而勞之。」言因其進退，以觀其變，然後攻其不備，出其不意。此兵家之勝，不可傳②也。

青州黄巾衆百餘萬入東平，劉岱欲擊之。鮑永諫曰：「今賊衆百萬，百姓皆震恐，士卒無鬭志，不可敵也。觀賊衆群輩相隨，軍無輜重，唯以抄掠爲資。今若畜士衆之力，先爲固守，彼欲戰不得，攻則不能，其勢必離散。然後選精鋭，據其要害，擊之可破也。」岱不從，果爲賊所敗。

---

①「師」，後漢書皇甫嵩傳及太平御覽作「衆」。

②「傳」上，孫子計篇有「先」。

晉代王開攻燕鄴城，慕容德拒戰，代師敗績①。德又欲攻之②，别駕韓諄③進曰：「昔漢高祖云：『吾寧鬬智，不能鬬力。』是以古人先勝廟堂，然後④攻戰。今代⑤不可擊者四，燕不宜動者三。代懸軍遠入，利在野戰，一不可擊也。深適⑥近畿，頓兵死地，二不可擊也。前鋒既敗，後軍方固，三不可擊也。彼衆我寡，四不可擊也。官軍自戰其地，一不宜動。動而不勝，衆心難固，二不宜動。隍池未修，敵來無備，三不宜動。此皆兵機也。深溝高壘，以逸待勞。彼千里饋糧，野無所掠，久則三軍靡費⑦，攻則衆旅多弊⑧，師老釁生，詳而圖之，可以捷也。」德曰：「韓别駕之言，良、平⑨之策也。」孫子曰：「以近待遠⑩，以逸待勞，以飽待饑，此治力者。」

此先勝而後戰者也。

①「晉代王開」至「代師敗績」，晉書慕容德傳作「魏將拓拔章攻鄴，德遣南安王慕容青等夜擊敗之。魏師退次新城」，通典及太平御覽作「太武帝親征後燕將慕容德於鄴」。②「德又欲攻之」，晉書作「青等請擊之」。③「韓諄」，原作「韓譚」，據晉書、通典及太平御覽改。④「後」，原作「彼」，據讀畫齋叢書本及晉書改。⑤「代」，晉書作「魏」。下同。⑥「適」，晉書、通典及太平御覽作「入」。⑦「費」，晉書及太平御覽作「資」。⑧「弊」，晉書及太平御覽作「斃」。⑨「良、平」，張良、陳平。⑩「以近待遠」，原作「以遠待近」，據孫子軍争及通典改。

# 圍師第十九

何以明之？

孫子曰：「圍師必闕。」

黄巾賊韓忠據宛，朱儁、張超圍之，結壘起土山以臨城，因鳴鼓攻其西南，賊悉衆赴之。乃掩其東北，乘城而入。忠退保小城，乞降。諸將欲聽之。儁曰：「兵有形同而勢異者。昔秦、項之際，民無定主，故賞附以勸來耳。今海内一統，唯黄巾造寇，納降無以勸善，討之足以懲惡。今若受之，更開逆意。賊利則進戰，鈍則乞降。縱敵長寇，非良計也。」因急攻之，不剋。儁登土山，顧謂張超曰：「吾知之矣。賊今外圍周固，内①營逼急，乞降不受，欲出不得，所以死戰也。萬人一心，猶不可當，況十萬乎？其害甚矣！不如徹圍，并兵入城。忠見解圍，勢必自出，出則意散，易破之道也。」既而解圍，忠果出戰，遂

①「内」，原作「連」，據後漢書朱儁傳及太平御覽改。

破忠等。

魏太祖圍壺關，下令曰：「城拔皆坑之。」連月不下。曹仁言於太祖曰：「圍城必示之活①門，所以開其生路也。今公許之必死，將人人自爲守。且城固而糧多，攻之則士卒傷，守則引日持久。今頓兵堅城之下，以攻必死之虜，非良計也。」太祖從之，城降。凡降人之氣，如人十十五五②，皆叉③手低頭。又云：「相向，或有氣上黄下白，名曰善④氣，所臨之軍欲求和退。凡城中有白氣如旗者，不可拔。或有黄雲臨城，有大喜慶。或有青色如牛頭觸人者，城不可屠。或城中氣出東方，其色黄，此天鉞也，不可伐，伐者死。或城上氣如火煙，主人欲出戰。其氣無極者，不可攻。或有氣如杵形，從城中向外者，内兵欲突出，主人勝，不可攻。或城上有雲，分爲兩彗狀者，攻不可得。或有濛氣繞城不入者，外兵不得入。凡攻城，有諸氣從城中出入吾軍上者，敵氣也。凡攻城圍邑，過旬不雷雨者，城有輔，疾去之，勿攻也。此皆勝氣也。凡攻城圍邑，赤氣在城上，黄氣四面繞之，城中有大將死，城降。或城上有赤氣如飛鳥，急攻之，可破。或有氣出入者，人欲逃。或有氣如灰，氣出而覆其軍上者，士多病，城屠。或城上無雲氣，士卒散。或城營上有赤氣如衆人頭，下多死喪流血。攻城，有白氣

---

① 「活」，原脱，據三國志魏志曹仁傳補。　② 「十十五五」，十個一群，五個一組。　③ 「叉」，原作「乂」，據讀畫齋叢書本及晉書天文志中改。　④ 「善」，通典作「喜」。

繞城而入者，急攻可得。若有屈虹從城外入城者，三日内城屠。此皆敗氣也。」

此圍師之道也。

## 變通第二十

孫子曰：「善動敵者，形之，敵必從之。」

何以明之？

魏與趙攻韓，齊田忌爲將而救之，直①走大梁。魏將龐涓去韓而歸，齊軍已過而西矣。孫臏謂田忌曰：「彼三晉之兵，素悍勇而輕齊，齊號爲怯。善用兵者，因其勢而利導之。兵法曰：『百里而趨利者蹶其將軍。』使齊軍入魏地爲十萬竈，明日爲五萬竈，明日爲二②萬竈。」涓喜曰：「我③固知齊卒怯也，入吾地三日，士卒亡已過半。」乃棄其步兵，與輕鋭倍日并行逐之。臏度其暮至，馬陵道狹而多險，可伏兵，乃斫大樹白書之曰：「龐涓死此樹下。」

①「直」上，原衍「韓」，據讀畫齋叢書本及史記孫子列傳删。　②「二」，史記作「三」。　③「我」，讀畫齋叢書本作「吾」。

令善射者萬弩俠①道而伏，期②曰：「見火舉而發。」涓夜至斫木下，見白書，乃鑽火燭之，讀書。齊軍萬弩俱發，魏軍大亂。涓乃自剄③，曰：「果成豎子之名也。」

虞詡爲武都郡，羌率衆遮詡於陳倉、崤谷。詡令吏士各作兩竈，日增倍之。羌不敢逼。或問曰：「孫子減竈而君增之，兵法『日行三十里以戒不虞』，今且行二百里，何也？」詡曰：「虜衆既多，吾徐行則易爲④所及，疾行則彼不測之。且虜見吾竈多，謂郡⑤兵來至。孫子見弱，吾示强，勢不同也。」昔王濬在蜀作船，欲伐吴，預流柹⑥江中以威之。及至唐將李靖欲伐荆州，襲蕭銑⑦，乃投柹於江中，使蕭銑見之。靖尋以兵隨柹而下，蕭銑不備，遂虜之，平荆州。夫兵法變通，不可執一，諸君得之矣。

故曰：料敵在心，察機在目，因形而作勝於衆，善之善者矣。

此變通之理也。

---

①「俠」，通「夾」。　②「期」，約定。　③「剄」，原作「頸」，據讀畫齋叢書本及史記改。　④「爲」，原作「無」，據讀畫齋叢書本及後漢書虞詡傳改。　⑤「郡」，原作「群」，據四庫本及後漢書改。　⑥「柹」，削下的木皮、木片。　⑦「蕭銑」，原作「蕭鋭」，據舊唐書李靖傳改。下同。

# 利害第二十一

孫子曰：「陷之死地而後生，投之亡地而後存。」又曰：「雜於利而務可伸①，雜於害而患可解。」

何以明之？

漢將韓信攻趙，趙盛兵井陘口。信乃引兵，未至井陘口三十里止舍。夜半傳發②，選輕騎二千人，人持一赤幟，從間道萆③山音蔽。而望見趙軍，誡之曰：「趙見我走，必空壁逐我。若④疾入趙壁拔趙幟，立漢赤幟。」令其裨將傳飡，曰：「今日破趙會食。」諸將皆莫信，佯應曰：「諾。」信謂軍吏曰：「趙已先據便地爲壁，且彼未見吾大將旗鼓，未肯擊前行，恐吾至阻險而還。」信乃使萬人行⑤，出倍水陣。趙軍望見，大笑之。太公曰：「智與衆同，非人

---

①「伸」，孫子九變作「信」。 ②「傳發」，傳令出發。 ③「萆」，通「蔽」。原作「卑」，據讀畫齋叢書本及史記淮陰侯列傳改。 ④「若」，你們。 ⑤「行」上，史記有「先」。

師也。伎與衆同，非國工也。動莫神於不意，勝莫大於不識。」使趙軍識韓信之勢，安得敗哉！故笑之而敗也。平旦，信建大將之旗鼓，鼓行出井陘口，趙開壁擊之，大戰良久。於是信與張耳棄鼓旗，走水上。水上軍開壁入之，復疾戰。趙空壁爭漢鼓旗，逐韓信、張耳。韓信、張耳已入水上軍，軍皆殊死①戰，不可敗。信所出奇兵二千騎，共候趙空壁逐利，則馳入趙壁，皆拔趙幟，立漢赤幟二千。趙軍不得信等，欲還歸壁，壁皆漢赤幟而大驚，太公曰：「夫兩陣之間，出甲陳兵②，縱卒亂行者，所以爲變。」此之謂矣。以爲漢皆已得趙主③將矣，遂亂，遁走。趙將雖擊斬之，不能禁也。孫子曰：「以治待亂，以静待譁，此治心者。」夫衆心已亂，雖有良將，亦不能爲之計矣。於是漢兵夾擊，大破之，斬成安君泜水上，擒趙王歇。諸將效④首虜，留賀，因問信曰：「兵法：右背山陵，前左水澤。今者將軍令臣等反背水陣，曰：『破趙會食。』時臣等不服，然竟以勝。此何術也？」信曰：「此在兵法中，顧諸君不察耳。兵法不曰：『陷之死地而後生，置之亡地而後存。』夫處死地者，謂力均勢敵，以死地取勝可也。若以至弱當至强，投弱兵於死地，自貽陷矣。故孫臏曰：「兵恐不可救。」又經曰：「大衆陷於害，然後能爲勝敗。」是知死地之

① 「死」上，原衍「死」，據讀畫齋叢書本及史記删。 ② 「出甲陳兵」，原作「出俾陣矣」，據六韜龍韜奇兵改。 ③ 「主」，史記作「王」。 ④ 「效」，顔師古曰：「致也。謂各致其所獲。」原作「殺」，據讀畫齋叢書本及史記改。

機，必用大衆矣。且信非得素撫循士大夫也，所謂驅市人而戰，其勢非置之死地，使人人自爲戰。今與之生地皆走，寧尚可得而用之乎？」諸將曰：「善。非所及也。」孫子曰：「兵甚陷則不懼，不得已則鬬。是故其兵不修而戒，不求而得，不約而親，不令而信。投之無往者，諸、劌①之勇也。」此之謂矣。

魏太祖②征張繡，一朝引軍退。繡自追之。賈詡曰：「不可追也。」繡不從，果敗而還。詡謂繡曰：「促更追之，戰必勝。」繡收散卒，赴追太祖，戰果勝。還，問詡曰：「繡以精兵追退軍，而公曰必敗。退以敗卒擊勝兵，而公曰必剋。皆如公之言，何其反而皆驗也？」詡曰：「此易知耳。軍勢百途，事不一也。將軍雖善用兵，非曹公敵也。魏軍新退，曹公必自斷其後。追兵雖精，將既不敵，彼士亦鋭，故知必敗。曹公攻將軍，無失策，力未盡而還，必國内有故也。既破將軍，必輕軍速進，留諸將斷後。諸將雖勇，亦非將軍敵也，故雖用敗兵而勝也。」繡乃服其能。

此利害之變。故曰：「陷之死地而後生，雜於害而患可解。」此之謂也。

---

①「諸、劌」，專諸、曹劌。「劌」，原作「將」，據孫子九地改。

②「魏太祖」，曹操。

# 奇正第二十二

太公曰：「不能分移①，不可語奇。」孫子曰：「兵以正合，事以奇勝。」

何以明之？

魏王豹反漢，漢王以韓信爲左丞相，擊魏。魏王盛兵蒲坂②，塞臨晉。信乃益爲疑兵，陳船欲渡臨晉，而伏兵從夏陽以木罌③渡軍，襲安邑。孫子曰：「近而示之遠，遠而示之近。」此之謂也。魏王豹驚，引兵迎信，信遂虜豹，定魏，爲河東郡。

是知奇正者，兵之要也。經曰：「戰勢④不過奇正。奇正之變不可勝窮，如環之無端，孰能窮之？」此之謂矣。

---

①「分移」，分散變動。 ②「蒲坂」，原作「蒱坂」，據讀畫齋叢書本改。 ③「罌」下，史記淮陰侯列傳有「缻」。

④「勢」，原作「勝」，據孫子兵勢及太平御覽改。

## 掩發第二十三

孫子曰：「善戰者，其勢險，其節短。以利動之，以卒待之。」又曰：「善動敵者，形之，敵必從之①。」

何以明其然耶？

燕平齊，圍即墨城。即墨城中推田單爲將，以拒燕。田單欲激怒其卒，乃宣言曰：「吾唯恐燕將劓所得齊卒，及掘城外墳墓，僇②先人，可爲寒③心。」燕將如其言。即墨人皆涕泣，共④欲出戰，怒皆十倍。單乃收人金，得千鎰，令即墨富豪遺燕將書，曰：「即墨即降，願不虜吾家族⑤。」燕將大喜，益懈。單乃收牛得千頭，束葦於尾，燒其端，鑿城數十穴，夜縱牛出，以壯士五千人隨其後。牛尾熱而奔燕，燕軍大驚，所隨五千因銜枚擊之，燕軍大

---

①「之」，原脱，據孫子兵勢及太平御覽補。　②「僇」，原作「擢」，據史記田單列傳改。讀畫齋叢書本作「傷」。　③「寒」，原作「塞」，據讀畫齋叢書本及史記改。　④「共」，原作「其」，據讀畫齋叢書本及史記改。　⑤「族」下，史記有「妻妾」。

敗，殺其將騎劫，復齊七十餘城。

吕蒙西屯陸口。關羽討樊，留兵備公安、南郡。蒙上疏曰：「關羽討樊而多留備兵，必恐蒙圖其後故也。蒙常有病，乞分衆還建鄴，以治病爲名。羽聞之，必徹備兵，盡赴襄陽。大軍浮江，晝夜馳上，襲其空虛，則南郡可取，而羽可擒之。」遂稱病篤。權乃露檄召蒙。羽果信之，稍徹兵赴樊。權聞之，遂行。先遣蒙在前，伏其精兵於𦪇䑥①中，使白衣摇櫓，作商賈服，晝夜兼行。至羽所置江邊屯候，盡收縛之。是故羽不聞知。太公曰：「僞稱敵②使者，所以絶糧道③。謬令號，與敵同服者，所以備走北也。」由此言之，衣服號令之中，不可不審也。遂到南郡，士仁、麋芳皆降。蒙入據城，盡得羽、將士家屬，皆撫慰，約令軍中不得干歷④人家，道不拾遺。昔秦伯見襲鄭之利，不顧崤、函之敗；吴王矜伐齊之功，而忘姑蘇之禍。故曰：「不能盡知用兵之害者，則不能盡知用兵之利。」此之謂矣。經曰：「役諸侯者以業⑤。」語曰：「因其强而强之，敵乃可折。」關羽討樊，雖不被人計，亦自役自强者也。羽還，在道路，數使人與蒙相聞。蒙厚遇

---

①「𦪇䑥」，原作「溝摝」，據讀畫齋叢書本及三國志吴志吕蒙傳改。②「敵」，原脱，據六韜龍韜奇兵補。③「道」，原作「食」，據六韜改。④「干歷」，騷擾。⑤「業」，基業，功業。

其使，使周旋城中，家家致問，或手書示信。羽使人還，私相參訊，咸知家門①無恙，見②待過於平時，故羽士卒無鬭心。權至，獲羽，遂定荆州。

此掩發之變。故曰：「始如處女，敵人開户。後如脱兔，敵不及距。」此之謂矣。

## 還師第二十四

孫子曰：「興師百萬③，日費千金。」王子④曰：「四人⑤用虚，國家無儲。」故曰：「運糧百里⑥，無一年之食；二百里，無二年之食；三百里，無三年之食，是謂國虚⑦。國虚則人貧，人貧則上下不相親。」上無以樹其恩，下無以活其身，則離叛之心生，此爲戰勝而自敗。

故雖破敵於外，立功於内，然而戰勝者以喪禮處之，將軍縞素請罪於君。君曰：「兵之

①「門」，原作「問」，據讀畫齋叢書本及三國志改。　②「見」，讀畫齋叢書本及三國志作「相」。　③「百萬」，孫子作「十萬」。　④「王子」，不詳。以下引文見黄石公三略。　⑤「四人」，四民。「人」乃避諱字。　⑥「百里」，黄石公三略作「千里」。下同。　⑦「國虚」，原作「虚國」，據黄石公三略乙。

所加，無道國也。擒敵制①勝，將無咎殃。」乃尊其官，以奪其勢。故曰：「高鳥死，良弓藏。敵國滅，謀臣亡。」亡者，非喪其身，謂沉之於淵。沉之於淵者，謂奪其威，廢其權，封之於朝，極人臣之位，以顯其功。中州善國以富其家②，美色珍玩以悦其心③。仁者之衆可合而不可離，威權可與④而難卒移。是故還軍罷師，存亡之階。尉他、章邯是也。故弱之以位，奪之以國。故霸者之佐⑤，其論駁也。駁，不純道也。人主深曉此道，則能御臣將⑥。漢祖⑦襲奪齊軍之類。人臣深曉此道，則能全功保首⑧。張良學辟穀，棄人⑨間事之類者⑩。此還師之術⑪也。

論曰：奇正之機，五間之要，天地之變，水火之道，如聲不過五聲，五聲之變不可勝聽；色不⑫過五色，五色之變不可勝觀，在乎因機而用權矣，不可執一也，故略舉其體之要。此皆諸兵書中語也。

---

①「制」，讀畫齋叢書本作「致」。　②「家」，原作「心」，據黄石公三略改。　③「美色珍玩以悦其心」，原脱，據黄石公三略補。　④「與」，原作「樂」，據黄石公三略改。　⑤「佐」，黄石公三略作「作」。　⑥「御臣將」，黄石公三略作「御將統衆」。　⑦「漢祖」，漢高祖劉邦。原作「漢相」，據讀畫齋叢書本改。　⑧「首」，黄石公三略作「身」。　⑨「人」上，原衍「恩」，據讀畫齋叢書本删。　⑩「者」，讀畫齋叢書本無。　⑪「術」，原作「述」，據讀畫齋叢書本改。　⑫「不」下，原衍「可」，據讀畫齋叢書本删。

# 附録一

## 一、題趙蕤長短經（宋本）

鄞縣創爲救弊論，愛憎毆業匠和函。向時雖類縱横說，憂末原歸理道談。宋刊弆自教忠堂，通變稱經曰短長。比及亂時思治亂，不如平日慎行王。卷原稱十今失一，總目翻看餘一篇。既是梓州善經濟，不應辟召又何焉。津瀛文苑繼家聲，四庫蒐羅俾贊成。邂逅世臣獻遺簡，向年論學憶西清。

乾隆甲午春御筆

## 二、沈新民跋（宋本、四庫本）

按：馬端臨文獻經籍考據晁氏云：唐趙蕤撰長短經十卷。又據北夢瑣言云：「蕤，梓州鹽亭人。博學韜鈐，長於經世。夫婦俱有隱操，不應辟召。論王伯機權正變之術。其第十卷載陰謀家，本缺，今存者六十四篇。」然不害其爲全書也。

洪武丁巳秋八月丁巳沈新民識。戊午夏五月重裝。

## 三、周廣業跋（讀畫齋叢書本）

是書見於北夢瑣言，云：「趙蕤者，梓州鹽亭縣人也。博學韜鈐，長於經世。夫婦均有節操，不應交辟。撰長短經十卷，王霸之道見行於世。」又見唐書藝文志雜家：「趙蕤長短要術十卷。蕤字太賓，梓州人。開元中，召之不赴。」晁氏郡齋讀書志亦載：「長短經十卷，唐趙蕤撰。論王霸機權、正變長短之術，凡六十三篇。第九、十載兵權、陰謀。」向嘗購之未得。今夏鮑君以文以拜經樓寫本見委是正，始快讀之。其旨歸大率如孫、晁二公所云。乃其稱引繁富，核對非易，自揣固陋，久未敢下筆。既值歲餘，悉發齋中所有書，以次校勘，兩旬始畢。譌者改之，闕者補之，疑者正之，兩通者仍之，雖不能悉合，庶可上口矣。

舊稱十卷，六十三篇，今本蕤自序亦然。檢之實止九卷，而篇有六十四。初頗疑之，及觀文獻通考引晁氏説，則首據瑣言，後云「第十卷陰謀家本闕，今現存者六十四篇」，始知是書早無足本，今所有自序已不盡原文，而近刻讀書志大有脱誤也。但王阮亭嘗見宋刻，云「是徐健庵過任城得之，其跋亦言十卷，總六十三篇，唐梓州郪縣長平山安昌巖草莽臣趙蕤撰」，與今正同，則其誤自宋已然矣。

瑣言蕤貫鹽亭，而言郪者，四川總志云：「蕤，鹽亭人，隱於郪縣長平山安昌巖。博考六經諸家同異，著長短經。又注關朗易傳。明皇屢徵不起，李白嘗造廬以請。」是也。案太白集有淮南卧病書懷寄蜀中趙徵君詩。廣輿記亦云：「蕤篤學不仕，與白爲布衣交，著長短經。」梓州志稱其人傑。阮亭又引楊天惠彰明逸事曰：「潼江趙蕤，任俠有氣，善爲縱横學，著長短經。」此皆讀是書者所宜留意，故詳述之。至總志謂「其文申鑒、論衡之流」，竊觀此書命名取國策，刺事倣吕覽，而雜採群言又絶似鴻烈也。

乾隆辛丑暢月長至後九日，海寧周廣業識。

## 四、四庫提要（讀畫齋叢書本、四庫本）

臣等謹按：長短經九卷，唐趙蕤撰。孫光憲北夢瑣言載：「蕤，梓州鹽亭人。博學韜鈐，長於經世。夫婦俱有隱操，不應辟召。」唐書藝文志亦載：「蕤字太賓，梓州人。開元中，召之不赴。」與光憲所記略同，惟書名作「長短要術」爲少異，蓋一書二名也。

是書皆談王伯經權之要，成於開元四年。自序稱：「凡六十三篇，合爲十卷。」唐志與晁公武讀書志卷數并同。今久無刊本。王士禎居易録記徐乾學嘗得宋槧於臨清，此本前有「傳是樓」一印，又有「健菴收藏圖書」一印，後有「乾學」一印，每卷之末皆題「杭州净戒院新印」七字，猶南宋舊刻，蓋即士禎所言之本。然僅存九卷，末有洪武丁巳沈新民跋，稱其「第十卷載陰謀家，本缺，今存者六十四篇」云云。案此跋全剿用晁公武之言，疑書賈僞託。是佚其一卷而反多一篇，與蕤序六十三篇之數不合。然勘驗所存，實爲篇六十有四，疑蕤序或傳寫之訛也。

第一卷八篇，題曰「文上」。第三卷四篇，題曰「文下」。第二卷四篇，則有子目而無總題，以例推之，當脱「文中」二字。第四卷一篇，題曰「霸紀上」。第五卷一篇，論七雄之事，題曰「霸紀中」。第六卷一篇，論三國之事，亦無總題，以例推之，當脱「霸紀下」三字。第七卷二篇，題曰「權議」。第八卷十九篇，題曰「雜説」。第九卷二十四篇，題曰「兵權」。第十卷所謂「陰謀」者，則今不可考。篇中注文頗詳，多引古書，蓋即蕤所自作注，首或標以「議曰」二字，或亦不標，體例不一，亦未詳其故也。

劉向序戰國策稱：「或題曰長短。」此書辨析事勢，其源蓋出於縱横家，故以「長短」爲名，雖因時制變，不免爲事功之學，而大旨主於實用，非策士詭譎之謀，其言故不悖於儒者，其文格亦頗近荀悦申鑒、劉劭人物志，猶有魏、晉之遺。唐人著述，世遠漸稀，雖佚十分之一，固當全璧視之矣。

## 五、御題趙蕤長短經（四庫本）

鄞縣創爲救弊論，愛憎毆業匠和函。向時雖類縱横説，憂末原歸理道談。首章檃括蕤序語意。宋刊弆自教忠堂，通變稱經曰短長。比及亂時思治亂，不如平日慎行王。二章評作書者。卷原稱十今失一，總目翻看餘一篇。趙蕤自序稱總目六十三篇，合爲十卷，而卷後沈新民跋語乃稱第十卷缺，存者六十四篇。今細檢篇目實六十四，凡九卷，與沈跋合。按之蕤序所云「卷既缺一」，不應轉多一篇。考新民跋，乃文獻通考原文。其云晁氏，則晁公武讀書志。北夢瑣言乃孫光憲所撰。今檢公武志亦稱六十三篇，而光憲僅言書十卷，不及篇數，蓋晁、孫皆就蕤序録載，未加詳考，至馬端臨始爲覆正耳。第與原序踳異處理殊難曉。意者六十三篇「三」字乃「五」字之訛，其第十卷陰謀家止有一篇，亦未可知。然無可訂正，存以闕疑。既是梓州善經濟，不應辟召又何焉。三章總論全書。津瀛文苑繼家聲，四庫蒐羅俾贊成。邂逅世臣獻遺簡，向年論學憶西清。四章紀事實。是書爲編修勵守謙所呈，乃其家藏本。教忠則勵廷儀堂名也。守謙之曾祖勵杜訥，祖廷儀，父宗萬，皆侍直内廷。今守謙亦官翰林，爲四庫全書纂修，可謂以文學世其家者。

# 附録二

## 一、淮南卧病書懷寄蜀中趙徵君蕤（唐李白。見李太白全集卷一三）

吴會一浮雲，飄如遠行客。一作「萬里無主人，一身獨爲客」。功業莫從就，歲光屢奔迫。良圖俄棄捐，衰疾乃綿劇。古琴藏虚匣，長劍挂空壁。楚懷奏鍾儀，越吟比莊舄。一作「卧來恨已久，興發思逾積」。國門遥天外，鄉路遠山隔。朝憶相如臺，夜夢子雲宅。旅情初結緝，一作「如結骨」。秋氣方寂歷。風入松下清，露出草間白。故人不可見，幽夢誰與適。一作「故人不在此，而我誰與適」。寄書西飛鴻，贈爾慰離析。

## 二、送趙雲卿（唐李白。見全唐詩卷一七一）

白玉一盃酒，緑楊三月時。春風餘幾日，兩鬢各成絲。秉燭唯須飲，投竿也未遲。如逢渭川獵，猶可帝王師。

## 三、北夢瑣言卷五（唐孫光憲）

趙蕤者，梓州鹽亭縣人也。博學韜鈐，長於經世。夫婦俱有節操，不受交辟。撰長短經十卷，王霸之道見行於世。

## 四、新唐書藝文志三（宋歐陽修等）

趙蕤長短要術十卷。字太賓，梓州人。開元中，召之不赴。

## 五、山谷集（宋黄庭堅）

如梓州生陳子昂之文章，趙蕤之術智，皆所謂人傑地靈也。

## 六、郡齋讀書志（宋晁公武）

長短經十卷。右唐趙蕤撰。論王霸機權、正變長短之術，凡六十三篇，第九、十載兵權、陰謀云。

## 七、文獻通考經籍考四十一（宋馬端臨）

長短經十卷。晁氏曰：「唐趙蕤撰。」北夢瑣言云：「蕤，梓州鹽亭人。博學韜鈐，長於經世。夫婦俱有隱操，不應辟召。論王霸機權、正變之術。第十卷載陰謀家，本缺，今存者六十四篇。」

## 八、文獻通考經籍考二（宋馬端臨）

關子明易傳一卷。晁氏（公武）曰：「魏關朗撰。元魏太和末，王虬言於孝文。孝文召見之，著成筮論數十篇。唐趙蕤云：『恨書亡半，隨文詮解，才十一篇而已。』」李邯鄲始著之目，云：「王通贊易。」蓋宗此也。朱子語録：「關子明易，僞書也。」陳氏（振孫）曰：「唐趙蕤註。然隋、唐志皆不録。或云阮逸僞作。」

## 九、唐詩紀事卷十八（宋計敏夫）

東蜀楊天惠彰明逸事云：「元符二年春正月，天惠補令於此，竊從學士大夫求問逸事。聞唐李太白本邑人，微時募縣小吏，入令臥内。嘗驅牛徑堂下，令妻怒，將加詰責。太白亟以詩謝云：『素面倚欄鈎，嬌聲出外頭。若非是織女，何得問牽牛。』令驚異不問。稍親，招引侍研席。令一日賦山火詩，思軋不屬。太白從傍綴其下句。令詩云：『野火燒山去，人歸火不歸。』太白繼云：『焰隨紅日去，煙逐暮雲飛。』令慙止。頃之，從令觀漲，有女子溺死江上。令復苦吟。太白輒應聲繼之。令詩云：『二八誰家女，漂來倚岸蘆。鳥窺眉上翠，魚弄口傍珠。』太白繼云：『緑鬓隨波散，紅顔逐浪無。因何逢伍伯，應是想秋胡。』令滋不悦。太白恐，棄去，隱居戴天大匡山，往來旁郡，依潼江趙徵君蕤。蕤亦節士，任俠有氣，善爲縱横學，著書號長短經。太白從學歲餘，去。游成都，賦春感詩云：『茫茫南與北，道直事難諧。榆莢錢生樹，楊花玉糝街。塵縈游子面，蝶弄美人釵。却憶青山上，雲門掩竹齋。』益州刺史蘇頲見而奇之。時太白齒方少，英氣溢發，諸爲詩文甚多，微類宫中行樂詞體。今邑人所藏百篇，大抵皆格律也。雖頗體弱，然短羽褷褷，已有雛鳳態。」

## 十、宋史藝文志四（元脱脱等）

趙蕤長短要術九卷。

## 十一、丹鉛總録（明楊慎）

太白渡金門詩云：「仍連故鄉水，萬里送行舟。」送人之羅浮詩：「爾去之羅浮，余還憩峨眉。」又淮南卧病懷寄蜀中趙徵君蕤詩云：「國門遥天外，鄉路遠山隔。朝憶相如臺，夜夢子雲宅。」皆寓鄉懷之意。趙蕤，梓州人，字雲卿，精於數學，與李白齊名。蘇頲薦西蜀人才疏云：「趙蕤術數，李白文章。」宋人注李詩遺其事，并附見焉。圖經云：「蕤，漢儒趙賓之後，鹽亭人。屢徵不起。所著有長短經。」

## 十二、丹鉛摘録（明楊慎）

又鄭谷送人入蜀詩：「雪下文君沽酒市，雲藏李白讀書山。」益可證杜注之誤。少以才名，爲採訪使蘇許公所知，疏薦于朝曰：「趙蕤術數，李白文章。」

## 十三、説略（明顧起元）

漢書：蒯通善爲長短説。又「邊通學短長」，應劭曰：「短長術興於六國時，長短其語，隱謬用相激怒也。」按張宴曰：「蘇秦、張儀之謀，趣彼爲短，歸此爲長，蓋戰國策本名短長書。」晉袁悦之元禮能長短説，甚有精理，止持戰國策，言：「天下要，惟此書。」是也。又唐趙蕤有長短經，其義可知也。

## 十四、蜀中廣記人物記（明曹學佺）

趙蕤，鹽亭人。好學不仕，著書屬文。隱于梓州長平山，博考六經諸家異同之旨。玄宗屢徵不就。李白嘗就學焉。

## 十五、蜀中廣記著作記（明曹學佺）

蕤，梓州人，李白嘗師事之，所謂趙徵君也。

## 十六、十國春秋卷第四十四前蜀十（清吴任臣）

趙蕤，梓州鹽亭人。博學韜鈐，長於經世。夫婦俱有節操，不受交辟。乾德時，著長短經十卷行世。

## 十七、居易録卷十四雜著十二（清王世禎）

長短經十卷，總六十三篇，唐梓州郪縣草莽臣趙蕤撰。其文亦申鑒、論衡之流。蕤自序云：「大旨在乎寧固根蒂，革易時弊，興亡治亂，具載諸篇。」此書流傳絶少。徐健菴過任城得之市中者，宋刻也。按楊天惠彰明逸事云：「潼江趙蕤，任俠有氣，善爲縱横學，著書號長短經。」

## 十八、鹽亭縣志（清張松孫）

趙蕤，字大賓，又字雲卿，號東岩子，漢儒趙賓之後。任俠好學，善爲縱横術。隱於梓州長平山安昌巖，博考六經諸家異同之旨，著長短經，明王霸天人大略。李白嘗從之學，巢居岷山，奇禽千計，呼皆就掌取食，了無驚猜。元宗（玄宗）時，廣漢太守舉二人有道，疏云：「趙蕤術數，李白文章。」屢徵不起。李白有送趙徵君及在淮南寄趙徵君詩。

## 十九、鄭堂讀書記（清周中孚）

長短經九卷。（讀畫齋叢書本。）唐趙蕤撰。（蕤字太賓，梓州郪縣人。開元中，召之不赴。）四庫全書著録。新唐志載「趙蕤長短要術十卷」，通志、宋志俱同，惟宋志作九卷，與今本合。讀書志、通考俱作「長短經十卷」。前有自序，稱：「儒者溺于所聞，不知王霸殊略，故叙以長短術，以經綸通變者。創立題目，總六十有三篇，合爲十卷，名曰長短經。」是長短經乃此書本名，爲卷十，爲篇六十三。其作「長短要術」者，當因「叙以長短術」語而妄增一「要」字以爲書名也。晁氏云：「蕤博學韜鈐，長于經世，論王伯機權正變之術。第十卷載陰謀家，本闕。今存六十四篇。」按晁氏所述，篇數與今本合，其所見本實止九卷，而標爲十卷者，蒙其自序及唐志之數也。」宋志作九卷者，即據見存本而載之也。惟其書已亡一卷，而反增多一篇，疑其自序或傳寫之訛爾。卷一爲「文上」，凡八篇。卷二爲「文中」，凡四篇。卷三爲「文下」，亦四篇。卷四爲「霸紀上」，止一篇。卷五爲「霸紀中」，亦一篇。卷六爲「霸紀下」，亦一篇。卷七爲「權議」，凡二篇。卷八爲「雜説」，凡十九篇。卷九爲「兵權」，凡二十四篇。計之卻得六十四篇。每篇各有標目，并自爲之叙，極詳。「大旨在乎寧固根蒂，革易時弊，興亡治亂，具載諸篇，爲沿襲之遠圖，作經濟之至道焉。」然「短長」爲戰國策之別稱，大賓以縱橫之學術談儒門之經濟，故命名取諸此。而雜采群言，又絶似呂覽、淮南也。

乾隆辛丑，鮑淥飲以吴氏拜經樓寫本屬周琴厓廣業是正，于是「訛者改之，闕者補之，疑者證之，兩通者仍之，雖不能悉合，庶可上口矣」。淥飲即以其本爲顧籙厓刊入叢書，冠以提要一篇，而琴厓爲之跋。

## 二十、鐵琴銅劍樓藏書目録（清瞿鏞）

長短經九卷。（舊鈔本。）

題「梓州郪縣長平山安昌巖草莽臣趙蕤撰」。前有自序。原書六十四篇，凡十卷，末一卷已佚。此書載晁氏讀書志，謂「末卷陰謀本已闕」。是不傳久矣。書中小注間雜以「議曰」云云，乃是論斷之語，而本文大字亦有「論曰」云云。原書雖出舊鈔，然多訛奪。假得周香嚴藏本，與之相同。又小注中間有「説曰」、「論曰」云云，其體例不盡可曉。疑古書相傳，大小字有溷入也。校勘一過，差爲完善。香嚴本後有洪武丁巳沈新民跋，與四庫所收之傳是樓本合。